Ludwig Cramer Klett.

LUDWIG BENEDIKT
FREIHERR von CRAMER-KLETT

Des Jägers Glück kennt
kein Verweilen

Vom Wild im Gebirg und von Menschen,
die Jäger waren

Mit 15 Abbildungen auf Tafeln

Verlag Paul Parey · Hamburg und Berlin

Umschlagphoto: K. E. Beug; Frontispiz: H. Peterhofen. Die Abbildungen gegenüber S. 65 oben, S. 80 und S. 81 wurden aus dem Deutschen Jägerbuch von Ludwig Ganghofer entnommen. Die übrigen Abbildungsvorlagen stellte der Verfasser zur Verfügung.

1. Auflage: Mai 1976
2. Auflage: Januar 1977

CIP-Kurztitelaufnahme der Deutschen Bibliothek

Cramer-Klett , Ludwig Benedikt Frhr. von
Des Jägers Glück kennt kein Verweilen : vom
Wild im Gebirg u. von Menschen, d. Jäger waren.
– 2. Aufl. – Hamburg, Berlin : Parey, 1977.
  ISBN 3-490-04811-3

ISBN 3–490–04811–3

Inhalt

Von Jagdhütten, Hüttenbüchern und von Menschen, die Jäger waren

Lichter auf bunten Blättern

Von Jagdhütten, Hüttenbüchern, und von Menschen, die Jäger waren

Der „Jagdkavalier"

Immer wieder komme ich darauf zu denken und zu reden, daß unser Alpenland noch bis in die jüngste Zeit, das will hier heißen, bis in den Anfang unseres Jahrhunderts hinein, einen Zauber hatte, der sich sonst nirgends auf der weiten Welt finden ließ. Es war der eines mitten in eine große Wildnis eingebetteten uralten Kulturlandes und des daraus sich ergebenden nahen Verbundenseins des Menschen mit der Natur, insbesondere seines fast brüderlichen Beisammenhausens mit dem frei lebenden Tier. Da sind Urwälder aus Hunderten von Jahren alten Lärchen- und Tannenriesen, stehen gewaltig ausladende Fichten oder ihre wettergebleichten Skelette frei, wie Wache haltend, auf grauen Geröllhalden oder grünen Almmatten, gehen über in ebenso alte zwergwüchsig verknorrte Baumgrenzenwaldstreifen oder in die sich oft Hunderte von Hektaren hinbreitenden undurchquerbaren Latschenfelder. Und dann kommt der Gletscher und der nackte, ohne die Hilfsmittel moderner alpinistischer Technik meist unersteigliche Fels. Aber unten in den von Felsbasteien eingeschlossenen Tälern, in die hinab die Berge ihre schäumenden Wasser entsenden, liegen dicht dabei Almhütten, Kapellen, Einödhöfe, Burgen, Klöster und um altersgraue, oft prachtvolle Kirchen sich scharende Dörfer, ja selbst kleine Städte.

Und dem weidenden Vieh, dem Senn, dem Mäher, dem Holzknecht, dem seine Krankenbesuche machenden Arzt und dem Priester auf seelsorgerlichen Pfaden, ihnen allen begegnet das scheu sie anäugende Reh, vor ihnen donnert der Auerhahn aus den Fichtenwipfeln, die treibenden Gamsböcke queren ihren Weg, hoch über ihnen kreist der Adler, hört man von den Firnen herunter Spielhahnen balzen, und die Hirsche stören den in ihren Hütten schlafenden Almern die Nachtruhe oder röhren sich in den Wiesenhängen rings um die Bergbauernhöfe in der Brunftnacht an; wahrscheinlich sind es die gleichen, die noch vierzehn Tage zuvor in friedlichster, von keiner Eifersucht gestörter Gemeinsamkeit unter dem Schutz nächtlichen Dunkels zum Zorn der Bäuerinnen Äpfel und Birnen von den Bäumen, ja selbst von den Spalieren pflückten.

Ich hab' schon mancherlei davon erzählt; Legendenhaftes, wie etwa die Geschichte vom Lämmergeier, der einer Bergbäuerin den Säugling aus der vor dem einsam liegenden Hof ins Freie gestellten Wiege raubt und in die Lüfte entführen will. Auf vielen porzellanernen Pfeifenköpfen und Bierkrugdeckeln ward dies Ereignis festgehalten, einmal ist die Mutter mit ihrer Sense die Retterin, einmal der gerade hinzukommende Jäger mit seinem Stutzen. Es gibt aber auch verbürgt wahre solche Geschichten, wie das Erlebnis unseres alten Oberjägers Plenk (ich selber hab' ihn nimmer gekannt), mit jenem starken Feisthirsch, den ihm eine wohlgesinnte Sennerin verraten hatte und den er sich weder zu erbirschen noch zu ersitzen vermochte, bis er sich schließlich eines Morgens von seiner Gönnerin das Kopftuch auslieh und umband und, soweit sich dies bei Wahrung guten Anstandes machen ließ, auch noch weitere Teile ihres Gewandes anlegte, vor allem aber den klappernden Melkeimer mit dem darin verborgenen Stutzen in die Hand nahm. In dieser Maskierung hielt der Hirsch, der allmorgendlich in ein oberhalb einer Seitenmulde der Alm gelegenes Latschenfeld einzog, den Schützen aus, und er konnte ihn erlegen. Oh Bild, einmaliges Bild, das keiner gesehen, das niemand auf einem Pfeifenkopf oder Halbekrügldeckel festgehalten hat!! Der schnauzbärtige adlernasige Oberjäger mit rotem Kopftuch, auf den letzte Kräuter sich pflückenden Hirsch feuernd!! Selbst wenn man des Sohnes Schilderung, der mir das wuchtig langendige Geweih des zweifellos alten Zwölfers oft gezeigt hat, anzweifeln wollte, das mit solch mündlicher Überlieferung verknüpfte Sinnbild bleibt und spiegelt die Wahrheit, die ich selber oft erlebte, wenn ich im Mai einen Spielhahn eifrig balzend auf dem First eines Almkasers beobachtete, oder aus dem Fenster einer Sennhütte, in der ich mich im November aufwärmte, zuschaute, wie ein am föhnigen Frühnachmittag gänzlich abgetriebener Gamsbock gierig, wenn auch nur kurz, aus dem Almbrunnen schöpfte.

Und in diesen ganzen Lebenskreis hinein gehören eben die bodenständigen und noch mehr als das, die der Landschaft fest eingewachsenen Menschen: der Einödbauer, der bei seinem Vieh Nachschau hält, die rundarmige Sennerin, die allein ein Viertelhundert Rinder betreut, dazu manchmal noch Schafe und Ziegen (vor welch letzteren St. Hubert den Jäger und Forstmann bewahren wolle!), und deren oft über ganze Hochtäler hinweg schwingendes Jodeln trotz alledem von ihren überschüssigen Lebenskräften Zeugnis gibt, der einsam hausende Köhler, der Enziangraber (die wenigen Kundigen, die aus der mächtigen Knollenwurzel des gelben Enzians Schnaps zu brennen verstanden – heute ist's aus Gründen des Pflanzenschutzes fast überall und zu Recht verboten – gruben und sammelten selber ihr wertvolles Material), das Kräuterweiblein, der bei den Bauern gegen frommen Zuspruch Lebensmittel hamsternde Kapuziner, der „Säumer" mit seinem Roß, der die Kulturen vor unerlaubtem Weidegang schützende Förster und die von ihm ihre Weisungen empfangenden Holzknechte, und nicht zuletzt der Jäger, „der Gehilf", wie man ihn früher nannte, mit der ihm auf Schritt und Tritt folgenden roten Schweißbracke. Und da ist noch einer, der irgendwie, zumindest zeitweilig, dazugehört. Seiner Herkunft und Erscheinung nach war er einst der Vornehmste und ist dabei doch der wenigst Ehrwürdige, denn ihn gibt es im Gebirg noch nicht seit allzu langer Zeit, den *Jagdgast*, den „Kavalier", wie die alten Berufsjäger den ihrer Führung anvertrauten Herrn respektvoll nannten. Erst nachdem die Hofjagdhaltungen damit angefangen hatten, für den fürstlichen Jagdherrn und seine Gäste sowohl, als auch für den ganzen mitgeführten Stab von Leibjägern, Dienern, Pferdepflegern, Köchen und deren Hilfskräften, nicht zuletzt für das Forst- und Jagdpersonal Holzhäuser und Hütten und schließlich auch noch Unterkünfte für die Treiberschar zu bauen, dazu das erforderliche Netz von Reitwegen und Steigen anzulegen, konnte im Gebirg auch der „Kavalier" aus der Taufe gehoben werden. Es mögen wohl zuvor schon in günstig gelegenen Förstereien annehmbare Quartiere für Gäste bereitgestanden haben. Ich selber hielt einmal eine goldene Tabatiere mit einem erhaben darauf gravierten röhrenden Hirsch in Händen und hab' sie (Esel der ich war!) nicht gekauft, eine Dankesgabe des berühmten alten Grafen Max Arco Zinneberg, des Adlerjägers, die er einem bayerischen Forstmeister für genossene Gastfreundschaft um 1850 herum überreicht hatte. Und weil ich hier gerade auf den Grafen, diese vor Zeiten des Prinzregenten Luitpold volkstümlichste Herrenjägergestalt im alten Bayern, zu sprechen komme, möchte ich eine kleine Geschichte über ihn einflechten, die ihn in den von ihm viel bejagten Bergforsten und dazugehörigen Tälern um Oberammergau, Ettal und Linderhof herum lange überlebt hat.

Ob seiner verwandtschaftlichen Beziehungen zum Hof hätte er in manchen Staatsrevieren freie Büchse haben können, obwohl ich, nach allem, was ich über die menschlichen und jägerischen Charaktereigenschaften König Max II. erfahren konnte, bezweifle, daß er gerade diesem Jäger mit dem schwer zu bändigenden Temperament die Tore zu seinen Leibgehegen gern aufgetan hätte. Die Forste um Oberammergau und Ettal aber waren, bis sie durch die Säkularisation der Krone zufielen, von den

Beauftragten der Ettaler Äbte, den klösterlichen Wildmeistern, bejagt worden, und in der königlich bayerischen Forstkammer war nur wenig über ihren Wildreichtum bekannt. Deshalb und, weil die meisten „Forstwarte" (so waren damals die Amtsvorstände, die heutigen Forstmeister, in Bayerns Wäldern betitelt), wenig Wert auf Gäste in ihrem Haus und Waldbereich legten, wurden die von oben empfohlenen Herrenjäger gern in dieses Neuland abgeschoben. Ein analoges Liedlein könnte mancher Pächter von Staatsjagden singen, wenn er der ersten Besatzungsjahre nach 1945 durch die amerikanische Armee sich erinnert und des von Regierung und Amtsvorständen gesteuerten reichen Bedachtwerdens der Pächter mit Jagdbeflissenen aus den Reihen der Sieger. Die Zahlung der Jagdpacht in schlechter Mark, daß man die nicht berücksichtigend in Betracht zog, meinethalben, aber die aufwendigen Kosten des Jagdschutzes, vor allem der Winterfütterung, wäre man durch Wahrung der Pächterrechte schon zu achten verpflichtet gewesen. Vorbei, vorbei! Damals, nach 1815, hatte man vor allem herausgefunden, daß es in den Bergen um Ettal, Oberammergau und Oberau vorläufig ein höchst unbequemes, fast steigloses und an nur halbwegs beziehbaren Unterschlüpfen armselig bestelltes Jagen war. Aber dergleichen störte den Adlergrafen wenig.

Max Arco war, was schon seine Waghalsigkeit beim Ausnehmen von Adlerhorsten beweist (die von ihm verfaßten und meines Wissens von Ernst Fröhlich illustrierten Blätter darüber sind heute nirgends mehr aufzutreiben), ein wilder, aber auch unersättlicher Jäger von eisernen Körperkräften. Des Morgens holte er sich einen Gamsbock auf dem „Ettaler Manndl", des Abends einen Hirsch auf „der Not". Daß zwischen beiden Revieren ein Fußmarsch von 4–5 Stunden lag, focht ihn nicht an. Nun sind auch Jagdgehilfen nur Menschen, und einige von ihnen bekamen mit der Zeit einen wahren Haß auf ihn, teils wegen seines Nimmergenugkriegens (Schießen war überdies bei ihm gleichbedeutend mit Treffen), teils wegen der körperlichen Anstrengungen, die er ihnen als seinen Begleitern und Lastenträgern abverlangte. Und so geschah es einmal, daß der Graf sich im Morgengrauen an einen starken Zwölferhirsch herangebirscht hatte und eben die Büchse hob, als das Kahlwild trotz guten Windes davonprasselte und den Hirsch mitnahm. Obwohl er keine Zeit zu verlieren hatte, warf der Graf, dem man, was die Jagd anbetraf, nicht leicht etwas vormachen konnte, einen schnellen Blick zurück nach dem Gehilfen und sah, daß der sein Taschentuch über dem Kopf hoch in den Lüften schwenkte. Innerhalb weniger Sekunden gab er dem flüchtigen Hirsch zwei Blattschüsse und, sich abermals umwendend, dem Gehilfen zwei Ohrfeigen, daß der auf dem Boden zu sitzen kam.

In dortiger Gegend hat sich zu etwa gleicher Zeit eine, wenn auch nur indirekt mit der Jagd zusammenhängende Geschichte zugetragen, die hier deshalb erzählt sei, weil der diesmal aber nicht ganz gerechte Zorn eines sehr hochgestellten Herrenjägers auch hierbei bedeutungsvoll gewesen ist. Es fällt nicht leicht, von diesem Begebnis in halbwegs feiner Weise zu berichten, wenn man auch auf „Salons" keine Rücksicht mehr zu nehmen braucht, weil es sie leider nimmer gibt.

Der betreffende Edelmann trug sich, was damals noch in Bayern weit seltener vorkam als in Österreich, gern bäuerisch-jägerisch mit gamslederner Bundhose, trachtlerischer Lodenjoppe und dem breitrandigen Oberammergauer Hut jener glücklich bodenständigen Zeiten.

Die neue Bergstraße von Oberau nach Ettal war damals noch nicht gebaut, trotzdem mußte die Postkutsche ihre holpernde, polternde Tour über die steinige alte Fahrbahn täglich auf und ab zurücklegen. Bergab gab's ein paar gute Strecken, die der Postillon in schlankem Trab zu nehmen pflegte. Um die Chaussee dort in ihrem passablen Zustand zu erhalten, hatte man bergseitig besonders tiefe Gräben gezogen. Den von irgendeiner Birsch auf dieser Straße allein heimwandernden Jagdkavalier überkam nun, so wollte es der Zufall, gerade an einer dieser Stellen ein Drängen, welches man unter Anlehnung an klassische Poesie „ein menschliches Rühren" zu nennen pflegt. Auf der sonst kaum begangenen Straße sah er keinen Hinderungsgrund, das, was ihn mit zunehmender Heftigkeit drückte, der sich dafür geradezu anbietenden Tiefe des Grabens anzuvertrauen. Bei all dem hatte er aber nicht an den Postillon gedacht, der gerade jetzt im entscheidendsten und erleichterndsten Moment mit seiner Kutsche in flotter Fahrt von obenher um die Ecke gebogen kam. Nun ist ja ein Postillon so etwas wie ein Beamter, war es vor allem damals, da er kurz zuvor die vornehm gelbe Uniform des Reichs-Erb-Generalpostmeisters, des Fürsten Thurn und Taxis, abgelegt und gegen die, wenn auch nicht schönere, so doch etwas prächtigere himmelblaue bayerische vertauscht hatte. Er sah da nun einen Bauern in spreizbeiniger Hocke auf freier und offener königlich bayerischer Poststraße ohne irgendwelche Hemmung seine Notdurft in den Straßengraben verrichten. So etwas mußte geahndet werden! Und so haute der auf Anstand, Ordnung und Achtung vor allem Königlichen bedachte Oberauer „Postel" dem vermeintlichen Oeconomen oder Holzknecht mit der Peitsche eine über die ihm in unbekümmerter Weise präsentierte Hinterfront. Das wiederum nahm der verkannte hohe Waidmann sehr übel. Es gab keinen Ehrenkodex, der noch dazu bei so in mehrfacher Hinsicht verschiedener Position der Beteiligten, auf diese Beleidigung hätte Anwendung finden können.

Aber der Betroffene verfügte anscheinend über ein blitzschnelles Reaktionsvermögen. Er griff, und zwar gerade noch rechtzeitig, nach hinten und warf das für die Tiefe des Chausseegrabens Bestimmte dem vorübergerauschten Postillon auf den blau uniformierten Rücken. Auf diese etwas derbe Art hatte er sich Satisfaktion verschafft, und der Fall konnte als erledigt betrachtet werden.

Aber zurück zu den Jagdkavalieren im Gebirg im allgemeinen: Ludwig Thoma, der 1867 geboren ward, erzählt in seinen Erinnerungen von einzelnen Jagdgästen im Vorderrisser Forsthaus seines Vaters. Ludwig II., der, bevor das Schloß Linderhof erbaut war, sich oft in die Einsamkeit der Vorderriß, in das für seinen Vater, Max II., dort errichtete „Königshaus" zurückzog, schenkte Thomas Vater sein bis heute auf der „Duften" (das ist Ludwig Thomas Haus am Tegernsee) erhaltenes Bild. Der König selber hat zu der Zeit längst nicht mehr gejagt und wollte in seinem Hörbereich nicht einmal einen Büchsenschuß vernehmen. Zu Ludwig Ganghofer, der um etwa zehn Jahre älter war als sein Vornamensvetter Thoma, sagte sein Oberjäger, anläßlich eines behaglichen Hüttenabends, in der Rückschau auf die Zeiten, da es im Gebirg noch keine eigentlichen Jagdhütten gab: „Ja, grad a nobligs Leben is jetzt auf der Hütten heroben." Und das, obwohl damals bei den von törichten Schriftstellern romantisierten Wildschützen der edle Brauch in Blüte stand, aus der Dunkelheit heraus durch die erleuchteten Hüttenfenster auf die Berufsjäger zu schießen, wobei mancher Revierbetreuer ums Leben kam. Und Anton von Perfall, der auch gegen Ende des 19. Jahrhunderts die Höhepunkte seiner Bergjägerzeit erlebte, mußte noch, wenn die niedrig schiefe Tür der von ihm so oft warmherzig und schön besungenen Wurzhütte, die keine Jagdhütte, sondern ein kleines Berggasthaus an der Spitzingstraße war, ab Spätherbst zugeschlossen wurde, zur Gamsbrunft und im Hahnfalz, ja in besonderen Fällen auch in der Hirschbrunft in den „Winterstuben" bei den Holzknechten zu Bau fahren, oder auf einem der Almkaser, in der „Freudenreichalm" etwa (deretwegen er von seinen Freunden manchmal ein wenig aufgezogen wurde, weil ihm dieses Quartier am wenigsten zur Freude gereichte), und das zum Teil noch bei offenen Feuerstellen. So blieben die höheren Alpenregionen, die von den Förstereien aus nicht ohne die Mühsal weitester Wege erreichbar waren, lange, man kann sicher sagen bis gegen die Mitte des 19. Jahrhunderts hin von Jagdgästen verschont.

Jagdhütten in den Aschauer Bergen

Die ersten Jagdhütten in unseren damals noch sehr weiten Aschauer Revieren dürften etwa zu Anfang der 80er Jahre des vergangenen saeculums gebaut worden sein. Die stolzeste und größte von ihnen (weiß nicht, ob die erste), fast ein kleines hölzernes Wohnhaus, war die Dalsenhütte mit ausgebautem Dachgeschoß, Kavaliersschlafkammern, kleinem Balkon und einem sogar nur in Pantoffeln und geschützt vor störendem Sturm und Regen erreichbaren WC, bei dem das W allerdings zu streichen war. Inmitten einer von ernsten Wetterfichten umstandenen bachdurchrauschten Almmulde war sie hingestellt worden, und diese wettergeschützte Lage hatte dem roh behackten Gebälk ihrer Außenwände zu jener herrlichen braunsamtenen Patina alten Fichtenholzes verholfen, die das rauhregnerische Alpenklima nur dann aufkommen läßt, wenn sehr breite und lange Vordächer die Holzwände schützen. Es gibt, handle es sich nun um Möbel, Täfelungen oder Schnitzereien, keinen edleren, wärmeren, seidig weicheren Ton als den des ohne Sonneneinwirkung im gleichmäßigen Licht durch mehrere Jahrzehnte nachgedunkelten Fichtenholzes.

Erbauer, zumindest Platzerwähler und spiritus rector für die Errichtung dieses, wie noch manchen anderen dazumal neu und eigens zu jagdschützerisch-jägerischem Zweck erstellten Blockhauses ist ein zu seiner Zeit im alten Bayern als Forstmann und als Jäger hochgeachteter Mann, der Ministerial- und Staatsrat August von Ganghofer gewesen, bedeutender, vielseitig gebildeter und auch literarisch begabter Vater seines als Dichter berühmt gewordenen Sohnes Ludwig. Der Staatsrat und der ihn anfangs nur begleitende, später, was das Jagen anbetraf, ihm nachfolgende Sohn dürften die ersten Jagdgäste unserer Familie in den Aschauer Revieren gewesen sein. Auf die Persönlichkeit des Vaters – auch die verdinstvollsten Menschen sind schnell vergessen – möchte ich im folgenden noch zu sprechen kommen. In einem seiner bestgeschriebenen und wertvollsten Bücher, in seinen Lebenserinnerungen, hat Ludwig Ganghofer ein würdiges und liebendes Bild von ihm gezeichnet. Dabei sah er aber – und das spricht für seine auf Äußerliches nicht bedachte Warmherzigkeit – in ihm doch mehr den Vater als den Mann.

Mein Großvater erwarb im Jahre 1875 die bis ins elfte Jahrhundert urkundlich zurückverfolgbare Herrschaft Aschau. (Zahlreiche römische Gräberfunde rund um den Chiemsee sowie in Aschau selbst und die Bauart des Burgfrieds lassen darauf schließen, daß die im Lauf der folgenden

900 Jahre durch vielfache Umbauten immer wieder vergrößerte Burg ihrem Ursprung nach ein Römercastell gewesen ist.) Mein Großvater Theodor Cramer hatte seine Kindheit und Jugend in Nürnberg und Wien, seine Jünglingsjahre auf zahlreichen Reisen in die Großstädte Europas zugebracht. So wußte er, als er, zunächst in drei kleinen Zimmern der alten Aschauer Forstmeisterei, seinen Einzug in eine neue Welt hielt, wenig vom Landleben und nichts von der Beglückung, die seiner immer schaffensbereiten Persönlichkeit aus dem Herrsein über einen großen Landbesitz entstehen mußte.

„Hätte ich darum gewußt, wie viel Freude mir jeder Tag hier schenkt, ich würde viel früher schon mein ganzes Leben darauf umgestellt haben", sagte er, der all dessen kaum noch sieben Jahre froh werden sollte, manchmal zu den ihm nächststehenden Menschen und zu seiner jungen Frau. Die hatte sich anfangs manchmal ob der „Einöde" beklagt. Aber schon im zweiten Sommer war aus der Forstey ein springbrunnenumrauschtes Landhaus inmitten großzügiger Parkanlagen geworden. Alle Belebung aber, die dieser neue Inhalt, diese Insel glücklichen Verweilens meinem Großvater in die Abendjahre seines Lebens brachte, vermochte die bewußt pessimistische Schwermut nimmer aufzulösen, die die Erfahrung vieler ernster und hart durchkämpfter Jahrzehnte auf dem Grund seines Herzens sich hatte bilden lassen.

Er wußte, daß ihm Glück in dieser Gestalt in seinem kräftereichsten Lebensabschnitt nicht bestimmt gewesen war, weil ihm damals der solchem Schaffen den Sinn gebende Erbe fehlte. Seine überaus zärtliche erste Ehe war kinderlos geblieben. Er hatte die ihm schon einige Zeit zuvor angebotene Herrschaft um des ihm spät geborenen Erben willen erworben und er fühlte jetzt, daß er diesem Sohn auf dem für ihn neu bereiteten Weg nicht lange mehr zur Seite gehen würde. In seinen letzten Lebensjahren gab er meiner davon oft zu Tränen erschütterten, damals noch jungen Großmutter manchen Ratschlag für die Erziehung und die spätere Lebensführung des Sohnes. „Wenn Theo sich einmal mit Gebieten befassen muß, auf denen er selber nicht gründliche Fachkenntnisse hat, soll er sich nur bei *ersten* Fachmännern Rat holen." Unterstützt von einem geradezu hellsichtig schnell erfassenden Blick für die Qualität eines Menschen, hat er selber zeitlebens danach gehandelt. So beispielsweise holte er sich, als er nach dem Tod seines ersten Schwiegervaters dessen verhältnismäßig kleine Dampfkesselfabrik übernahm, einen der bedeutendsten europäischen Konstrukteure des neunzehnten Jahrhunderts, den genialen Ludwig Werder, als ersten Mitarbeiter nach Nürnberg. Werder hat neben vielem anderen (er bastelte damals [1850!] schon an der Verwirklichung der

Grundidee des heutigen Computers) das von der Bayerischen Armee dankbar begrüßte, mit einem Ejektor versehene Werder-Gewehr konstruiert,
das den ersten dort eingeführten Hinterlader, das Zündnadelgewehr, ab-
löste. Nachdem nun der Großvater über den arg verwahrlosten Zustand
der Aschauer Wälder seitens der wenigen treuen Forstleute, die durch die
mehr als zwanzigjährige „herrenlose schreckliche Zeit" in ihnen ausgehalten hatten, unterrichtet worden war, sah er sich auch hier nach einem
Ratgeber um. Herrenlos und schrecklich und überdies ruinierend für
Schloß und Gut waren diese Jahrzehnte geworden, nachdem der auf das
alte Aschauer Eisenbergwerk seine Spekulationen setzende Graf Waldbott
Bassenheim als indirekter Nachfolger (nicht Nachkomme!) der in dieser
Linie ausgestorbenen Grafen Preysing auf Hohenaschau, Konkurs gemacht
hatte. Er fand, nachdem die Eisenhämmer einmal unter den Holzhammer
gekommen waren, noch ein paar kurzfristige Nachfolger, bis mein Großvater auf diese einst größte Herrschaft Altbayerns aufmerksam gemacht
wurde.

Des Großvaters Wahl fiel, nachdem er, unterstützt von einflußreichen
Freunden, Erkundigungen gepflogen und Umschau gehalten hatte, auf
August Ganghofer, der, nachdem er es (für die damalige Zeit etwas kaum
Erhörtes!) siebenundvierzigjährig zum Kreisforstmeister von Würzburg
gebracht hatte, schon ein Jahr später unter Beförderung zum Forstrate in
die Ministerialforstabteilung nach München berufen worden war – in
die Stadt also, deren gewaltiger Dom, die Frauenkirche, unter der Bau-
meisterschaft eines Ganghoferschen Urahnen zu Ende des 15. Jahrhunderts
in den Himmel gewachsen war. August Ganghofer wurde später dortselbst Ministerialrat und Chef der bayerischen Staatsforstverwaltung, erhielt durch den Kronenorden den persönlichen Adel, um schließlich auch
noch Mitglied des Staatsrates zu werden. Den Start seiner erstaunlichen
Karriere dankte er seiner besonderen Begabung auf allen forstlichen und
forstwirtschaftlichen Gebieten und einer auf das Positive gerichteten
avantgardistischen Veranlagung. Während er in einer seiner Anfangsstel-
lungen, als Revierförster in Welden bei Augsburg, saß, verfaßte er unter
dem Pseudonym „Sylvius" eine Broschüre „Über die Aufgaben der bayerischen Forstverwaltung". Diese kritische Schrift erregte an den hohen Stellen der bayerischen Regierung ein nicht eben freundliches Aufsehen, man
fahndete nach dem Verfasser, ermittelte ihn, und der damalige Vorstand
der bayerischen Staatsforstverwaltung, Ministerialrat von Schultze, begab
sich alsbald zu eingehender Inspektion nach Welden. Der großzügig objek-
tiven Persönlichkeit dieses hohen Beamten war es zu danken, daß das
Zusammentreffen für die Laufbahn des „Sylvius", als welchen sich Gang-

hofer seinem Chef gegenüber offen bekannte, eine unerwartet günstige Wendung brachte, die sich in der Folge auch für die bayerischen Staatsforste nutzbringend auswirken sollte. Die Überprüfung seiner Arbeit unter Inaugenscheinnahme der ihm anvertrauten Weldener Forste und die sich daran knüpfenden Aussprachen fielen so sehr zu Ganghofers Gunsten aus, daß der Ministerialrat ihn noch im selben Jahr als Kreisforstmeister nach Würzburg und von da dann nach München berief.

Diesen besonderen Mann also gewann sich mein Großvater (bei dem Ansehen seiner eigenen Person in Bayern dürfte ihm dies nicht schwergefallen sein) zum Berater für die Aschauer Forstwirtschaft und in der Folge zum Freund. Ob mein Großvater die in Versen geschriebene, von August von Ganghofer begonnene und später von Ludwig Ganghofer zu Ende geführte Chronik unserer Familie noch erlebt hat, weiß ich nicht. Der Nürnberger Maler Karl von Grundherr (auch er war ein Freund meiner Großeltern, und manche „Lüftlmalerei" gibt in Aschau noch Zeugnis von seinem gediegenen Können) hat die Pergamentblätter des mächtigen Lederbandes mit zeichnerisch wie farblich geradezu mittelalterlich feinen Vignetten und Miniaturen versehen.

Die Hand des damaligen Forstrates und späteren Staatsrates von Ganghofer läßt sich noch heute überall in den Aschauer Forsten erkennen. Den benötigten Überblick schaffte er sich zunächst durch unermüdliche Waldbegänge. Kaum einen von ihnen hat mein Großvater versäumt. Nur bei diesen weiten Bergwaldwanderungen habe man den Gutsherrn, so ward mir vier Jahrzehnte später von den inzwischen betagt gewordenen, aber damals noch jungen Aschauer Forstbeamten jener frühen Zeit erzählt, anders als im Gehrock gesehen. Aller sonstigen Alltagslast des Leitens und Entscheidens ledig, wanderte er glücklich und jeder Erklärung aufgeschlossen an der Seite des befreundeten Fachmannes durch sein grünes Reich. Da alle Zwischenbesitzer seit dem Tod des letzten Preysing, des Grafen Johann Christian im Jahre 1853, ebenso einseitig wie vergeblich daran interessiert gewesen waren, am Eisenerz großen Gewinn zu erzielen, hatte man den Forst und einige wenige in leicht bringbaren Lagen entstandene Kahlhiebflächen sich selber überlassen. Ganze Waldabteilungen waren davon bedroht, überständig zu werden. Sie baldmöglichst zu fällen und neu aufzuforsten war der erste dringende Rat, den Ganghofer gab. Die Sägewerke in der näheren Umgebung reichten für den Absatz nicht aus, auch eine vom Großvater schon in den ersten Jahren nach der Besitzübernahme errichtete Waldsäge änderte nichts daran. Damals baute er, nach Erhalt einer durch königliche Kabinettsorder heilsam beschleunigten ministeriellen Genehmigung, die Bahn von Prien nach Niederaschau, schuf so die

Verbindung zur Schnellzuglinie München–Salzburg–Wien, verschonte hierbei aber in weiser Beschränkung sein eigenes Tal.

In meiner Jugend haben alte Leute mir erzählt, daß die Gespanne der ganzen Umgebung aufgeboten waren, das Holz von den Lagerplätzen auf knarrenden Achsen zu dem großen Holzhof neben den Rangiergleisen der Aschauer Endstation zu verbringen. Bis hinauf zu dem Gasthof am Fuß des Schloßberges, also zwei Kilometer Landstraße, reihte sich, Fuhrwerk an Fuhrwerk, die geschlossene Kolonne. Das mag so ein Peitschenknallen und von manchem Jodler gewürztes „Wiasta-Hott" gewesen sein durch zwei, drei Sommer. Bräundl, Schweißfüchse, Rappen, ab und zu auch ein Scheck oder Schimmel oder gar ein Gespann jener herrlichen, aus den Stallungen unserer Bauern jetzt leider verschwundenen „Radltiger", einer Mittelart zwischen Schecken und Fliegenschimmeln, bildeten die bunte Pferdekette zwischen den mit geschälten weißgelben Stämmen beladenen Wagen; sie standen damals noch hoch in Ehren, unsere kraftvollen Bauernrösser! Und wie manche Maß Bier ward bei den unvermeidlichen Halts, wenn Wagen um Wagen abgeladen werden mußte, mit dem guten Zug der Durstigen geleert.

Die Frage aber, die den Forstmann der Gegenwart, den „Hochmodernen", angesichts solcher verbürgter Reminiszenzen beschäftigen müßte, ist vor allem die: Wo kam eigentlich dieses viele Holz her!? Geköhlert wurde unter den Grafen Preysing und trotz großen Holzkohlebedarfs für die Eisenhütte und die Nagelschmieden nur in den hohen, schlecht bringbaren Lagen, schön, und die Weiderechte reichten im großen und ganzen nicht allzuweit in den eigentlichen gutseigenen Forst hinein, auch gut, aber zuverlässigen chronistischen Aufzeichnungen nach war das Aschauer Tal bis zum Jahre 1848 das an Hirschen reichste der ganzen Gegend. Unten im Tal, in der Flußau und auf den Wiesen allein konnte man in manchen Oktobernächten ein bis zwei Dutzend Hirschhälse schätzen. Zählen läßt sich's bei solchem Großorchester nicht mehr. Dieses viele Rotwild mußte doch schließlich in den Wäldern rings um das Tal seine Einstände gehabt, mußte in ihnen gelebt haben! Und dennoch waren ihre Bäume in den Himmel gewachsen!? Und man konnte, weiß der bayerisch-blaue oder nebelig graue Himmel, im Aschauer Tal von einer Landschaft reden!! Und es gab sprudelnde Brunnen, ein Meer von Alpenflora, Vogelgezwitscher und strotzende Kuheuter in jener Zeit mehr als heutzutage! Vom Jahre 1848 bis in die Siebzigerjahre hinein waren es nach Adam Riese knapp drei Jahrzehnte. In dreißig Jahren wächst kein haubarer, geschweige denn ein überständiger Wald heran! Er braucht, in unserem Gebirg langsamwüchsig, mehr als die vierfache Zeit dazu. Und was an Holz aus den

Sägewerken kam, war damals nicht schlechter als heute; man braucht nur einmal die Dachstühle aus jenen glücklichen decennien sich mit ehrlicher Gründlichkeit daraufhin anzuschauen und zu prüfen. Doktorarbeiten sind lenkbar und in diesem Fall vielleicht nicht ganz so sachlich wie Griff und Blick eines erfahrenen Zimmermannes, der die Sachdienlichkeit beurteilt.

Hier muß irgendwer sich irren oder bewußt die Unwahrheit sagen. Fragt sich nur wer –!!??

Von den jägerischen Taten der beiden Ganghofer in den hiesigen Wäldern weiß ich nur wenig zu berichten. Sie dürften beide in den Staatsforsten hinlänglich Gelegenheit zum Jagen gehabt haben. Von Ludwig, der bei der Aschauer Jägerschaft im Gegensatz zum Vater, dem „Herrn Rat", der „Herr Doktor" Ganghofer hieß, besitze ich eine etwas kümmerliche Gamskrucke und ein Lichtbild vor einem von ihm erlegten „bildschönen" Zwölfer, der freilich, trotz herrlicher, wie Kerzenflammen leuchtender langer Enden für heutige Maßstäbe etwas zu jugendlich gewesen sein dürfte. Aber der jägerische Habitus des Erlegers vom Schuhwerk über den Stutzen bis zum Hut, vor allem aber mit der ernsten Schweißbracke an der Seite, ist von einwandfreier Erfreulichkeit. Als er im Jahre 1896 zusammen mit seinem Vater und seinem intimen Freund, dem Graphiker Allers, einen seiner zahlreichen Aschauer Besuche machte, war sein „Deutsches Jägerbuch" gerade im Entstehen. Es enthält von Wilhelm Allers Meisterstift unter vielen anderen mehrere der glanzvollsten Zeichnungen aus dem Aschauer Landschafts- und Personenkreis. Seither haben sich viele Künstler mit jagdlicher Graphik befaßt, aber unter ihnen befindet sich nur einer, den ich Allers an die Seite stellen möchte, unser großer Zeitgenosse, der Holländer Rien Poortvliet. Dabei muß man freilich bedenken, daß Allers kein Wildkenner im vollen Sinn des Wortes war und nur wenig Gelegenheit gehabt hatte, *lebendes* Wild zu beobachten und zu „portraitieren". Bei seinem Wissen um das Wesentliche in der Kunst und seiner damit verbundenen klaren Selbstkritik hat er auch nur selten diesen Versuch unternommen. Wild auf der Strecke dagegen hat er genauso faszinierend festzuhalten verstanden, ihm war er ein ebenso genialer Interpret, wie den Menschen und Landschaften, den Beleuchtungen, Stimmungen, Ausstrahlungen um sie, auf und in und von ihnen. Allers hat auf der Höhe seines Lebens und als ein Künstler, auf dessen Bedeutung schon weite Kreise aufmerksam geworden waren, Deutschland verlassen. Die genauen Gründe, die ihn dazu veranlaßten, wurden nicht bekannt. Es erscheint aber sicher, daß er nicht freiwillig zu diesem Entschluß gekommen war. Den Rest seines Lebens verbrachte er in Italien, nahm, fern dem alten Freundeskreis, mit nur wenig Beziehungen und Empfehlungen, schließlich ständigen Wohnsitz auf Capri. Hätte er in Süddeutschland, wo er schon festen Fuß gefaßt hatte, weiter arbeiten können, so wäre er der erste Portraitzeichner seiner Zeit geworden und hätte sich, trotz seiner auch aus damaliger Sicht konservativen Kunst, in der vordersten Reihe der zeitgenössischen Graphik behauptet. So aber ging aus Gründen, die man heute wahrscheinlich als nichtig ansehen würde, der deutschen bildenden Kunst ein erster Meister noch vor seiner letzten Vollendung und Reife verloren.

Zurück in unsere Wälder, zurück in die Zeiten, da August Ganghofer seinen Ratschlag für Standplatz und Bau unserer Jagdhütten erteilte.

„Inserne Hütten da herin, woaßt, die hat a Naturfreund baut und koa Jager net." So beurteilte ihre Standplätze der Jagdgehilfe Steinberger, von dem ich nachher noch erzählen will und der in den Zeiten nach dem Ersten Weltkrieg auf dem Gebiet des Jagdschutzes bei uns Vorzügliches leistete, als es dringend not tat, der „mit Fronterfahrung und -ausrüstung" (die Birsch auf Schneeschuhen, wie sie dazumal hießen, war durch die Alpenkorpskämpfer zur neuesten Mode geworden) hoch ins Kraut geschossenen Wilderei entgegenzutreten. Nur mit der ersten Hälfte seines Satzes hatte er recht, denn August Ganghofer liebte die alpine Landschaft und war bei jedem Birsch- und Waldgang an ihre ewig neuen Bilder hingegeben. Er erzählte einmal meinem Vater, daß ihn in einem der Staatsreviere ein ausgezeichneter, aber schon hochbetagter Berufsjäger oft geführt habe. Dem wurden mit den Jahren die weiten Wege recht hart. Da er aber nicht gern den von ihm geführten Ministerialrat um eine Rast bitten wollte, blieb er manchmal mit jähem Ruck stehen und drehte sich um: „Hat's jetzt net grad g'schossen!?"

„Ich habe nichts gehört."

„Moa scho. Miaß mer uns a bissei niedersitzen, da geht was!"

Wenn Ganghofer, der als Endsechziger und Siebziger noch zusammen mit meinem damals jungen Vater allsommerlich seine Aschauer Waldbegänge machte, hierbei an einen Platz mit besonders schöner Fernsicht kam, pflegte er (sonst sprach er reines Hochdeutsch) meinem Vater zu sagen:

„Hat's jetzt net grad g'schossen? Miaß mer uns a bissei niedersitzen!"

Zugleich aber war er ein Jäger von hohen Graden und zu seinen Revierförsterzeiten im Wildererfangen selber erfolgreich. Der Vorteil einer versteckten Lage der Hütten für den Jagdschutz wird, da man sich (wenn man allein an den Rauch aus dem Kamin denkt) trotzdem nicht völlig unsichtbar machen kann, und der Jäger auch nicht ausschließlich von dort aus seine Schutzgänge unternimmt, überschätzt. Keinesfalls wiegt ein dumpfes, sonnenarmes Versteck die Freude freien Schauens und Atmens und auch jägerischen Um- und Anblickes auf.

„Jetzt hab' i die Tiroler wieder a Rachei eina g'macht in Kamin, oben auf der Schreck!" pflegte der Forstverwalter Meggendorfer zu sagen, der während des Vierzehnerkrieges, als die meisten Gehilfen im Feld standen, sich seine Arbeit im Revier und am Schreibtisch gut einteilen mußte. Er stopfte ein paar harzige Riesenklötze in den kleinen braunen Sesselofen, dessen Schür solche Wucht kaum aufnehmen konnte. So hielt das „Rachei" bis zum Dunkelwerden an, und er konnte beruhigt in seine Kanzlei zurückkehren.

Die meisten Hütten aus der Zeit des „Herrn Rates Ganghofer" sind mir schon lange nimmer zugänglich, aber als ich noch in ihnen zukehrte, gedachte ich, gerade wenn ich auf der Bank vor der Hüttentür saß, oft dankbar des Anregers und geistigen Urhebers solchen Glücks.

Über die Gründe, die den Ministerialrat, der damals allerdings nah an Siebzig gewesen sein muß, dazu bewogen, beim Staat um seine Pensionierung einzugeben, gehen die mir zugänglichen Darstellungen insofern auseinander, als die offizielle Version sie nur in diesem Alter und seinem freien Wunsch erblicken will, die in meiner Familie überlieferte sie aber anders erklärt: Gegen Ende des vorigen Jahrhunderts kam es in den großen Reichswaldungen um Nürnberg zu dem verheerenden Nonnenfraß, der auf weiten Flächen jene prachtvollen Kiefernbestände vernichtete, die durch Jahrhunderte der Monokultur vermutlich in ihrer Lebenskraft geschwächt waren. Man sann, man rief, man schrie nach Abhilfe und wollte alle umliegenden Wälder durch „Leimen" schützen, das ein Aufsteigen der im Boden aus den Eiern geschlüpften Raupen in die Föhrenkronen verhindern sollte. Aber Ganghofer, der sich an Ort und Stelle genau informiert hatte, winkte ab. Die Vermehrung der Nonne, so argumentierte er, sei so uferlos fortgeschritten, daß ein Leimen der angrenzenden Bestände nichts mehr nützen und durch seine Kostspieligkeit den Staat nur weiter schädigen würde. Es müßten die sich gleichfalls mit geradezu wahnwitziger Schnelligkeit vermehrenden Parasiten, vor allem die Schlupfwespe, kommen, und dem Grauen ein Ende machen. Verschiedene trotzdem angestellte Versuche mit rund um die noch gesunden Stämme gezogenen Leimringen und Ausheben von Fanggräben gaben ihm recht. Sie waren kostspielig, halfen nicht, bremsten nicht einmal ab.

Die Schlupfwespe kam, vielleicht nicht ganz so schnell, wie Ganghofer es erwartet hatte, aber sie kam, und der böse Spuk war aus. Dieser Ablauf der Geschehnisse war aber einigen, vor allem einem seiner von Ehrgeiz und Neid geleiteten früheren Mitarbeiter, willkommener Anlaß, dem

Chef die Schuld an dem über den Nürnberger Reichsforst gekommenen Unheil zuzuschieben. Verärgerung und Enttäuschung darüber waren die eigentlichen Gründe für Ganghofers Rücktritt. Sein angeblich an diesem Ränkespiel als erster Drahtzieher beteiligter langjähriger Mitarbeiter, ein Ministerialrat von Huber, wurde sein Nachfolger, aber der auf nicht ganz geradem Weg neu erworbenen Position nicht sehr lange froh: Einige Jahre später fiel er dem Antrag des ob seiner Sachkenntnis in der Ersten Kammer ebenso geachteten wie gefürchteten Grafen Hans Thoerring zum Opfer, der, wenn es mir recht erzählt wurde, mit handfestem Material letzten Endes die Duldung nachlässiger, den Staat schädigender Operate in den bayerischen Forsten aufdeckte und ihm zum Vorwurf machte. Eine kleine Schadenfreude war dem Staatsrat von Ganghofer noch durch die „Koppelgeschichte", wenigstens durch deren ersten Teil (ob er den zweiten noch erlebt hat, weiß ich nicht), vorbehalten. Die Nachfolger pflegten damals von ihren Vorgängern die nur zu seltenen Anlässen getragene Galauniform käuflich zu übernehmen. Das Teuerste an diesem Pracht- und Festgewande war das breite, in Gold (ich glaube mit Eichenlaub) reich bestickte Koppel. Der Ministerialrat von Huber muß ein überdurchschnittlich korpulenter Mann gewesen sein; das Ganghofersche Koppel ging nur zu zwei Drittel um ihn herum. Er mußte sich seufzend zur kostspieligen Neuanschaffung bequemen, und als auch er seinen hohen Posten verlor, bekam er einen ziemlich schlanken Nachfolger, der das preiswerte Ganghofersche Koppel vorzog.

Was aber den Antrag Thoerring anbelangt, so bedaure ich zutiefst, daß wir nicht mehr in den goldenen Zeiten leben, die solche Extensität der Forstwirtschaft gestatteten wie jene unter der Ära Huber. Die damals noch als „unproduktiv" selig und für Wild und Landschaft segenbringend schlummernden Alpenwälder haben, um sie bring- und nutzbar zu machen, viel Schweiß, Mühsal und Geld gekostet und kosten dies zum Teil durch anspruchsvolle Straßenbauten heute noch.

Mein Großvater, diesmal der Vater meiner Mutter, von dessen Denkungsart ich viel übernommen habe, war damals in der Reichsratskammer der einzige, der sich zur Inschutznahme des Ministerialrates von Huber zum Wort meldete und diese Reservepolitik mit ethischen und wirtschaftlichen Argumenten verteidigte.

Aber da bin ich wieder einmal vom Grundthema der Hütten abgekommen. Merkwürdigerweise sind sie zu Ganghofers Zeiten fast alle auf der Ostseite unseres Tales entstanden. In der Westhälfte des Besitzes stellte sich der jägerischen Reviererschließung durch Hüttenbauten ebenso unauffällig wie zäh ein anderer entgegen, und das war unser späterer Herr

Forstrat, der damalige Revierförster Häffner. Besseres als unkomfortable Notquartiere, als dürftige Unterschlüpfe bei Einbruch schlechten Wetters, ließ er in den von ihm betreuten Bereichen nicht zu. Gegen die Hütten an sich hätte er wahrscheinlich nichts gehabt, aber – so zumindest behaupteten seine Untergebenen, die seine Korrektheit zwar achteten, ihn aber fast alle nicht mochten – er wollte in seinem Bezirk keine Jagdgäste sehen, um sich ein möglichst großes Feld zu eigener ungestörter Jagdausübung freizuhalten. Ganz unrecht hatten sie damit wahrscheinlich nicht, obwohl seine sonst schätzenswerte große Sparsamkeit sicher auch mitbestimmend dafür gewesen ist, daß er nur alte, ihrem ursprünglichen Zweck nicht mehr dienende Almkaser und das zu drei Vierteln verfallene Wohnhaus eines kleinen Bergbauernanwesens, das die Vormünder meines Vaters einmal dazugekauft hatten, dem berechtigten Drängen der Außenbeamten nachgebend, zum Jagdhüttengebrauch freigab. Man fand darin aber keine Betten vor, sondern nur einen mit Lahnerheu metertief angefüllten Holzverschlag, einen „Kreister". Ich habe nirgends im Leben eine ausruhsamere Schlafunterlage gefunden als dieses Heu, das, ähnlich wie Seegras, keinen starken Duft ausströmt, im übrigen breithalmiger und länger ist als dieses. Seiner Härte wegen gleicht es sich dem Körper nur federnd an, ohne daß man darin versinkt. Die Forstverwaltung achtete auch streng darauf, daß es alljährlich vollkommen erneuert wurde. Wenn man wollte, konnte man noch eine Decke darauf ausbreiten und seinen Mantel (so er nicht gerade am Herd trocknete) als Kopfunterlage benützen. Also nichts gegen die „Kreister"! Schlechter stand es um die übrige Einrichtung, vor allem um die offenen Feuerstellen, die bestenfalls durch kleine eiserne Sparherde ersetzt wurden, für die ein Blechkamin durch den alten Rauchfang oder eines der Fenster gezogen werden mußte und die, wenn sie erglühten, zu richtigen Hitzespeiteufeln wurden, bei ausgegangenem Feuer aber schnell erkaltet waren. Das sonstige Inventar durfte auch der Unverwöhnte als kümmerlich bezeichnen.

Der Förster Steiner erzählte mir mehrmals mit im Erinnern noch bis über die Stirne aufsteigender Zornesröte im breiten Gesicht, er habe einmal eine Petroleumlampe für eines dieser „verrußten Löcher" angefordert.

„Petroleumlampe!? Zu was braucht mer denn da oben a Lampen!?"

„Damit mer was siehcht, bal's dunkel is", gab der Unerschockene zurück.

„Da zünd't mer a Kerzen an. Wenn ich auf der Hütten bin, dann setz ich mich ans offene Feuer oder ich mach die Ofentür auf. Der Löffel mit 'm Schmarrn find't scho hin zum Mund. Und meine Zigarre zünd' ich mir dann an einem Span an."

Daß es dem Forstrat für längere Zeit gelang, auf solche Art seinem Bezirk die Jagdgäste fernzuhalten, ist nicht verwunderlich. Aber selbst wenn er dies vor allem deshalb bewerkstelligte, um sich sein Jagdgebiet unbeeinträchtigt zu reservieren, es von der Beunruhigung durch den keiner Jagd zuträglichen Gästebetrieb freizuhalten, hat das ihm anvertraute Revier bedeutenden, in gewissem Sinn (was die bessere Rotwildrasse anbelangt) noch heute merkbaren Nutzen davon gehabt. Er war kein Jäger, der seiner Passion nicht die Zügel anzulegen vermochte. *Ein* Spielhahn, seines gestörten Hörvermögens wegen nur ausnahmsweise ein Auerhahn, ein bis zwei oft kapitale Rehböcke, ebenso viele stets ausgesucht starke Gamsböcke und immer nur *ein* starker und alter Brunfthirsch, das war sein, gemessen an den damals vorhandenen hohen Wildbeständen, sehr bescheidenes Jahresquantum. Durch volle zwölf Jahre unterlief ihm dabei kein Fehlschuß, und die Zahl der anfangs aus schwerbleikalibriger Büchsflinte, später aus seinem 6 mm Mauserrepetierer verschossenen Patronen entsprach fast immer der Stückzahl. Diese maßvollen Freuden versuchten ihm seine Forstwarte und Jagdgehilfen, unter ihnen auch mein wackerer Steiner, zu vergällen, wie immer sich's nur machen ließ. Neid, Ärger über den Entgang des Vorteils, Jagdgäste führen zu können, nicht zuletzt auch das Durchschauen seiner Politik, gegen die sie im Grund keine Handhabe hatten, das alles waren auf ihrer Seite die „edlen Antriebe". So führte der Förster Steiner einen Dauerjagdgast und Freund meines Vaters, den österreichischen Baron Fiedler vom Isarborn, der sich in Aschau angekauft hatte, geflissentlich zur ausgehenden Feistzeit in die Nähe des vom Forstrat am liebsten aufgesuchten Brunftplatzes, wo sich alljährlich (übrigens noch heute) ein größeres Feisthirschrudel zusammenfand, eh der heilige Magnus, der „St. Mang", der den Hirsch „in Gang" bringt, es zerstreute. Dem hatte der Oberförster schnell dadurch einen Riegel vorgeschoben, daß er meinen Vater darauf aufmerksam machte: Durch Bejagung der übervergrämbaren Feisthirsche zu Ende August, und überdies im Herzen der Jagd, gefährde man, so sagte er, den Bestand an alten Hirschen, die daraufhin über oft weite Strecken auswechselten. In der Folge sei dann der ganze Brunftverlauf gestört. Damit hatte er (vor allem an diesem Platz) recht, mein Vater sah dies ein und bat seinen Gast, künftighin ab 10. August alle Jagdausübung einzustellen. Aber den Steiner, der sich hier wirklich nur von Gehässigkeit leiten ließ, wurmte dieser Erlaß. Er überredete seinen Kavalier, der seinerseits die ihm freundschaftlich gewährte Freizügigkeit im nordwestlichen Revier etwas gar weitherzig ausnützte, noch ein oder zwei Tage nach dem vom Gastgeber bestimmten Termin einen guten Vierkronenhirsch zu schießen, der gerade erst angefangen hatte zu verschlagen; nur die Endenspitzen schauten aus der Basthülle heraus. Das führte sogar bei meinem großzügigen Vater zu einer Verstimmung, und der Jäger bekam mit Recht eine „Nase". Die Regie, welche alsbaldige Kenntnisnahme des Jagdherrn von dem Vorgefallenen bewirkte, hatte, wie zu erraten nicht schwerfällt, der Oberförster geführt. Verübeln kann man ihm, der die Einstellung seiner Unterorgane und das Grundmotiv zu solcher Disziplinlosigkeit wohl erkannte, dies eigentlich nicht.

Schließlich hat die zunehmende Zahl von Jagdgästen aber auch auf der westlichen Talseite zum Bau von freilich nur kleinen Hütten geführt, die gleichfalls statt der Betten den müden Knochen nur einen Kreister boten, sonst aber ganz akzeptabel eingerichtet waren. Daß der menschlicher Notdurft erbaute Palazzo mit herzförmigem Guckloch in respektvoller Entfernung aufgestellt war, hatte wünschenswerte ozonale Vor- und zugleich unbequeme Nachteile. Bei Finsternis mußten ortsfremde Gäste ihn mit brennender Laterne aufsuchen, und manchmal kehrte man auch händereibend und als Schneemann in die warme Geborgenheit der Hütte zurück. Die einzige für Holzknechte und Jäger kombinierte und seit Jägergedenken von ihnen benützte Hütte im Westteil stand und steht noch heute in dem vom Revierförster selber weniger bevorzugten Südteil seines Bezirkes, auf der von mir oft besungenen Elandalm. Ein aus irgendwelchen Gründen nimmer benötigter uralter, aber steingebauter und leidlich geräumiger zweiter Almkaser ist es. Auf der Elandalm bestanden in früheren Zeiten keine fremden Almrechte, und man hatte sich vermutlich eines Tages dazu entschlossen, das „Herrschaftsvieh" (so vornehm betitelte man damals die gutseigene Herde) von nur einem Sennen betreuen zu lassen. Dadurch wurde, weil auch zugleich ein zweiter Stall näher zum unteren brunnennahen Almkaser hingebaut wurde, der obere frei. Gerade verschwenderisch wurde aber auch bei diesen, sich wahrscheinlich in mehreren Etappen vollziehenden Umgestaltungen nicht verfahren, was anfangs seine malerisch-romantischen Reize mit sich gebracht haben muß. So war, selbst nachdem man für die „Kavaliere" die frühere „Kaserkuchl" als Schlaf- und Aufenthaltsraum umgestaltet hatte und sich zum Kochen nur noch des Herdes im Jäger- und Holzknechtraum bediente, die Decke im Gastraum nicht entrußt worden und glitzerte durch viele Jahre steinkohlenschwarz im Lampenschein.

Allmählich klärte sich das anfangs unübersichtliche Kommen und Gehen dahin, daß die im Lauf der Jahre mit dem Wildbestand gewachsene Zahl der Gäste sich auf drei Hauptplätze und -hütten verteilte: auf die Dalsen, auf die Schreckalm und auf die Elandalm. Hauptstützpunkt zur Zeit der Gamsbrunft aber wurde die Aschentalhütte. Mein Vater, der das Hüttenleben nicht mochte und in der Jugend ein schneller Bergsteiger war, hatte sich seine besonderen Plätze reserviert, die er vom Tal aus bejagte.

Sicher ist es dem Rat von August Ganghofer zu danken, daß für diese vier Unterkünfte Hüttenbücher geschaffen wurden, deren Ausführung und hübsche Gestaltung hinwiederum ganz dem Schönheitssinn und der unendlich akkuraten Art meiner Großmama entspricht. Damals nannte man, glaub' ich, das glatte, wie poliert glänzende dunkelgrüne Leder der Einbände Kutschenleder. Auf jedem der Bände war in goldenem Aufdruck der Name der Hütte vermerkt, jeder war mit Goldschnitt und Bleistiftschlaufe versehen und in der rechten oberen Ecke mit einem jeweils anderen, aus versilbertem Kupfer gefertigten Emblem verziert: Hirschhaupt im Eichenlaub, Gamshaupt in der Latschengirlande, Jägerhut mit zwei gekreuzten Stutzen. Und in diese Bücher trugen nun die Gäste, mehr oder weniger ausführlich, zuweilen militärisch überknapp, manchmal bescheiden, öfters mit erfolgbeflügeltem, selbstbewußtem Überschwang, ihre Taten ein und verschwiegen sie auch ab und zu, wenn sie unrühmlich waren.

Der „Radlschuster"

Es würde nicht nur ein, es würde mehrere Bücher füllen, wollte ich von jeder der Gastgestalten, die unsere Wälder im Lauf von fast einem Jahrhundert durchstreift haben, und auch nur von ihren wesentlichsten Taten hier berichten.

Bevor ich aber das eine oder andere aus diesen Erinnerungen herausgreife, möchte ich noch etwas beim Jäger Steinberger verweilen, dem Hüttenkritiker und Wildschützenschreck und wohl dem sonderbarsten Jagdgehilfen, der sich je in meines Vaters Diensten befunden hat. Irgendwo in der weiteren Umgebung unserer Kreisstadt Rosenheim muß seine ärmliche Wiege gestanden haben. Er sprach mir nie davon; es müssen notvolle Verhältnisse gewesen sein, unter denen er aufwuchs. Eins aber hatte die Muttermilch ihm mit auf den ungewissen Weg gegeben: eine waldwurzelzähe Natur und eine sägeblattharte Gesundheit. Mit 15 Jahren fing er zu wildern an und wurde bei seinem ersten Rehbock schon gleich vom ziemlich bejahrten Pächter der heimatlichen Gemeindejagd, einem Altbauern, erwischt.

„Girgei, Girgei, du gehst an schieafen Pfad!" mahnte der seelengute alte Mann. „Kehr um, kehr um ehvor 's z'spaat is!"

Aber der Girgei schoß bald darauf mit etwas mehr Vor- und Umsicht seinen zweiten Bock. Und damit war der „schieafe Pfad" endgültig betreten, und er setzte ihn fort. Noch einmal bot sich ihm ein knappes Jahrzehnt später Gelegenheit, ihn zu begradigen, als der alte Baron Crailsheim, ein oberbayerischer Landedelmann von bester rauh patriarchalischer Art und ein Waidmann ohne Tadel (noch heute wird auf Schloß Amerang ein freilich schon recht verruppftes ausgestopftes Füchsepaar gezeigt, das er mit seiner alten Hahndoppelbüchse – wohl zu bedenken, vor Zeiten der Zielfernrohre! – bei Mondschein und Schnee aus seines Ahnensaales Fenster auf 150 Schritt als Doublette geschossen hat), als der also den jungen Steinberger sich kommen ließ:

„Georg, du werst a richtiger Lump, wenns d' so weitermachst, saufen, raufen und wildern. Ich nimm dich als Jäger, wenns d' mir in die Hand nein versprichst, daß du dich ändern willst."

Aber der Steinberger wußte, was zu der Zeit ein Gutsjäger verdiente und kannte sich damals selber schon einigermaßen. Er wollte – die einfachen Worte, mit denen er mir's erzählte, waren überzeugend – er wollte den von ihm verehrten Baron nicht enttäuschen, war andererseits durch seine Wilddiebstähle schon an bessere Einnahmen gewöhnt und von einem alle Bande sprengenden Freiheitsdrang erfüllt. Das Saufen hatte er sich angewöhnt, als er seine zwei Militärjahre abdiente und das Heimweh nach Wald und Wild und freiem Umherstreifen ihn fast umbrachte.

„Zwanzg Stund bin i oft drin g'sitzt im Matthäser, wenn i Ausgang g'habt hätt, und ho oa Maß um die ander owag'suffn. Des g'wohnt mer und kann's danach hart mehr g'raten."

Und so sagte er dem Freiherrn ab: „Na, Herr Baron, des kannt i net ei'halten. Mit an Jagerg'halt kam i net z'recht und rühr'n muaß i mi a kinna. Aber des vosprich i: zu ehana, Herr Baron, gehn i nimmer eina, des vosprich i ehana." „Tät dir's auch nicht raten", sagte fast ein wenig belustigt über diesen nicht erwarteten Erfolg seines Angebotes der Baron, „und jetzt schau daß d' nauskommst!"

So beging er seinen Pfad also weiter und sehr bald mit einer Spezialisierung, die dem Georg Steinberger einen Spitznamen eintrug, unter dem er im ganzen Oberland und für sein folgendes Leben bekannt werden und gezeichnet sein sollte, den er nicht mehr anbrachte. Er ließ es nimmer bei den Rehen bewenden und weitete seine Jagdgründe auch auf Rotwildreviere und sogar auf die königlichen Leibgehege aus. Um aber auf seinen Beutezügen überraschend heut da und morgen dort einfallen zu können, bedurfte er eines schnelleren Fortbewegungsmittels als seines eisernen Gehwerks. Damit kam er aufs Fahrrad. Und weil er, sei es mit, sei es ohne Beute auf dem sehnig breiten Rücken, oft weit von der Stelle, wo er sein Rad abgestellt hatte, den von ihm bejagten Wald wieder verließ, er überdies auch befürchten mußte, beim Abholen seines Vehikels geschnappt zu werden, stahl er ohne schwächliche Bedenken das nächstbeste stählerne Roß, dessen er irgendwo, sei's vor Wirtshäusern, sei's in der Nähe von Arbeitsplätzen, oder sogar in privaten Holzlegen, habhaft werden konnte und entfloh, zumal wenn er die Beute gut an irgendeinen für seine Begriffe vertrauenswürdigen Wirt verhökert hatte, mit Windesschnelle neuen Taten entgegen. Man brachte natürlich nach einiger Zeit heraus, wer der gewohnheitsmäßige Fahrraddieb war, hat ihn wohl auch ein paarmal erwischt, und das trug dem inzwischen berüchtigten Wildschützen den Namen „Radlschuster" ein. Darüber hinaus gab's Räusche und Raufhändel am laufenden Band. Einmal versteckte er sich mit entsprechender Helfershelferverpflichtung bei einem der damals größten Lumpen der ganzen Gegend, einem Großbauern in der Nähe von Söllhuben, der Jagdpächter war und dies dazu benützte, die ganze jagdliche Nachbarschaft im Umkreis von mehr als zehn Kilometern zu seinem Revier zu machen und nebenher noch Vieh und Schafe zu stehlen. Auch ein Steckbrief soll gegen den Radlschuster gelaufen sein. Aber der Beginn des Ersten Weltkrieges machte all dem ein Ende. Er bekam seinen Gestellungsbefehl, oder – ich weiß nicht, ob ich's recht in Erinnerung habe – er meldete sich aus dem Kittchen freiwillig zur Truppe.

Mochte er während seiner aktiven Dienstzeit (ich weiß es nicht, halte es aber für wahrscheinlich) ein langes Strafregister gehabt haben, als Frontsoldat erwarb er sich nicht nur das Wohlwollen, sondern der stets kühnen und fast immer erfolgreichen Ausführung seiner Aufträge halber auch das Vertrauen seiner Vorgesetzten. Mehrmals machte er auf Patrouille Gefangene und erhielt sehr bald das zu Kriegsbeginn noch seltene Eiserne Kreuz. Als dann die Fronten zum Stellungskrieg sich verzerrten und starr wurden und ein lästiges, etwas höher als die deutschen Stellungen verlaufendes Grabenstück der Franzosen erobert werden sollte, schlug er seinem Zugführer vor, frontal einen Scheinangriff zu machen; er selber umflügelte indessen auf dem Bauch kriechend von rechts her den feindlichen Graben und nahm sich zwei von ihm ausgewählte Männer mit, die ihm, wie sich später herausstellte, als Büchsenspanner dienen mußten. Während er von der Flanke her in den feindlichen Graben hinein auf die durch den Scheinangriff abgelenkten Franzosen feuerte, bekam er für den nach hinten geworfenen leergeschossenen Karabiner immer wieder einen frischgeladenen nachgereicht.

„G'feit moan i hab i garkoan", erzählte er mir. Jedenfalls gelang der Einbruch und durch den die Verwirrung nutzenden Sturm der übrigen Kompanie das Aufrollen jenes gefürchteten Stellungsstückes. Der Radlschuster aber bekam damals die goldene Tapferkeitsmedaille und drei Wochen Heimaturlaub. Was er in dem dann wohl getrieben haben mag!?

Er war jetzt, selber stolz auf seine Taten, am Anfang eines besseren Pfades. Aber Nietzsche hat das trostlose Wort von der von „Satans Hand und Schlag" geprägten Münze gesprochen. Der Steinberger war wohl, wenn er betrunken war, ein rauflustiger Krakeeler, sonst aber kein ausgesprochen händelsüchtiger Mensch. Trotzdem forderte er, wie, weiß ich selber nicht, die Aggression anderer, vor allem verkommener Menschen, heraus. Vielleicht war es so, daß sie spürten, er sei doch ein anderer Kerl als sie, einer, der zu mehr fähig war, der Taten vollbracht hatte, obwohl er auf gleichem Boden gewachsen und geworden war wie sie.

Als er schon bei uns Jäger war, saß er einmal, es war nach der Enthüllung des Aschauer Kriegerdenkmals, in Jagdgehilfenuniform mit seinen Kameraden in einer durchaus gediegenen Wirtschaft beim Bier. Alle trugen sie ihre Kriegsauszeichnungen, und auch er seine Goldmedaille sehr sichtbar auf dem Mantel. Da kam ohne vorhergegangene leiseste Provokation einer, ein Kraftmeier und, wenn unter Alkohol stehend, ekelhaft streitsüchtiger Bursche an den Tisch der Forstleute und beschimpfte ihn. Er wollte hochfahren wie eine gereizte Bracke, aber der Forstwart seines Bezirkes, ein gleichfalls kriegserprobter, reich dekorierter und durchaus disziplinierter Mann, nahm ihn beim Arm:

„Komm, Georg, in der Uniform wird nicht gerauft. Komm, wir gehen!"
Der blaß gewordene Steinberger gehorchte, nachdem er dem Herausforderer einen sprühenden Blick aus seinen dunklen Augen zugeworfen hatte, und ließ auch das Nachkrakeelen des anderen „Schaugt's 'n o, den Schisser, mit sein Platschari" unbeachtet. Schon nahten sich die beiden Forstleute auf offener Straße dem frisch enthüllten Denkmal, da kam der andere, der Pauli, ihnen nach.

„Bleib steh, wenn's d' a Schneid hast, dir wer i's glei zoang, Radlschuaster windiger!" schrie er hinter ihm her. Der Steinberger blieb stehen und ließ den Schreier nahe heran, dann aber zog er blitzschnell seinen Hirschfänger, und als der Verfolger schon die Faust erhob, haute er ihm mit der anscheinend gut geschärften Klinge über den Kopf. Der Kraftmensch stürzte der Länge nach hin, Blut strömte und – zur Rechten sah man und zur Linken einen halben Velourhut heruntersinken. Als der Radlschuster mir die Geschichte erzählte, schüttelte ihn das Lachen so, daß ich mich selber vor Lachen kaum beruhigen konnte. „Sein neu'n greana Felurhuat, hahaha, in aller Mitten vonand!" Er führte die Bewegung des geschwungenen Schwertes in der Luft nochmals aus und pfiff dazu durch die Zähne, „rechts und links is er eahm owakippt, hahahaha!"

Während seines Heimaturlaubs damals erging es ihm schlechter. In der Wirtschaft am Rosenheimer Bahnhof geriet er, gleichfalls wegen seiner Medaille verspottet, in eine Rauferei und haute mit einem Stuhl wirkungsvoll um sich, bis ihm einer von hinten her das Messer hineinstieß. Während des ganzen Feldzugs hatte er keinen Streifschuß mitbekommen, jetzt mußte er wegen einer erheblichen Lungenverletzung frontuntauglich geschrieben werden. Aber als er aus dem Lazarett entlassen wurde, nahm sich seiner der Vorstand der Vereinigung der Tapferkeitsmedaillenträger an.

Der an der Front Erprobte hatte verspürt, wie anders es war, statt sich immer nur mit der Polizei im Nacken auf krummen Schleichpfaden zu bewegen, anerkannt, belobt und gar ausgezeichnet zu sein. Er wollte nimmer in sein altes Leben zurück. Das sprach er offen aus, und sein wohlwollender neuer Gönner erkannte, daß er die Wahrheit sprach. Der nun hatte Beziehungen und trat mit meinem Vater in Verbindung. Mein Vater, der immer gern half und dessen Welt- und Lebensklugheit ihm sagte, daß umgedrehte Kanonen meist gute Schußwirkungen haben, nahm den Mann mit der Goldmedaille in seine Forstverwaltung auf. Ich sah den Radlschuster, von der ganzen Vorgeschichte nichts wissend, erstmals auf einem Spaziergang mit meinem Großvater, der damals zweiundsiebzigjährig noch bei einem Armeeoberkommando Dienst tat und, kurz in Aschau weilend, seine Oberstuniform trug. Ein kräftig und ziemlich hochgewachsener, unter der scharf gebogenen Nase blond schnauz- und spitzbärtiger Mann im langen Forstuniformmantel mit Uniformhut und Adlerfeder kam uns, ich weiß es noch wie heute, auf der gefrorenen Landstraße entgegen. Wer war denn das, dachte ich, ich kannte unsere Jäger doch alle!? Der Großvater, der anscheinend Bescheid wußte, blieb stehen:

„Sie sind . . ."

„Jagdgehilfe Steinberger", machte der fremde Mann, in sehr guter militärischer Haltung salutierend, seine Meldung.

„Sie haben die goldene Tapferkeitsmedaille?"

„Jawohl, Exzellenz!", auch diesen Titel des Großvaters kannte er also schon.

„Gewöhnen Sie sich gut hier ein!" sagte der Großvater und gab ihm die Hand, und ich folgte seinem Beispiel, dem Neuen erstaunt ins Gesicht schauend. Merkwürdig, aber irgend etwas störte mich an diesen Zügen. Sie waren, wohl der überstandenen Verwundung wegen, sehr blaß, und die braunen Augen hatten einen schwermütigen Ausdruck. Das vor allem befremdete mich, und etwas, ich konnte damals nicht klar erfassen was, etwas, was ich nicht kannte, was mir Angst einflößte, hatte dieses Gesicht gefurcht und gezeichnet. Es war, heut' weiß ich es, die niedrige Welt mit ihren Fesseln und ihrem Zwang, in die er nicht zurückwollte.

Als ich ihn ein paar Jahre später (der Zufall hatte es gefügt, daß ich, in schulische Pflichten eingespannt, lang nimmer mit ihm zusammentraf) wieder sah, war er völlig verändert, lustig, voll kaum gebändigtem Temperament, voll Lust zu erzählen und voll von zuversichtlicher jägerischer Verheißung. Er hatte inzwischen geheiratet und ein paar Kinder bekommen. Seine Frau war weit jünger als er und ein ernstes, hübsches Mädchen gewesen. Niemand wollte recht verstehen, wie sie gerade auf diesen Unhold hatte verfallen mögen. Aber sie hielt zu ihm. Im Jagdschutz hatte er manch guten Erfolg erzielt. Auch da wendete er zumeist seine alte Methode des Schnellfeuers an. Wenn er befürchten mußte, die Wilderer (sehr oft jagten sie damals in größeren Gruppen und trieben in den weiten Latschenfeldern einander das Wild zu) nicht einholen zu können und sich überdies nicht gern mit vier, fünf Männern auf einen Nahkampf einlassen wollte, dann verfeuerte er aus seinem abgeänderten Militärgewehr auf oft beträchtliche Entfernungen mehrere Rahmen nach den zunächst Ahnungslosen, sah mit scharfem Auge die Einschläge der Kugeln und korrigierte danach sein Feuer. Nach dem Gesetz hätte er das nicht gedurft.

„Glab net, daß s' mi ozoagn. Und wenn s' es taten, weraden s' g'straft, und mir hätt ja koaner zug'schaugt." Mehrmals traf er auf drei- und vierhundert Meter sogar, was ihn ungeheuer erheiterte.

„Grad aufg'hupft is a, drei-, viermal nachanand!" Dieser Schuß hätte ernstere Folgen haben können als ein „Aufhupfen". Die Kugel hatte, wie man viel später erfuhr, dem Wilderer das Kurzwildpret gestreift. Seine Vorgesetzten verwiesen dem Scharfschützen diese Art des Waffengebrauchs dann ernstlich, vor allem warnten sie ihn vor seinen allzu freien Reden in den Wirtshäusern.

Damals waren zum Schutz gegen innenpolitische Unruhen und linksradikale Übergriffe in Bayern die Einwohnerwehren aufgebaut worden. Jeder Einwohnerwehrmann hatte (ähnlich wie die Schweizer Miliz) sein Militärgewehr bei sich im Haus. Das brachte die Anfechtung, es auch zum Wildern zu benützen, und verführte manchen abseits wohnenden Kleinhäusler, sein „Lattl" gelegentlich heimlich mit in den Wald zu tragen. Die

Bewaffnung der Einwohnerwehr war offiziell von der Entente verboten, die ganze Organisation aber ward still geduldet, weil man die Rechtsregierung zumindest in Bayern von ihr gestützt wußte. Trotzdem wurden die Mitglieder dieser halb geheimen Schutzwehr immer wieder zur Verschwiegenheit über alles, was in ihren Reihen vorging, ermahnt. Als der Steinberger einmal einen solchen Wilderer fing und ihm den Einwohnerwehrkarabiner abnahm, sagte der zornbebend:

„Ozoagn wannst mi tuast, na verrat' i die ganz Einwohnerwehr!"

„Is scho recht, des tuast!" gab der Jäger zurück, „na wiß mer glei wo mer higehn müassen zum Hausokenten."

Die Wilderei, die 1918 aus dem Freiheitstaumel eines jäh beendeten über vierjährigen Krieges und des damit verbundenen Zusammenbrechens aller inneren Ordnung des gleichzeitig weggefegten alten Regimes entstanden war, achtete kaum noch irgendeiner kraft Gesetzes bestehenden Schranke. Unsere Jäger (am allerwenigsten die alte Forstbeamtengarde) waren ihrerseits aber keineswegs bereit, den neuen Kurs gelten zu lassen. Das führte zu mancher bedrohlichen Lage für sie und hat damals, allerdings auf der Gegenseite, auch ein Leben gekostet.

Der im Jagdschutz erprobte, schon in den Sechzigern stehende Förster Hornberger, der, wenn es irgendwo bei ihm im Revier wie bei einer Felddienstübung krachte, gar nicht an Rückzug dachte, ging einmal einem solchen von den Wilderern höchst unbekümmert abgehaltenen Gamsriegeln nach und traf dabei mit einem von ihnen zusammen, der anscheinend die Flanke übernommen hatte und, dem Rand eines Latschengebietes auf freier Alm folgend, ihm entgegenkam. Um den Anruf des Försters auf etwa 100 Schritt kümmerte der Schütz sich kaum, sah kurz zu ihm hinunter und setzte, den Karabiner in beiden Händen haltend, seine Birsch fort. Daß dem alten Jäger darob die Zornesader schwoll, wird keiner ihm verargen. Er wollte dem Wilderer knapp vorne an den Beinen vorbeischießen, traf ihn aber so unglücklich tief am Oberschenkel, daß er, in eine Mulde hineintaumelnd, binnen kürzester Frist verblutete. Der Förster hatte gemeint, es mit einer Wildschützengruppe aus dem Nachbartal zu tun zu haben, die schon oft ihre Raubzüge über die Schneid herüber in sein Revier vorgetrieben hatte. Das Unglück aber wollte, daß sich diesmal ein paar Aschauer Burschen zu unlöblichem Tun zusammengeschlossen hatten und der Erschossene der beliebteste unter ihnen war. Ein Sturm zornigster Empörung erhob sich nun in unserem stillen Tal. Ich mochte den Martl auch gern. Es war eine Freude und erweckte in uns damals schon des Volkstanzes beflissenen Buben bewundernden Neid, ihm beim Schuhplatteln zuzuschauen. Ein hübsches Mannsbild war er mit dunkelblondem

Schnurrbart, etwas untersetzt, aber sehnig. Wenn er plattelte, rührte sich, so wie es sein soll, außer den Armen nichts an seinem Oberkörper bis hinauf zu dem im Rhythmus leise zitternden riesigen Gamsbart. Aber nur wenige Wochen vor dem Unglück hatte er sich meine Zuneigung „verscherzt". Zusammen mit meinem Erzieher, dem Schloßkaplan, der neben manchen anderen guten pädagogischen Zielen auch mein Vertrautwerden mit den heimatlichen Bergen, den sie durchlaufenden Steigen und Wegen verfolgte, war ich zu einer Bergwanderung aufgebrochen. Unser Wegweiser und Begleiter an jenem Tag war der Forstwart Toni Hornberger, des oben genannten Försters Sohn. Wir wollten das „Aipl" besuchen, eine lang schon aufgeforstete Niederalm, deren Hütte aber inmitten eines wildwiesenartigen (auch mit einer Salzlecke versehenen) Stückes Grünland stehengeblieben war und im Notfall als dürftiges Jägerquartier diente. Unser romantischer Steig führte direkt an einem frischen Schlag vorbei, auf dem die Holzknechte im vollen Werken waren. Da gab's für mich etwas zu schauen, und wir blieben eine Weile stehen. Die älteren Holzarbeiter und auch ein paar junge grüßten den Kaplan respektvoll, eine kleine Gruppe aber, bei ihr mein Freund Martin, tat, als ob sie uns nicht gesehen habe. Und nach einer Weile sagte der Martin, ohne aufzusehen, aber absichtlich laut:

„Jetzt nehmant sie d'Jager scho an Pfarrer mit am Berg auffa, weil se si adloans nimmer traunt." Der Kaplan hatte den Satz überhört, nicht aber der Toni, der, wie er mir viel später einmal sagte, sich damals vornahm, dem Martin seinen Spott heimzuzahlen, womit ihm unbewußt sein Vater dann zuvorkam.

Auch ich hatte diesen Spott vernommen und war über solche Frechheit mehr betroffen als empört. Sie paßte, das fühlte ich genau, nicht zu dem im Grund taktvollen Wesen unserer Gebirgler, nicht zu der unhämischen Art ihres Humors. Auch den meisten Holzarbeitern schien der Spaß nicht zu gefallen. Zu der Achtung vor dem geistlichen Stand kam in diesem Fall noch die Gegebenheit, daß der Kaplan sich großer Beliebtheit erfreute. Man warf scheue Blicke zu uns herauf, ob wir die Worte wohl verstanden hätten.

Der Martin war doch nicht so, wie ich ihn bisher gesehen hatte, dachte ich erschrocken, kein netter, lustiger Bursch. Es war überhebliche, offene Feindseligkeit, was er da hatte erkennen lassen, und ich spürte unterbewußt, daß man sehr wohl wildern konnte ohne das hier gezeigte Haßgefühl. Ein paar Wochen später hat es dann den Martin erwischt.

Zu etwa der gleichen Zeit hörte der Förster Steiner, der auch nicht daran dachte, vor den neu entstandenen Verhältnissen zu kapitulieren, während er einen wenig begangenen Steig entlang birschte, steil oberhalb in seiner nächsten Nähe Schüsse fallen, und ein paar Sekunden später kam ein von den Lumpen geschossenes Stück, heftig mit dem Haupt und den Läufen schlagend, zu ihm herabgekugelt. Es blieb vor ihm auf dem Steig liegen, hatte aber einen Kreuzschuß und konnte nicht verenden. Die Wilderer, die wahrscheinlich ihre Birsch noch fortgesetzt hatten, kamen erst eine ganze Weile später nachgestiegen, und der Förster mußte ziemlich lange untätig zuschauen, wie das kreuzlahme Stück sich abquälte. Das steigerte noch seinen Zorn. Als bei schon beginnender Dämmerung drei Lumpen von oben her auf ihn zukam, rief er sie aus guter Deckung an. Sie eröffneten sofort ein freilich ungezieltes Feuer in seine Richtung, das der sehr besonnene Steiner, der (das mag mitbestimmend gewesen sein) in seiner Jugend einmal vorschnell gehandelt hatte, über ihre Köpfe weg erwiderte. Die drei wegen des schlechten Lichtes nimmer erkennbaren Männer zogen sich daraufhin, die Gewehre immer im Halbanschlag, langsam zurück. Erst als sie aus der Ferne noch eine Abschiedssalve entsandt hatten, konnte der Förster dem Stück den Fangschuß geben und sich auf Umwegen zurückziehen. Solche Begebenheiten (ich habe nur zwei der mir besonders in der Erinnerung haftenden Fälle hier erzählt) entbanden die Jägerei eines behutsamen Vorgehens.

Auch nachdem sich die ziemlich hochschlagenden Wellen der Nachkriegswilderei einigermaßen beruhigt hatten, blieb dem Steinberger da und dort das Glück im Jagdschutz noch treu. Als in einer Sommernacht der Mond gar so schön über den Bergen stand, hielt er beim Abendansitz oberhalb der Schreckalm ein wenig länger aus, ging aber schließlich doch mit dem ihm zur Gewohnheit gewordenen leisen Schritt hüttenwärts. Schon fast bei den Almhütten, an denen sein Weg vorbeiführte, angelangt, hörte er zwei Almerinnen (wahrscheinlich hatte die eine der anderen einen Abendbesuch gemacht) auf der Bank neben der Kasertür sich halblaut unterhalten. Ob er von Anfang an an den Jagdschutz dachte, während er sie aus dem Schatten heraus belauschte, weiß ich nicht. Jedenfalls kam er gerade recht, um zu erfahren, daß irgendein „Seban", ein Sebastian also, heute nacht, „auffakäme" und daß die „Régina", eine junge Kollegin auf der Oberkaseralm, ihn tagsüber „g'halten" würde, weil er's in der folgenden Mondnacht auch nochmals anpacken wollte. Als das Gespräch schließlich versiegte und der Besuch heimging, machte der Jagdgehilfe einen weiten Umweg und eilte ins Tal. Andern Morgens wurde der Seban, ein junger Tiroler, vom Steinberger, zwei Forstbeamten und einem Gendarmen aus dem warmen Kreister der Régina heraus verhaftet. Die Hüttendurchsuchung förderte seinen Stutzen und ein frisch geschossenes geringes

Gams zutage. Das langte für die Verurteilung. Von da ab aber konnte keiner unserer Forstleute sich im dortigen weiten Almgebiet mit dem darauf stehenden runden Dutzend Hütten mehr sehen lassen, ohne daß ein nicht enden wollendes Jodeln losging und sich von Hütte zu Hütte fortpflanzte. Das war der gut organisierte Alarmdienst der Sennerinnen und Sennen, für den Fall wieder irgendein „Seban", ein „Lenz", ein „Hiasl" oder „Sepp" irgendwo Quartier genommen hätte.

Mit dem Radlschuster schien alles in Ordnung zu gehen. Ich schoß an einem 25. August unter seiner Führung den mir von meinem sechzehnten Jahr ab vom Vater bewilligten Namenstagsgamsbock. Er hatte mordsstarke, lang und scharf gehackelte Schläuche, und darüber, daß er sein viertes Jahr noch nicht vollendet hatte, wurde ich erst eine Stunde später vom immer gern den streng verweisenden Mentor spielenden Forstverwalter aufmerksam gemacht. Es vermochte dies aber meine Freude an der spätsommerlichen Beute und an dem Nachmittag in der sonnedurchfluteten Weißenbachklamm mit dem dünn gewordenen Rauschen ihrer Gießbäche kaum zu beeinträchtigen. Im selben Jahr schoß ich dann gar noch, abermals vom Steinberger geführt, meinen ersten Hirsch. Ich hab' die Geschichte, zumindest Teile davon, glaube ich, schon einmal erzählt und möchte sie hier nicht in allen Einzelheiten wiederholen. In der damaligen Hirschbrunft gingen fast alle Aschauer Jagdgäste leer, weil mindestens zehn Tage lang ein bis zur Undurchsichtigkeit konzentrierter Nebel, über dem nur auf höchsten Höhen die Sonne schien, der aber schon hundert Meter oberhalb der Talsohle begann, schwer und regungslos, kaum je von einem Luftzug in Bewegung gesetzt, auf den Bergflanken lastete. Keine fünfzig Meter weit gab er Sicht. Aus irgendeinem Grund war mir in jenem Jahr statt eines Samstages der Montag vom Vater und als Feld meiner Tätigkeit des Vaters Leib- und Lieblingsrevier, die hochgelegene Schoßrinnalpe, freigegeben worden. Er hatte damals das ganze Revier verpachtet und sich für die eigene, freiwillig schon stark eingeschränkte Waidmannsfreude nur diesen einen einst hirschberühmten Platz zurückbehalten. Durch Wilderei war gerade in diesem ziemlich nah der Landesgrenze gelegenen Revier das Rotwild freilich zahlenmäßig schon zurückgegangen. Ganz die alte Herrlichkeit und a capella Vielstimmigkeit der Hirschhälse sollte er, nachdem er während der vier Kriegsjahre kaum mehr gejagt hatte, dort nicht mehr vorfinden.

So war mein erster Tag diesmal ein Sonntag. Ein Schwänzen der Sonntagsmesse wurde aber keinesfalls geduldet. Die Frühmesse war um 7 Uhr, und erst nach 8 Uhr zogen mich die braunen Jucker mit trappelndem Hufschlag auf der harten Landstraße talein.

Ich weiß nimmer, um welche Zeit wir nach zügigem Anstieg auf der trotz ihrer hohen Lage gleichfalls in dichtes Grau eingesponnenen Schoßrinnalm anlangten. So gegen ¹/₂11 Uhr mag es gewesen sein. Das Wild war mit größter Wahrscheinlichkeit von Norden zu erwarten, und so lagerten wir uns, um uns bei der Unstetigkeit der Nebellüfte nichts zu verderben, am Südrand des mehr als vierhundert Meter breiten flachen Almkessels neben einigen mächtigen Schirmfichten, unter denen ich noch heute bei einer Birsch da hinauf gerne Schutz suche. Als der Nebel sich endlich senkte und die dramatisch tragischen Ereignisse dieses ersten Tages dann ziemlich rasch abrollten, mag es 4 Uhr gewesen sein. Während dieser sage und schreibe fünf dick nebelummauerten Stunden kam ich nicht fünf Minuten dazu, mich zu langweilen. Ich wurde mit einer nicht enden wollenden Fülle der erheiterndsten Geschichten über meines Führers ganze Lebensbahn unterrichtet, vom „Girgei mit dem schiefen Pfad" über den Baron Crailsheim, die Militärzeit, bis zum Zwölfer des Prinzregenten bei Linderhof, den er kurz vor der Hofjagd* gestohlen hatte; dabei lachte er, daß es ihn geradezu vom Boden, auf dem wir lagen, in die Luft warf und so mitreißend, daß ich selber kaum aus dem Lachen herauskam. Zwischenhinein kam er auch ab und zu auf unsere jagdlichen Aussichten. Hier verfiel er jedesmal vom „Herrn Baron Ludwig" ins vertrauliche Du. „Mach dir koa Kopfarwet net, Ludwig, her muaß a, her *muaß* a der erste Hirsch! Wenn er a so net hergeht, nachan tean mir indianern. Werst sehng, er muaß her."

Damals erfuhr ich das meiste, was ich über seine Vergangenheit weiß.

Dann fing der Himmel mit einem Mal an, weißlich zu blenden, wurde golden und schließlich mattblau, der Nebel senkte sich, die Alm lag abendlich vergoldet in schönster Klarheit vor uns, und gleichzeitig schrie drüben, woher wir ihn erwarteten, der erste Hirsch.

„Is grad a Kaibifotzen**, aber die andern kemmant scho nach!"

Wir packten zusammen und schauten, daß wir hinüberkamen, und hatten noch kaum meines Vaters Lieblingsplatz, ein Bankerl zwischen zwei alten Fichten unterhalb der Almhütte und oberhalb eines sprudelnden, oben den Brunnen nährenden Baches, erreicht, als Kahlwild über die Rafenschneid herübergewechselt kam mit einem Zwölfer, wie ich in unseren Bergen kaum je einen besseren gesehen habe. Jedes der langen Enden hob sich klar vom hellen Himmel ab. Ich glaube heute noch, daß die Kronenden an die dreißig Zentimeter gemessen haben. Nach einem tiefen Groh-

* Die im Abstand von meist zwei Jahren abgehaltenen groß angelegten Treibjagden der Hofjagdverwaltung.
** Kälberstimme, also ein schwacher Hals.

ner verließ er das Rudel und wandelte gemessen auf die „Kaibifotzn"
zu, einen Gabelhirsch, der oberhalb von uns in der freien Almhalde stand.
Die lehmverschmierten Stangen des Zwölfers waren so stark, daß ich
einen Moment allen Ernstes glaubte, sie seien noch im Bast.

„Schieaß, schieaß eham auffa, aber net unterschiassen, des is fei weit!"
tobte mit halblauten Tönen hinter mir der Steinberger. Dieser gut gemeinte Rat rettete wahrscheinlich dem Hirsch das Leben, denn ich zog nun
am Kreuz ab, und das Punktabkommen meines damaligen Fernrohres war
mit dem oberen Punktrand eingeschossen. Die Entfernung aber betrug
etwa zweihundert Meter. Auf diese Weite schoß mein abgeändertes Militärgewehr mit dem 8-mm-Spitzgeschoß noch Fleck. Das Kahlwild hatte,
weil es in der Sonne stand, und der Wind noch aufwärts zog, schon vorher
Wind bekommen, ging aus mißtrauischem Verhoffen heraus sofort flüchtig,
und der Hirsch, der auf den Schuß hin das Kreuz kurz ein wenig nach
unten durchgedrückt hatte, folgte. In späteren Jahren würde ich sicher
noch eine zweite Kugel auf ihn losgeworden sein, aber damals war ich
durch das Erlebte zu solch geistesgegenwärtigem Handeln zu benommen.
Ich hörte, schon bitter enttäuscht, aber mein Mißgeschick trotzdem noch
nicht voll erfassend, nicht auf die Sätze, die hinter mir ertönten:

„Schieaß, schieaß eham no amoi auffa!"

„Herrschaftszeiten, jetzt schiaßt an Schneiderhirsch no owa, der ander
is so scho dahin!"

„Herrgott Sackra, war des a Hirsch!"

Aber ich muß diesem reißteufeligen Menschen eines nachrühmen: Er
ließ mich seine Enttäuschung nicht im geringsten fühlen. Er hatte vielmehr
eine originelle und sehr wirksame Art, mich zu trösten: „Denkt hab' i mir
's aber, hahaha, treffen wann er 'n tuat, na schiaßt er am Teifi a oane
auffa, bald er daher kimmt! Hahaha, Herrgott Sackra, hahahaha!"

Am Anschluß fanden wir nichts, und auch weiter droben, wo der Hirsch
neben einer unverkennbar alleinstehenden Fichte noch kurze Zeit stehengeblieben war, fand sich kein Schweiß. Die Nachsuche anderen Tages war
ergebnislos. Wir kehrten zum Bankerl zurück und blieben dort noch eine
Weile sitzen. Der Nebel war wieder gestiegen und lagerte regungslos und
auf kaum mehr als 30 Schritt durchschaubar um uns her. Der Steinberger
war bester Laune: „Den kriag mer scho no. Und wenn er nimmer aussa
geht morgen in der Fruha, na tean mir indianern!"

Da auf einmal grollte ein mächtiger dunkler Schrei vom oberen Almrand her durch das sachte Tropfen der nebelumsponnenen Schirmfichten.
Etwa zweihundert Meter nur von der Stelle entfernt, wo wir fünf Stunden gelegen hatten, mußte er herkommen.

Der Steinberger packte mich schmerzhaft am Arm, seine Augen glühten schwarz durch die dicke Nebelluft.

„Host 'n g'hört!? Der is vom Almerer Tal aussa kemma. Mir müaß ma schaug'n, daß mir weiter kemmant, sonst schlagt der Wind auffa. Morgen in der Frua is er in der Alm herin und der ander a wieder. Geh' ma, geh' ma, schaug'n ma, daß mir wegkemmant!"

Ein guter Jäger war er mit allen ausgebildeten Instinkten und erworbenen Erfahrungen einer langen Wildererlaufbahn! Dieser Hirsch mit der verhalten grollenden Stimme, der man anhörte, daß sie für den Fall ernsthaften Zornes ungeahnte Reserven barg, ließ in der nächsten rosigen Frühe, als wir gerade aus dem Milchweiß des Nebels in sie emporgetaucht waren, seinen Hals einmal kurz und bösschläfrig auf der Alm erschallen. Der Steinberger war gerade dabei, sich seine halblange Pfeife anzuzünden, als wir's hörten. Es riß ihn nur so in die Hocke nieder. Augenrollend sah er mir ins Gesicht, winkte und setzte dann zu einer Art Endspurt an. Wäre ich nicht selber so aufgeregt gewesen, ich hätte lachen müssen. Wie ein Tänzer auf einem der Breughelschen Kirmesbilder hob er das Bein hoch in die Höhe, indes er sich wieder bergwärts wandte.

Als wir unseren gestrigen ersten Rastplatz und damit die letzte Deckung erreichten, stand der Hirsch mit drei Stück Kahlwild noch auf der freien Alm. Aber die Entfernung war groß, und deshalb nahm ich mir die Zeit, ihn durchs Perspektiv anzuschauen. Auch er war ein sehr guter Hirsch und stand dem gestrigen wenig nach, das erkannte ich auf den ersten Blick. Die Augsprossen erschienen gewaltig (sie maßen dann auch 34 und 35 Zentimeter). Nur – dem Geweih fehlten die Kronen, die Stangen liefen in ziemlich kleinen Gabeln aus. Während ich ihn betrachtete, äste der Hirsch müd und hungrig unterhalb des Kahlwildes.

„Zu weit!" sagte ich bedauernd und wieder enttäuscht zu meinem Begleiter, „vielleicht zieht er näher?"

„Des is so weit net, 300 Meter wenn s'es san! Schieaß umma! Die kemmant net nahander zuawi, die ziehangt in Buchenkopf pfeilgrad auffa. Mir ham aso nimmer viel Zeit!"

Ich schaute durchs Zielfernrohr. So gar klein stand der Hirsch gar nicht vor dem Absehen.

„Host koan Schraufen net dro am Fernrohr?" fragte der Steinberger.

„Doch, mit Dreihundertmetermarke", flüsterte ich halb über die Schulter zu ihm hinunter.

„Nachan stellst an Schraufen und gehst net z'hauch eina!"

Auf den Schuß hin sah ich zunächst gar nichts, dann das gesund, aber irgendwie über die Richtung unschlüssig zu Berg flüchtende Rotwild. Da

war nichts Krankes darunter, das sah man mit freiem Auge den leicht-
läufigen Fluchten an. Was war denn diesmal wieder der Grund des Fehlschusses gewesen!? Ein wütender, enttäuschter Zorn stieg in mir hoch, aber
nur für wenige Sekunden.

„Host 'n scho troffen!" sagte neben mir mir ruhiger Stimme der Steinberger. „Schiaß no amoi, kann net schaden!"

„Aber wohin denn, sie verschwinden ja schon im Wald?!" antwortete
ich ungläubig.

„*Unt, unt* muaßt schaugn, mitten a der Alm steht er!" Ja, bei allen
guten Geistern, da stand er wirklich, wannenbreit, achtzig Meter etwa
unterhalb des Anschusses, stand da mit halb gesenktem Haupt und war
schwer krank! Ich kam zu keinem zweiten Schuß mehr; nach ein paar
Sekunden schon brach er in die Knie, warf sich nochmals gewaltsam herum, kam auf den Rücken zu liegen und bohrte das starke Geweih tief in
das Erdreich. So blieb er mit zwar eingezogenen Läufen, aber nach oben
stehenden Knien verendet liegen.

„Host 'n net g'sehng, wia er umma g'setzt is über den großen Stoa
nach 'n Schuß!? Herrgott Sackra, is des a Buid g'wen, wie a Reitergaul
is er drüber num!! Guat g'schossen hast, guuat, sapradie!!"

Dieses beglückende Bild war mir nun leider entgangen. Der einzeln auf
der saftgrünen, gerade von erster Frühröte kupferig überhauchten Almfläche ruhende Block, oberhalb von dem der Hirsch geäst und über den
hinweg er die Todesflucht getan hatte, war einen Meter hoch und fast
ebenso breit. Aber die Freude war durch Schreck- und Enttäuschungs-
sekunden vielleicht doch erhöht gewesen. Das Mal der Kugel war sehr
tief hinter dem Blatt. Hatte ich trotz guter Wettermantelauflage etwas
nach unten verzogen, oder war die Entfernung doch weiter gewesen, als
der Jäger sie geschätzt hatte, oder stimmte (was weit öfter als man denkt
der Fall ist, weil manche Büchsenmacher sie der Bequemlichkeit halber
gefühlsmäßig markieren und nicht erproben) die Stellschraube nicht?

„Was wollen s' denn – Herzschuß!?" sagte der Steinberger.

„Und den Gestringa derschiaß ma schon no mitanander. Der braucht
ehana jetzt nimmer reu'n. Der Älter is der und vui der Schlechter a net."

Mit ersterem hatte er recht. Der Zehner war, abgesehen von seiner
bedeutenden Wildbretstärke, ein richtiger Althirsch und sicher schon im
Zurücksetzen. Ich verstand damals noch wenig vom Alter der Hirsche
und wußte mit den Kiefern nichts anzufangen. Heute, in der, ach, so
weiten Rückschau, würde ich ihm den 15. Kopf geben; dem Zwölfer nicht
mehr als den zwölften. Mit der Verheißung, daß wir diesen letzteren miteinander noch schießen würden, behielt mein Führer, dessen lebensstarke

Zuversicht einem das Waidmannsheil einfach herbeizwang, in jeder Hinsicht Unrecht. Ich bin dem Zwölfer weder noch einmal begegnet, jedenfalls nicht so, daß ich ihn mit Sicherheit wiedererkannt hätte, noch hab' ich je im Leben mit dem Steinberger zusammen wieder einen Hirsch geschossen. Aber davon ahnten wir beide noch nichts, während ich, eine Zigarette rauchend, dem Jäger beim Aufbrechen zuschaute. Flink und mit großer Sicherheit, wie einer, der durch Jahre genötigt war, möglichst wenig Zeit damit zu verlieren, führte er die Arbeit aus. Eine Fülle glücklicher Gedanken zog mir dabei durch den Sinn, und an einen entsinne ich mich genau: daß ich nun eingegliedert war in die lange Kette jener beneideten Männer, der „Kavaliere", die ich von Kindheit an in den verschiedensten jagdlichen Adjustierungen vom Jäger und Träger abgeholt aus dem Schloß hatte bergwärts ziehen sehen und deren Hirsche dann, als hätten sie sie – Früchte sozusagen ihres Waidwerkens – herabgesandt, im Zerwirkgewölbe lagen, von mir mit rätselratender Neugierde oft lange betrachtet: Wo war's gewesen, wie war es zugegangen, was für Bilder hatten sie wohl geboten und welche Töne hervorgegrollt!? Nun hatte ich einen dieser Hirsche selber geschossen und in allen Einzelheiten erlebt und diese Rätsel um ihn gelöst!

Es hat verschiedene, und vielleicht nur einen wahren Grund gegeben, weshalb für den Jäger Steinberger die Zeit seines Diensttuens in unseren Revieren nimmer allzu lange währen sollte. Manchmal scheint es um das Schicksal eines Menschen so bestellt zu sein, daß der Teufel, der ihn schon einmal in den Fängen gehalten hat, ihn wiederhaben will und lauernd hinter ihm her- und um ihn herumschleicht, was er auch immer für neue Wege begehen mag.

Die alte Forstey Grattenbach liegt weit drinnen in unserem Tal, etwa da, wo es, nachdem seine Bergflanken sich einander bis auf wenige hundert Meter genähert haben, anfängt, gegen Tirol zu wieder allmählich weiter zu werden. Das eigentliche Forsthaus und dicht dabei ein kleines Jägerhaus stehen isoliert an der Landstraße. Die nächsten Nachbarhäuser und kleinen Bergbauerngehöfte befinden sich außer Büchsenschußweite.

Durch viele Jahrzehnte war der Oberförster Schrobenhauser für alle, die damit zu tun hatten, Gutsherrschaft, Jagdgäste, Forstleute und Jäger, Holz- und Kulturarbeiter, Bauern und Kleinhäusler und nicht zuletzt für die Wirte aller umliegenden Schenken die Charaktergestalt dieses abgelegenen Weltstückes gewesen. Den hatte die Einsamkeit wenig gestört, oder besser gesagt, er hatte sie gesellig zu machen verstanden. Die Verhältnisse lagen im Sachranger Tal ähnlich wie in jenem Dorf des Bayerischen Waldes, das einmal Ministerbesuch bekam.

„Was, dreihundert Seelen und vier Wirtshäuser!?" sagte der hohe Gast peinlichst berührt. „Herr Bürgermeister, wie ist so etwas möglich!?"

„Wia halt die Seelen saufen, Exzellenz!" war die Antwort.

Die Fuhrleute einesteils und die erwünschten kürzeren An- und vor allem Heimmarschwege zu den Einödanwesen andernteils waren wohl die Ursache, daß dem Tal entlang mehrere kleine und auch ein paar größere Wirtshäuser der des Weges kommenden oder feierabendlichen Gäste warteten. In jedem von ihnen präsidierte der Oberförster an irgendeinem Tag der Woche den Stammtisch. Und wo er saß, wurde es, sei's beim Kartenspiel, sei es beim Austausch der Meinungen und manchmal sogar bei Zitherspiel und Gesang, lustig. Dabei vergab er sich nichts, behielt die ihm gebührende Autorität und brachte es fertig, daß alle, ob Untergebene oder Nachbarn, ganz von selber den gebotenen Abstand hielten.

Nur ein Beispiel will ich anführen, um zu zeigen, daß man, beim rechten Sinn dafür, auch ohne Fernsehapparate in dieser gemütlichen Zeit zu seiner Unterhaltung und vor allem zum Lachen kam.

Da war einer, ein Häusler, unter den Zechkumpanen, der nicht allzuviel vertrug. Schon nach der vierten, fünften Halben „hatte er hoch", wie man bei uns zulande das Alkoholisiertsein nennt. Sonst ein guter Mensch, wurde er dann rechthaberisch, und man konnte ihn, indem man ihm widersprach, in oft nahezu stundenlange Dispute verwickeln. Sie drehten sich im Kreis und ließen sich nach Belieben in die Länge ziehen.

„Da bist falsch, Kojer, da kann i dir net recht lassen!" das genügte.

„Wohl hab' i recht..." und damit ging es weiter. Der Oberförster erriet nun häufig den Zeitpunkt, in dem es für den Kojer dringend wurde, den mit zwei Nullen gekennzeichneten Ort draußen am Gang aufzusuchen. Der Unnachgiebige war in diesem Fall von zwei Gewalten hin- und hergezogen, widersprach und drängte gleichzeitig zur Türe, ward durch schnell hingeworfenen zweiten Widerspruch zurückgehalten, traf schließlich in Umkehrung der Weisung, die für das Verlassen eben der Lokalität gegeben ward, in die zu gelangen er dringend wünschte: „Kleider vor Austritt ordnen!" die nimmer aufschiebbaren Vorbereitungen für den „Eintritt", kam aber, erneut gereizt, nicht los, so daß man ihn schließlich im Sturmschritt flüchtend den Gang entlangplätschern hörte.

So und anders wußte der Oberförster sich und den Kumpanen die Abende heiter zu gestalten, während seine Frau und seine Tochter, mit denen er nicht allzu viele Worte wechselte (er pflegte sogar seine Mahlzeiten allein im Wohnzimmer einzunehmen) Abend für Abend daheim in der Küche saßen.

Sein Nachfolger war anderer Art. Er genoß zwar seiner Korrektheit wegen Achtung bei den Untergebenen, nicht aber die Beliebtheit seines Vorgängers und früheren Chefs. Er war humorlos, distanzierte sich und führte mit Frau und Kindern ein glückliches und zurückgezogenes Familienleben. Es ergab sich ungünstigerweise, daß gerade damals das Forsthaus von zwei Haushalten bewohnt war, so daß gemeinsam mit den Steinbergers, die dicht dabei im Jägerhaus ihr Quartier bezogen hatten, drei Familien auf engem Raum und ohne andere direkte Nachbarschaft beieinander hausen mußten. Spannungen, Topfguckerei, Weibertrasch und Indiskretionen waren die Folge. Und daß ein ehemaliger Stammgast des Münchner Mathäserkellers sich dabei nicht gerade durch Takt in Auffassung und Ausdruck auszeichnete, war kaum verwunderlich. Dazu kam, daß ein Teil der Jägerei auf des Radlschusters Erfolge im Jagdschutz eifersüchtig geworden war, und diesen Neid förderte er selber durch sein oft alkoholisiertes Sprüchereißen in den Wirtshäusern. Eine Gruppe seiner Kollegen, die es lieber etwas gemütlicher haben wollte, einigte sich auf ein gemeinsames Vorgehen gegen den Störenfried, auf eine, wie unsere Altvordern es nannten, „Demarche" bei meinem Vater. Ich war selbst als damals erst achtzehnjähriger „Nachfolger" vom Vater dazu mit heranbeordert worden. Die von den in ihren Uniformen erschienenen meist jüngeren Forst- und Jagdschutzbeamten vorgebrachten Vorwürfe schmolzen unter der klugen Fragestellung meines Vaters, der die Beweggründe wohl durchschaute, auf ein ziemlich klägliches Häuflein zusammen. So z. B. waren die meisten dieser Jäger als Hilfsorgane der Staatsanwaltschaft vereidigt. Es machte nicht den besten Eindruck, wenn sie jetzt dem Steinberger vorwarfen, er habe Schmuggler zur Anzeige gebracht. „Was geht des mi an, wenn g'schwärzt werd!?" sagte einer, der Dümmste freilich, aus tief überzeugtem Herzen. Es blieb als Hauptargument, das auch mein Vater nicht ganz von der Hand zu weisen vermochte, die Tatsache, daß das Großtun des Wildererschrecks mit seinen Taten in den Gasthäusern, das von ihm wohl als einem „Megaboaon", seine Kampfrufe gewaltig hinausschreienden Krieger, wie die homerischen Helden es nannten, abschreckend gedacht war, dem Ansehen unserer Jägerei, die mit nur legalen Mitteln der Wilderei Herr zu werden gedachte, Abbruch tat. Grund, ihn darob zu entfernen, war keiner gegeben. Mein Vater verwarnte ihn. Er aber verlor dadurch seinen Schwung, fühlte sich befeindet und alleingelassen, sann vielleicht auch auf einen Gegenstreich. Leider verfiel er aus der sich daraus ergebenden bedrückten Stimmung heraus seinem gefährlichsten Laster, dem Trunk. Er wurde wie manche kraftvolle Naturen, wenn sie sich schwer angreifbaren Gegnerschaften ausgesetzt sehen, zum Quartalsäufer.

Um seine alkoholischen Quartalsexkursionen (es ist, solange er in den Diensten unserer Forstverwaltung stand, nur zu drei oder vieren gekommen) war es eigentümlich bestellt. Es genügte ihm nicht, in einer Gaststätte der näheren Umgebung viele Stunden hinter dem Krug zu sitzen. Es muß so gewesen sein, daß der Teufel eines Tages vor ihn, sei's im Traum, sei's im Wachen, das Bild von irgend einem weit entlegenen Wirtshaus hinstellte, einer jener bodenständigen Herbergen, in denen er während seiner Jugendjahre Tage und Nächte durchgesoffen hatte, eh' der große Krieg ihn in die geordneten Reihen des Heeres rief. Diese Wirtshäuser waren so etwas wie feste Punkte in seinem ruhlos wüsten Leben von damals gewesen. Der Dunst von Küche, Bier und Virginiarauch, die lauten Stimmen, der Holzton des Bierschlegels auf dem Messinghahn, das Klatschen von Karten und die erregenden und erwärmenden Ströme, die von den zwischen Stühlen und Bänken ihres Amtes waltenden weiblichen Bedienungen ausgingen, das alles war für ihn so etwas wie ein vielgetragener Lodenmantel gewesen, in den man sich so wie gegen die Unbill der Witterung einhüllen kann, wenn Feindschaft und Verfolgung einen lange bedroht und müd gemacht haben. Das alte Leben also war's, das ihn rief, erst halblaut aus der Ferne, dann ums Jägerhaus schleichend, und dann kam es zur geschlossenen Türe herein in seine kleine Küche, sprach, nur ihm hörbar, auf ihn ein, zerrte und zog, während seine junge, schon ein wenig verhärmte Frau bei ihm am Tisch saß und nähte. Und da mag er wohl ein halb Dutzendmal den Kopf geschüttelt haben, dann aber, als es ihm gar keine Ruhe mehr ließ, aufgestanden und ein Haus weiter zu seinem Vorgesetzten gegangen sein, um drei Tage Urlaub zu erbitten. Kaum war der erteilt, fuhr er mit dem Rad davon. Aus den drei Tagen wurden dann fünf, sieben oder gar zehn. Übernächtig und erschöpft, sein verbeultes Stahlroß mühselig tretend, mit zerschlissenem Ärmel, abgerissenen Joppenknöpfen, einem blauen Aug oder einer Wunde am Kopf kehrte er schließlich heim. Er hatte da draußen ein größeres Programm erledigt, war von Wirtshaus zu Wirtshaus geradelt, vielleicht erst fröhlich begrüßt worden, aber schließlich, wie einst im Mai, ins Krakeelen und Raufen gekommen, hatte Schläge bezogen und war hinausgeworfen worden. In einem Fall hatte er sogar, sich aus dem Schmutz der Straße erhebend, sein Rad ergriffen und mit der freien Rechten aus seiner Browningpistole ein paar Schüsse in den offenen Torbogen des Wirtshauses hineingefeuert. Passiert war zum Glück weiter nichts dabei, und bis die Polizei kam, war er – jung geübt, alt getan – in hastigen Schlangenlinien, mühsam das Gleichgewicht haltend, und nur Wald- und Feldwege benützend, entschwunden.

Einmal begegnete er mir, als er gerade eine dieser Fahrten antrat. Obwohl er mich sonst schon aus der Ferne mit hocherhobenem Hut freudigst grüßte, schien er mich damals zu übersehen. Sein Gesichtsausdruck war keineswegs vorfreudig, todernst und merkwürdig abwesend und wieder mit jenem melancholischen Ausdruck in den dunkel brennenden Augen. Wild, als ob er höchste Eile habe, in die Pedale tretend, kam er daher. Im letzten Moment erst erkannte er mich, ein Lächeln hellte die Fremdheit seiner Züge ein wenig auf, eh er vorüber war, und schon hinter mir drehte er sich, ohne sein Tempo zu verlangsamen, um und hob den Hut eine knappe Handbreite über seinen Kopf. Ich schaute ihm betroffen nach und ahnte nicht, was ihn zog. Damals hätte ich's auch sicher noch nicht begreifen können, dies Ziehen und Schieben und Zerren der alten, aus ihrem Haus vertriebenen und nach langem Lauern auf Schleichwegen zurückgekehrten bösen Geister.

Nachdem er zum drittenmal den Urlaub, und diesmal gröblich, überschritten hatte, überdies die Geschichte von seinem unerlaubten Waffengebrauch ruchbar geworden war, erstattete der ihm ohnedies alles eher als wohlgesinnte Forstverwalter Meldung.

Mein Vater entschloß sich schwer und erst, nachdem er ihm einen neuen Jägerposten beim Staat verschafft hatte, den Steinberger zu entlassen. Nicht nur, daß er ihm erwiesene gute Dienste nie vergaß, nicht nur, daß er hinter den vom Vorgesetzten unterbreiteten sachlichen Gründen dessen persönliche durchschaute, er brach vor allem ungern den begonnenen Versuch ab, diesen eigentümlichen, von den ungebärdigen Kräften seiner Natur hin- und hergerissenen, aber in seinem Grundwesen nicht bösartigen Menschen auf dem rechten Weg, nach dem ihn selber verlangt hatte, zu erhalten.

Auf seinem neuen Jägerposten tat der Radlschuster nicht lange gut. Er hatte Pech oder ließ sich doch etwas zuschulden kommen. Man verdächtigte ihn, statt des einen ihm freigegebenen Gamsbockes deren zwei geschossen zu haben, als ein verluderter Gams ohne Bart und Krucken in seinem Bezirk aufgefunden wurde. Ich glaube noch heute, daß, wenn er überhaupt mit diesem Gamsbock etwas zu tun hatte, er ihn nicht veruntreuen, sondern nur die ihn an der mangelhaften Nachsuche treffende Schuld vertuschen wollte. Im Hinblick auf seine Kriegsverdienste entließ man ihn nicht, sondern versetzte ihn als Waldarbeiter ins flache Land hinaus. Dort wiederum vertrug er sich nicht mit dem Amtsvorstand. Ich bekam Anhaltspunkte dafür, daß die Rachsucht seiner früheren Aschauer Vorgesetzten wegen seiner freilich nicht eben feinen Geschwätze über ihr Privatleben ihn in einem Briefwechsel mit eben jenem Amtsvorstand auch dorthin noch verfolgt hat. Dieser neue Chef maßte sich, von seiner Macht-vollkommenheit allzusehr durchdrungen, sogar das Recht an, seinem Untergebenen die goldene Tapferkeitsmedaille abzunehmen und sicher-zustellen, weil der sie im Wirtshaus öfters mit der Aufforderung, einem so tapferen Mann wie ihm eine Maß Bier zu bezahlen, hatte sehen lassen.

Der Steinberger hatte unter unseren Aschauer Jägern auch einige Freunde gehabt, die ihm seine Lebendigkeit, sein Lustigsein und sein Draufgängertum erworben hatten. Über sie gelangte zwecks Weitergabe an meinen Vater mancher Hilferuf von ihm an mich, ihn doch wieder einzustellen. Abgesehen von allen anderen Bedenken war aber gerade da-mals ein wirtschaftlich so ungünstiger Zeitpunkt, daß mein Vater in Er-wägung ziehen mußte, die Zahl der Angestellten zu verringern. Sie ohne Bedarf zu erhöhen, konnte er sich nicht entschließen. Ich kann's nicht anders ausdrücken: Mir tat, wenn ich allein an den Hirsch auf der Schoß-rinnalm dachte, das Herz weh, ihm nicht helfen zu können, obwohl ich davon wußte, daß sein Leben ihn aufgebraucht hatte, daß er früh gealtert und nimmer leistungsfähig war.

Ein einziges Mal hab' ich ihn noch gesehen. Einer seiner Söhne war mein Patenkind, und an einem 25. August, ein Jahrzehnt nachdem ich mit dem Steinberger an jenem sonnendurchfluteten Nachmittag meinen Namenstagsgamsbock geschossen hatte, kam er mit seinen zwei Buben aufs Schloß. Der eine von ihnen, er mag so um dreizehn Jahre alt gewesen sein, meisterte die Ziehharmonika wie ein Alter. Die Buben sahen der Mutter ähnlich, waren aber beide auch dunkeläugig. Der Musikant hatte ein ernstes Gesicht und traurig blickende Kinderaugen, die die Umwelt wenig zu beschäftigen schien. Der Vater war ordentlich und sauber geklei-det, und keine Spur in Rede und Haltung verriet den Alkoholiker. Ob-wohl er die Mitte der Fünfzig noch nicht lang überschritten haben konnte, war er ein alter Mann geworden, und nichts hellte mehr die Schwermut seines schwarz aus dem tief gefurchten, bleichen Gesicht herausbrennenden Blickes auf.

Ich führte die drei in meine Turmstuben, und vom Vater immer wieder aufgefordert, spielte der Bub mir ein kleines Namenstagskonzert aus Landlern, Märschen und ein paar sentimentalen Älplerliedern auf.

Man merkte den von einem wilden Leben gezeichneten Zügen des Vaters an, daß die Klänge der Harmonika seinem müden Herzen wohl taten. Mit einer Spur von ihm sonst wesensfremder oder doch längst in ihm verschütteter Zärtlichkeit haftete sein Auge auf dem nur vom rechten Treffen der Tasten und vom Halten des Rhythmus (er trat mit dem Fuß den Takt) in Anspruch genommenen Gesicht seines Ludwigl. Wir nahmen

schließlich wieder Abschied voneinander. Ich beschenkte ihn und die Buben
so reich es mir damals möglich war. Ehe er wegging, zeigte ich ihm noch
eine starke Rehkrone, die ich wenige Tage zuvor erjagt hatte. Mit einer
merkwürdigen Mischung von Wehmut und Abwesenheit schaute er kurz
darauf nieder. Dann sagte er, als bräche etwas aus ihm heraus, das er
die ganzen Stunden über schon auf dem Herzen gehabt und mir hatte
klagen wollen: „Und des Ärger is, daß mi d'Jagerei aa nimmer freut."
Das war unser letztes Beisammensein.

Drei Jäger aus dem Sachsenland

Daß der Revierförster Häffner seinen Bezirk, so gut es sich unauffällig
machen ließ, von Jagdgästen freizuhalten bestrebt war, hatte außer seinen
eigenen jagdlichen Interessen noch einen nicht ganz unberechtigten Grund.
Er mißtraute den jägerischen Qualitäten jener fremden Kavaliere, die,
jedenfalls zu einem Teil (meist handelte es sich um Bekanntschaften, die
meine reisefrohe Großmama bei Bade- und Kuraufenthalten gemacht
hatte), mit klugem Weitblick die Lage erfaßt hatten, daß hier ein großes
und wildreiches Revier in Frauenhänden sich ihnen, wenn sie's nur richtig
anpackten, auftun könnte.

Manche kamen und gingen, ohne, zumindest als Jäger, wiederzukehren
und ihr Glück nochmals zu erproben, weil sie der Anstrengungen, der
Unbequemlichkeiten, der weiten Schüsse und der nicht eben reichen Beute
bei der Gebirgsjägerei bald überdrüssig waren, andere aber wurden zu
Dauergästen.

Unter ihrer Unentwegtheit hatte mein Vater in den Jahren des Hin-
einwachsens in seinen Besitz manches zu leiden. Jeder großzügig gastfreie
Jagdherr wird mit der Zeit seine Lieder über Dauergäste singen lernen.
Es gibt, auch was die Dankgefühle anbelangt, so etwas wie Noblesse, und
die ist nur den besten Charakteren eigen. Den anderen wird die ihnen
erwiesene Freundlichkeit alsbald zur selbstverständlichen Gewohnheit,
und nach einiger Zeit erblicken sie, und zwar recht unverblümt, in ihr
schon so etwas wie ein Recht.

Nicht *einer* der großmütterlichen Gäste hatte, nachdem mein Vater
sein Abitur gemacht hatte, den Takt, mit ein paar dankbaren Sätzen zu-

mindest anzudeuten, daß er sich jetzt, wo des Sohnes Zeit gekommen sei, zurückziehen wolle, welchem Wunsch im übrigen ja doch nicht stattgegeben worden wäre. Aber es war bei einigen viel eher so, daß sie sich als die älter Berechtigten fühlten, von denen nicht verlangt werden konnte, daß sie des jungen Mannes wegen sich einschränkten.

Einer von dieser letzteren Sorte war ein Sachse, ein überaus passionierter und auch waidgerechter Jäger. Seine äußere Erscheinung mit weißblondem Schnurrbart und ebensolchen Augenbrauenbüscheln war gleichfalls martialisch jägerisch, und sogar der Name seines alten Adelsgeschlechtes klang eindeutig nach urdeutschem Wald. Er kündigte alljährlich seinen Besuch nicht nur zur Hirschbrunft, sondern überdies regelmäßig auf der Dalsenalm, dem damals besten Brunftplatz der ganzen Herrschaft, schriftlich an.

Es konnte dem jungen Jagdherrn nicht verübelt werden, daß er auch diesen Teil seiner Wälder als Jäger kennenlernen und besuchen wollte. So sah er ein, zwei Jahre zu, bat dann aber den Dauergast, seinen Hirschbrunftaufenthalt ein wenig zu verschieben, und machte selber einen zweitägigen Besuch auf der Dalsen. In dem damals ziemlich neu aufliegenden Hüttenbuch trug er, wie er's immer tat, nur das Datum und keinerlei Erlebnisbericht ein, so auch nicht, daß er auf weite Entfernung einen Hirsch gefehlt hatte. Auch als er zwei Jahre später einen der ältesten Aschauer Hirsche aus jenen rund zwei Jahrzehnten vor dem Ersten Weltkrieg im Dalsengebiet schoß, einen Sechser mit kohlschwarzen Stangen von bei uns kaum vorkommender Stärke, die überdies bis in die Enden hinein grobkörnig geperlt waren, machte er (vielleicht stieg er vom Erlegungsplatz aus gleich zu Tal) keinen Eintrag ins Buch.

Aber damals hielt der weniger dankbare als über das Eindringen des Jagdherrn in sein selbsterkorenes Leibgehege erzürnte Gast sich für berechtigt, seinerseits den Fehlschuß chronistisch festzuhalten. Bald nach seiner Ankunft schoß er nämlich einen Zwölfer, der angeblich der von meinem Vater zuvor gefehlte Hirsch war. In einem vielstrophigen Gedicht feierte er seine Heldentat, die er als besonders schwierig hinstellte, weil der junge Vorgänger den Hirsch zuvor gefehlt und vergrämt hatte.

Ich hätte daraufhin die jagdlichen Beziehungen zu diesem Gast ohne viele Worte einschlafen lassen. Mein Vater tat es nicht. Er hatte wohl zunächst von der sächsischen Hüttenbuchpoesie auch keine Kenntnis. Aber selbst wenn, hätte er es nicht getan, weil er von Natur aus ein überdurchschnittlich begabter Kugelschütze war und einen ausnahmsweisen Fehlschuß (der in diesem Fall wahrscheinlich durch Absinken der Bleikugel auf zu weite Entfernung verursacht wurde) nicht tragisch nahm. Ärger wegen eines Hirsches kannte er nicht. Er war ein bis in die tiefsten Gründe hinein neidloser Jagdherr.

Jener Zwölfer hängt übrigens noch heute an einer meiner Wände. Meine Großmutter hatte ihre Jagdgäste gebeten, daß jeder von ihnen ihr für eine neuerbaute Kegelbahn auch zur Erinnerung an ihn selber eines seiner Aschauer Geweihe überlassen möchte. Dies erfolgte dann auch, aber, wofür mir jedes Verständnis fehlt, nur erkennbar ungern und zögernd, mehr spekulativ als mit freudigem Einverständnis. Und so wanderte der Hauptschmuck des im Dalsen-Hüttenbuch odenhaft besungenen Waldkönigs ins Aschauer Tal zurück.

Es kam (manchmal, wenn auch nur selten, kann man so etwas beobachten) ein paar Jahre später aber doch zu einer Sühne für die sich nicht eben als vorbildlich erzeigte Gasteinstellung des Barons. Nicht sehr weit von der Dalsenhütte entfernt verlief damals, durch die Sohle eines felsigen Tales bestimmt, die Grenze zwischen zwei unserer Oberförstereien und setzte sich, die durch die Naturgegebenheit festgelegte Linie weiter einhaltend, in gleicher Richtung über das Almgebiet fort. Man hatte sich nun schon seit langem darauf geeinigt, daß diese rein interne Grenze notfalls und vor allem da, wo sie die offene Alm durchlief, für Jagdgäste keine Bedeutung haben sollte. Trotzdem ist es nur selten vorgekommen, daß sie überschritten ward, weil sich im Dalsener Revier viele gute Plätze auftaten und die Jäger dort ihren Herren genug zu bieten hatten.

Die durch die Dalsenalm laufende Reviergrenze hinwiederum trifft ein Stück ostwärts senkrecht auf die Staatsforstgrenze. Das veranlaßte den damals noch in besten Jahren stehenden Oberförster Schrobenhauser, den waldkundigen und hirschgerechten Betreuer jenes südlich angrenzenden Bezirkes, in dortiger Gegend manchmal bewaffnete Nachschau zu halten, denn über die breiten Lahner, mit denen die Almen gegen Süden zu steil aufsteigend auslaufen, führten und führen noch heute von Gams und Rotwild gern angenommene Wechsel.

Zu Beginn der Hirschbrunft nun kam eben dort dem Oberförster ein für damalige Begriffe wahrer Sagenhirsch aus dem „Königlichen" herüber gewechselt. Nun und der schoß ihn, obwohl es in diesem besonderen Fall, da auf der Dalsen ein Gast erwartet wurde, nicht ganz seiner sonstigen zurückhaltenden Korrektheit entsprach. Er hatte jedes Jahr einen guten Hirsch frei, machte von dieser Abschußerlaubnis aber nur ganz selten Gebrauch. Die nahe Grenze gab ihm eine unleugbare Rechtfertigung, und das Geweih war eben gar zu überwältigend.

Ein Zehner war's von ausgesprochenem Wapitityp mit mordshohen, unten nicht umgreifbaren Stangen. Einschließlich der Mittelsprossen war das Geweih stark- und langendig. Oben aber hatte es nur zwei kleine, nach vorne offene Gabeln. So alt, daß er die Kronen schon verloren haben konnte, war der Hirsch keinesfalls. Vom allerhöchstens elften Kopf schätze ich ihn heute seinen Stirnzapfen nach. Frisch geschossen aber, muß er etwas von einem Karpater an sich gehabt haben.

Und das Mißgeschick wollte, daß die beiden diesen Kapitalen mit dem Hirschkarren über den steinigen Klausgrabenweg ins Tal schaffenden Holzknechte dem Baron begegneten, der gerade in jenem Jahr mit der stolzen Absicht zu Berg stieg, seinen hundertsten Hirsch zu schießen. Das gab einen großen – und man muß es gerechtermaßen einräumen – verständlichen Kummer. Der spätere Förster Pfaffinger, der sich damals als junger Forstgehilfe und Träger in der Eskorte des Jagdgastes befand, erzählte mir, daß der sonst, wie alle ellenbogenstarken Menschen, nicht eben weichherzige Sachsenbaron mit dem weißblonden flockigen Schnurrbart Tränen in den Augen gehabt und stundenlang kein Wort mehr gesprochen habe.

Es gab unter den Gästen meines Vaters noch zwei weitere Sachsen. Von dem einen ist nicht sehr viel, aber abseits vom Jagdlichen doch eine originelle Geschichte zu erzählen. Er war sächsischer Diplomat, hatte eine glänzende Karriere gemacht, war Minister, Geheimer Rat und Exzellenz und hatte einen der bei allen Diplomaten begehrtesten Posten, nämlich München, die Gesandtenstelle am Bayerischen Hof, bekommen. Dort lernte er meine Eltern kennen. Da er für sich und seine Familie eine Sommerfrische suchte, riet mein Vater ihm, doch in Aschau seine sommerlichen Zelte aufzuschlagen, und die Eltern machten für ihn und seine Damen Quartier.

So kam es, daß er, als übrigens durchaus unaufdringlicher Gast, auch allsommerlich einige wenige Birschen auf Feisthirsche und Gams machte. Dabei hatte er, obwohl Feisthirsche in dem ihm zugeteilten Revier der großen Latschenfelder wegen schwer auszumachen waren, fast immer Waidmannsheil, das ihm, so auch steht es in den Büchern zu lesen, einen krönenden Abschluß seiner Sommerferien bedeutete. Dieses Glück war ihm zu gönnen, denn des Lebens ungemischte Freude war auch ihm nicht zuteil geworden. Er hatte mehrere bildhübsch heranblühende Töchter und eine sehr schöne Gattin. Aber gerade sie war, und zwar in recht merkwürdiger Art, der Schatten auf seinem Lebensweg. Ich habe nur noch eine ganz undeutliche Erinnerung an sie und kann lediglich mir Erzähltes berichten. Ihr besonderer Charme muß in ihrem anmutig kindlichen Wesen gelegen haben, und sie war alles eher als eine böse Sieben. Die meisten Menschen, die sie nicht näher kannten, glaubten, sie sei in liebenswerter Weise naiv,

was freilich für die Gattin eines Diplomaten nicht gerade die erwünsch-
teste Eigenschaft ist. Es scheint aber doch nicht ganz so gewesen zu sein,
denn hinter der nicht sehr hohen Stirn und den unschuldsvoll dreinschau-
enden Augen verbarg sich eine eigentümliche Abart von Bosheit, die sich
mit erstaunlicher Zielsicherheit gegen den anfangs ahnungslosen Gatten
richtete. Sie war mit süßem Kindermund bewußt taktlos, weil sie wußte,
daß sie ihrem Mann und seiner Karriere damit schadete und ihn (da sich
dies ja vor fremden Menschen abspielte) damit zu ohnmächtigem Zorn
reizte.

Gerade damals nun hatte sich in Sachsen einer der aufwirbelndsten
höfischen Skandale der Jahrhundertwende ereignet. Dem sächsischen
Kronprinzen, dem späteren König Friedrich August III., einem bei prak-
tischer Klugheit überaus ritterlichen und gutherzigen Prinzen, dabei einem
hochgewachsenen und gut aussehenden Mann, war seine Kronprinzessin,
die maßlos egoistische und im Grund törichte Louise Antoinette, eine
österreichische Erzherzogin, unter Hinterlassung mehrerer Kinder einfach
davongelaufen. Durch das sehr freie Leben, das sie unmittelbar danach in
Mailand führte (sie heiratete schließlich als Gräfin von Montignoso den
italienischen Komponisten Toselli) war ein Vertuschen und Wiederverlei-
men des in damaliger Zeit kaum glaublichen Vorfalles unmöglich geworden.

Die Gesandtin nun beschäftigte diese Geschichte sehr, und sie machte
sie bei fast jeder Gelegenheit zum Gesprächsstoff, was der Gatte ihr, als
für die Frau eines sächsischen Beamten unpassend, mit Recht verwies. Es
kam in München der Hofball, bei dem alle Diplomaten in ordengepan-
zerten Uniformen mit ihren Frauen erscheinen mußten. Der Gesandte verwarnte vor der Abfahrt seine Frau strengstens und eingehendst, mit keiner
Silbe den Dresdener Skandal, ganz gleich wem gegenüber, zu erwähnen.

Bei den Hofbällen war es Sitte, daß der jeweilige Souverän, in Bayern
war dies damals der greise Prinzregent Luitpold, alle Gäste persönlich
begrüßte. „Cerkeln" nannte man das in der Hofsprache. Vom immer wieder vorstellenden Zeremonienmeister begleitet und von den königlichen
Prinzen gefolgt, bewegte er sich langsam der an den Wänden des großen
Ballsaales der Residenz aufgereihten Gästekette entlang. Es konnten in
dieser Situation immer nur wenige Sätze sein, die er an den einzelnen
Gast, ob Minister, ob Universitätsprofessor, Reichsrat, Divisionskomman-
deur oder Gesandten richtete. Für hübsche Frauen hatte er aber meist ein
liebenswürdiges Extrawort. So verweilte er auch kurz beim sächsischen
Gesandten und seiner im Familienschmuck besonders anmutsvoll hofknick-
senden Gemahlin. Die wußte die ihr vergönnte Minute zu nützen: „Was

sagen Eure königliche Hoheit denn zu dem schrecklichen Unglück in der Ehe unseres Kronprinzen?"

Anderen Tages rief die Baronin eine Freundin an und teilte ihr mit, daß sie ihrer Tee-Einladung nicht folgen werde. „Ich kann nicht kommen, Liebe, ich habe blaue Flecken im Gesicht, weil mein Leo mich auf der Heimfahrt vom Hofball so geohrfeigt hat!" Kein Irdischer wird ihn verdammen. Und ein guter Hirsch zur Sommerzeit als Krönung entspannender Urlaubstage war ihm zu gönnen.

Und da war noch einer, den sein Lebensweg aus den Bereichen August des Starken an die Gestade der Isar und in der Folge ins Aschauer Bergrevier geführt hatte. Auch er war, wenn man es so nennen will, Diplomat; er kam als Militärattaché an die sächsische Gesandtschaft nach München. Ich habe ihn nie gesehen, denn seine mehrjährige, nicht gerade intime, aber doch gute Freundschaft mit meinem Vater hatte, noch eh ich richtig zu schauen und zu denken anfing, schon ein ziemlich jähes Ende genommen.

Wenn ich von ihm erzähle, so deshalb, weil sein übrigens sehr guter Name mehrfach in unseren Hüttenbüchern verzeichnet steht und das, was ich über ihn und seinen Lebenslauf, ohne viel danach geforscht zu haben, nach und nach erfuhr, manches aussagt über die Gefahr einer großen Leidenschaft, wenn sie dem ethischen Kreis nicht eingegliedert, nicht in ihn mit eingespannt ist. Er war auf Grund der in der Münchener Hofgesellschaft gemachten Bekanntschaft schon in den letzten Junggesellenjahren meines Vaters Aschauer Jagdgast. Zur gleichen Zeit hatte sich seine schöne und geistvolle Frau auf etwa gleichem Weg mit meiner Mutter angefreundet, was nach der Verheiratung meiner Eltern die Beziehung besonders belebte. Die Berufung auf den Münchener Posten war der Gattin, wenn möglich noch erwünschter gewesen als ihrem Mann, denn sie war eine begabte, ihrer Kunst mit tiefem Ernst hingegebene Lyrikerin und erhoffte sich Kontakte zu dem um die Jahrhundertwende besonders weiten schöngeistigen Kreis des Isarathens.

Lange Zeit später lernte ich (ich glaube als Primaner) die Baronin kennen, als sie nach dem Ersten Weltkrieg und Jahrzehnte nach jener Attachézeit ihres Mannes meine Mutter auf der Durchreise durch München wieder einmal besuchte. Ich hatte einen ihrer Gedichtbände gelesen (es sind ihrer mehrere in damals ersten Verlagen erschienen) und war glücklich darüber, mit ihr, die ich zuvor nie gesehen hatte, ein paar Gespräche führen zu dürfen.

Wenn ich ihre Verse las, fragte ich mich immer wieder, ob sie in der Verbindung mit gerade diesem Partner je glücklich hatte sein können.

Denn die große Lebensleidenschaft des Mannes war, neben den Pferden, mit denen seine kavalleristische Laufbahn ihn verband, die Jagd. Und dem, was man landläufig Passion nennt, muß bei ihm ein starkes Maß Gier beigemischt gewesen sein. Er hatte einen Oheim, der bei Hof eine hohe Stellung bekleidete und ihn anscheinend besonders ins Herz geschlossen hatte, denn er verschaffte ihm trotz seiner Jugend in den königlichen Leibgehegen Jagdmöglichkeiten. Dabei schoß der passionierte Neffe in tiefer Dämmerung, als ein genaues Ansprechen nicht mehr möglich war, den besten und endenreichsten Hirsch des ganzen Sachsenlandes, den der König, dem er mehrfach gemeldet worden war, sich vorbehalten hatte und der deshalb in allen Forstämtern avisiert gewesen war.

Um ein Haar wäre die, gleichfalls vom Onkel gedeichselte, Kommandierung nach München an dieser Geschichte gescheitert, die ein gerade für den gütigen Protektor recht peinliches Nachspiel mit allen möglichen Untersuchungen im Gefolge hatte. Daß junge Jäger meist von besonderem Anlauf begünstigt sind, ist nichts Neues. Und ebenso muß man einräumen, daß die lodernde Leidenschaft der Jugend es entschuldigt, wenn dem Schützen einmal der Verstand durchbrennt. In diesem Fall aber war erstens der Schütze kein Jüngling mehr und immerhin schon Rittmeister, und ferner nötigten hier Gefühle dankbarer Verpflichtung gegen den hilfreichen Verwandten zu besonderer Achtsamkeit. Wären sie nicht so hoch von Gier überwuchert gewesen, dann hätte, meine ich, jener Schuß in tiefer Dämmerung unterbleiben müssen.

Unsere älteren Jäger sprachen manchmal rückerinnernd auch von diesem Jagdgast, und merkwürdigerweise war er bei allen, die ihn geführt hatten, gleich unbeliebt.

„Der hat überhaupts nia g'nug kriegt", urteilte der sonst ziemlich gleichmütige Förster Steiner über ihn. Er begründete dies mit zwei Geschichten: Einmal stiegen sie zur Zeit der Hirschbrunft selbander zu der auf der Schreckalm gelegenen Jagdhütte hinauf. Schon beim Anstieg am hellichten Mittag bewährte sich der gute Anlauf des Gastes, und er schoß einen starken Zwölfer, der, dem Kahlwild folgend, soeben einen sonnigen Schlag betrat. Der Ansitz am Spätnachmittag etwas oberhalb der Hütte brachte wieder einen guten und alten Zwölferhirsch.

Nun lud mein Vater, was trotz des damaligen Wildreichtums in unseren Bergen zweifellos falsch war, seine Gäste nicht, wie dies inzwischen längst üblich geworden ist, auf einen Hirsch, sondern, der Verteilung wegen, für eine bestimmte Anzahl von Tagen (meist waren es drei), ganz einfach zur Hirschbrunft ein. Es blieb dann der taktvollen Zurückhaltung des Gastes anheimgestellt, inwieweit er seine Frist ausnützte.

Die Frühbirsch am anderen Morgen ergab, nachdem der Rahm abgeschöpft war, nur wenig Anblick, und so sandte der Schütze, der mit seiner Strecke hätte wohl zufrieden sein können, einen Brief hinunter in die Oberförsterei, des Inhalts, daß bisher alles zwar wunschgemäß, aber viel zu schnell gegangen und hier oben nun nimmer viel zu holen sei, weshalb er um Zuweisung eines anderen Reviers bäte. Der Oberförster, bei dem beide Hirsche eingeliefert worden waren, hatte kein Verständnis für diesen Wunsch und antwortete, daß er leider kein zweites Revier frei habe.

„Ist denn so etwas möglich!?", sagte beim Empfang der Botschaft der Kavalier ärgerlich zu seinem Jäger, dem damaligen Forstwart Steiner. „Na dann wollen wir die Zeit aber doch noch ausnützen und drüben im Aschental ein paar Gams schießen!"

Aber da machte wiederum der Steiner nicht mit. Da drüben säße jetzt sicher ein anderer Jagdgast, dessen Kreise man nicht stören dürfe.

Im folgenden Oktober begann es in der ersten Nacht der Anwesenheit des sächsischen Gastes zu schneien. Fast alle Rotwildfährten standen abwärts. Und wieder ward ein Schreiben verfaßt: Hier oben sei es aussichtslos, der Gast bäte, vom Forsthaus aus jagen zu dürfen. Das ließ sich dann einrichten, und schon am ersten Abend brachte der Steiner seinen Kavalier auf dem „Schachen", einer ziemlich tief gelegenen Alm, an ein großes Rudel, das von einem starken Altsechserhirsch beherrscht und verteidigt wurde.

„Schiassens 'n, Herr Baron, des is a starker, alter Hirsch! Nur guat, wenn der weg is!"

Die Antwort aber lautete: „Nee, Sechserhirsche schieß ich nicht!"

Hier halte ich es für möglich, daß der Jagdgast das Alter des Hirsches nicht richtig ansprach und überhaupt zu wenig von den Altsechsern in unseren Bergen wußte.

Nach der Heimkehr wurde dann vom Forsthaus aus telefonisch und sehr energisch ein zweiter Revierwechsel beantragt, der aus irgendwelchen Gründen nicht möglich war, was schließlich eine verärgerte Abreise zur Folge hatte.

Mein Vater mag von all dem teilweise Kenntnis bekommen und sich in der Stille sein Urteil gebildet haben. Aber wenn er einmal (meist schon zu Ende August) die Revier- und Zeiteinteilung für seine vielen Gäste getroffen hatte und die Einladungen hinausgegangen waren, kümmerte er sich nimmer allzuviel um die Verläufe im einzelnen. „Den Wolken kann ich leider ebensowenig gebieten, wie dem Blei aus den Büchsenrohren meiner Gäste", pflegte er bei solchen Wetterquerschüssen bedauernd zu sagen. Verschiebungen waren schwierig, wiewohl für besondere Pech- und Notfälle immer noch die eine oder andere heimliche Revierecke in Reserve stand.

Es war ein anderer, wenn auch in seinen Hintergründen ähnlicher Vorfall, der ein paar Jahre später die Freundschaft mit dem bis dahin wohlgelittenen Gast beendete. Mein Vater hatte in der weiteren Umgebung Münchens zwei ertragreiche und landschaftlich schön gelegene Waldgüter erworben, die er später, nachdem das Verbrechen der Inflation über Deutschland hingegangen war, wieder verlor. Während seines ganzen Lebens hat er nicht mehr als – ich glaube – sieben Rehböcke geschossen, wobei ihn, was die Trophäen anbetraf, ein ans Unglaubliche grenzendes Waidmannsheil begünstigte: zwei, wenn auch nicht kapitale, so doch überdurchschnittlich gute und vollreife Sechserböcke, einen Uraltspießer, dessen kurze, glatte, fast rosenlose Stangen ohne Rosenstöcke direkt aus der Hirnschale zu wachsen scheinen, einen Dreistangenbock mit drei deutlich voneinander abgesetzten guten Rosen, einen Perückenbock und eine gehörnte Geiß, die, und zwar nur einseitig, so etwas wie ein mehr als talergroßes weißes Blumensträußchen neben dem linken Lauscher trug. Und schließlich, nachdem sein Büchsenlauf über ein Jahrzehnt auf kein Reh mehr gerichtet gewesen war, schoß er noch einen hübsch gestellten und schön vereckten, sonst aber mäßigen fränkischen Sechserbock, um seinem Schwiegervater den Wunsch zu erfüllen, wenigstens *einen* Mitwitzer Rehbock erlegt zu haben. Zur Sommerszeit bei ihm zu Gast und Jäger zu sein und keinen Rehbock zu schießen, das ließ mein Großvater nicht durchgehen. Sonst aber waren, nachdem er Ende Zwanzig geworden, die Rehböcke kein Wild mehr für meinen Vater und vor ihm sicher. So ist es gekommen, daß er in diesen der Alpenkette vorgelegenen Wäldern, die von besonderem landschaftlichem Zauber und überdies wahre Rehparadiese waren, nie einen Schuß getan hat. Die Jagd des einen Gutes verpachtete er an befreundete Nachbarn, und in dem anderen war zunächst die Ausübung des Abschusses dem es beaufsichtigenden Forstwart überlassen. Eines Tages aber machte der die dortigen Forste überwachende hochhonorige Oberförster seinen Herrn darauf aufmerksam, daß man dem Außenbeamten hinsichtlich der Jagd doch nicht ganz freie Hand lassen sollte. Als dieser sonst brave und keineswegs unehrliche, aber primitiv auf seinen Vorteil bedachte Mann später nach Aschau versetzt wurde, erkannte ich erst, wie recht sein Vorgesetzter damit gehabt hatte. Was über dem Gabelbock war, verfiel seiner Kugel, wobei er noch zusätzlich die Grenzen rehrein hielt, so daß er bei guten Nachbarn mißachtet war und sich den Haß der schlechten zuzog. Auf Vorschlag des Oberförsters wurde nun ein Abschußplan aufgestellt, der Revierjäger erhielt seine Zuteilung, und der Rest sollte für den Jagdherrn reserviert bleiben. Da mein Vater selber seinen dortigen Wald als Jäger nicht aufsuchte und infolgedessen nur noch wenig Rehböcke abgeschossen wurden, hub der Forstwart an, bewegte Klagelieder zu singen über den schweren Stand, den er gegenüber den sich mit groben Tönen über Wildschäden beklagenden Bauern der zugepachteten oder angrenzenden Gemeindejagden habe. Das brachte ihm nicht ganz den Erfolg, auf den er gehofft hatte; denn es wurden nun Jagdgäste entsandt, die in dem trefflichen Gasthof der nahgelegenen Dorfidylle von Wessobrunn Quartier nehmen konnten. Es waren einige wenige gute Freunde meines Vaters, die dort in der Folge mehr oder minder freie Büchse hatten, unter ihnen vor allem sein Vetter, der Oberleutnant, von dem ich auf anderen Blättern als von meinem Onkel General schon manches erzählt habe.

Nun stellte einmal, gelegentlich einer Einladung bei meinen Eltern in München, der Attaché in seiner unbekümmerten Art und ganz beiläufig die Frage, ob es denn in Aschau nicht auch *Rehböcke* zu schießen gäbe, deren Bejagung jetzt zur herrlichen Sommerszeit ein wahrer jägerischer Hochgenuß sein müsse. Daraufhin erhielt auch er eine Einladung in den Wessobrunner Wald. Er folgte ihr, ohne sie sich wiederholen zu lassen, in ziemlich rascher Folge mehrmals, wobei er nicht verabsäumte, sich vom Forstwart genaue Auskünfte über Zahl und jeweilige Bonität der vorhandenen Böcke geben zu lassen. Etwa zur gleichen Zeit begab es sich, daß meines Vaters Vetter, mein Onkel General, der beim Nürnberger Feldartillerieregiment diente, ein Kommando nach München bekam und meinen Vater für sich und einen Kameraden, den er bei meinen Eltern eingeführt hatte, um die Abschußerlaubnis für ein oder zwei Rehböcke in dem schönen Voralpenrevier bat. Sie ward ihm wie stets gegeben, und die beiden jungen Offiziere fuhren zusammen hinaus. Von der Frau des Forstwarts erfuhren sie nun, daß noch ein anderer Gast schon seit ein paar Tagen im Revier weile, mit dem ihr Mann unterwegs sei. Er würde wohl erst in der Dunkelheit heimkommen. Man verabredete sich beim Wirt, und die Freunde (mein Onkel kannte sich schon recht gut aus) suchten auf eigenes Gespür ihr Heil.

Beim Wirt saß abends dann der Attaché. Er kannte meinen Onkel von Aschau her und wußte, in welch nahem Verwandtschaftsverhältnis er zu meinem Vater stand. Deshalb war der äußerst kühle Ton, mit dem er die Begrüßung der beiden neuen Gäste erwiderte, schon etwas erstaunlich. Als dann später der Jäger kam, regte mein Onkel, dem dies auch in erster Linie zustand, eine Absprache für den nächsten Morgen an: „Ich würde vorschlagen, Baron, daß der Forstwart die Führung meines Freundes übernimmt, weil der zum erstenmal hier ist und keinerlei Revierkenntnisse hat. Dann bräuchten wir, die wir schon einigermaßen Bescheid wissen, uns nur noch über die Marschrichtungen einig werden."

Mit diesem akzeptablen Propos kam er aber nicht gut an. „Nein, mein Lieber", sagte der Attaché, jetzt auch noch den Rittmeister herauskehrend, „so geht das nicht! Ich bin der Ältere und habe mir eigens ein paar Tage für diesen Aufenthalt freigenommen. Schwarzmoos und Buchberg (sie machten etwa zwei Drittel des Reviers aus) sind morgen für mich reserviert, und der Jäger", er wandte sich an den dabei sitzenden Forstwart, „¹/₂4 Uhr, nicht wahr! – wird *mich* begleiten. Wie Sie zurechtkommen, ist Ihre Sache, meine Herren! Gute Nacht!" Und damit suchte er sein Zimmer auf.

Nun, mein Onkel ermangelte nicht, seinem Vetter von dieser etwas merkwürdigen Auffassung und Handhabung des Gastrechtes Kunde zu tun. Meinen Vater hatte die Ausweitung seiner einmaligen Einladung zu einem Dauerbesuch des Reviers schon geärgert, und was er jetzt hörte, ging ihm, wie man in älteren Zeiten zu sagen pflegte, über das Bohnenlied. Ein höflicher Brief beendete die Einladung und eine weitere, wie sie zur Hirschbrunft sicher erwartet wurde, ist nie mehr ergangen. So zerstörte auch hier die über gastlichen Anstand sich wegsetzende Gier eine Beziehung, die von erfreulichem und vorteilhaftem Bestand hätte sein können.

Selbst das Ende dieses Jägers scheint von der ihn durch ein ganzes Leben wahrscheinlich mehr bedrängenden als beglückenden Leidenschaft schicksalhaft bestimmt gewesen zu sein. Er hatte Freunde in Ungarn, die ihn alljährlich zur Hirschbrunft einluden. Der Ausbruch des Zweiten Weltkrieges nun schob privaten Reisen nach Ungarn einige Riegel vor. Es bestand aber die Möglichkeit, sie durch Sondergenehmigungen zu lösen. Der mittlerweile altgewordene Waidmann machte von ihnen Gebrauch und trat trotz mehrseitigen Abratens die kriegsbedingt anstrengend, schwierig und unsicher gewordene Fahrt an. Wahrscheinlich waren es Ostagenten, die ihn unweit von Budapest in seinem Coupé überfielen und nicht nur der Gewehre und des Geldes, sondern auch all seiner Ausweise und Papiere beraubten. Man hatte ihn mit einem Schlag über den Kopf betäubt, der sich einer früheren reiterlichen Gehirnerschütterung wegen verhängnisvoll auswirkte. Es dauerte tagelang, bis der Schwerverletzte das Erinnerungsvermögen wiedererlangte. Die ungarischen Behörden aber wußten mit diesem „Namenlosen" nichts anzufangen, haben sich wahrscheinlich auch nur nachlässig seiner angenommen. Seine Familie wähnte ihn bei den Freunden auf dem ungarischen Gut, dort wiederum mutmaßte man, daß seine Reise sich verzögert habe oder gescheitert sei.

Es muß eine grauenhafte Lage, ein Wochen während quälender Alptraum gewesen sein, in dem er sich, immer in irgendwelchen Arrestlokalen „abgestellt", bei ständiger Gefahr, in einer Nervenklinik zu landen, befand. Erst nachdem die Familie über geschlossene Grenzen hin und her herausgebracht hatte, daß er sein Reiseziel nicht erreicht habe, setzte mit Hilfe der Gesandtschaft eine schließlich erfolgreiche Suche nach ihm ein. Den Schock des Erlebnisses und die anfänglich grobe medizinische Vernachlässigung des erlittenen Kopfschlages soll er aber nimmer überwunden haben und bald darauf gestorben sein.

Die Freude am Waidwerk – diese Überzeugung hat sich im Lauf eines reichen Jägerlebens, das ich jetzt allmählich auch leider ein langes nennen muß, in mir fest gefügt – ist für den mit ihr Beschenkten eine bauende Kraft. Aber auch bauende Kräfte können zerstörerisch werden, wenn nicht ein ihnen übergeordnetes inneres Gebot sie lenkt.

Der „Rossignol"

Ein seinen Einträgen in verschiedenen Hüttenbüchern nach meist erfolgreicher, jedenfalls immer dankbar beglückter Jagdgast meines Vaters war der „Rossignol". So nannten ihn seine Kameraden in beiden bayerischen Schweren Reiterregimentern, und unter diesem Namen war er auch in der BKD, der Bayerischen Kavalleriedivision, ein bekannter und wohlgelittener Offizier. Rossignol ist das französische Wort für Nachtigall. Der Grund solcher Benamung aber war bei dieser hochgewachsenen Reitergestalt nicht irgendeine Singvogelähnlichkeit. Auch pflegte er nicht, wie dies in jenen militärischen Zeiten öfter als man meinen möchte vorkam, mit aufgeknöpftem Kragen seines Überrocks in den Salons schöne Lieder zu singen.

Sein Vater war ein italienischer Hofkavaliert gewesen, der, wie manch anderer zur Zeit des Risorgimento, mit seinem Fürsten emigriert und am Hof des Bayernkönigs gelandet war. Sein italienisch schönklingender Name war dann, wie dies unter Kameraden, wenn ein Gutmütiger sich's bieten läßt, so üblich ist, zu Rossignol verballhornert worden. Durch sein elegantes Aussehen und gutes Reiten machte er anfangs schnell Karriere. Später aber, so zumindest haben Kameraden, die ihn schätzten und gerecht zu beurteilen suchten, es mir erzählt, mußte man mit Hans Sachs von ihm singen: „... ein Junker war's gar unbelehrt ..."

Er tanzte in einer sehr achtbaren Weise aus der Reihe und wurde deshalb von einigen seiner Vorgesetzten, insbesondere vom Regimentskommandeur, beargwöhnt. Es war vor allem der Kasernenhofton, dem er sich nicht anschließen wollte. Die ständigen Schreiereien und Beschimpfungen fand er unwürdig. Mit ruhigem Zureden, Vormachen, gutem Beispiel, so fand er, erreiche man mehr. Man müsse in den jungen Soldaten die Freude am Dienst wecken und ihr Vertrauen gewinnen. Einem Teil der langgedienten Unteroffiziere hat dieses Bestreben sehr mißfallen. Sie wollten bei ihrer alten Skala mit „du Rindvieh, du saudummes", „du Trottel, du blöder", „du Saukretin" (mit i, n gesprochen) bleiben.

Der Kammerdiener meines Vaters, der treue Hans, der seine drei Jahre bei den Schweren Reitern abgedient hatte, war in der Schwadron des Rossignol gewesen und erzählte mir die nette Geschichte, daß sich wieder einmal ein Rekrut beim Rittmeister zum Rapport melden mußte. Er war vom Ausgang zu spät auf der Wache einpassiert, hatte, wie man es nannte, über den Zapfen gehauen. Dafür gab es je nach Zeit und im eventuellen Wiederholungsfall Strafdienst, Ausgangsentzug oder gar ein paar Tage Arrest. Um straffrei auszugehen, erfanden die Rekruten allerlei schöne Geschichten: Man habe ihnen im Wirtshaus die Mütze versteckt oder den Säbel oder beim „Soller im Tal" sei eine Razzia gewesen, deretwegen sie dort festgehalten waren, oder sonst etwas.

Der junge Rekrut damals war nun anscheinend ein recht unschuldsvoller Junge. Vom Chef über den Grund seiner Verspätung befragt, wurde er rot und brachte kein richtiges Wort heraus.

„Raus mit der Sprache!"

„I ..., i hab ..."

„Was hast du?"

„I hab' bei mein Madl verschlafen."

Wahrscheinlich war dies das erste offene Geständnis dieser Art, das der Rittmeister zu hören bekam. Es gefiel ihm.

„So ist's recht", sagte er, „nur net lügen! Wegtreten!" Natürlich hatte sich diese Reaktion des Eskadronchefs nach einer Weile herumgesprochen, und die Fälle mehrten sich auffallend, in denen ein Späteinpassierer bei seinem Madl verschlafen hatte. Wahrscheinlich hat auch der Kommandeur davon Kunde erhalten.

Der Rossignol war von Haus aus wohlhabend. Vermutlich hatte sein Papa, als er sich verheiratete, unter Münchens Schönen klug gewählt und mit italischem Charme geworben. So konnte der Sohn sich eine mit qualitätvollen antiken Möbeln eingerichtete Wohnung leisten und seinen Kameraden von Zeit zu Zeit dort eine kultivierte Gastlichkeit bieten. Dies hat ihm sicher mehr geschadet als genützt, denn es war nicht üblich, daß jüngere Offiziere, noch dazu, wenn sie Junggesellen waren, Einladungen gaben. „Es stand ihnen nicht zu" – und was nicht üblich war und nicht „zustand" (mit Begründungen zerbrachen sich die Vorgesetzten nicht weiter den Kopf) wurde abgelehnt und nicht gut vermerkt.

Kurzum, der Rossignol ist nach Meinung vieler seiner Kameraden und auch einiger höherer Offiziere der Münchner Garnison mehr aus persönlichen denn aus sachlichen Gründen, zu Unrecht also, an der Majorsecke gescheitert. Es war dies nicht so schlimm, wie es ihm anfangs schien, denn wenige Jahre später brach der Erste Weltkrieg aus, und er zog seine Uniform wieder an und durfte hoffen, jetzt gerechteren Vorgesetzten unterstellt zu werden und nach siegreichem Kriegsende seine Karriere würdiger beschließen zu können. Als aber der Krieg unglücklich geendet hatte, stand er auf einer Stufe mit seinen Gleichzeitigen, in gewissem Sinn sogar mit seinen zum Teil recht hochmütigen Chefs von anno dazumal.

Der Dienstpflichten ledig, konnte er nun zunächst, ohne daß äußere Sorgen ihn spürbar dabei gestört hätten, sein Leben so führen, wie es ihn freute. Er ritt weiterhin fast täglich im Englischen Garten spazieren. Gelegentlich gab er sogar jungen Damen aus der Gesellschaft, in der er als ausgereifter Junggeselle gern gesehen und ständig eingeladen war, Reitunterricht. Dabei soll er einmal den Satz gesprochen haben: „Sie müssen die Schulterblätter so zusammennehmen, Baronesse, als wollten Sie einen Veilchenstrauß zwischen ihnen festhalten."

Auf Freiersfüßen ist er meines Wissens nicht gegangen, denn für seinen intimeren Bedarf bevorzugte er die „leichten Mädchen", bei deren Auswahl er aber, wie er betonte, immer „Ästhet" blieb. Vor allem aber beglückte ihn die Jagd. In die Art, wie er diese Freuden durch Kombinationen zu steigern bemüht war, gibt eine kleine Geschichte Einblick, die mir Ludwig Hohlwein, der hervorragende Gebrauchsgraphiker und Jagdmaler, der, wenn auch um mehr als zwei Jahrzehnte älter als ich, einer meiner liebsten Freunde gewesen ist, zu unserer gemeinsamen Erheiterung erzählte. Er hatte den Rossignol bei einer Kegelgesellschaft kennengelernt und ward in der Folge von ihm eingeladen, seine Trophäen zu besichtigen. Dabei führte der Major ihn auch durch die Wohnung und zeigte ihm sein prächtiges Renaissancebett, ein Glanzstück seiner Sammlung. Aus den Schlafzimmerfenstern hatte man (die Wohnung war hoch gelegen) einen schönen Blick über die Dächer der Stadt hinweg bis zu der sich fern im Hintergrund hinziehenden Alpenkette.

Als Hohlwein dies alles bewunderte, sagte ihm der ästhetische Hausherr: „Ja, lieber Professor, und hier erlebe ich alljährlich auch die schönsten Stunden der Vorfreude auf die Hirschbrunft!" Er empfange, so erklärte er, seine Damenbesuche stets nachmittags, und wenn die Schöne dann vor dem Abschied ein wenig eingeschlummert sei, träume er über sie weg in die Ferne hinaus und in die Berge hinein von dem ihm bevorstehenden jägerischen Glück.

Mein Vater, der, obwohl auf ganz anderer Warte stehend, den Major – ich weiß nicht, wie er mit ihm bekannt geworden ist – gut leiden konnte, sagte mir einmal rückerinnernd und sozusagen als Begründung dafür, daß er ihn fast alljährlich eingeladen hatte: „Er war jemand, dem man gern eine Freude machte."

Zwei Geschichten von solchen Freuden sind bei uns (er ist zuweilen auch Gast in anderen Revieren gewesen) erhalten geblieben. Im Jahr 1908 hatte der Rittmeister während der drei Tage seines Aufenthaltes auf der Elandalm das besondere Waidmannsheil, drei Hirsche zu schießen. Einer von ihnen war nur ein geringer Gabler, den der noch im finsteren Forst röhrende Platzhirsch anscheinend auf den Trab gebracht hatte und der sich flüchtig dem Teil des Rudels zugesellte, der schon auf die freie Alm herausgezogen war. Da saß dann die Kugel zu locker im Lauf, und der Finger krümmte sich zu schnell. Das Unglück aber war, bis auf die Tatsache, daß der gute Hirsch nun vergrämt blieb, nicht groß. Denn es folgte alsbald die Erlegung der zwei anderen, eines Sechsers und eines Zehners. Beide waren starke und alte Hirsche. Bei ihrer Bejagung hat sich meines Wissens nichts Erzählenswertes zugetragen.

Besonders ist nur die Art gewesen, mit der der glückliche Schütze am Abend vor seinem für den nächsten Tag festgesetzten Abstieg ins Tal sein Waidmannsheil in der Hütte gefeiert hat. In seinem Gepäck befand sich eine Schachtel mit weißen Christbaumkerzen, und nachdem der Förster Steiner das Abendessen abgeräumt hatte, baute er auf dem Hüttentisch rund um seinen Platz mit kleinen Brüchen verziert sechzehn Kerzen auf, als Symbol für die insgesamt sechzehn Enden seiner beiden guten Hirsche. Dazu entkorkte er eine Flasche Bordeaux. Der zu dieser Nachfeier eingeladene, sonst trinkfeste Förster machte, weil er müde war, nicht lange mit, aber der Kavalier blieb einsam sitzen, bis der Lichtersegen herabgebrannt und die Flasche in langsam genießenden Zügen geleert war.

Im zweiten Kriegsjahr hatte der inzwischen zum Oberstleutnant beförderte Rossignol sich der Hirsche wegen seinen Heimaturlaub für den Oktober erwirkt. Er war, so ist mir's dunkel in Erinnerung, zuvor noch woanders eingeladen gewesen, vielleicht auch war bei uns die Einteilung aus irgendwelchen Gründen erschwert, jedenfalls ging, als er die Dalsen-hütte bezog, die Brunft schon ihrem Ende zu, und überdies setzte auch noch winterliches Wetter ein. Am zweiten Morgen seines Hüttenaufent-haltes wirbelte der Schnee so dicht und fauchte der Sturm so heftig, daß es sinnlos gewesen wäre, eine Frühbirsch zu machen.

Der Gast schlief, nachdem der Förster Hornberger ihm in dem eisernen Ofen seiner Schlafkammer ein knisterndes Feuer angefacht hatte, tief in den Tag hinein. Aber plötzlich wurde er vom Förster aus seinen Träumen mit den sehr aufgeregten Worten geweckt:

„Herr Oberstleutnant, stehn's auf. Im Graben schreit a Hirsch glei drentern Bach mit a ganz a guaten Stimm. I glaub', daß er rauskommt auf d' Liachten!"

Wie ich weiter oben schon erwähnt habe, liegt das hölzerne Jagdhaus auf der Dalsen am oberen Rand einer nur etwa zwei Tagwerk großen, waldumschlossenen Almblöße, zu der kein eigentlicher Weg, nur ein ausge-wachsener Viehtrieb hinführt. An ihrem unteren Rand wird sie, einen weiten Schrotschuß etwa von der Hütte entfernt, von einem sprudelnden Bach begrenzt, über den vom jenseitigen Ufer die Schirmäste der Fichten hereinhängen.

Der Gast packte seinen Repetierer und sprang ans schon offene Fenster der Wohnstube. Gleichzeitig schlugen ihm die Schallwellen eines zornigen Hirschschreies geradezu ins Gesicht. Und dann geschah es: Ein Ast krachte, Steine raffelten, und mit mächtiger Flucht überfiel ein sehr starker Hirsch, ein Kronzehner mit knorrigen pechschwarzen Stangen, den angeschwol-lenen Bach, und als er sich auf der schneebedeckten Blöße breitstellte und in den Wald zurückverhoffte, aus dem von weiter unten her die Stimme eines zweiten Hirsches heraufgrollte, bekam er die soldatisch wohlgezielte Kugel aufs Blatt.

Der Förster Hornberger, der mir diese, auch in der Hüttenchronik ver-zeichnete Geschichte mehrmals anschaulich erzählt hat, wurde von seinem Kavalier umarmt.

„Im Nachthemd hab' ich einen guten Berghirsch geschossen! Mein lie-ber Förster, das wird mir kein zweites Mal im Leben passieren! Im Nacht-hemd aus dem Fenster!"

Es war dies wohl die größte jägerische Freude, die dem Rossignol in unseren Wäldern und noch dazu buchstäblich im Schlaf geschenkt worden ist. Er konnte zu der Zeit noch nicht ahnen, daß es auch die letzte gewesen war. Denn ein Jahr später hatte mein Vater die Jagd seines ganzen wei-ten Bergreviers verpachtet.

Der Oberst aber hat, wie mancher seinesgleichen, viele Jahre später ein einsames und trauriges Ende gefunden. Durch einen Zufall ergab es sich, daß ich ihm – ich war damals schon auf der Universität – noch einmal begegnete, wobei er sich über den Kummer aussprach, den ihm die Beendigung der Aschauer jagdlichen Gastfreundschaft bereitet hatte.

Es war Winter damals, und ich ging nach dem Besuch einer, wie ja stets spät endenden Wagner-Oper heimzu. Auf einen kurzen Schneefall hin war starker Frost aufgekommen und hatte die Trottoirs mit einer feinen Eisschicht überzogen. Da sah ich auf einmal vor mir einen gutgekleideten, älteren Herren sehr vorsichtig und unter ständiger Benützung seines eleganten Spazierstockes die Briennerstraße hinaufgehen. Er hatte sich (vor Zeiten der Gummisohlen war dies eine vielgebrauchte Ausgleit-Schutzmaßnahme) sein Taschentuch um den Schuh gebunden, so daß die Sohle davon umwickelt war. Ihn überholend, erkannte ich den im Lauf von nahezu fünfzehn Jahren stark gealterten ehemaligen Jagdgast. Da blieb ich stehen und zog den Hut:

„Darf ich Sie begleiten, Herr Oberst?" fragte ich und bot ihm an, ihn zu stützen.

„Nein, nein, mein Lieber, so weit ist's noch nicht mit mir", antwortete er, nachdem ich mich ihm vorgestellt hatte.

„Aber wenn Sie wollen, gehen wir ein Stück mitsammen, ich wohne in der Nähe Ihres Elternhauses." Schon nach wenigen Minuten brach es aus den Schranken anfänglicher Reserviertheit hervor: „Wie hat Ihr Herr Vater so etwas tun können!? Dieses Aschau war mein jagdliches Asyl. Das ganze Jahr über hab' ich mich auf die Tage dort gefreut! Dieser Abschied war sehr bitter für mich und sicher auch für andere alte Freunde Ihres Vaters."

Ich versuchte ihm die Gründe, die meinen Vater damals dazu bewogen hatten, die Jagd zu verpachten, wahrheitsgemäß als kriegsbedingt zu erklären. Man konnte beim besten Willen seine Gäste auf den Hütten nicht mehr wie einst verpflegen, die Pferde, mit denen man sie an die Plätze der Abzweigung ihres Aufstiegweges beförderte, waren requiriert, das Schloß war zu einem Erholungsheim für verwundete Offiziere geworden, und nicht zuletzt standen außer Trägern und Kutschern auch zwei Drittel der Jägerei, alle Jüngeren, im Feld.

Nachdenklich hörte er mir zu und mochte sich dabei denken, daß diese Zeiten ja nun schon seit Jahren vorüber waren.

„Ja, junger Freund, in meinem und in vielen anderen früher glücklichen Leben ist es nur abwärts gegangen in diesem letzten Jahrzehnt. Da würde man gern wieder einmal etwas Schönes erleben. Ich denke oft zurück!" Bald darauf war ich am Ziel, und er ging seines Weges. Durch das behutsame Setzen der Füße und durch das Taschentuch an seiner einen Sohle sah es so aus, als würde er hinken. So verschwand er mir hinter der Blendung der nächsten Straßenlaterne.

Wenige Jahre später starb er. Er hatte durch die Inflation fast sein ganzes Vermögen verloren, und es war ihm zur Bestreitung des täglichen Lebens kaum mehr als die Pension geblieben. Seine hübsche Wohnung konnte er nur deswegen behalten, weil ein guter Freund von ihm, ein reicher und mächtiger Mann, der in seinem Regiment Reserveoffizier gewesen war, einen Teil der Zimmer als Absteigequartier von ihm übernommen hatte. Als dieser Gönner, der ihm auch noch zu mancher jagdlichen Freude verholfen hatte, unerwartet starb und er befürchten mußte, dieses Heim, das seine letzte Freude, das letzte „Asyl" aus glücklichen Zeiten war, zu verlieren, verfiel er in Depressionen, erkrankte schwer und starb. Man munkelte sogar, er habe sich das Leben genommen.

Niemand schaute jetzt mehr, wenn der Oktober nahte, sehnsuchtsvoll aus jenen Fenstern im dritten Stockwerk zu der Gipfelkette der Alpen hinüber. Und was mag aus den Geweihen geworden sein, deren jedes einzelne Ende einmal mit einer brennenden Kerze gefeiert worden war?

„Der Erlaucht"

Die bemerkenswerteste Persönlichkeit unter den Gästen meines Vaters während seiner frühen Aschauer Jagdherrenzeit war „der Erlaucht". So nannte ihn respektvoll unsere Jägerei. Er war das Bild eines Edelmannes, ein repräsentativer und nobler Grandseigneur, dazu ein ausgezeichneter Jäger und Schütze, nur schade, nur schade ... Die Beziehung war dadurch entstanden, daß mein Vater mit ihm wegen des Ankaufs eines großen Gutes verhandelte, das seiner an Verdiensten reichen Familie einmal als Dotation zugefallen, mit seinem übrigen Grundbesitz aber nicht arrondiert war. Da der Graf die Jagd im Hochgebirg liebte, die eigenen Wälder ihm aber keine Möglichkeit dazu boten, lud mein Vater ihn ein, die abschließenden Besprechungen mit einem Besuch in Aschau zur Zeit der Hirschbrunft zu verbinden. Daraus entwickelte sich dann eine vieljährige, hauptsächlich auf dem Jägerischen basierende Freundschaft.

Bei dem ersten Besuch des Erlaucht im Haus meiner Großmutter (mein Vater war damals noch unverheiratet) fiel es auf, daß der Gast den ausgezeichneten, all seine Obliegenheiten mit völlig unbewegter Miene ausführenden Butler der Großmama ersuchte, ihm nur die von ihm selber mitgebrachten alkoholfreien Getränke einzuschenken. Man nahm an, daß dieser Wunsch gesundheitliche Gründe habe. Die waren auch in gewisser, aber nur indirekter Weise gegeben.

Bei einer Parforcejagd auf Schwarzwild langte der Graf als erster bei dem von den Hunden gedeckten Stück an. Als er, das blanke Eisen in der Rechten, von hinten an das Wild herantrat, um es zu werfen und ihm den Fang zu geben, stolperte er über einen Hund, kam zu Fall und ward von dem Keiler, den er, bis man ihm zu Hilfe kam, festhielt, so schwer geschlagen, daß er eine Verletzung des Ischiasnervs davontrug. Gegen die kaum erträglichen Schmerzen bekam er Morphium, wurde Morphinist und in der Folge, wie dies häufig der Fall ist, Alkoholiker.

Es äußerte sich dies bei ihm, auch später, als es mit den Schmerzen besser geworden war, in der Weise, daß er, eben weil er große Alkoholmengen zu vertragen gelernt hatte, wenn er erst einmal angefangen hatte zu trinken, nimmer aufhören konnte. Die Folgen waren dann manchmal (denn um wirklich süchtig zu sein, war er doch zu diszipliniert) Zustände schwerer Trunkenheit mit länger anhaltender Umnebelung. Schon sehr bald sollte mein Vater eine Probe davon bekommen.

Im Jahre 1902 war das zum Schloßgut gehörende, fast vier Jahrhunderte alte Aschauer Bräuhaus bis auf die Grundmauern abgebrannt. Im Spätherbst des folgenden Jahres, zur Zeit der Gamsbrunft, sollte die Grundsteinlegung für den Neubau erfolgen. Der Erlaucht, dem mein Vater davon erzählt hatte, äußerte den Wunsch, an der damit verbundenen kleinen Feier teilzunehmen, und man vereinbarte, daß die schon an ihn ergangene Einladung zur Gamsbrunft auf diesen Zeitpunkt verlegt werden sollte. Man kam gemeinsam am frühen Nachmittag in Aschau an.

Da der Haushalt meiner Großmutter wie alljährlich, wenn sie Ende Oktober ihre Südlandfahrt antrat, in ihr Nürnberger Domizil verlegt und die Aschauer Villa zugesperrt worden war, hatte mein Vater für sich und den Grafen in dem behaglichen, von trefflichen Pächtersleuten betreuten Gasthof „Zur Burg" Quartier gemacht. Er selber mußte für den kommenden Tag noch allerhand Vorbereitungen treffen und begab sich in seine Kanzleien.

Auf daß der Gast bis zum Abend einen Zeitvertreib hätte, arrangierte er mit dessen lebhafter Zustimmung eine Tarockpartie für ihn. Der allen geselligen Freuden sehr aufgeschlossene Forstrat und der ob seiner Meisterschaft im Kartenspiel bei seinen Amtsbrüdern weitum bekannte Aschauer Dekan waren der Einladung hierzu gerne gefolgt.

Und schon an diesem ersten Nachmittag nahm dann das Verhängnis seinen Lauf. Nach der kalten Schlittenfahrt von der Schnellzugstation bis zum Quartier bedurfte man einer Erwärmung. Tee mit Kognak, Kognak mit Tee und schließlich purer Kognak (die Partner sprachen dem allen nur mäßig zu) mußten dafür sorgen und hatten zur Folge, daß, als mein Vater gegen Abend in den Gasthof zurückkehrte, die Wirtin ihn mit bedeutungsvollem Augenaufschlag und händeringend empfing:

„Oh mei, Herr Baron, is des was!"

Der Besuch, dem zu Ehren die Tarockrunde zusammengerufen worden war, konnte seine Karten nicht mehr halten, war aber trotzdem noch imstande, die bedienenden hübschen Töchter des Wirtsehepaares väterlich freundlich und nicht eben ungründlich zu betasten. Der gut vermeinte Zeitvertreib war also in peinlicher Weise entgleist. Der mit versteintem Gesicht seine Karten ausspielende Dekan benützte die Ankunft meines Vaters allsogleich, um sich zu verabschieden. Der Graf rief nach seinem Leibjäger, der aber, gleichfalls des süßen Weinbrandes, den zu servieren seines Amtes gewesen war, voll, nimmer erweckbar in seinem Zimmer schlief. Mit vereinten Kräften brachte man schließlich den Gast, der das wohlvorbereitete Abendbrot ablehnte, zu Bett.

An der Grundsteinlegungsfeier anderen Vormittags nahm er, rechtzeitig zur Stelle, ziemlich schweigsam teil, bat aber meinen Vater nach dessen Festansprache auch eine kurze Rede halten zu dürfen. Er bestieg, immer noch etwas schwankend, das mit Fichtenzweigen geschmückte kleine Podium, schaute eine Weile sichtlich ergriffen auf die darum versammelte Mitarbeiterschar hinunter und stieg dann, ohne ein Wort gesprochen zu haben, langsam wieder herab.

Es lag schon ziemlich viel Schnee auf den Bergen, der Anmarsch zu der für den Jagdgast bestimmten Hütte würde nicht unbeschwerlich werden. Deshalb schlug mein Vater ihm vor, erst am nächsten Morgen mit Aufstieg und Gamsjägerei zu beginnen. Aber mit dem unbeugsamen Eigensinn mancher Betrunkener bestand der Graf auf sofortigem Aufbruch.

Was sollte bei seinem noch nicht wieder gefestigten Gang dabei herauskommen!? Der Forstverwalter des betreffenden Bezirkes hatte einen Einfall. Unfern der Brandneralm-Diensthütte war ein Schlag gemacht worden. Bei der tiefen Schneelage hatten die Holzknechte schon mit dem „Ziehen" (das ist das Zutalbringen des Holzes auf Hörnerschlitten) begonnen. Man konnte einen Maulesel vor einen der Schlitten spannen und den Grafen bis hinauf zu diesem Schlag fahren. Von da ab freilich mußte er weglos, aber ohne daß noch nennenswert Höhe zu gewinnen war, ein halbes Stündchen durch den Schnee zur Hütte hinüberwaten.

Gräflich Preysingscher Oberjäger in Hohenaschau; Lithographie von M. Werner
aus dem Jahre 1849

Ludwig Gangho-
fer mit seinem
Oberjäger vor ei-
ner seiner Jagd-
hütten; Zeichnung
von C. W. Allers
aus dem Jahr 1897

C. W. Allers,
Selbstbildnis in
das Gästebuch
meines Vaters bei
einem Besuch in
Hohenaschau
1896

Mein Vater, der neue bacchantische Gefahren für einen weiteren müßigen Nachmittag heraufziehen sah, stimmte gerne zu. Man vertäute einen mächtigen Ohrenbackensessel auf dem Ziehschlitten und spannte einen lastengewohnten Mulo davor. In seinen Pelzmantel eingeknöpft und in Decken eingeschlagen saß der Gamsjäger alsbald auf diesem improvisierten Thron. Vor seiner Abfahrt, deren Vorbereitung schon einen kleinen Gafferkreis, vor allem aus von der Schule heimkehrenden Kindern bestehend, angezogen hatte, gab es aber noch eine Volksbelustigung.

Der ungetreue Leibjäger des Grafen, der auch am Morgen noch nicht erweckbar gewesen war, so daß der Diener meines Vaters für ihn hatte einspringen müssen, war inzwischen erwacht und trug das Gepäck seines Herrn heran. Sein Anblick nun entfesselte in diesem einen Zornesausbruch, dessen akustische Auswirkung das winterliche Tal wie unter Lawinendonnern erdröhnen ließ: „Du pflichtvergessener Lump, dich werd' ich lehren, wie man seine Arbeit tut, ich werde dir die Knochen entzweischlagen! Komm sofort hierher!" Immer neue helle Lachsalven aus Kinderkehlen entfesselte die lautstarke Strafpredigt, insbesondere auch deshalb, weil der Gemaßregelte, ein dürres, langschnauzbärtiges Männchen, gar nicht daran dachte, dem Befehl Folge zu leisten, sich vielmehr, wie einst Kain vor dem Zorn des Herrn, hinter einer der Gartenkastanien versteckte und abwechselnd einmal rechts, einmal links am Stamm vorbeischielte, ob das Gefährt sich nicht endlich in Bewegung setzte. Immer enger schlossen die Kinder und einige Passanten ihren Kreis, während mein Vater, der hinzukam und mehrere Sekunden brauchte, um die Szene zu erfassen, sich eiligst hinter das Tor des Gasthofes zur Burg zurückzog.

Die Fortsetzung der Geschichte erzählte mir ein paar Jahrzehnte später der Förster Pfaffinger, der damals als junger Gehilf' zusammen mit einem gleichalterigen Kollegen und einem kraftvoll untersetzten Waldarbeiter dazu ausersehen worden war, den Grafen und sein Gepäck zur Brandneralm-Diensthütte hinauf zu befördern, wo der reviergewaltige Förster Hornberger den Empfang vorbereitete.

Die Fahrt ging ohne Zwischenfall vonstatten. Der Graf (man hatte für alle Fälle auch ihn mit einem Gurt auf seinem Lehnstuhl festgebunden) war alsbald eingeschlafen, und mit dünnem Glockenklimpern zog der Maulesel, behutsam die Hufe setzend, fürbaß. Endlich war man am Ziel.

„Erlaucht, derffat i bitten, jetzt miassens aussteig'n", sagte der Adolf.

Der Jagdgast schlug die Augen auf. „Wo ist die Hütte?" fragte er schlaftrunken.

„Da ham mir noch a kloane halbe Stund' zum Geh'n, Erlaucht. Is aber net hart. A Stückl auffa bis zu dera Wand und dann eben umma."

„Was!?" brauste der Gast auf. „Gehen soll ich!? Ihr Spitzbuben wißt genau, daß ihr mich bis zur Hütte fahren müßt. So hat euer Herr es befohlen, und ihr werdet gehorchen! Es wird gefahren! Er hat es befohlen. Weiterfahren, weiterfahren, sage ich!" schnauzte er den Mulitreiber an. Alle Gegenvorstellungen halfen nichts. Trotzdem der gebahnte Weg zu Ende war, bog man schließlich steil bergan in den Hochwald ein und kam zwanzig Meter weit, dann kippte der hochbeladene Schlitten um, und der Erlaucht im dicken Pelzmantel kugelte in den Schnee.

Unsere Gebirgler haben alle Humor, aber ich hab' kaum einen gekannt, der das Geschehen um sich herum humorvoller und mit mehr schlagfertigem Witz aufnahm als der Adolf Pfaffinger. Und als er den Grafen sich schwerfällig im Schnee wälzen sah, mußte er eben lachen, und wie das manchmal so geht, sehen benebelte Menschen oft gerade das, was sie nicht sehen sollten.

„Du unverschämter Bursche", donnerte es aus der tiefen Schneewanne heraus, „du erlaubst dir auch noch zu lachen, wenn dieser Trottel sein Gefährt umschmeißt!? Ich schieße dich über den Haufen! Wo ist mein Gewehr?" Aber jetzt bewährte sich des Adolf offen-fröhliche Art.

„Miassen's mi scho entschuidinga, Erlaucht", sagte er mit immer noch lachendem Gesicht, während sie zu dritt dem schweren Mann auf die Beine halfen, „aber das Buid, wia jetzt grad der Schlitten mitsamt dem Sessel umg'fall'n is, des Buidl wenn s' g'sehng hätten, Erlaucht, da hätten S' selber g'lacht."

„So, meinst du!?" grimmig sah der Graf den jungen Jäger an und holte ohne ernste Absicht zu einer Ohrfeige aus. Und dann geschah das Unerwartetste: Der Erlaucht setzte sich auf den umgekippten Schlitten und begann, dröhnend zu lachen. Schließlich ertönte ein Lachquintett, Gast, Jäger, Träger und Mulikutscher lachten aus vollen Kehlen, daß der Schnee von den Wipfeln der hohen Fichten herunterstäubte.

Die Jäger befürchteten, es würde eine arge Fretterei geben, wenn andern Tags der Graf auf Gams, die es damals freilich noch reichlich gab, zu Schuß gebracht werden müßte. Darin sollten sie sich irren. Nach einem gemütlichen Hüttenabend mit vielen Flaschen Bier und einem kleinen Berg vom Förster mit Meisterschaft gebratener Kalbskoteletts war der Kavalier andern Tags wieder der zähe und sichere Bergsteiger, als der er sich schon während der Hirschbrunft bewährt hatte, und als er am übernächsten Abend zu Tal stieg, hatte er seine drei guten Bartböcke mit drei Schüssen erlegt.

Der Adolf Pfaffinger aber, mit seinem pechschwarzen Bart um die lachenden weißen Zähne und seinem unbefangenen Frohsinn, war von da ab ein besonderer Liebling des Erlaucht, der ihn sich bei jedem seiner folgenden Besuche als zusätzlichen Geleitmann ausbat, denn die eigentliche Führung eines so hohen Gastes ließen sich zu der Zeit die revierzuständigen Förster nicht nehmen. Von manchen Scherzen seines Favoriten freilich hatte der Graf keine Kenntnis.

Einmal, als er zur Zeit der Hirschbrunft auf der Dalsenhütte Quartier bezogen und sich soeben zusammen mit dem Revierförster Meggendorfer zum Mittagessen an den mit Linnen gedeckten Tisch gesetzt hatte, stellte der Adolf, der von ihm in die Anfangsgründe der Servierkunst eingeführt worden war, schön vorschriftsmäßig von links rückwärts einen Teller vor ihn hin. Weil er hierbei aber die Pfeife im Mund behalten hatte, war im letzten Augenblick eine Aschenflocke auf das sonst blitzsaubere Geschirr gefallen. Der Graf bemerkte das sofort.

„Adolf, du Schweinkerl!" polterte er, „schau dir das einmal an! So einen Teller stellst du dem Gast auf den Tisch! Bring sofort einen frischen!"

„Oh, des tuat mir aber jetzt wirkli leid!" sagte der Gemaßregelte mit geheuchelter Bestürzung, zog den Teller, wie er's gelernt hatte, mit der rechten Hand zurück, rieb ihn auf der Sitzfläche seiner Lederhose sauber und schob ihn dann korrekt von links wieder auf die „Tafel".

„So, Erlaucht, da ham S' jetzt an frischen Teller!" Der dem Grafen am Tisch gegenübersitzende Revierförster Meggendorfer hatte die sich hinter dem Rücken seines Kavaliers vollziehende „Reinigung" beobachten und dabei ernst bleiben müssen.

„Du Herrgottsackra, du ausg'schamter, i schlag' dir doch gleich 's Kreuz ab!" kanzelte er später seinen Gehilfen herunter, „dir fallt scho nix G'scheits net ein! I hätt' mir bald d' Zung abbissen, damit mir 's Lachen net auskommt!" Dabei wurde seine zornige Strafpredigt von diesem Lachen jetzt nachträglich noch mehrmals unterbrochen.

Es wäre aber falsch, diesen Spaß des jungen Jägers als respektlosen Spott am Gast zu verstehen. Der Adolf konnte sein Leben lang – und gar damals im vollen Übermut seiner jungen Jahre – keiner Gelegenheit zu irgendwelchem Unfug widerstehen. Seiner Zuneigung und Verehrung für den Erlaucht tat dies keinen Abbruch. Bis in sein eigenes Alter hat er „dem noblen Herrn" vor all den anderen vielen Gästen, die er im Lauf von gut fünf Jahrzehnten zu führen und auf der Hütte zu betreuen hatte, eine besondere Wertschätzung bewahrt.

Und bei allen anderen, die ihn geführt hatten, war es ebenso. Unsere alten Jäger erinnerten sich gern an die Zeiten vor dem Ersten Weltkrieg und erzählten oft von ihnen. Wie für so viele Menschen jener Generationen, auch für solche anderer Schichten und Berufe, hatte das Jahr 1914 unter den glücklichsten Abschnitt ihres Lebens den Schlußstrich gezogen. Es gab wohl viel Arbeit auf den Hütten und im Revier damals während der hohen Gezeiten des Bergjägerjahres, vor allem der Hirschbrunft, aber auch viel Spannung, viel Erlebnis, viel Abwechslung mit den Herren Kavalieren, ob sie nun zum erstenmal ihrem Bereich zugeteilt waren oder ob bei ihrem Eintreffen ein mehr oder minder freudiges Wiedersehen gefeiert wurde.

Die Altbayern beobachten ebenso gut wie kritisch, und ich hab' manches in seiner Originalität zum Hinauslachen komische Urteil über den oder jenen zu hören bekommen.

So etwa die Geschichte vom „Nenninger", wie ich als kleiner Bub, noch unfähig, seinen Namen richtig auszusprechen, den liebenswerten alten Freund meiner Eltern, zu dem ich gleich Zutrauen faßte, genannt habe. In besonderer Erinnerung ist mir sein Jagdhut geblieben. Es war ein dunkelgraugrüner richtiger steifer Koks mit dunkelgrünem Ripsband, den als einzige Zier ein wohlgeordneter kleiner Strauß schillernder Fasanenfedern auf der Seite kokardenhaft schmückte. Obwohl mit uns Kindern immer großväterlich scherzend, konnte er, den Erzählungen des Försters Steiner nach, auf der Hütte manchmal grantig sein. Vor allem bei seinem ersten Besuch auf der Elandalm war ihm nichts recht.

„Nicht einmal ein Nachthafen steht unter dem Bett!" schimpfte er bei Besichtigung der Wohn- und Schlafkammer.

„Da wär' aber leicht zum Helfen, Herr Major", sagte beruhigend der Steiner.

„Wenn der Träger morgen früh auffa kommt, bringt er halt a Nachtg'schirr mit."

Anderen Morgen schoß der Nenninger gar nicht weit von der Hütte einen sehr guten und alten Kronenzehner und war, wie grantelnde Menschen oft, durch die Freude völlig verwandelt. Als dann der Träger mit dem so quasi krönend oben auf seinem Packen festgebundenen „Nachtg'schirr" ankam, sagte der Gast mit Lachen: „Ach, das wäre aber nicht nötig gewesen, auf der Hütte braucht man keinen Hafen!" So vermag eine Freude auf hoher Ebene Wünsche aus der Niederung auszulöschen.

Er war übrigens der einzige unter unseren Gästen, der damals, vor Zeiten der Füllfederhalter, anscheinend ein Schreibzeug in seinem Gepäck mitführte, denn er machte seine Einträge in die Hüttenbücher mit Tinte und so hochkalligraphisch, daß sie jedem königlichen Kanzleirat zur Ehre gereicht hätten. Dafür schoß er nicht immer gerade Kugeln. Als er einmal unter der Führung des etwas grimmigen Revierförsters Meggendorfer nacheinander zwei Gamsböcke gefehlt hatte, die leicht zu haben gewesen wären, schaute der ihn augenrollend von der Seite an und sagte:

„I moan gar, Sie teant mucka!?"

Über den Erlaucht habe ich nie eine Silbe des Spottes vernommen. Man schätzte ihn als Jäger und verehrte in ihm, mit dem den Altbayern gleichfalls eigenen taktvollen Gefühl für Abstand, den bis ins Herz hinein noblen Edelmann. Daß er gern trank, daß er zuweilen, vor allem an Schlechtwettertagen, auf der Hütte „hoch hatte", wie man bei uns zulande sagt, wenn einer zu viel des Guten getan hat, das störte unsere meist selber zechfreudigen und trinkfesten Jäger nicht. Auch darüber sprachen sie mit einer Art Hochachtung: „Derlitten hat er ja vui, da hat oaner hergeh'n derffen!"

Und es hat sich manche diesbezügliche Geschichte erhalten: Nach anderthalb Nebeltagen auf der Schreckalm-Diensthütte konnte, so erzählte mir der Steiner, ein Träger, der herauf entsandt worden war, um dem Grafen eine Nachricht zu überbringen, die Hüttentür nicht aufmachen, weil sie von den vielen Flaschen blockiert war, die die Zecher, sobald sie sie geleert hatten, drinnen im allerdings kleinen Hüttenraum einfach hinter sich auf den Fußboden gestellt hatten.

Und ein andermal bekamen die vom Förster Hornberger bereiteten Schnitzel ihm selber wie auch seinem Kavalier nicht gut, weil der försterliche Küchenmeister das in einer flachen Blechdose mitgeführte weiße Schuhfett des Grafen für Schweineschmalz gehalten und entsprechend verwendet hatte. Dazu muß man wissen, daß der Förster Hornberger in seinen guten Jahren an manchem Abend bis zu zweiundzwanzig Halbe Bier trinken und dann noch leidlich sicheren Schrittes eine Stunde weit nach Hause gehen konnte.

Auch Sorgen um Fehlschüsse brauchte man beim Erlaucht nicht zu haben. Der Förster Steiner erzählte mir, er sei in der Gamsbrunft einmal mit dem Grafen mehrere Stunden lang an einem den Fährten im Schnee nach stark begangenen Wechsel in den Hirschlahnern angesessen. Wie das aber bei solchem Ersitzenwollen, einer an sich gerechten Art der alten Gebirgsjäger, den Gamsbock abseits vom Scharwild zu erwarten, manchmal auftreffen kann, ließ sich auf dem bewährten Pfad an diesem Tag nichts blicken. Nur hoch oben in den Wänden des Gegenhanges tauchte nach einiger Zeit ein Gamsbock auf, äugte eine Weile in den Graben hinein und tat sich dann sonnenfaul nieder.

Nach etwa zwei Stunden vergeblichen Ausschauhaltens wurde es dem Grafen langweilig:

„Ich glaub', mein Lieber, hier erwarten wir heute nichts."

„Schwer zum sagen, Erlaucht."

„Was ist denn mit dem Niedergetanen da oben?"

Der Steiner hatte ihn sich schon durch sein Perspektiv angeschaut: „Der Bock war net schlecht, hauche Krucken, aber mei, da auffa sans ja 300 Meter, wenn's g'langt. Wär grad daß 's schnallt."

„An dem soll's nicht liegen! Dreihundert Meter sagen Sie?" Der Gast, der nie ein Zielfernrohr benützte, stellte an der Kimme seines Repetiergewehrs die größere der zwei Klappen auf.

„Ja, so was werd's sein", bestätigte der Steiner, der es nicht ernst nahm, daß der Erlaucht hinaufvisierte.

„Und owa g'schossen hat er'n mit frei'n Aug, daß er grad kugelt is!" schloß er seine hochachtungsvolle Erzählung.

Aber, wie ich's schon sagte, nicht nur die jägerischen Leistungen waren es, die dem Grafen Zuneigung und Verehrung des Personals gewannen.

Wichtige Figuren innerhalb des für jagdliche Gastlichkeit in jenem alten großzügigen Stil erforderlichen Apparates waren die Träger. Sie mußten zu morgendlicher Stunde, gleich nachdem Jäger und Kavalier von der Frühbirsch heimgekehrt waren, ins Tal hinunter, Proviant holen, Benachrichtigungen übermitteln und, wenn ein Hirsch geschossen war, für Lieferer sorgen. Möglichst um die Mittagszeit sollten sie wieder zurück sein, um dem Jäger einen Teil der Arbeit in der Hütte abzunehmen.

Damals war für die Holzknechte bei uns noch das Meistersystem gültig. Der Holzmeister zahlte seine Arbeiter aus und rechnete später akkordmäßig mit dem Forstamt ab. Somit kamen die Holzknechte für Trägerdienste nicht in Betracht, und es blieben für diesen Einsatz nur die jungen Hilfsjäger oder die Waldarbeiter übrig. Da zur Zeit der Hirschbrunft sehr oft vier oder fünf Hütten gleichzeitig besetzt waren, bereitete die Auswahl der wenigen verfügbaren Mannen den Oberförstereien meist einiges Kopfzerbrechen. Zuweilen mußte man aushilfsweise auch ziemlich betagte Waldtagelöhner heranziehen, denen das Lastentragen wenig Freude mehr machte und die ihre Botengänge nur sehr schleppenden Schrittes ausführten. Ein solcher, ein wortkarges altes Schlitzohr, war einmal dem Grafen zugeteilt worden. Er traf eines Tages, den Steig unter krächzenden Gesängen in Schlangenlinien entlangwandelnd, erst auf der Hütte ein, als Jäger und Gast schon zur Abendbirsch aufbrachen. Es sei ihm schlecht ergangen, erklärte er mit Zungenschlag, unten im Graben habe es ihn geschmissen, alle Bierflaschen seien dabei zerbrochen. Als Beweis zeigte er seinen ganz durchnäßten Rucksack vor. Einen Laib Bauernschwarzbrot, den der Graf sich bei einem selber sein Brot backenden Bauern hatte besorgen lassen, trug er unverpackt unter der verschwitzten Achsel.

Der Adolf roch am Rucksack: „Du Lump, du ohdrahter, du windiger. Ausg'suffen host du des Bier und dein Sack ins Wasser einatauch", fuhr er den Träger an, packte ihn an der Joppe, beutelte ihn hin und her und schmiß ihn schließlich in die Brennesseln. Als der alte Mann sich greinend daraus erhob, „schimpfen muaß ma si a no lassen", trat der Erlaucht mit belustigtem Gesicht auf ihn zu und drückte ihm einen Silbertaler in die Hand. Dann sagte er zum Adolf: „Sorg dafür, daß sie ihn uns nimmer heraufschicken."

Ein andermal kam er gegen Abend nach erfolgreichen Gamsbrunft-tagen mit dem Förster Hornberger ins Tal herunter. Der Weg von der Brandneralm führt dicht an dem stattlichen alten Oberjägerhaus vorbei, das schon im siebzehnten Jahrhundert den gräflich preysingschen Wild-meistern als Wohnung gedient hat. Ein Teil unserer Jäger und Förster bewirtschafteten, was inzwischen so gut wie ganz abgekommen ist, da-mals den zu ihrem Haus und Dienstanwesen gehörenden agraren Grund noch selber.

So hielt es auch, von seiner in landwirtschaftlicher Arbeit wohlbewan-derten Frau dabei unterstützt, der Förster Hornberger. Als er sich an der Seite seines Kavaliers dem Haus näherte, kam ihm die Försterin mit rotge-weinten Augen entgegen.

„Mei, Mo", sagte sie aufschluchzend, „heut woaß i dir nix Guats!" Erschrocken blieben die Jäger stehen und fragten, was vorgefallen sei.

„D' Scheck ham mir notschlachten müassen mitsamt 'n Kaibi! Sie hat's Kaibi net derbracht!" Die Scheck war, so klärte der Förster den Grafen auf, die weitaus beste von seinen drei Kühen. Die Tränen waren berech-tigt, denn der Schaden war groß, und zudem war sie der Försterin selbst-aufgezogene Lieblingskuh gewesen.

Der Jagdgast stand eine Weile schweigend dabei und fragte dann, nachdem er all diese Aufschlüsse erhalten hatte, in einem Ton, als wolle er das Thema wechseln:

„Was kostet hierzulande eine gute Kuh?"

„Die san jetzt teuer, Erlaucht. A Kälberkuh – a 300 Mark werdent kaum g'langen." Da zog der Erlaucht seine Brieftasche.

Der Förster Steiner hatte viel Sinn für den gehobenen Lebensstil man-cher seiner Kavaliere. Einmal in seiner frühen Jugend hatte er meinen Großvater bei einer seiner Waldexkursionen zusammen mit dem Freund und Berater Ganghofer als Träger begleitet. Da es für jenes Jahr der letzte derartige Spaziergang des Großvaters war und ihm, der täglich mindes-tens fünfzehn Zigarren rauchte, in einem seiner Reserveetuis ein paar Importen übriggeblieben waren, schenkte er dem hübschen helläugigen

Jägerburschen die Zigarren mitsamt dem gediegenen ineinanderschiebbaren Lederbehälter.

Als mir der Steiner dieses Erinnerungsstück an seinen ersten Aschauer Herrn zeigte, erzählte er mir auch voll rückerinnernden Wohlgefallens von dem Etui des Erlaucht, der dazu noch ein fast gleiches Gegenstück, nämlich seine Brieftasche, besaß. Beide Wunderdinge waren aus genau gleichem dunkelgrünem Leder, und in einer Ecke war zierlich in echtem Silber das Familienwappen des Grafen angebracht. Diese Brieftasche also muß es gewesen sein, die der Erlaucht damals aus der Joppe hervorzog und der er vier jener prächtigen pergamenten wirkenden blauen Hundertmarkscheine der Vorvierzehnerzeit entnahm.

„Hier, Frau Försterin! Und jetzt weinen Sie nicht mehr!" Damit schritt er davon.

Die letzte Geschichte von diesem besonderen Jäger, die in Aschaus nur mündlich geführte und erhaltene grüne Chronika eingegangen ist, handelt wahrscheinlich auch von einem *seiner* letzten Erlebnisse in unseren Bergen, ehe ein früher Tod, über dessen Ursache ich nichts erfahren konnte, dem blühenden Mann („... wie Milch und Blut", pflegte der Steiner ihn zu beschreiben) die fernhin treffende Büchse für immer aus der Hand nahm.

Der Graf hatte gegenüber meinem Vater den Wunsch ausgesprochen, wieder einmal, woran er sich seit seinen Jungjägertagen nicht mehr hatte erfreuen können, auf einen Bergspielhahn gehen zu dürfen.

Mein Vater, der, obwohl zeitlebens kein Hahnenjäger, solch besonderen Wünschen seiner Freunde immer gastliches Verständnis entgegenbrachte, gab dem Chef seiner Forstverwaltung telephonisch Order, und man überlegte sich nun in Aschau, welcher Platz (denn wir hatten und haben deren eine ganze Anzahl) für den Erlaucht wohl der gemäßeste wäre. Man entschied sich für die Brockenalm.

Es hatte eine frühe Schneeschmelze gegeben in jenem Jahr. Die Alm lag nur knapp oberhalb der weiß-grünen Grenze, so daß der Gast bis auf wenige hundert Meter beritten an die unmittelbar neben dem Balzplatz stehenden Almhütten gelangen konnte. Eine von ihnen, der „Herrschaftskaser", sollte als Nachtquartier dienen, so daß am Morgen keine hundert Schritte bis zum Schirm zu gehen waren.

„Herrschaftskaser", das ist auf einer gutseigenen Alm, an der bäuerliche Weiderechte bestehen, diejenige unter den Almhütten, die der Gutsherrschaft allein gehört und der Sömmerung ihres Eigenviehs dient. In alten Zeiten nämlich wurde das Vieh des Grundherrn während des Sommers auf zahlreiche zur Herrschaft gehörige Almen verteilt, weidete dort in friedlicher Gemeinschaft mit dem Bauernvieh und kehrte erst an St. Michael, dem die Almzeit damals noch strikt beendenden neunundzwanzig-sten September, ins Tal und in die großen Gutsstallungen zurück. Es waren uralte und für den Grundherrn unumgängliche Gerechtsame, aus denen sich dieses zersplitterte Weidesystem entwickelt hatte.

Durch Ankauf einer großen Alm, die bis dahin in nur einer Hand gewesen war, und Freimachung einer zweiten von den Fremdrechten hatte mein Vater für seine in jenen glücklichen Tagen mehr als hundert Köpfe zählende Rinderherde hinlänglich sommerlichen Weidegrund gewonnen. Das Bestoßen der Almen, auf denen noch andere Gerechtsame lagen, hatte man zum Teil schon vorher des Personalaufwandes wegen einschlafen lassen, und nun gab man es ganz auf. Die Rinderrechte überließ man gegen geringes Jahresentgelt den Bauern, die „Herrschaftskaser" aber gingen allmählich und ohne daß viel gefragt wurde, als willkommene Zusatz-unterschlupfe an die Jägerei über. Der auf der „Brockenalm" wurde nun zum Empfang des hohen und beliebten Gastes unter der Leitung des Försters Hornberger hergerichtet, als solle er dem Kaiser Napoleon zum Feld-quartier dienen.

Die Brockenalm hat, und zwar mit Recht, weit über unser Tal hinaus den Ruf einer landschaftlichen Besonderheit. Das mehr als hundert Meter im Geviert messende Plateau, auf dem die Almhütten stehen, ist nämlich mit merkwürdigen säulenartigen Felsbrocken übersät. Es ist nicht das üb-liche, aus der Höhe herabgestürzte Felsgetrümmer, das sich hier auf dem eben werdenden Grund gefangen hat, es sind richtige, verhältnismäßig schmale, meist mehr als mannshohe, kantige Säulen, fast wie altrömische Meilensteine. Eine an der anderen wachsen sie aus dem sonst fruchtbaren grünen Almboden. Um zu erklären, wie sie dahingekommen sind, fehlt mir das geologische Wissen.

Sind sie entgegen allem Anschein doch aus den die Alm gen Südosten abriegelnden hohen und schroffen Wänden einstens durch irgendeine Naturgewalt herausgerissen worden und, sozusagen solidarisch, herabgepol-tert? Sind sie der übriggebliebene härtere Kern einer durch Jahrtausende hinweg verwitterten Kalkschicht, so etwas wie Miniaturdolomiten? Wie dem auch sein mag, sie standen und stehen da oben nicht gerade in Reih und Glied, aber in kaum größeren als zimmerlangen Abständen voneinander, und an den Fuß der größten von ihnen, die fast haushoch und schon mehr blockhaft in den Himmel ragt, schmiegt sich der Herrschaftskaser.

Die Besonderheit dieses Balzplatzes ist es nun, daß die Spielhahnen auf dem Plateau und inmitten der Steinsäulen tanzen, sie umlaufen, zwischen ihnen raufen, zeitweilig von ihnen verdeckt sind und im Sonnenfalz sehr oft auf ihren Häuptern von Morgenröte umflossen ihr Lied singen. Es waren, eine rätselhafte mehrjährige Pause in den dreißiger Jahren ausgenommen, nie weniger als ein halbes Dutzend, sehr oft bis zu zehn Hahnen, die diesen Platz sich gemeinsam erkoren.

Der Ausflug des Grafen auf die Brockenalm ließ sich gut an. Er ritt an einem lauen Maiabend auf fast schneefreiem Almweg bis zu der etwa zweihundert Meter unterhalb der Hütten beginnenden Firnschneegrenze. Dort nahmen ihn der Förster Hornberger und sein immer gutgelaunter Freund, der Forstgehilfe Pfaffinger, in Empfang, und nachdem man den hinter dem Hag einer Nachbarhütte unter weit vorspringendem Dach eingebauten und gut verblendeten Schirm besichtigt hatte, gab es im Herrschaftskaser einen angeregten, burgunderreichen Abend. Denn, auch das schätzten die Jäger sehr an ihm, der Erlaucht hatte viel erlebt und konnte gut erzählen. Bis in späte Nachtstunden hinein hörte man ihm, in die die Lampe träg umziehenden blauen Tabaksnebel eingehüllt, gerne zu.

Es wurde sodann vor dem Schlafengehen noch etwas wie eine rituell sensationelle Handlung vollführt mit der Füllung jener weidenumflochtenen Nachttrunkflasche des Grafen, die bei all seinen Aschauer jagdlichen Begleitern, die sie gesehen hatten, bewunderndes Staunen und Jahrzehnte überdauernde Legende auferweckte. Auch von ihr hat mir der Förster Steiner rückerinnernd eine genaue Beschreibung gegeben:

Sie war hoch und bauchig, mit geschälten und gespaltenen Weiden eng umflochten und mit einem silbernen Schraubverschluß versehen. Erst wurde eine Flasche Kognak, dann eine Flasche kaltes Quellwasser hineingefüllt, dann eine etwa eichelgroße metallne Kohlensäurepatrone in den silbernen Hals geschoben, und schließlich wurde die innen mit einem Stachel versehene Verschraubung langsam zugedreht. Der Stachel durchbohrte die Patrone, und alsbald fing es drinnen in der Flasche zu zischen und zu quirlen an, die Kohlensäure durchdrang das edle Gemisch, und das freilich nicht so ganz harmlose „Kracherl", wie der Steiner es nach den sprudelnden bunten Wirtshauslimonaden benannte, war fertig.

Draußen stieg der noch fast volle Mond über den zackigen Grat der Wände herauf. Friede lag über Almen und Hütten, und drinnen schliefen tief die drei Jäger. Das heißt, in wirklich tiefen Träumen lagen nur die beiden Begleiter. Der Graf, so war man es schon von ihm gewöhnt, erwachte nachts mehrmals unter dröhnenden Hustenanfällen, schraubte dann die Weidenflasche auf und füllte seinen Becher mit der den Kehlkopf beruhigenden ebenso gehaltreichen wie kühlen Labe. Dann wälzte er sich geräuschvoll auf die Seite und schlief nach einer Weile wieder ein. Diesmal tat das durchs kleine Kaserfenster hereinfallende Mondlicht bei den Jägern seine den Schlaf unruhig belebende Wirkung.

„Mir hat vo die junga Madln tramt", erzählte mir Jahrzehnte später der Adolf, „und der Hornberger hat mit die Lumpen g'schimpft und g'rauft, daß er mit die Arm bis zu mir umma g'schlagen hat, und auf amoi..." Ja, auf einmal fiel irgendwo in nächster Nähe ein überlauter Schuß. Gehilfe und Förster fuhren jäh aus ihren Träumen. Was war denn das gewesen!?

„Erlaucht!!" Er gab keine Antwort. Sie schlugen Licht. Wo war der Erlaucht!? Das mit dem weißen Linnen der Frau Försterin bezogene, aus zwei Feldbetten mühsam zusammengefügte kaiserliche Lager war leer.

„Jessas Maria und Joseph!" Die beiden Jäger stürmten strumpfsockig durch die nur angelehnte Hüttentür ins Freie. Das Mondlicht gleißte auf der Schneefläche des Plateaus, und die dunklen Felspfeiler warfen ihre Schatten. Hinter einem von ihnen trat jetzt eine hohe, massige Gestalt hervor.

Der Graf war's. Er hatte seine Flinte um den Hals hängen und trug in jeder Hand ein kleines dunkles Bündel. Diese Bündel hob er, nahe herangekommen, den Jägern vor die immer noch schlaftrunken erschrockenen Gesichter. Sie wußten auch jetzt noch nicht, was das bedeuten sollte, aber schließlich erkannten sie zu ihrem maßlosen Staunen, daß es zwei starke Spielhahnen waren.

Wie gab es denn sowas, wie war das zugegangen!? – Gar so unerklärlich war es nicht. Von der Mondscheinbalz, zumal auf von mehreren Spielhahnen besetzten Balzplätzen, wissen nur die etwas erfahreneren Jäger. In lauen und klaren Nächten, besonders bei abnehmendem, also spät aufgehendem Mond, ist sie beinahe die Regel. Nicht selten tritt man, wenn man vor Tag zum Schirm hingeht, den schon längst eingefallenen und gerade eine Pause machenden Hahn weg. Manchmal bleibt er dann sogar für diesen Morgen auf Nimmerwiedersehen verschwunden. Nun, und der Erlaucht mußte in der Nacht einmal vor die Hütte treten; dabei hörte er zu seiner großen Verwunderung einen Spielhahn in nächster Nähe sein Lied singen. Er spähte vorsichtig um den großen Felsturm neben der Hütte herum. Wirklich und wahrhaftig, da stand die Silhouette eines in voller Balzpose vor sich hingluckernden langsicheligen Hahnes auf dem Schnee! Den wollte er schießen, das würde etwas Einmaliges sein!

Der Graf schlich eilends wieder in die Hütte und holte sich seinen Zwilling. Als er zurückkehrte, stand der Hahn unverändert auf dem Schneefeld. Aber gerade, als der nächtliche Jäger den im ungewissen Licht sorgsam zu zielenden Schuß abgeben wollte, fiel aus dem Sternenhimmel herunter ein zweiter Hahn dicht neben den ersten auf den Schnee. Es gab ein kurzes Girren und Hin- und Herrücken, und dann ein schwingenklatschendes Aufeinander-Losfahren der beiden. Sie rauften und verbissen sich zum unentwirrbaren Knäul, aber schließlich ließen sie doch wieder voneinander ab und standen sich halb girrend, halb krugelnd gegenüber. Jetzt war der rechte Moment gekommen, den Finger zu krümmen.

Als sich der Rauch verzog, waren aber zu des Schützen Erschrecken zwei gesichelte schwarze Flecke auf dem weißgoldenen Schneegrund. Im Augenblick des Schusses war anscheinend der zweite dieser Streitbaren wieder auf den Bezielten losgefahren. Im übrigen, so versicherte mir der Adolf mehrmals, seien es zwei besonders starke Hahnen gewesen. Dies war auf seine Art das bedeutendste in den Erzählungen der alten Aschauer Jäger noch über ein halbes Jahrhundert ruhmreich nachklingende Waidmannsheil, das der Erlaucht in unseren Bergen gehabt hat.

Sich in Erinnerungen oder Überliefertem ergehen, setzt einen heute mehr denn je der Gefahr des Angefeindetwerdens aus. Die Zeiten ändern sich und wir uns angeblich in ihnen. Dieses zeitbedingte Sich-Ändern ist aber keineswegs menschlichem Fortschritt gleichzusetzen. Eines steht fest, die Kinder jeder Zeit (man kann hier nicht von regelmäßigen Zeit-*abschnitten* sprechen, weil es auch zwischenhinein manchmal vernunftvoll dankbare Generationen gegeben hat) glauben besser zu sein als die, die vor ihnen lebten. Sie alle befinden sich in dem mehr Mitleid als Verständnis erweckenden Wahn, Neues oder zumindest die Wege zu Neuem gefunden zu haben.

Die brandschatzenden, raubenden, folternden und mordenden Heerhaufen des Dreißigjährigen Krieges glaubten fürs Evangelium, für eine bessere Welt zu fechten und zu sterben und haben kaum mehr damit gewonnen, als die Zerstörung von kulturellen Werten, die von den Menschen vorhergegangener Jahrhunderte mit Fleiß und Einsicht aufgebaut worden waren. Es gibt wohl äußerlich Neues, aber es gibt keine neue Wahrheit. Es gibt vielleicht auch veränderte Zeiterfordernisse, aber es gibt keine neue Ethik.

Und so vernehme ich, wenn auch ungerührt, die Pächter aller Hahnweisheit unserer Gegenwart: „Bei Mondschein zwei Spielhahnen!? Unangesprochen und ohne vorherige Feststellung, ob es nicht vielleicht streng zu schonende Platzhahnen waren!!??"

Ja, damals gehörte dem Jäger das Wild und dem Wild wiederum gehörte der Wald, und bei dieser sich ergänzenden Aufteilung der Rechte sind beide gut gefahren.

Ein Vierteljahrhundert später habe ich selber – reuelos sei's gesagt – im dortigen Bereich zweimal an einem Morgen zwei Spielhahnen geschossen und mir dabei die guten herausgesucht. Und vor drei Jahren, also noch bevor der weise Gesetzgeber sich einzugreifen bemüßigt gefühlt hatte, balzten trotz fortgesetzter maßvoller Ernte auf der Brockenalm kurze Zeit (eh' sie sich etwas auseinandergerauft hatten) achtzehn Spielhahnen, auf die kein Schuß fiel, und im letzten Maien, so sagte man mir, deren neun. Also nach wie vor eine erfreuliche Anzahl. Und sollten eines Jahres keine mehr ihre Rundtänze zwischen den Felssäulen ausführen und auf deren Köpfen ihr Lied singen, dann ist eines gewiß: Der Erlaucht mit seinen zwei Mondscheinhahnen und seiner Freude am seltenen Abenteuer trüge daran keine Schuld.

Und dann kam er eines Jahres nimmer mit seinem Leibjäger und den großen Koffern bei uns angefahren, war endgültig fortgereist ins andere Land hinüber, vor seiner Zeit und ärztlich gesehen angeblich ohne zwingenden Grund. In unserem Tal lebt, seit der Adolf Pfaffinger, als letzter der alten Jägergarde, hochbetagt gestorben ist, keiner mehr, der ihn gekannt hat, und außer mir keiner, der noch von ihm weiß. Denn gekannt und gesehen habe auch ich ihn nimmer. Aber ich denke oft an ihn und über ihn nach. Es muß schon ein besonderes Mannsbild gewesen sein, dessen Wesen und Tun an einem Ort, an dem er nur mehr oder minder flüchtig weilte, so lange nachschwingt, dessen Spuren dort durch viele Jahrzehnte unverwischt geblieben sind.

Ein Bergjägerleiden

Der Adolf Pfaffinger, der mir, wenn ich's rückschauend bedenke, wohl der liebste, ein immer gutgelaunter, nie schwierig zu behandelnder und zu jeder Tat oder Untat williger, nicht zuletzt ein überaus leistungsfähiger Begleiter gewesen ist, dieser Adolf also wurde 82 Jahre alt. Bei der Feier seines 80. Geburtstages saß ich an seiner Seite.

„Is doch schön, Adolf", sagte ich zu ihm, als die Musik, deren Bombardon- und Posaunentöne eine zusammenhängende Unterhaltung unmöglich machten, einmal kurz pausierte, „daß noch so gut beinander san. 's Gehwerk is *heut* noch besser als das meine!"

Einmal in seinen besten Jahren hatte er sich hinter einem angeschweißten Gams her in einer Wand am Mühlhorn verstiegen, kam vorwärts nimmer weiter und fand rückwärts (er konnte sich nicht umdrehen) keine Kante mehr, die seinem Schuh Halt gegeben hätte. Nur zwei glückliche Umstände halfen ihm schließlich aus der sonst ziemlich hoffnungslosen Lage, denn ein Teufelssee, wie er sich vor jetzt, ich glaube mehr als einem Jahrhundert, in gleicher Lage dem großen Jäger und Kavalier, dem Grafen Hans Wildschek, wenn auch in schreckbarer Tiefe, zum Hineinspringen als letzte Rettung angeboten hatte, war hier nicht vorhanden. Der Adolf hatte nur die Möglichkeit, seinen Bergstock so in die Wand zu stemmen, daß er auf dem handflächenschmalen Fleck Felsen, der ihm zum Postament diente, abwechselnd dem rechten und dem linken Fuß Entlastung verschaffen konnte. Und dann wußte er auch, daß weit unterhalb des Mühlhorns die Holzknechte auf einem Schlag arbeiteten. Um die siebente Frühstunde mußten sie dort anfangen und würden ihn rufen hören. So war es dann auch. Einer der Holzer kam zu ihm herauf und eilte, nachdem er die Lage, und daß er allein nicht helfen konnte, erkannt hatte, mit langen Sprüngen ins Tal. Der Forstverwalter, der über einiges alpinistisches Können verfügte, kam mit Pickel und Seil und einer kleinen Rettungsmannschaft herauf, und sie holten schließlich ihren Kameraden gemeinsam aus der Wand. Mehr als sechs Stunden hatte er es da oben „derstanden". Daran erinnerte ich ihn jetzt.

Er nickte: „Ja, aber jetzt, Herr Baron, is 's nimmer lusti: hören fast gar nix mehr" (er hatte im Krieg bei der Artillerie sein Gehör eingebüßt), „oa Aug is ganz dahin" (man hatte es ihm herausoperiert), „und auf dem andern der Star . . ." Während er's sagte – es klang recht traurig –, stellte die auch für oberbayerische Ansprüche sehr wohlgestaltete Kassiererin den neu eingeschenkten Maßkrug vor ihn hin. „Nur des eine Guate is halt blieb'n", fuhr er fort, „– greifen is no derlaubt!" Und er nutzte die angenehme Nähe der neben ihm Hantierenden zu einem kurzen praktischen Exempel aus. Die Antwort war nicht etwa ein Aufkreischen, sondern nur ein strenger Blick der nicht mehr ganz jungen Frau und ein alle Hoffnung aufgebendes Kopfschütteln, begleitet von dem ruhigen Satz: „G'scheit wirst du a nimmer!"

In seiner Jugend, noch als Forstgehilfe vor dem Ersten Weltkrieg, litt der Adolf eine Zeitlang unter schwersten Ischiasanfällen. Er muß da oft unerträgliche Schmerzen gehabt haben. In der Aiplhütte war er, so erzählte er mir, nachdem er sich zwei Stunden stöhnend auf dem Boden hin- und hergewälzt hatte, einmal soweit, daß er den Hahn seiner Büchsflinte aufzog, um sich zu erschießen. Zu diesem Zweck stand er, an der Wand sich hochziehend, auf, und da ließ der Schmerz ein wenig nach, so daß er den Hahn wieder in Ruh tat.

In jenem Jahr wollte es eine glückliche Fügung, daß ein besonderer

Freund meiner Eltern, einer der in der Gesellschaft meist konsultierten praktischen Ärzte Münchens – damals durfte man noch von einem Hausarzt sprechen – als Jagdgast auf die Dalsenalm kam. Es wird auf anderen Seiten dieses Buches noch einmal von ihm als Jäger die Rede sein. Hier will ich nur kurz von dem erzählen, was meine Eltern ihm besonders verband. Noch ehe mein Vater mit einer geradezu alttestamentarischen Geduld und Treue durch Jahre um meine Mutter warb, war der Doktor – es war dies ein Zufall – schon der vertrauensvoll konsultierte Arzt beider Familien. Zu allen Zeiten hat es Leute gegeben, die das Tun und Lassen ihrer Mitmenschen, vor allem sich in erster Entfaltung abzeichnende Liebesbeziehungen, mißgünstig und in wachsamer Bereitschaft, sich störend einzuschalten, beobachten. Solche in den Schafspelz besorgter Freundschaft gehüllte Störer, die teils dem Freier die Braut, teils der Umworbenen den Werber nicht gönnten, hat es damals auch um meine Eltern und ihre Liebe herum gegeben. In seiner Jugend war mein Vater ein sehr eleganter Mann, keineswegs klein, aber von eher schmaler als robuster Gestalt und das, was die Urgroßväter der jetzigen Generation einen „à la mode Kavalier" nannten. Und da drang doch eines Tages unter vielen diskreten Verschlüsselungen die Kunde an meines Großvaters Ohr, der inzwischen inoffiziell zum Verlobten seiner Tochter avancierte Freier habe einen *Buckel*, den sein ausgezeichneter Schneider mit großem Geschick nicht erkennbar zu machen verstehe.

Mein Vater wunderte sich ein wenig, als er eines Julitages von dem Doktor – um den ihm sonst sicheren Hofratstitel hatte ihn die erwiderte Liebe zu einer königlichen Prinzessin gebracht – einen kurzen Brief (damals nannte man so etwas ein „Billett") erhielt, mit dem er ihn um einen baldigen Besuch in seiner schönen Sommervilla in Bad Reichenhall bat. Mein Vater wußte um das Vertrauen, das der Arzt im Elternhaus seiner Verlobten genoß, hoffte auf günstige Nachrichten, zu deren brieflicher Übermittlung die nur wenigen unbewachten Schreibstunden der Braut vielleicht nicht ausgereicht hatten, schwang sich in den Sattel und ritt in die Salinenstadt hinüber. Nach dem Tee bat ihn der Gastgeber in seine Bibliothek, strich sich seinen gepflegten herrlichen Henri-IV.-Bart, setzte sein goldgerandetes Monokel am schwarzen Seidenband ein, und erzählte ihm die Geschichte jener Hinterhältigkeit, die ohne sein Dazukommen vielleicht doch Verstimmung und Schaden hätte anrichten können. Meine manchmal allzusehr um die Gesundheit ihres einzigen Sohnes besorgte Großmama hatte des öfteren bei Erkältungskrankheiten und einmal nach einem Sturz vom Pferd für ihn den Doktor zu gründlicher Untersuchung herbeigerufen. So war es dem Arztfreund, an den sich der anfangs sehr beunruhigte Brautvater schließlich um Rat gewendet hatte, nicht schwergefallen, mit seiner ruhevollen Autorität und einem ihr oft gepaarten trockenen Gepolter das verlogene Gespinst zu zerreißen. Gemeinsam Durchgemachtes wird bei gutem Ausgang zur glücklichen Erinnerung und verbindet die Menschen einander. So blieb auch die Freundschaft meiner Eltern mit dem würdevoll überlegenen Arzt bis zu dessen Ende erhalten.

Und dieser Doktor kam nun als Jagdgast zur Gamsbrunft auf die Dalsen und wurde Zeuge so eines schweren Ischiasanfalles des armen Adolf, der als zweiter Jäger mit auf der Hütte war.

Nachdem er ihm ein paar schmerzlindernde Tabletten gegeben hatte, sagte er zu ihm, daß er als Arzt einer solchen Quälerei nicht ruhig zuschauen könne: „Ich kann Ihnen hier oben nicht viel helfen. Sie müssen in eine gründliche klinische Behandlung! Da haben Sie meine Karte. Kommen Sie, wenn jetzt die Gamsbrunft vorüber ist, sofort zu mir nach München. Ich bringe Sie bei einem Freund von mir in der Klinik unter. Sie sind noch jung. In Ihrem Alter kann man diese Anfälle wieder wegbekommen."

Nach dem letzten November schnürte also der Adolf, sehr ungern zwar, aber von der Hoffnung angetrieben, das Leiden loszuwerden, wirklich sein Bündel und rollte der Haupt- und Residenzstadt zu. Der Doktor hielt sein Versprechen, er brachte den Jäger in die Polyklinik. Die Fürsprache und gelegentliche Besuche des prominenten Gönners erwirkten dort, daß man das bei dem damaligen Status der Medizin Menschenmögliche für ihn tat. Er bekam Lehmpackungen, man legte ihm elektrische Wärmekissen auf, er wurde ins Dampfbad und in Moorbäder gesetzt und mußte Medizin schlucken. Alles geschah, nur – die Schmerzen hörten nicht auf. Sie steigerten sich vielleicht nimmer zur vollen Heftigkeit, aber sie blieben. Kurz vor Weihnachten entließ man den Patienten schließlich. Er solle nach ein paar Monaten nochmals kommen, riet der Professor; diese Krankheit sei bei ihm wie ein Stamm aus hartem Holz, der auf die ersten Axthiebe hin nicht gleich umfallen wolle. Der Adolf bedankte sich manierlich und fuhr enttäuscht und grantig heim. Drei Wochen war er jetzt da drinnen gelegen, hatte alles mitgemacht, nicht einmal Bier hatte er trinken dürfen, und die verheißene Heilung war ausgeblieben.

In der Aschauer Bahnhofsgaststätte trank er, obwohl es noch früh am Nachmittag war, gleich mehrere Halbe und machte sich dann auf den Weg zu seiner ziemlich fernen Behausung. Es lag Schnee im Tal und war schon recht kalt. Am südlichen Ortsausgang von Hohenaschau, wo die Landstraße zum Brückler Berg ansteigt, steht, heute erweitert und modernisiert, eine Schmiede. Damals befand sie sich noch im alten, ich glaube, man

Jugendbildnis meines Vaters
von C. W. Allers aus dem Jahr
1896 für Ganghofers „Deutsches Jägerbuch" gezeichnet

Das Hohenaschauer Schloß
von der Villa meiner Großmutter aus gesehen; Zeichnung
von C. W. Allers aus dem
Jahr 1896

Ein alter Waldarbeiter und Träger, 1896 bei einem Besuch der zum Aschauer Besitz gehörenden Elandalm von C. W. Allers gezeichnet. „Ehnder amal is er a
Wildschütz g'wesen – hiatzt macht er an Traager für die Herrn Jagdkavalier"

darf sagen, im niedrig windschiefen Urzustand. Der hochgewachsene Schmied, der Graf, mit seinem dunklen Nietzsche-Schnauzbart und dem stets schmiedmäßig verrußten Gesicht stand an der Esse, sah aber durch das kleine Fenster seinen Freund Adolf vorüberhinken. Er hatte auch das Rheumatische und probierte dagegen dies und das von Doktoren oder Pfuschern ihm Angeratene. Der Leidensgenosse war schon ein Stück weit vorüber, da rief, aus der Schmiede tretend, der Graf ihm nach:

„Adolf, halt a bissl, i hab eppas für di!" „Was nachan?" fragte der Angeredete, der sich nimmer lang aufhalten wollte. „Du, i hab jetzt a Salbn von an Apotheker im Schwarzwald gegas Rheumatische. Is ganz eppas Guats!..." Aber der Freund wollte nichts mehr von Arzneien wissen und bedankte sich für die Sorge mit dem bajuwarisierten Götzgruß. „Laß mi aus mit sowas, drei Wochen ham's mi jetzt drinn g'habt z' Münchn a da Klinik; Professor und Doktor und Schwestern hamt umanandkuriert an meiner. I mag nimmer!"

Aber der Schmied erreichte schließlich mit gutem Zuspruch doch, daß er mit ihm ins daneben liegende Wohnhaus ging, sein Beinkleid abstreifte und sich mit der eidottergelben Salbe kräftig einreiben ließ.

„Mach dir koa Arwet net, Hans! Bei mir greift nix an. Des hab' i jetzt wieder g'sehng." „Probieren kost't ja nix. Werst as scho kenna, de Salb'n is guat, ganz guat!" Sie tranken zusammen noch einen Birnschnaps, und dann setzte der Adolf seinen Weg fort. Als er oben am Brücklerberg angelangt war, gute dreihundert Meter etwa vom Schmiedanwesen entfernt, blieb er auf einmal stehen. Was war jetzt das!? Sein Bein tat nimmer weh. — Ja, das war halt so eine Schmerzpause, wie sie bei ihm am Anfang seines Leidens noch mehrmals in immer kürzer werdenden Zeitabständen aufgetreten waren. Er ging weiter und wartete bei jedem Schritt darauf, daß der Schmerz wieder einsetzte, wartete daheim in der Stube, wartete bei jedem Gang ins Revier oder ins Wirtshaus. Kein Schmerzensblitz flammte mehr auf, es kam nie mehr einer, nie wieder hat ihn das qualvolle Leiden heimgesucht oder auch nur berührt, trotz vierjährigen Kriegsdienstes an der Front und eines langen Berufsjägerlebens.

Der Adolf war, bei all seinem Vertrauen auf die Kunst der Heilkundigen, im Alter (da erst hat er mir davon erzählt) doch vernünftig genug, einzuräumen, daß die Wochen, die er in der Klinik zugebracht hatte, der Wundersalbe des Schwarzwald-Apothekers sozusagen das Terrain geebnet hatten.

Auf andere, aber doch ähnliche Art, wurde der herzogliche Oberjäger Hans Birk aus Bad Kreuth von seinem schweren Ischiasleiden kuriert, das er mit allen einem Unteroffizier erreichbaren Kreuzen und Medaillen und einem eigenhändig gewidmeten Bild des Kaisers aus dem Ersten Weltkrieg mit heimgebracht hatte. Die Schmerzen steigerten sich bei ihm schließlich so, daß er nur noch auf dem Fußboden kniend, mit auf die Sitzpolster seines Kanapees gebettetem Kopf nachts ein wenig schlafen konnte.

Da besuchte ihn zufällig ein Kriegskamerad, einer jener seltenen, bis in die letzte Konsequenz hilfsbereiten Freunde. Der sah sein Leiden und erbot sich, ihn zu einem in der Gegend von Miesbach wohnhaften Wundermann zu bringen, der, wie er ihm sicher verhieß, jeder Krankheit, wenn sie überhaupt heilbar war, Herr wurde. Der Birk Hans wollte anfangs nicht mitmachen. Wie sollte er, der sich kaum rühren konnte, die Fahrt bestehen bis da hinüber!? Aber der andere ließ nicht nach. Er fuhr ihn erst mit seinem Einspännerwägelchen zur nächsten Station. Während der Bahnfahrt kniete der Hans wieder auf dem Boden. Aber schließlich stand er doch, vom Freund gestützt, vor der Tür des kleinen Hauses, in dem der Heilkundige wohnte und wirkte. Der schaute dem Jäger, als er bei ihm eintrat, nur kurz in die Augen: „Brauchst ma nix vozähl'n" sagte er, „i woaß scho wo's feit bei dir."

Eine ganze Weile blieb er nachdenklich auf seinem Stuhl sitzen, dann stand er auf, entnahm einem kleinen Wandschrank eine mit dunkel teefarbener Flüssigkeit gefüllte Bierflasche und reichte sie dem Patienten.

„Is fei a g'fährlicher Trank des", sagte er ernst, „des muaßt du selber wissen, ob d' dir 'n nehma traust." Aber der Hans wollte lieber draufgehen, als noch länger die Schmerzen aushalten. Der Heilkundige nickte: „Glab dir 's scho. Jetzt tragst die Flaschen mit hoam. Dahoam – aber ja net bevor! – nimmst a Mäu voll. Was hernach kommt, des sag i dir glei, werd gaach. Aber bevor hast no a Minuten Zeit, daß d' die Flaschen voschwinden laßt. Die derf neamd net find'n, sonst kam i ins G'fängnis, wennst du abfahrerst bei dera Kur. Aber i woaß koa anderne für di."

Am Nachmittag waren sie wieder daheim. Der Hans schickte, kaum daß der Freund weggefahren war, seine Frau unter irgendwelchem Vorwand ins Dorf hinunter, schleppte sich in die Holzlege hinaus, zog ein meterlanges Scheit aus dem aufgeschichteten Holzstoß und sägte ein gut flaschenlanges Stück davon ab. Dann nahm er einen kräftigen Schluck aus der Flasche, verschloß sie hastig, schob sie in die im Holzstoß entstandene Lücke und das verkürzte Scheit hinterher. Ein paar Sekunden später warf ihn ein Krampf, als wolle es ihm den ganzen Körper in der Mitte auseinanderreißen, zu Boden. Und was dann folgte, muß von unvorstellbarer Schrecknis gewesen sein. Der Jäger war sicher, daß er jetzt sterben müsse. Unter scheußlichem Würgen erbrach er sich in einem fort und hatte zugleich heftigste Durchfälle, wand sich unausgesetzt in Krämpfen, die ihn manchmal vom Boden hochwarfen. Er wußte kaum mehr Atem zu holen und wurde schließlich ohnmächtig. „Wannst zehamoi stirbst, ko's a net irger sein", sagte er, als er mir die Geschichte erzählte. Er erwachte wieder, als draußen die Abendröte schon auf den Wäldern des Blaubergs lag, stand auf und ging ohne Stock in seine Küche hinüber. Der Miesbacher hatte ihm gesagt, er solle das Einnehmen des Trankes nach ein, zwei Tagen nochmals, äußersten Falles noch ein drittes Mal wiederholen. So nahm er zwei Tage später wieder „ein Mäu voll" aus der Flasche. Die Wirkung war da nimmer gar so grob, er wurde auch nicht mehr ohnmächtig, schwang sich aber übernächsten Tages auf sein Rad und fuhr nach Miesbach, um sich beim Wundermann für die Heilung zu bedanken. Auch ihm hat sein Ischias zeitlebens keine Beschwerden mehr gemacht.

Ernst Johann Faber

Ob von der jüngeren Jägergeneration unserer Gegenwart wohl noch einer weiß, wer Ernst Johann Faber gewesen ist? Bis vor vierzig Jahren wurden seine Jagdbücher, vor allem sein erstes, „Der Buchbergteifi", viel und gern gelesen, und sein Name tauchte, ob er nun Erlebnisberichte schrieb, ob er ballistische, kynologische oder hegerische Fragen abhandelte, immer wieder in der Jagdpresse auf. Er wußte gut zu erzählen, seinen Geschichten fehlt es nicht an Farbe und Feuer. Vor allem werden sie, und das macht die Lektüre erfreulich, von einer vielleicht etwas überbetonten, im Grund aber echten Positivität getragen. Schwer erträglich war in ihnen nur das unverblümte Selbstbewußtsein, mit dem er da und dort seine stolzen Superjägererfolge, vor allem die mit dem Blatt und dem Hirschruf, selber feierte.

Nun war er unzweifelhaft (viele seiner Jagdherren und Freunde haben mir das bestätigt) als Jäger ein überdurchschnittlicher Könner, aber es wäre deshalb nicht notwendig gewesen, daß seine Berichte sehr oft in einem Dialog zwischen ihm und einem ehrwürdigen Weiß- oder Graubart gipfelten, wobei dieser letztere, auf den von keinem anderen bisher betörten Bock niederschauend, etwa sagte: „Wie bringen Sie so etwas nur fertig, Herr Faber!? So etwas von Blatten habe ich noch nie erlebt. Herr Ernst, das müssen Sie mich lehren!" Andererseits gewinnt man den sicheren Eindruck, daß er mit großer Offenheit von seinen Erlebnissen berichtet, Fehler und Fehlschüsse weder verschweigt noch zu beschönigen versucht. Das hinwiederum verleiht seinem Erzählen zusätzlich eine besondere Lebendigkeit.

Ernst Johann Faber, Sohn des zu Anfang dieses Jahrhunderts vielgenannten Nürnberger Bleistiftfabrikanten Ernst Faber, der selber auch ein geachteter Jäger und Hundezüchter gewesen ist, war mütterlicherseits im zweiten Grad ein Neffe meines Vaters, und deshalb ist es verwunderlich, daß sein Name in keinem unserer Hüttenbücher verzeichnet ist. Wenn ich trotzdem von ihm erzähle, dann nur deshalb, weil er bei all seinen Fehlern eine Jägerpersönlichkeit gewesen ist, die einem für Jagd und jagdliches Schrifttum sich noch ohne allzu strenge Qualitätskontrolle begeisternden jungen Menschen, einem halben Buben, unruhvolle Aufmerksamkeit erweckte. Und so ist er mir, wie fast alles, was uns in der Jugend Eindruck macht, lebhaft im Gedächtnis geblieben.

Ich lernte ihn, nicht wenig gespannt auf diese erste Begegnung, kennen, als der 80. Geburtstag seiner Großmutter, die zugleich meine Großtante war, in dem herrlich gelegenen luxuriösen Landhaus seiner Eltern am Tegernsee gefeiert wurde. Wir waren etwas früher als er eingetroffen, und so erlebte ich seinen Auftritt von Anfang an. Seine Art, in den großmütterlichen Polstermöbelsalon hereinzukommen, war, trotz seiner damsls gut und gern 35 Jahre, etwa so, wie Richard Wagner sich das Nahen des die Winterstürme vertreibenden Wonnemondes vorgestellt haben mag.

Er war ein hochgewachsener, sichtlich sportgestählter Mann in einem eleganten, irgendwie falbfarbenen Anzug, nur freilich alles eher als ein Germanenjüngling: das gelockte Haar und die Augen waren dunkel, und seinem starken, verwegenen Profil nach hätte er Kapitän auf einem die südlichen Meere durchkreuzenden Edelpiratenschiff sein können. Nachdem er seine Großmama in die Arme geschlossen und ungezählte Male unter der Versicherung, daß sie die liebste, goldigste Frau sei, auf die Wangen geküßt hatte, wandte er sich uns zu. Mich erfaßte er an beiden Schultern und schaute mir (vor einem Auge trug er ein Monokel) mit herzlichem Wohlgefallen ins Gesicht:

„Das also ist der Ludwig, der mein Buch gelesen hat! Himmel, Mensch, was bist du groß geworden!! Vier Jahre warst du alt, so hoch", elastisch ging er in die Knie und deutete über dem Boden die Höhe an, „wie ich dich das letzte Mal gesehen habe ... Wir müssen uns viel erzählen, mein guter Ludwig –" und so weiter.

Dieser einesteils natürliche, weil seinem Temperament gemäße, teils aber auch wohlbedacht in die jeweils passenden Worte gekleidete Schwung war es, der ihm die Zuneigung der meisten Menschen im Sturm gewann. Nur hielt die schnell erworbene Freundschaft, eben weil dieser seiner Art eine vollkarätige Echtheit fehlte, nur in den seltensten Fällen lange an. Abgesehen davon hat dieses Temperament auch häufig ungezügelt, vielleicht unzügelbar, sich geäußert und ihm im Lauf seines Lebens viel verdorben.

Aus dem Grundwesen eines Menschen kann nach der guten wie der schlechten Seite hin viel entstehen und sich entwickeln, aber dieses Grundwesen selber ändert sich nicht. Als Ernst Johann noch „Ernstl" gerufen wurde und elf Jahre alt war, machte sein Vater mit ihm und einem seiner Schwäger, dem Münchner Orthopäden Franz Tausch, der mir diese kleine Geschichte erzählt hat, eine Bergpartie. Der ehrgeizige Knabe war den beiden Männern immer weit voraus und kletterte auf jeden höheren Felsen, an dem der Weg vorüberführte. Als man sich allmählich dem Gipfel näherte und der Steig im Felsgebiet zum Kraxelpfad wurde, fiel Nebel ein.

Der Vater wurde besorgt um seinen Sprößling und befürchtete, er könne sich in unwegsames Gebiet verirren. Er rief ihn mehrmals mit steigendem Zorn zurück. Klein Ernstl gehorchte nicht. Da rief der Papa, der etwas zurückgeblieben war, dem sich schon weiter oben befindenden Schwager zu: „Franz, jetzt hau dem Saububen ein paar hinter die Ohren! Er soll bei uns bleiben!"

Der humorvolle Onkel rief nun in den Nebel hinein: „Ernstl, komm her zu mir, damit ich dir ein paar hinter die Ohren geben kann!"

Jetzt polterten Steine, im Sturmschritt nahte der Ernstl und stellte sich, einen wohlweislichen Abstand wahrend, mit zornrotem Gesicht vor seinen Onkel hin. „Onkel Franz, das geht denn doch zu weit!"

Man darf sich nicht wundern, daß der zum Ernst Johann herangewachsene Ernstl als Korpsstudent eine Kontrahage nach der anderen hatte und sechzehn schwere Säbelpartien ausfocht, deren meiste er mit einer Abfuhr beendete. In seiner aktiven Zeit war er übrigens auch einer der brillantesten Schlägerfechter auf den Münchner Fechtböden. Er überwarf sich aber schließlich auch so irreparabel mit seinen eigenen Korpsbrüdern, daß er für lange Zeit das Band verlor. Ein mit mir gleichalteriger Korpsbruder von ihm, der also wesentlich jünger war als er, erzählte mir, daß der Ernst, als seine Beziehung zum Korps wieder halbwegs hergestellt war (damals dürfte er schon über 40 gewesen sein) spaßeshalber einmal mit den Jungen auf dem Fechtboden geübt habe. „Keiner von uns", sagte er mir, „hätte im Ernstfall Chancen gegen ihn gehabt."

Auch den damals in der besseren Gesellschaft als Legitimation für Untadeligkeit kaum erläßlichen Reserveoffizier hat er nicht erreicht. Er wurde, nachdem er zuvor schon einmal in der Bar des Grand Hotel in Nürnberg seinen Waffenrock ausgezogen, eine Serviette unter den Arm genommen und den an seinem Tisch sitzenden Damen als „Ober" den Sekt eingeschenkt hatte und dadurch suspekt geworden war, wegen grober Tätlichkeiten gegen einen Kameraden in Anwesenheit der Vorgesetzten als Einjähriger abqualifiziert. Das Ansehen und die guten Beziehungen seines Vaters, der sich alle Mühe für ihn gab, vermochten ihm da nimmer zu helfen.

Daß ein Teil der Familie sich von ihm abwandte, als er seine erste Ehe schloß, war hingegen ungerecht. Aus dem romanhaften Gang der Handlung kann man keinen Vorwurf gegen ihn konstruieren. Der Ausbruch des Ersten Weltkrieges hatte ihn in Livland überrascht, wo er als Gast eines deutschen Forstmeisters ein paar Rehböcke schießen sollte. Es ist zwar nicht ganz angebracht, hier von „überraschen" zu sprechen, denn die sehr hörbaren Donner des bevorstehenden Kriegsgewitters hatten seine Hinreise schon begleitet. Er geriet als Zivilist in russische Gefangenschaft, und der Steinwurf eines Bewachungssoldaten (so etwas war anscheinend schon damals russischer Soldatenbrauch) zerschmetterte ihm das Fußgelenk. Der auch diesmal nicht ruhende Vater erreichte schließlich, daß er ausgetauscht wurde. Er hatte von da ab ein steifes Fußgelenk, was ihm später auch die Jagd im Hochgebirge und in den Karpaten erschwerte, und war nimmer militärtauglich. Ein Vetter, der als aktiver Offizier zu kurzem Heimaturlaub nach Nürnberg gekommen war, hatte sich nun in ein sehr schönes, rosenhaft vollerblühtes Mädchen mit blaßblondem Haar und blauen Augen, die viel im Faberschen Haus verkehrte, ernsthaft verliebt. Kurz bevor er an die Front zurückfuhr, zog er den Vetter, der ja in der Heimat blieb, ins Vertrauen. Er solle bei der Erkorenen für ihn sprechen. Wenn er heil aus dem Krieg heimkehre (man glaubte damals noch an baldigen Sieg und Frieden) solle sie seine Frau werden. Warum war er nicht selber noch schnell zu ihr hingeeilt? Warum zog er es nicht vor, ihr einen gewichtigen Feldpostbrief zu schreiben!? Der Ernst jedenfalls übernahm den Auftrag schwunghaft und mit Freuden. Die Schöne aber schüttelte den Kopf:

„Ich will ihn nicht, und ich kann auch nicht."

„Warum denn nicht, er ist doch so ein grundanständiger Kerl!?"

Und da kam es dann heraus: Sie liebte einen anderen. Und als der Liebesbote wissen wollte *wen*, er kenne doch all ihre Bekannten, da bekam er zur Antwort, daß er diesen vielleicht nicht gut genug, aber sicher von allen am besten kenne. Und schließlich sagte sie ihm, daß er selber es sei, den sie liebe, und ganz gleich, ob er ihr Gefühl erwidere oder nicht, wolle sie keinen anderen als ihn. Das Endergebnis dieser Werbung im Auftrag war zu guter oder schlechter Letzt, wie man es nehmen will, daß der Werber die Braut heimführte. Nicht nur weil ich eine Schwäche für alles altmodisch Romanhafte habe, glaube ich an die Wahrheit dieser Darstellung. Noch etwas anderes scheint mir ein Beweis für sie zu sein, nämlich daß, nachdem die Ehe unter viel Blitz und Donner in einer Kette von Gewittern längst wieder auseinandergegangen war und die Leidenschaft sich in bittere Feindschaft verwandelt hatte, die schöne Blonde nach wie vor unverändert an ihr festhielt.

Vertrauensmißbrauch oder gar Verrat, deretwegen einige Tanten sich empört äußerten, vermag ich hier nicht zu erblicken.

Ernst Faber, der Vater, hatte als junger Mann und Gast meiner Großmutter im Aschauer Bergrevier seinen ersten Gamsbock geschossen. Er selber hat mir dieses Jugenderlebnis geschildert, als sein schöner schwarzer Bart schon zu ergrauen begann. Das schwungvolle Erzählen von Jagdgeschichten war in der männlichen Linie dieser Familie anscheinend erblich. Es hat sich irgendwo in dem damals noch sehr gamsreichen Gebiet der Schreckalm zugetragen. Nach starkem nächtlichem Schneefall und bei soeben aufgehender Sonne kamen zwei Böcke völlig unverhofft über die steile Almleite, die er mit dem Jäger hinanstieg, schneeaufwirbelnd dahergefegt, und den besseren dieser beiden Guten schoß er.

Später wurde er, als er vom Herzog Karl Theodor in Bayern das schöne „Bauer in der Au"-Revier am Tegernsee pachtete, selber Jagdherr im Gebirg.

Daß aber sein Sohn ihm als Aschauer Jagdgast nicht nachfolgte, hatte seinen besonderen Grund. Meine Großmutter war durch ihre frühe Witwenschaft und die sich daraus für sie ergebenden, schwer auf ihr lastenden Pflichten und Verantwortungen eine ernste, in mancher Hinsicht strenge Frau geworden. Ihr mit dem rheinischen Temperament gepaarter Frohsinn, der den um viele Jahre älteren, oft in Nachdenken versunkenen Großvater beglückt und ihm sein Zuhause verschönt hatte, kam in ihrer zweiten Lebenshälfte nur noch selten zum Durchbruch. Gerade deshalb aber fühlte sie sich zu unbeschwerter Heiterkeit und zu den sie um sich verbreitenden Menschen hingezogen. So stand der junge Ernstl mit seinem schwarzen Lockenkopf, seinem Schwung, seinen Scherzen und seinem häufigen Lachen sehr in ihrer Gunst.

„Was e lieber und frohsinnicher junger Mensch!" pflegte sie von ihm zu sagen. Mein Vater, der das manchmal nicht Echte dieses explosiven Frohsinns durchschaute und den es störte, teilte nicht so ganz die Ansicht seiner Mutter. Die Großmama hatte eine Jugendfreundin, an der sie sehr hing, von der ich aber nie erfahren habe, wie sie in Wirklichkeit geheißen hatte. Für meine Großmutter, die sie alljährlich auf ein paar Sommerwochen nach Aschau einlud, war sie, wie einst in der gemeinsamen Schul- und Jungmädchenzeit, „die Frikadell". Ich ahne nicht, aus welchem Anlaß man ihr einst diesen schwer deutbaren Namen verliehen hatte.

Eines Jahres aber kam die Frikadell nicht mehr in die gastfreie Sommervilla der Freundin nach Aschau, weil sie gestorben war. Dies ging meiner Großmutter sehr nahe, sie sprach oft von ihr und den gemeinsam mit ihr verlebten frohen Zeiten. Sie tat das auch einmal, als der frischfröhliche Ernstl bei ihr zu Besuch war und im Kreis ihrer Gäste mit am Teetisch saß. Der nun hatte mit Instinkt und Schläue längst erfaßt, daß und weshalb er in der Gunst seiner Großtante Lisa stand und war in ihrer Gegenwart besonders bestrebt, die manchmal etwas steife Konversation in einem aus zum größeren Teil betagten Menschen bestehenden Kreis heiter aufzulockern. Diesmal war die Teerunde nicht groß, und nachdem sich die Großmutter längere Zeit in Erinnerungen an die liebe Freundin ergangen hatte, schloß sie mit etwa dem Satz: „Ach mei lieb, gut Frikadell, wo mag sie jetzt wohl sein!?"

Und da haute nun der Ernst Johann, um der elegisch gewordenen Stimmung wieder eine andere Richtung zu geben, wie im Lauf seines Lebens leider ziemlich oft, mit großem Paukenschlegel ein paar Handbreiten daneben, indem er den Vers improvisierte: „Dei lieb, gut Frikadell, jetzt brät se in der Höll'!"

Die durch diese Schnelldichtung entstandene Situation war so grotesk, daß ein Teil der Anwesenden, unter ihnen auch mein Vater, das Lachen nur mit Mühe unterdrücken konnte. Aber die Großmutter hielt, nachdem sie sich gefaßt hatte (vielleicht kam auch sie im ersten Moment so etwas wie Lachlust an), ihrem lieben, frohsinnigen jungen Menschen eine ihrer gefürchteten, überaus heftigen Strafpredigten und blieb in der Folge so über ihn verstimmt, daß sie ihn nie mehr einlud.

Ich selber habe den Vetter seit jenem ersten Zusammentreffen in der Villa am Tegernsee wenig mehr gesehen. Es waren meist nur Zufälle, die uns zusammenführten. Einmal kam ich zu später Stunde in eine, wie ich betonen muß, elegante und gehobene Tanzbar. Eine junge Wienerin von kaum widerstehlicher Hübschheit war es, die ich dort zu treffen hoffte. Sie wirkte allabendlich auf der kleinen Bühne zusammen mit ein paar Kolleginnen bei einer Ballettvorführung mit, saß danach mit den anderen Mädchen meist noch eine Weile an einem Tisch nahe der Jazzkapelle und ließ sich zum Tanz engagieren, wenn sie mochte.

Diesmal waren die mir wohlbekannten Polsterstühle beim Orchester leer, und nach einigem Umherschauen entdeckte ich die drei Schönen in einem animierten Kreis gut gekleideter Herren in besten Jahren. In seiner Mitte, so quasi das Präsidium führend, saß, den Kopf seitlich in die Hand gestützt und lebhaft auf meine Verehrte einredend, der Vetter Ernst Johann. Ich wurde sofort in die Runde mit aufgenommen, der Ernst legte den Arm um meine Schulter und schlug mir aufs Knie: „Mein lieber guter Ludwig, du hast die schönste Jagdgeschichte geschrieben, die ich kenne!"

Ein paar Monate zuvor war meine erste größere jagderzählerische Arbeit in der alten Neudamer Deutschen Jägerzeitung erschienen. Ich habe vom Ernst, den ich freilich nur selten traf, nie ein neidisches Wort über andere gehört, und ich glaube, er war schon deshalb trotz seiner aggressiven Art und seiner vielen Feindschaften und Streitereien einer der sehr seltenen wirklich neidlosen Menschen, weil seine Reißteufelei ihm gar keinen Raum ließ, jemanden zu beneiden. Überdies erreichte er durch sein gezieltes Draufgängertum auf fast allen Gebieten, die ihm wichtig erschienen, Spitzenleistungen.

Er war ein auch auf Schrotjagden sehr geachteter Schütze, ein brillanter Tennisspieler, danach (obwohl er verhältnismäßig spät damit anfing und überdies ein steifes Fußgelenk hatte) ein erstaunlich erfolgreicher Golfer, und schließlich gewann er auch noch als Fünfziger auf internationalen Tanzturnieren mehrere gute Preise. An seine damalige uneingeschränkte und herzliche Bejahung denke ich jedenfalls heute noch dankbar zurück.

„Oscar!" rief er schließlich sogar noch über den Tisch einem gleichfalls monokelbewehrten Freund zu, „das ist mein Vetter, von dem wir neulich gesprochen haben!" Und der Oscar hob freundlich seinen Sektkelch und trank mir zu. Es entging dem Vetter aber dann nicht, daß ich die schöne Wienerin schon kannte.

„Daß du mir ja dieses entzückende Mädel nicht ausspannst!" sagte er (ich ging etwas früher weg) beim Abschied mit dunklem Drohblick. „Mein lieber Ludwig, ich warne dich! Mit dem Ernst ist nicht zu spaßen!!" Das bei einem Vierteljahrhundert Altersunterschied! Ich mußte lachen und nickte. Ich kannte die „Entzückende" gut genug, um zu wissen, daß sie sich schwerlich erst würde einspannen lassen.

Von da ab sahen wir uns öfters, weil er sich zu der Zeit mehrmals in München aufhielt, um auf dem Münchner und Feldafinger Golfplatz eine ganze Kette von Turnieren zu absolvieren. Hierbei hatte ich mit ihm ein Erlebnis, das besser als alle wortreiche Deutung seine Art erkennen läßt. Ich weiß nicht mehr, wie es sich ergab, daß wir, durch die Münchner

Eschenanlagen zu seinem Hotel hinbummelnd, auf eine, wie man allgemein sagte (ich selber hab sie nie gesehen), besonders schöne und überdies reiche junge Frau zu sprechen kamen, deren Verlobung kurz zuvor unter, man darf sagen, dramatischen Umständen auseinandergegangen war. Leidtragend dabei war der von allen Seiten verfrüht beneidete Verlobte gewesen, den ich gut kannte und der auch schon in Aschau gejagt hatte.

Der Fall lag nun so, daß mein Vetter mit der Familie der jungen Frau, ich hingegen mit der des Verlobten befreundet war. Schon als ich den Namen des Unseligen nannte (Ernst Johann wußte nicht, daß ich über das Vorgefallene ziemlich ausführlich ins Bild gesetzt worden war), schaute er mir, von einer Minute zur anderen allen Charme verlierend, wie ein vernehmender Beamter der Gestapo ins Gesicht:

„Den *kennst* du?!" fragte er, als hätten wir's mit einem Kriminellen zu tun.

„Aber ja, unsere Väter sind doch seit Jahrzehnten befreundet!"

„So, dann will ich dir etwas sagen, mein lieber Ludwig: Er hat sich in dieser Sache so benommen, daß *ich* ihn nicht zu kennen wünsche. Ein ganz unmöglicher, ein übler Kerl!!"

Und als ich ihm darauf erwiderte, daß ich mir das nicht vorstellen könne, zumal die beiden Familien trotz des explodierten Verlöbnisses in zumindest äußerer Verbindung geblieben seien, wurde das Gespräch geradezu bedrohlich: „Du bist noch sehr jung, mein Lieber, und wir sind miteinander verwandt, aber ich muß dich doch darauf aufmerksam machen, daß, wenn *ich*, der Ernst Faber, so ein Urteil ausspreche, ich mit meinem Wort und meiner Pistole dahinter stehe!"

Ich war froh, als wir uns voneinander verabschiedet und die Flügel der Drehtüre ihn in das Innere seines Hotels hineingeschaufelt hatten. Ich wäre auch nur ungern zu einem Kugelwechsel um die Kavaliersehre des mir nicht allzu nah verbundenen Bräutigams bereitgewesen.

Mein Vater hatte damals einen Teil seines Reviers zum zweitenmal verpachtet, und der anfangs nicht gerade nobel, aber wohlsituiert auftretende und, was die Schießerei anbelangte, sich ziemlich unersättlich gebärdende Pächter war anscheinend genötigt gewesen, schon nach zwei Jahren einen – wie er's nannte – „Compagnon" hereinzunehmen. Dieser Unterpächter nun war durch eine Verkettung komischer Zufälle der ältere Bruder eben jenes verabschiedeten Verlobten, um dessen „Unanständigkeit" willen der Ernst Johann mit seiner Pistole gefuchtelt hatte. Durch die Aschauer Jagdpachtung hatten die zwischen den Vätern schon entstandenen alten Familienbeziehungen neue Belebung erfahren. Wenn die Gebrüder angereist kamen, wohnten sie, ehe sie eine Hütte bezogen, meist als Gäste meiner Eltern im Schloß. Daher mein Kennen und meine Kenntnis!

Der ältere Bruder lud mich, weil er zuweilen zusätzlich auch als Gast im unverpachteten Teil unserer Reviere jagte, auf seine herrlichen Fasanenjagden ein. Ich war nicht wenig erstaunt, als mich dort ausgerechnet der jüngere auf einen Vetter von mir ansprach, dessen Bekanntschaft er auf einer großen Wildjagd irgendwo im Norden des Reiches gemacht hatte, der dort mit Abstand Jagdkönig geworden war und abschließend eine brillante Tischrede gehalten hatte: „Ein Pfundskerl, wir haben uns sehr miteinander angefreundet!"

Die, wie ich zugeben muß, mit Unglauben stark durchsetzte Neugierde veranlaßte mich, dem Ernst, als ich ihn einige Wochen später traf, so ganz nebenbei zu sagen, die Kunde von seinen norddeutschen Schwarzwilderfolgen und seiner bemerkenswerten Jagdkönigsrede habe es bis zu uns nach Bayern heruntergeweht.

Er ging gerne auf dieses Thema ein: Die beiden stärksten Keiler und zwei Kugelfüchse seien mit auf seiner Strecke gelegen. Plötzlich schien ihm die Erinnerung an unser früheres Gespräch und den dabei von ihm mit dem Bannfluch belegten gemeinsamen Bekannten gekommen zu sein:

„Ich muß dir erklären, daß ich meine Meinung über ihn geändert habe", sagte er. „Ich konnte mich mit ihm über den Fall aussprechen und mußte feststellen, daß ich falsch informiert worden bin. Lieber Himmel, in der Jugend packt man vielleicht einmal etwas verkehrt an, aber schlecht benommen hat er sich nicht. Ich habe einen sehr guten Eindruck von ihm."

Ich antwortete, besorgt, es könne mir diesmal aus anderer Richtung eine Pistolenkugel geflogen kommen, nur mit einem Kenntnis nehmenden „Mhm".

So war seine Art. Er hat, daran besteht für mich kein Zweifel, weder im ersten noch im zweiten Fall etwas anderes als seine Überzeugung ausgesprochen. An die aber hielt er, auch wenn sie eine Kehrtwendung von 180° gemacht hatte, den Gesprächspartner für gebunden.

Der bei ihm wieder zu vollen Ehren gelangte Exbräutigam der schönen jungen Frau war an und für sich kein Original, aber als Jäger im Gebirg der ausgefallenste Typ, der mir als Jagdleiter je untergekommen ist. Obwohl er ziemlich gewichtig und völlig untrainiert war, meisterte er die langen und manchmal etwas schwierigen Wege nicht schlecht, war aber bei alledem von einer kaum glaubhaften, um sein Ansehen als hartes Mannsbild völlig unbekümmerten Bequemlichkeit. Er verstand es jedoch, diese Eigenschaft so harmonisch mit seinen jagdlichen Interessen zu verbinden, daß er trotz ihrer, ja manchmal sogar ihretwegen, gute Erfolge erzielte. Zudem hatte er, wie übrigens in noch höherem Maß auch Ernst Johann Faber, fast immer einen den unbefangenen Beobachter geradezu umwerfenden Dusel.

Einmal schrieb er mir, sein Bruder habe andere Gäste und könne ihn in diesem Jahr in Aschau nicht mitjagen lassen. Es betrübe ihn dies deshalb besonders, weil er gerade jetzt (ich wußte warum!) der Entspannung und Ablenkung dringend bedürfe. Er wolle nun gerne im nicht verpachteten Teil unserer Jagd den Abschuß von zwei Hirschen und zwei Gamsböcken erwerben. Dieser Wunsch erfreute mich wenig. Wir hatten, gemessen an der Zahl reifer Hirsche innerhalb eines an und für sich großen Bestandes, zu viele Jagdgäste; insbesondere handelte es sich bei diesen Letzteren meist um ältere Herren, für die der Wert eines Hirschgeweihs mit seiner Endenzahl stieg.

Heute will einem dies nicht mehr recht glaubhaft erscheinen, aber ein junger Zwölfer war ihnen lieber als ein alter Achter. Diese ihre altmodisch primitive Art, das Waidmannsheil zu werten, hat mir in jenen Jahren den Aufbau sehr erschwert. Bei den Gams entschied für sie auch nur die Höhe der Krucken. Weil die Berufsjäger und Forstleute am Gamsabschuß mit beteiligt waren, fiel eine zahlenmäßige Drosselung schwer. Mein damals noch jugendliches Alter hinwiederum hemmte mich, gegenüber den auf ihre weit längere Laufbahn sich berufenden Senioren das bessere Wissen durchzusetzen.

So brachte mich Arthur Schubart, der nicht nur mehrere hundert Jagdgeschichten geschrieben hat, sondern auch ein ausgesprochen kluger Mann gewesen ist, manchmal in nur mühsam verhaltenen ehrlichen Zorn, wenn er die Theorie der Altersbestimmung nach Jahrringen an den Gamskrukken mit nachsichtigem Lächeln für nicht zutreffend erklärte. An fast jedem Kruckenschlauch fand er irgendeine Wulst oder einen schwach sich abzeichnenden Schmuckring: „Warum soll das nicht auch ein Jahrring sein!?" fragte er dann mit der Überlegenheit eines ganz besonders schlauen Kriminalkommissars, der einen flunkernden Ganoven ad absurdum führt.

Ich hatte ihn von einem bestimmten Jahr seines Zugastseins ab bitten müssen, in der Gamsbrunst nimmer, wie bisher, zwei sondern nur noch einen Bock zu schießen und dies mit dem Rückgang des Durchschnittsalters der bei uns erlegten Böcke begründet. Auch ein schriftlich skizziertes Rechenexempel tat er kopfschüttelnd ab: „Ich bitte Sie, Sie haben doch so viel Gamswild im Revier!"

Und nun wollte also auch dieser Neue in die Reihen einbrechen. Weil aber der Onkel General wegen irgendwelcher Herbstgroßmanöver für die Hirschbrunft hatte absagen müssen und der Oberpächter des Bruders mit jähem Entschluß wieder dahin, woher er gekommen – nämlich nach Brasilien –, abgereist war, und auch ein wenig im Hinblick auf die „Wundnachbehandlung" sagte ich, nach Rücksprache mit meinem Vater, zu. Nicht leichten Herzens schickte ich den Abschußgast ins Aschentalgebiet, das ich mir selber hatte vorbehalten wollen. Dort sollte er am Zügel des Försters Adolf Pfaffinger erst ein paar Birschen lang abgetrabt werden, denn für einen nicht sehr künstereichen Hirschjäger war da oben schwer etwas zu holen. Danach wollte ich ihn ins Elandgebiet herüberwechseln lassen.

Erstaunlicherweise ergab es sich aber, daß die beiden zu Berg steigenden Jäger, als sie auf halbem Weg einen kleinen Schlag passierten, ein paar Stück Kahlwild angingen, hinter denen auf einmal ein starkes Kronengeweih auftauchte (vermutlich war der Hirsch durch die Störung erst hochgeworden) und schwankend im angrenzenden Jungwald verschwand. Und nun war der Gast nimmer zur Fortsetzung des Anstiegs zu bewegen und blieb ein paar Stunden an dem wenig übersichtlichen, aber von einem bewährten Wechsel durchzogenen Platz sitzen. Anderen Morgens begehrte er von der fast drei Viertelstunden höher gelegenen Hütte aus noch unterm Sternenschein dorthin zurückzukehren.

„Geh' machas doch des net, Herr Baron. Des war grad a Zufall, wenn da was kam", riet der Adolf Pfaffinger ab, „droben bei die Wasserwandl schreit a Hirsch, gengan mir den an!"

Aber in der Art eines verzogenen Buben beharrte der Gast auf seinem Wunsch, sich zu einem Daueransitz an den kleinen Schlag zu begeben. Der Adolf geleitete ihn schließlich hinunter und kehrte dann um, weil er auf anderen Plätzen Umschau halten wollte. Als der Steig in der Nähe des Birschzieles steinig wurde, zog sich der Gast ein Paar nagelneue Wollstrümpfe über die eisenbeschlagenen Bergschuhe.

„Da werd ehana ihr Oide schön zammschimpfen!" sagte daraufhin der nie um einen Spaß verlegene Adolf zu ihm, der nicht wußte, daß er unverheiratet war. Dieser Satz wurde in der Folge noch lange und bis hinauf in den Norden Deutschlands belacht.

Im frühen Büchsenlicht, also etwa um sechs Uhr, ließ der Beharrliche sich auf dem erwählten Ansitzplatz nieder. Um drei Uhr des Nachmittags hörte der schon etwas unruhig werdende Förster den Schuß, und als er hinunterkam, lag ein guter Hirsch verendet im Schlag. Es war, darin stimmten Kavalier und Jäger überein, nicht der am Vortag Gesichtete, aber ein schwerer, unzweifelhaft alter Eissprossenzehner mit gleichermaßen auffallend kurzen wie starken, dicht und grobkörnig geperlten Stangen. Langsam schreitend und stumm war er des Wechsels gekommen. Da er seiner ganzen Statur und dem mächtigen Brunftfleck nach kein Beihirsch sein konnte, hatte er sich auf vermutlich weiträumiger Suche befunden, denn der Adolf kannte ihn nicht, hatte ihn auch an der Fütterung nie gesehen.

Als ich etwa eine Woche später selber zur Aschentalhütte hinaufstieg, führte der steinige Pfad mich am Platz des langen Ansitzes vorbei, und ich mußte lachen: Rund um die klubsesselhaft zwischen zwei alten Wurzelstöcken äußerst wohlgewählte und tief ins Schmielengras gedrückte Sitzwanne waren nebst mehreren Kügelchen Stanniolpapier mindestens dreißig Zigarettenkippen verstreut, und inmitten lag eine korklose, bis auf den letzten Tropfen leergetrunkene Flasche Kognak. Der Kundige konnte diesen Zeichen unschwer entnehmen, daß hier ein hinsichtlich seiner Waldmanieren zwar nicht gerade vorbildlicher, aber immerhin recht unverdrossener Jäger auf Vorpaß gesessen hatte.

Im November schoß dieser Unverdrossene dann noch einen Gamsbock, dessen Krucken auf der Bayerischen Geweihausstellung mit einer Silbermedaille dekoriert wurden, dazu eine fast weißgesichtige Geltgeiß mit achtzehn Zentimeter hohen Schläuchen. Er schrieb dann an meinen Vater das, was man einen reizenden Brief nennt, dessen Ton und Fassung mich freilich etwas bedenklich machten. Die ihm verschafften Waidmannsfreuden, für die er sich darin mit warmen Worten bedankte, hatten ihn anscheinend nicht nur Liebesleid, sondern auch die Tatsache vergessen machen, daß er als *Abschußnehmer* zu uns gekommen war. Dieser Vereinbarung tat er jedenfalls nie mehr Erwähnung. Und auch eine von mir über seinen Bruder geleitete taktvolle Mahnung ist anscheinend wirkungslos an ihm abgeronnen.

Mit dem Vetter Ernst Johann hat mich dann der Weg ein paar Jahre nicht mehr zusammengeführt. Eines Tages aber erzählte mir Ludwig Hohlwein, mit dem mich nicht nur eine gute Freundschaft verband und an dem ich einen wohlwollenden Förderer hatte, mit dem zusammen ich überdies auch eine niederwildreiche Jagd bei München gepachtet hatte, daß er mit dem Ernstl ein Hochgebirgsrevier übernommen habe. Der Vetter lasse mich grüßen, ich solle ihn und seine zweite Frau (er hatte kurz zuvor wieder geheiratet) bald einmal in Nürnberg besuchen. Ich war ebenso neugierig auf seine junge Frau wie auf seine Trophäen, und so machte ich, als mein Weg mich zu Anfang August wieder den fränkischen Wäldern zuführte, auf eine Tasse Mocca bei ihm Station.

Die noch sehr junge Frau war wunderhübsch. Der erfahrene Frauenjäger hatte auch hier mit bestem Geschmack gewählt. Sie hatte kastanienrotes Haar, ihr Teint war, wie darauf abgestellt, von dem Ton und matten Glanz einer bestimmten leicht ins Goldene spielenden Perlenart, und die zierliche Gestalt war untadelig. Dazu war sie heiter und ohne Spur von Geziertheit. Auch bei ihrer Eroberung war es nicht ganz ohne Pistolen abgegangen. Der Ernst hatte sie in den Jahren seiner großen Tanzpassion auf einem Turnier kennengelernt, sie war bald darauf seine Partnerin geworden, und von da zur großen Verliebtheit war's dann nimmer weit. Alles hätte nun in Ordnung sein können, wäre sie nicht, was bei einer so hübschen Frau kaum verwunderlich erschien, schon verheiratet gewesen.

Ein Versuch, den Gatten zu gütlicher Lösung der anscheinend nur noch der Form nach bestehenden Ehebande zu gewinnen, schlug fehl. Es ergab sich die schon meiner Generation (geschweige der jetzigen) schwer verständliche, ja geradezu komisch erscheinende, aber insbesondere vor dem Ersten Weltkrieg häufige Situation, daß der Ehemann wohl auf seine Frau zu verzichten bereit war, nicht aber auf das, was man Ehre nannte.

Die Ehefrauen, die sich eines Fehltritts schuldig gemacht hatten, wurden in neunzig von hundert Fällen zu ihren Eltern heimgeschickt, der Rivale aber nach Möglichkeit erschossen. So war es auch hier. Der Ehegemahl gab seine Frau frei, bestand aber auf einem Duell. Man fuhr, ehrwürdigen Gebräuchen folgend, in mehreren geschlossenen Pferdekutschen zu einer versteckt in den Auen gelegenen Waldwiese hinaus; aber genau in dem Augenblick, als der Unparteiische den Duellanten die Pistolen aushändigte, erschien die Polizei und verhaftete die ganze bezylinderte und schwarz behandschuhte Gesellschaft.

Somit kam der Ernst bei diesem seinem letzten Duell nimmer dazu, den Finger krumm zu machen. Seine künftige Frau, die ihre schönen Augen offengehalten, die beiderseitigen Absichten erkannt und, sich wie den beiden Männern einen hoch einzuschätzenden Dienst tuend, schnell gehandelt hatte, war als Bannerträgerin der Vernunft der weibliche Spiritus rector des polizeilichen Eingreifens gewesen. Eine Wiederholung des Zweikampfes hat in der Folge nicht stattgefunden. Es erübrigte sich dies ja auch, nachdem beide Teile ihre guten Willen unter Beweis gestellt hatten, den anderen über den Haufen zu schießen.

Die zwei ahnten nichts von meinem Wissen, als wir damals plaudernd in ihrem weiträumigen und behaglichen Wohnzimmer saßen. Beim Zusammensein mit dem Vetter, der nicht nur einen klaren Verstand hatte, sondern auch vielgereist und sehr belesen war, gab es nie Langeweile, und die Jagd mußte keineswegs immer das Hauptthema sein. Nur etwas bereitete mir Not, das waren seine stets geschickt, aber auch unüberhörbar geäußerten Anregungen, doch einmal irgendwo gemeinsam zu jagen, und dieses „irgendwo" bezog sich, wie unschwer zu erraten war, auf unsere Reviere in Aschau oder im Frankenwald.

„Wenn du einmal einen Bock nicht bekommst, den du unbedingt haben möchtest, dann hole den alten Ernst. Mir macht es heute mehr Spaß, einem Freund zu dem oder jenem bestimmten Stück zu verhelfen, als selber zu schießen." Oder: „Alte Hirsche, die nicht aus ihren Einständen herauswollen, sind meine Spezialität! Ich komme gern und zeige dir, wie man das macht." Man hätte sicher manches von ihm lernen können; er war ein Meister, sowohl auf dem Blatt wie mit dem Ruf (gerade deshalb übrigens fand ich es schwer verständlich, daß er dies in seinen Jagdgeschichten immer wieder selber hervorhob). Dem verschloß ich mich nicht, obwohl ich meinte, es selber auf diesen Gebieten schon frühzeitig zu einem gewissen Können gebracht zu haben. Aber mein Vater, der auch als Jagdherr der nobelste Vater war und sich sonst keiner meiner Bitten verschloß, irgendwen, selbst wenn er ihn nicht kannte, einzuladen, lehnte ab, als ich ihm, diesmal nicht in Form einer Bitte (denn mir selber war wenig daran gelegen, die Anzahl der Aschauer Jagdgäste zu vermehren), sondern nur anfragend davon sprach. „Fang damit nicht an", sagte er, „ich bin froh, daß ich nur wenig mehr mit ihm zu tun habe. Seine freundschaftlichen Beziehungen haben alle mit Verstimmungen oder mit einem Krach geendet."

Damit hatte mein Vater recht. Es waren nur wenige Freundschaften, die seine Veranlagung, sich zu zerstreiten, überdauerten. Und bei denen waren die Partner meist robuste Männer, die ihn, zumindest sein Gehabe, nicht ernst nahmen und humorgewürzte grobe Keile auf grobe Klötze zu setzen wußten. Auf Treibjagden sollen sich da für die Unbeteiligten manchmal erheiternde Szenen abgespielt haben.

Ernst Johann legte Wert darauf, seinen Nachbarn englische Fairneß zu erzeigen. „Yours!" rief er dann und deutete auf das dem anderen etwas nähere Stücke, das er seinetwegen fliegen oder laufen ließ. Wenn aber einer seiner alten Jagdkumpane ihm zur Seite ging, hielt er es nicht so vornehm, sondern machte sich einen Spaß daraus, dem Spezi etwas vor der Nase wegzuschießen. Da konnte es dann geschehen, daß zwei dieser Letzteren auf Grund heimlicher Absprache mit dem Jagdherren ihn in die Mitte nahmen und ihrerseits den gleichen Sport betrieben.

„Yours!" riefen sie, wenn ein von ihnen geschossener Hase vor seinen Füßen rullierte oder ein Fasan ihm beinahe auf den Kopf fiel. Der Ernst, der so etwas, wenn ein Fremder es gewagt hätte, wahrscheinlich mit einer Forderung würde geahndet haben, mußte, weil er bei den Freunden mit seinem Zorn doch nur Gelächter geerntet hätte, gute Miene zum bösen Sport bewahren und, was ihm nicht schwerfiel, dagegen schießen. Die Jagdherren machten solchem Geplänkel durch andere Ständeverteilung meist bald wieder ein Ende.

Wir wandten uns damals schließlich seiner großen, in den weiten Raum geschmackvoll hineinkomponierten Trophäenwand zu. Dabei konnte einem je nach Veranlagung der Neid oder die Freude ankommen. Er hatte einige gute und alte Karpatenhirsche geschossen. An die Spitzenklasse war er dort aber nie herangekommen, obwohl er dazu auserkoren erschien, denn sein Hirschruf, verbunden mit seinem natürlichen, rauh strömenden Baß, muß wirklich so etwas wie ein Wunderhorn gewesen sein.

Der langjährige Leiter der bayerischen Ministerialforstabteilung, Staatsrat Theodor Mantel – selber ein sehr erfahrener Rotwildjäger –, erzählte mir, daß er mit dem Ernst Johann einmal in Fall, wo er ihm die staatliche Abschußerlaubnis für einen Brunfthirsch vermittelt hatte, zusammengetroffen sei. Sie saßen abends in der Herrenstube des kleinen Gasthauses beisammen. Draußen war eine klare Mondnacht, irgendwoher klang ein verwehter Hirschschrei. Da beschlossen sie, noch etwas in die Auen hinauszufahren, um sich das Mondscheinkonzert anzuhören. Theodor Mantel, sein Bruder Willi, der damals, wenn ich nicht irre, in Fall Amtsvorstand war, und Ernst Faber bestiegen einen Hochsitz nahe am Isarstrand und verlosten.

Dort herum aber war es ziemlich still. Nur von den Bergflanken herunter hörte man die Hirsche. Ernst Johann hatte seinen Ruf mitgenommen und begann nach einer Weile zu reizen. Eine Stunde später röhrten sich fünf Hirsche rund um die Kanzel mächtig an, und zwischen zweien kam es sogar zum Kampf. Dergleichen ist mir nie gelungen. Ich habe wohl mehrmals Hirsche auf sehr weite Entfernungen zum Zustehen gebracht, aber immer nur in Gebieten, in denen wenig Rotwild sich aufhielt. Es waren suchende junge oder ihres kleinen Rudels überdrüssige ältere Hirsche, die sich irgend etwas, sei es nun Kahlwild oder nur Kampf, von dem vermeintlichen Rivalen versprachen.

Ein ganzes größeres Gebirgstal, in dem mehrere Rudel standen, in Aufruhr zu versetzen, ist mir nie gelungen. Dazu gehört ein in die feinen Tonfärbungen und Schwingungen hinein gekonntes Nachahmen und ein Gehör, das dies ermöglicht, ferner ein bis zu einem gewissen Grad instinktives Einfühlungsvermögen in das Tiergemüt, gehört aber eben auch, und ich glaube unerläßlich, so ein echter knurriger, rasselnder, weithin rollender, bösgrimmiger Baß. Das alles im Verein mit Birschtalent und unermüdlicher Passion besaß mein Vetter Ernst. Wäre er bei seinen mehrfachen Urwaldfahrten an einen jener auch dort nicht zahlreichen wirklich kapitalen Karpater geraten, dann hätte er ihn bekommen.

Auch ein paar sehr starke Gamskrucken, vor allem einen Goldmedaillenbock, hatte er an seiner Wand. Aber so ganz ging einem das Herz erst auf, wenn man die vielen, hoch überdurchschnittlichen Rehkronen betrachtete. Da konnte man alles finden: Livländer, Ungarn, Hessen, Franken und Oberbayern; in Vollkraft Prahlende, großrosig kurzendige Alte, Ellenhohe, dichtgeperlte Knuffige, mehrere Achterböcke und, knapp vor dem besten Ungarn die Spitze haltend, „Hans Porers Jubiläumsbock", einen echten Kapitalen, in dessen Krone sich alle Vorzüge: Höhe, Stärke, Perlung, Langendigkeit, von mächtigen Rosen unterbaut, vereinten. Der Ernst hatte ihn im Tegernseer Revier seines Vaters geschossen, und damals feierte gerade sein Lieblingsjäger, mit dem er schon seine ersten bergjägerischen Versuche unternommen hatte, eben dieser Porer Hans, das Jubiläum von zwanzig Berufsjägerjahren im Dienst des Vaters Faber.

Manches, was an dieser Wand hing, hätte ich liebend gerne als Dianens Geschenk entgegengenommen, aber um nur eine, eine einzige Trophäe hätte ich auf alle anderen Gaben verzichtet. Es war dies das Geweih eines uralten Berghirsches. Ich schätzte sein Alter näher bei zwanzig als bei fünfzehn Jahren. Er hatte völlig glatte, eher dünne als starke, eher niedere als hohe und kaum ausgelegte gerade Stangen. „Wiar a Buachstaud'n", pflegte der Förster Steiner diese Art Geweihe zu kennzeichnen. Und diese Buchenäste liefen beidseitig in einer armseligen, stumpf- und kurzendigen dritten Krone aus. Im übrigen aber waren sie *glatt!* Das will heißen, daß sie überhaupt kein weiteres Ende aufzeigten.

Es war der einzige, noch dazu *gerade* Kronensechser, den ich im Leben irgendwo gesehen habe. Er hatte jahrelang schwer angreifbar hoch oben in einem Latschenkar bei einem größeren Rudel gebrunftet, ohne daß irgendwer ihn je hatte genau ansprechen können. Dem Ernst war er auf den Ruf zugestanden. Dieser Kronensechser war aber nicht der „Buchbergteifi", der gleichfalls ein Sechser, aber, wenn man von der Endenarmut absieht, ein sehr guter, stark- und langstangiger Berghirsch gewesen ist und der dem ersten Buch von Ernst Johann Faber den Namen gab. Auch der hing dort auf ehrenvollem Platz.

Nach etwa zwei Stunden mußte ich meine Fahrt fortsetzen. Ich war noch jung damals, und trotzdem entsinne ich mich genau einer leisen Traurigkeit, die mich überkam, als ich dem Ernst zum Abschied die Hand reichte. Den Grund wußte ich mir zu der Zeit noch nicht zu deuten. Ich hatte, vielleicht das erstemal in meinem Leben, es mit Bewußtsein an einem Menschen beobachtet, daß er binnen weniger Jahre den Grat der Lebenshöhe überschritten, daß er zu altern angefangen hatte. Er trug eine sehr schicke, breit gestreifte Hausjacke, aber das Grau auf dem gewellten schwarzen Haar an seinen Schläfen, das die Eleganz seiner Erscheinung gehoben hatte, war jetzt bis zum Scheitel emporgestiegen, und er ging, weil sein Fuß ihm wieder einmal Beschwerden machte, am Stock. Er redete und erzählte noch lebhaft und mit Anschaulichkeit, aber der Schwung, der früher fast jedem seiner Sätze eine besondere Bedeutung verliehen hatte, lag nimmer darin. Und trotz der schönen Gefährtin an seiner Seite schien auch ein Schleier von enttäuschtem Traurigsein über seinem von solchen Gefühlen bisher unberührbaren Wesen zu liegen. Zu verstehen war's; im Lauf dieser letzten Jahre hatte er Verluste erlitten, die gerade ihm hart ans Gemüt gingen. Für das Kreuther Hochwildrevier, das er von seinen Bubenzeiten an, erst den Vater begleitend und dann selber als Jäger, nach Herzenslust durchstreift hatte, war ihm die Pacht nicht erneuert worden; das herrlich gelegene Landhaus am Tegernsee, in dem er herangewachsen war und ungezählte glückliche Tage verlebt hatte, war ihm seit dem Tod seiner Eltern der Erbteilung wegen nimmer zugänglich. Ein paar alte Freunde und Jagdherren waren gestorben, andere hatte er sich vergrämt; denn meist trug er selber die Schuld an solchen Zerwürfnissen. So hatte ihn ein ungarisches Ehepaar nur auf seine Artikel hin (Ähnliches ist übrigens mehr als einmal vorgekommen!) zur Blattzeit eingeladen. Es ging bei ihm nicht anders, er mußte in der Deutschen Jägerzeitung über diesen Ausflug berichten. Er tat dies, wie immer, mit Verve und Lebendigkeit. Dabei unterlief ihm aber eine seiner nicht gar zu seltenen Taktlosigkeiten, indem er ausschließlich die junge Jagdherrin feurig rühmte, den Gatten und Jagdherrn hingegen kaum und nicht einmal bei der Danksagung erwähnte. Der lud ihn, und niemand konnte ihm das verargen, in der Folge nicht mehr ein. Andere wieder mögen den ledigen Ernst als einen die Gesellschaften und vor allem die Damen in Bewegung bringenden Tausendsassa und Courmacher lieber in ihrem Gästekreis gesehen haben als den neuvermählten Ehemann. Was alles dazu beigetragen hatte, weiß ich auch nicht so genau, jedenfalls fühlte er sich vergessen und hatte Angst zu vereinsamen, was ihm, dem Geselligkeit unentbehrlich war, nicht erträglich gewesen wäre.

Als wir damals gemeinsam durch den Wald seiner Trophäen wanderten, mag ihm das alles bewußt oder halb bewußt durch den Sinn gezogen sein. Was da mit gutem Raumgefühl verteilt die Wand zierte, war Ergebnis und Gleichnis des besten, des erfülltesten, des glücklichsten Teils seines Lebens.

Der Ernst hatte seine wild strömenden Lebenskräfte verschwendet. Er war aber kein Verschwender aus Leichtsinn gewesen. Die Quellen brachen zu heftig aus ihm hervor, er vermochte sie nicht zu bändigen.

Ich hatte, als ich Abschied nahm, fest vor, den Besuch bei einer meiner nächsten Durchreisen zu wiederholen und konnte damals nicht wissen, daß der Weg uns nie wieder zusammenführen würde und der auf seiner Schwelle getauschte Händedruck unser letzter war. Es ergab sich dies aber rein zufällig, denn er hat noch, ich glaube, sieben Jahre gelebt und ist auch dann vor seiner Zeit gestorben. Ich hatte meine Jagdgepflogenheiten umgelegt, weil ich dahintergekommen war, daß die Rehböcke im Gebirg früher abbrunften als die im Frankenwald.

Mit dieser Neuordnung, zuerst die Bergböcke aufzusuchen und erst nach in ihren Bereichen erledigtem Pensum in Franken zu blatten, wo gegen die Mitte des August hin die Felder abgeerntet und die Rehe in ihre Waldeinstände zurückgekehrt waren, hatte ich weit besseren Erfolg. Aber ich hatte es dann auch eiliger bei der Hin- und Herfahrt auf meiner Reise zu den großväterlichen Wäldern und wieder heimzu, um am Geburtstag meines Vaters zur Stelle zu sein. So vermied ich jeden unnötigen Stopp. Einmal tagten bei meiner Durchfahrt aus irgendeinem erhabenen Grund die Nationalsozialisten in Nürnberg, und ich trat aufs Gas, um baldmöglichst aus dem Bereich der braunen Uniformen, der rauhen Marschgesänge und rot wallenden Hakenkreuzfahnen wieder herauszukommen.

Ab und zu tauschten wir noch Briefe, und in dem letzten, den ich von ihm erhielt, stand ein Satz, der mich die stärkste treibende Kraft in seinem Wesen, über die ich mir bis dahin nie ganz klar hatte werden können, mit einem Mal verstehen ließ. Es hat nur wenige Menschen gegeben, die den Ernst wirklich ablehnten. Diese Wenigen waren ausnahmslos waschechte Spießer, mit deren konventioneller Lebensordnung seine Art nicht vereinbar gewesen ist und die ihn als unseriös glaubten abtun zu können.

Wenn man mit gemeinsamen Bekannten auf ihn zu sprechen kam, lachten die einen nur nachsichtig, so wie man sich eben ein umstrittenes Original von der nicht gerade positiven, aber heiteren Seite her betrachtet, andere bedauerten, daß aus dem vielseitig begabten Menschen nicht mehr geworden war und gaben meist seiner unglücklichen Art die Schuld daran, mit der er sich selber manchen Weg verschüttet habe. Und selbst wenn jemand sich mit ihm überworfen hatte, sprach er es ihm nur selten ab, daß er bei all seinen schwer akzeptablen Eigenschaften ein besonderer Kerl sei. Aber was war nun der Grund für das, was ihm immer wieder Freunde schuf oder auch zurückeroberte, was man an ihm bejahte und was mich selber trotz des nicht wenigen Negativen, das ich von ihm wußte, für ihn einnahm?

Ich hatte ihm bei diesem unserem letzten Briefwechsel eine von mir verfaßte längere Abhandlung über Rehwild zugesandt, weil ich wußte, daß man ihm, der sich manchmal vergessen wähnte, mit einer solchen Aufmerksamkeit eine Freude machte. Meist nahm er auch, ohne langatmig zu werden, zu den behandelten Fragen Stellung. Er antwortete diesmal mit einem nur kurzen Brief. Ich erfuhr erst später, daß er krank gewesen, wenn ich nicht irre, sogar operiert worden war. Man müsse sich wiedersehen, schrieb er, man dürfe die kurze Lebenszeit nicht ungenutzt vorüberfliehen lassen. Er kenne nur eine einzige Todsünde und erkenne sie als solche an: die *Trägheit des Herzens*.

Dieser Brief hat mich innerlich beschäftigt wie nur wenige von den ungezählten, die ich im Lauf des Lebens bekommen habe. Da hatte er es, ihm selber vielleicht nicht voll bewußt, zu erkennen gegeben, was das Besondere an ihm war. Es ist wahrscheinlich die wesentlichste Einsicht für die Deutung seiner Persönlichkeit, daß er zeit seines Lebens an nichts mit trägem Herzen herangegangen ist, weder an Frauen noch an andere Menschen, noch an die Natur, an die Wälder und ihre Wildgeschöpfe, noch an sonst etwas, das ihm der Mühe wert erschien, seine Kraft daran zu messen.

Wir haben nie gemeinsam gejagt, aber daß keiner von uns seine grünen Wege je mit halbem Herzen ging, das ist es wohl gewesen, was uns miteinander verband.

Der Todfeind

Wie es sich begeben hat, daß Karl Kotzenberg, zu der Zeit wahrscheinlich der reichste Mann in Frankfurt, als Jagdpächter nach Aschau kam, weiß ich nicht. Ich war damals noch ein Knabe und erfuhr von der Verpachtung erst, als der Vertrag schon abgeschlossen war. Vermutlich hatte er sich bei der zu jener Zeit noch königlichen Staatsforstverwaltung um ein Hochwildrevier in den Bergen beworben, und der Leiter der Ministerialforstabteilung, Staatsrat Mantel, der als Nachfolger des alten Ganghofer meinem Vater in allem, was seine Wälder betraf, Ratgeber war und um das Vorhaben einer Verpachtung der Aschauer Jagdgründe wußte, hatte die Verbindung hergestellt. Der Entschluß, die Jagdherrenrechte einem anderen zu überlassen, nicht mehr allein in seinen Wäldern über sein Wild zu gebieten, war meinem Vater nicht leicht geworden. Aber viele durch die Kriegszeiten sich ergebende Vernunftgründe sprachen dafür. Alle jungen Jäger und Forstbeamten und auch mehrere von denen, die schon reiferen Alters waren, standen im Feld, ebenso die Holzknechte und Waldarbeiter. Die schönen Kutschpferde, auch die vier Glanzrappen ohne jedes weiße Abzeichen, meines Vaters besonderer Stolz, waren requiriert worden, die Gästezimmer des Schlosses dienten zum größten Teil ergänzend dem in dem großen Gasthof am Fuß des Burgberges eingerichteten Offizierserholungsheim, und nicht zuletzt war die Verpflegung und Versorgung von Gästen oben auf den Hütten nimmer erbringbar. So waren für Einladungen an Jagdfreunde die Voraussetzungen weder im einst gastfreien Haus, noch im Revier mehr gegeben. Ein zwar langjähriger, aber doch auch besonders beharrlicher Gast hatte trotz der Kriegszeit angefragt, wie es in der bevorstehenden Hirschbrunft um sein Kommen wohl bestellt sei. Auf den bedauernden Absagebrief hin gab er aber keineswegs auf: er könne, so schrieb er nochmals, einen Freund mitbringen und mit ihm in einem der Gasthöfe Quartier nehmen. Zu zweit würden sie sich dann schon in der Hütte und in dem ihm hinlänglich bekannten Revier auch ohne ständige Betreuung durch den Förster zurechtfinden. Auch die anfangs nur ausnahmsweisen Ersuchen von Lazarettpatienten um Jagderlaubnis, denen mein Vater in der ersten Kriegsbegeisterung mehrfach stattgegeben hatte, wiederholten sich sehr bald in nimmer hinnehmbarer Weise, was zu der Peinlichkeit führte, immer wieder Absagen erteilen zu müssen.

Da waren aber auch noch andere Erscheinungen: Das Jagd- und Forstpersonal fing, unter dem Motto: „Es kommt ja doch keiner, der schießt!" an, seine Befugnisse zu überschreiten. Vor allem zur Feistzeit wurden immer häufiger starke und endenreiche Hirsche eingeliefert, die, obwohl zumeist weit oben am Berg geschossen, angeblich unten im Tal zu Schaden gegangen waren. Einige unserer Jäger (keineswegs alle) spielten sich auf einmal als die Beschützer der Bauern und ihrer in karger Kriegszeit überaus wichtigen Ernte auf. Wenn aber zur Versorgung der Lazarettküche Wildbret angefordert wurde, war der Eifer, Kahlwild, für das, wenn es Schaden machte, der Schußzeitbeginn vorverlegt worden war, beizubringen, bedeutend geringer. Der Forstrat, der dem entgegentrat und sich dieserhalb auch an den Guts- und Jagdherrn wendete, wurde teils direkt, teils durch Hetze bei den Ökonomen befehdet. All das führte dazu, daß mein Vater in einer Verpachtung der Jagd die beste Bereinigung der sich ballenden Schwierigkeiten erblickte.

Als die vollendete Tatsache bekannt wurde, fand sie von fast keiner Seite Verständnis. Was mögen damals einige von den sogenannten guten Freunden beim gemeinsamen Pokulieren für ein Geschimpfe vollbracht haben! Sogar mein Großvater, der Vater meiner Mutter, schüttelte, viel zu taktvoll, um am Eidam Kritik zu üben, mißbilligend den Kopf. Ein Gutsherr verpachtete seine Jagd doch nicht! Ich aber hatte von einem Tag zum anderen meinen ersten Todfeind. Wenn ich in meinem kleinen Zimmer abends das Licht gelöscht hatte und im Dunkeln noch ein paar Minuten wach lag, baute ich an finsteren Plänen: Wie ein Detektiv wollte ich immer auskundschaften, wo dieser Pächter jeweils jagte, dann in der Nacht heimlich aus dem Schloß durchbrennen und ihm aus seinem ganzen Birschgebiet das Wild hinausjagen!

Als ich eines Tages den Schloßkaplan, der mich im Lateinischen unterrichtete, vor Tisch noch schnell nach Hause begleitet hatte und, weil es vom Turm der Pfarrkirche herab schon dreiviertel ein Uhr schlug, im Laufschritt zur Abfahrstation der das Tal mit dem Schloß verbindenden Bergbahn kam, stand ich unverhofft zwei fremden Herren in feierlichen dunkelblauen Anzügen gegenüber, die soeben auch dort eintrafen. Ich machte, wie ich's gelernt hatte, meinen Diener. Der eine der beiden Unbekannten war ein untersetzter, etwas kurzhalsiger und korpulenter Mann mit einem runden, frischroten Gesicht, einem aufgezwirbelten flockigen Schnurrbart und zwei von starken Brauen überbuschten kleinen, hellen, unglaublich lustigen Augen.

„Ei seh mal, das ist ganz bestimmt der Ludwig, der kleine Baron!" sprach er mich an. „Von dir hab' ich schon viel gehört, du jagst ja auch sch ꞏ und schießt mit deinem Flobert fleißig auf Krähen, was!?"

Ich gab vor lauter Aufregung keine Antwort. Der da vor mir stand und mich wohlwollend anlachte, war, das wurde mir jetzt klar, der Todfeind. Der andere Herr war ein Jagdgast von ihm. Meine Eltern hatten sie beide zum Mittagessen eingeladen.

Der Konsul, der meine Verlegenheit bemerkte, war sofort bereit, sie aufzulockern. Er warf einen Blick auf mein lateinisches Übungsbuch, das ich in der Hand hielt.

„Was hast du denn da für ein Buch?" fragte er. „Zeig' emal her; da ist ja die römische Wölfin drauf. Bist du denn schon Lateinschüler!?"

Er blätterte ein wenig in der Grammatik.

„Kannst du das schon all übersetze? – Ich habe fast alles wieder vergesse: ala der Flüchel, mensa der Tisch. Was heißt denn das hier: ‚Emenda vitia tua!' Wart emal, vielleicht bring ich's raus."

Und nach kurzem Nachdenken: „Deine Witze sind Emmentaler Käse. Stimmt's?"

Jetzt mußte ich doch lachen, und er legte mir mit einem lustig schütternden Lachen die Hand auf die Schulter. Dann war die Bergbahn da, und wir stiegen ein. Von dieser Stunde an war er nicht mehr mein Feind, und im Lauf der folgenden Jahre sollte ich erfahren, daß das Zusammentreffen mit ihm mir einen großzügig gütigen väterlichen Freund geschenkt hatte.

Ich glaube, während meines ganzen Lebens nie wieder einem Mann begegnet zu sein, der seine Mitmenschen so mühelos zu gewinnen wußte, wie Karl Kotzenberg. Das Geheimnis seiner Wirkung war, daß er jedem ohne Mißtrauen, oder, selbst wenn er ihm nicht traute, stets offen entgegentrat. Über erkannte Schwächen sah er humorvoll und – das war das Besondere an ihm – ohne Ablehnung hinweg. Es konnte sein, daß er zu irgendwem lachend sagte:

„Sie sind ein schlauer Fuchs, man muß aufpassen, wenn man mit Ihnen verhandelt. Sagen Se gleich, was Sie wollen, dann könne mer rede! Oder trinke mer zuerst e Fläschche!?"

Bei diesem Fläschchen wurde es dann zumeist sehr vergnüglich, und seine Klugheit und seine Menschenkenntnis hatten ihm längst alle Hintergründe verraten, ehe der andere zu reden begann.

Ein paar nette Geschichtchen als Beispiele für diese seine Art habe ich selber miterlebt oder bald danach erzählt bekommen:

Als er den alten, vor seinem Eingreifen mit halbverkohltem Dachstuhl baufälligen Hof des Winterstubenanwesens zum Jagdhaus ausgebaut und es sich unten im Tal herumgesprochen hatte, wie gastfrei und lustig man bei ihm empfangen wurde, bekam er häufig Besuche, die, wie die Lage der Behausung es mit sich brachte, stets unangemeldet erschienen. So kamen eines Nachmittags die Schuhplattler mit ihren Musikanten heraufgewandert und tanzten ihm und der Konsulin, vom ungewohnten Sekt hochbeschwingt, auf einer vor dem Haus errichteten Holzterrasse bis in die späten Abend etwas vor.

„Pfiat di God, Konsul!" sagte beim Abschied der Vorplattler, und dann hörte man sie, Burschen und Dirndl, noch lange den Berg hinab jodeln. Die neue Vereinsfahne, von der sie ganz beiläufig etwas ins Gespräch hatten einfließen lassen und für die sie sich heimlich eine Beisteuer erwarteten, ward ihnen geschenkt. Sie statteten dem Konsul noch manchen Besuch ab, und er wurde Ehrenmitglied des Trachtenerhaltungsvereins. Das ihm damals ausgestellte Vierfarbendruck-Diplom hängt unter Glas noch heute oben in der Jägerkammer.

Die Bürgermeister der umliegenden Gemeinden machten ihre respektvollen Aufwartungen, und auch die „Waben", die Sennerin von der Nachbaralm, erschien eines Tages in ihrer Almerinnenstaatsrobe und mit rotgeweinten Augen. Sie hatte ihre kleine Silberuhr auf dem Tisch vor dem Almkaser liegen lassen, die „Traudl", die Kalbin, die eine ganz Freche war, hatte sie beschnuffelt und sie mit ihren breiten Nüstern dann hinuntergeworfen auf den Boden. Als die Sennerin sie wegjagte, sei sie gar noch auf das Uhrl, ein Erbstück von der Firmpatin, draufgetreten und habe sie ganz „verrowiniert". Erneut rannen die Tränlein, „Mei is dees was!"

„Ei komme Se doch herein, Nachbarin, trinke Sie e Gläsche mit uns", sagte, nachdem er sich alles mit angehört hatte, der Konsul. „Annache, laß mich net vergesse, daß wir e neu Silberührche für unser Fräulein Babett besorgen!" Und es wurde unter den Schätzen des Gold- und Silberschmieds Schmetterer in Prien eine wunderhübsche kleine Uhr mit bunter Blumenmalerei auf dem Zifferblatt, mit einer eingravierten Mutter Gottes auf der Rückseite gefunden und sogar eine lange Silberkette mit granatbesetztem Schieber dazu erworben.

Zu Ende des Ersten Weltkrieges (der Zweite ließ uns seine Schrecken vergessen) war in deutschen Landen der Teufel schon am Werk und entsandte seine Fronknechte in die friedsam weitab vom Kriegsgetümmel liegenden Dörfer, um ihren Kirchtürmen die Glocken zu entreißen.

War der Glockenturm zu eng, um die Künderinnen der Erde und Himmel verbindenden erzenen Klänge herabzuseilen, dann zerschlug man sie (weil Eile geboten war) oben auf dem Stuhl. Ihr Auftönen unter den Schlägen schwerer Hämmer hab ich als Knabe einmal, als ich in den Sommerferien 1918 beim Großvater in Franken weilte, erschrocken mit angehört. Bis weit hinein in die Wälder hallte der wehe Ruf. Auch unsere Aschauer Pfarrkirche blieb nicht verschont und verlor damals ihr ganzes, von meinem Vater ein Jahrzehnt zuvor vervollständigtes Geläut. Als der Konsul, der dies auf dem Land für geboten hielt, unserem Pfarrherrn, der ein ebenso schöner wie origineller Mann war, und trotz altbayerischer Schläue die geraden Wege für die besten hielt, seinen Besuch machte, ward er alsbald um eine Spende für die neuen Glocken angegangen. Sie ward mit gutmütigem Lachen so reichlich gegeben, daß sich dies bei den geistlichen Kollegen der näheren Umgebung herumsprach. Unser Herr Pfarrer aber ward in der Folge ein Freund des neuen Jagdpächters. Neben seiner Geradheit gewann ihm sein Humor die Zuneigung des Konsuls.

Einmal aßen wir in kleinem Kreis zusammen im Nebenzimmer eines Aschauer Gasthofes. Das Gespräch kreiste eine Weile um die Jagd, wobei der Hochwürdige nicht viel mitreden konnte. Der aufmerksame Gastgeber wünschte daher einen Themawechsel:

„Jetzt mache mer Schluß mit die Hirsch, die sind für unseren lieben Gast net interessant."

„Warum denn net!?" sagte dieser mit seinem schlagfertigen Witz im

Hinblick auf den gewaltigen Kalbsnierenbraten, der uns vorgesetzt worden war, „mir san ja auch zwei Hirschen, mir *gabeln* mitanander!"

Solche harmlosen, aber stets originellen Späße, die er unausschöpfbar hervorzubringen wußte, hatten dem hochgewachsenen Pfarrherrn mit seinem schönen Kopf und dem mählich erblassenden blonden Lockenkranz um die natürliche Tonsur, das Herz Karl Kotzenbergs gewonnen.

Die Winterstube nun gehört nicht zur Aschauer, sondern zur benachbarten Frasdorfer Pfarrgemeinde, und dem dortigen Seelenhirten war die Kunde von der großzügigen Glockenspende, die sein Amtsbruder erhalten hatte, zu Ohren gekommen. Dies hatte zur Folge, daß er eines Nachmittags auf der Winterstube erschien. Er habe, so sagte er, viel von dem schönen neuen Haus gehört, das hier durch Umbau des alten entstanden sei. Ob es erlaubt sei, daß er sich's anschaue und zugleich dem Hausherrn und der Frau Gemahlin seine Aufwartung mache.

Der damalige Pfarrer von Frasdorf war Dekan. Gemäß der zu jener Zeit noch bestehenden kirchlichen Kleiderordnung, die heute von bunten Pullovern und karierten Krawatten abgelöst ist, trug er auf dem schwarzen Talar eine karminrote Schärpe, dazu gleichfarbene Seidenknöpfe und Strümpfe. Die Schuhe hatten versilberte Spangen. Ehe der Dekan sich vorgestellt hatte, meinten die Kotzenbergs, ein Bischof sei zu Besuch gekommen.

Man nahm den Gast jedenfalls freudigst und in allen Ehren auf, zeigte ihm das große Wohnzimmer, dessen fichtengetäfelte Wände einen sehr stilvollen Hintergrund für die wertvollen alten Skulpturen und Bilder abgaben, und während die Hausfrau draußen auf der Holzterrasse den Teetisch richtete, bat der Konsul den Dekan in sein kleines, zu ebener Erde gelegenes Schreibkabinett. Dort nahmen sie an dem als Schreibpult dienenden Bauerntisch Platz. Karl Kotzenberg schaute mit seinen kleinen hellen Augen dem Gast belustigt ins Gesicht.

„Jetzt sache Se mir emal, mei lieber Hochwürden, *wieviel* wolle Se haben!?"

Nun muß man zu Ehren des damaligen Frasdorfer Pfarrherrn sagen, daß er ein sehr würdiger Priester und ein feiner, lieber Mann war. Er mag über dieses direkte Angehen der Angelegenheit durch den Konsul, den er noch nicht kannte, nicht wenig bestürzt gewesen sein.

„Herr Konsul, ich bitte Sie, so war mein Besuch doch nicht gemeint!" sagte er erschrocken.

„Na, ich mein's net bös, aber irgend e Anliegen werden Se doch sicher habbe?"

Der Dekan hatte sich mittlerweile wieder gefaßt:

„Wir haben in Frasdorf derzeit nur *ein* schweres Anliegen, und das sind die neuen Kirchenglocken."

„Wieviel brauche Se denn?"

„Das überlasse ich ganz Ihrer Güte. Über jede Spende sind wir froh." Da zog der Konsul die Schublade seines Bauernschreibtisches auf und entnahm ihr sein Scheckbuch. Er schrieb und reichte das noch tintennasse Blatt seinem Gegenüber. Der las, und das Rot seiner überraschten Freude stieg ihm über die Stirne bis unter die weißen Haare hinauf.

„Zufriede?" fragte der Konsul.

„*Sehr* zufrieden!" brachte nach einer kleinen Weile der Dekan heraus. Und während er dem Spender über den Tisch hinüber die Hand gab, standen Tränen in den Augen des alten Herrn.

Herzenswünsche erfüllen, das machte dem Konsul in Aschau, wo er sich schließlich, in alpiner Parallele zum Riesengebirge, den Ruf eines auf seinem Waldhaus residierenden, allvermögenden Rübezahl erwarb, eine ob der, wenn auch manchmal etwas naiven, so doch echten Dankbarkeit der Beschenkten, reine Freude. Im Gesamtkreis seines Wirkens aber war der Antrieb für ein kaum sich beschränkendes Geben und letzten Endes auch für seine die Mittel dafür beschaffende Arbeit nicht das, was man landläufig Gutherzigkeit nennt. An rechter Stelle hilfreich einzugreifen, so zumindest sehe ich es heute, war sein Ethos.

Er hatte keine Kinder, auch keine ihm nahestehenden gesetzlichen Erben, für die es lohnte, seine äußere Position weiter auszubauen. Was seinen Alltagsbedarf anbetraf, war er anspruchslos. Seine Lebensgefährtin war eine bescheidene, still heitere, fast immer nur aufs Zuhören sich beschränkende Frau.

Der Stil, in dem sie ihrem Mann das Haus führte, und die Art der reichen Gastlichkeit, die darin gepflegt wurde, waren bis ins Kleinste gediegen, aber ohne Spur übertriebenen Aufwands. Der einzige äußerliche Luxus, den man ihm nachsagen konnte, waren einige edle Reit- und Wagenpferde in seinem Stall und seine Automobile (meist waren es zwei), deren Karosserien – das bedeutete übrigens in der Zeit des Aufbaues der deutschen Kraftfahrindustrie nach dem Ersten Weltkrieg keine auffallende Seltenheit – stets Sonderanfertigungen waren. Sein Haus war voll der wertvollsten, dabei nicht alltäglichen Kunstschätze. Auch die Winterstube hatte er mit nicht nur schönen, sondern auch bodenständigen, für die Plätze ihrer Aufstellung und den Zweck, den sie erfüllen sollten, brauchbaren Antiquitäten eingerichtet. Er besaß in Frankfurt ganze Zimmer voll nicht aufgehängter Bilder, die er, um den zeitgenössischen Malern damit förderlich zu sein, auf Ausstellungen gekauft hatte.

Wenn er vor Beginn der Hirschbrunft über München nach Aschau reiste, verbrachte er zu diesem Zweck immer ein paar Nachmittage im Glaspalast, dessen Sommerausstellung zu dieser Zeit noch offen war.

Seine Vaterstadt hat er wie ein König beschenkt. Das Schödelsche Museum besitzt von ihm gestiftete Bilder, und vor allem stand er mit weitem Abstand an der Spitze der Privatmänner, die mit ihren Geldern die Gründung der Frankfurter Universität nach dem Ersten Weltkrieg ermöglicht haben. Dies verschaffte ihm wohl bei den Häuptern der Stadt hohes Ansehen und eine gewichtige Stimme „im Rate", machte ihn zum Ehrensenator und Ehrendoktor, zog ihm aber eine kaum verständliche, geradezu wütende Feindschaft einzelner alteingesessener Patrizierfamilien zu, die fanden, daß eine solche Art des Wirkens dem „Neureichen", der durch Klugheit und Arbeitskraft sein großes Vermögen geschaffen hatte, nicht zustehe. Vielleicht waren es Frankfurter Reminiszenzen, die Goethe einst zu dem Vers inspiriert haben:

„So hoch die Nase reicht, da mag's wohl geh'n;
Was aber drüber ist, können sie nicht seh'n."

Andererseits wandten sich auch immer wieder Leute an ihn um Beistand, die entweder zu beschränkt, oder, was weit häufiger der Fall war, zu überheblich und bösartig neidisch waren, dem Format seiner Persönlichkeit und seinem menschlichen Wert im entferntesten gerecht zu werden.

Ich war Zeuge zweier solcher Fälle. Einmal hatte ein Bekannter, der von Kotzenbergs Hilfsbereitschaft gegenüber zeitgenössischen Künstlern wußte, ihn gebeten, einen Münchner Maler, der ein Freund von ihm war und von dem er anscheinend viel hielt, in dessen Atelier zu besuchen.

Mir fiel schon, als wir vom Freunde geleitet, die Schwelle des Ateliers überschritten, der bösartig abschätzende Blick auf, mit dem der Professor, der ein verwetztes Fes auf dem Kopf hatte, den Konsul maß. Er drückte in jenem mir erst im späteren Leben durch andere Fälle klar und verhaßt gewordenen Künstlerhochmut (der, den Musen sei's gedankt!, nicht die Regel ist) etwa aus:

„Dieser dicke Kerl also, dieser Bourgeois, will die unter meinem Pinsel entstandenen Kleinodien mit seinem dreckigen Geld erstehen!"

Er war so unhöflich, daß sich von Anfang an eine peinliche Kälte über das Zusammentreffen legte, die sich durch einen im Grund harmlosen Zwischenfall alsbald steigerte.

Vor einer kleinen Farbskizze (ich glaube, sie stellte einen Gebirgsjäger dar, und er war wohl deswegen auf sie aufmerksam geworden) fragte der Konsul den mit verbissener Miene hinter ihm stehenden Meister: „Was haben Sie da Hübsches!? Ist das eine Jugendarbeit?" „Oh!" sagte dieser und lüftete spöttisch sein Fes, „ich bewundere Ihren ausgezeichneten Geschmack! Unter diesen vielen Bildern haben Sie das einzige herausgefunden, das nicht von mir, sondern von meinem verstorbenen Freund Karl Heider ist!"

An der nun entstandenen Spannung war nicht mehr viel zu reparieren. Mein väterlicher Freund, der zu den Bildern dieses Professors, wie ich zu bemerken glaubte, keine Beziehung fand, fragte schließlich aus Höflichkeit und vielleicht auch, um sich von dem unerfreulichen Atelierbesuch loszukaufen, nach dem Preis eines Kinderporträts. Als er ihm genannt war, schwieg er eine Weile. Da sagte der Maler wiederum in jenem aggressiv-hämischen Ton: „Es hat vor zwei Jahren im Glaspalast eine gute Kritik bekommen. Aber nachdem Sie, wie ich gesehen habe, ein so großer Kenner sind, weiß ich natürlich nicht, ob es Ihren Ansprüchen genügt."

Ohne darauf einzugehen, zog Karl Kotzenberg seine Uhr und verabschiedete sich dann mit der kurzen Begründung, daß er noch einen anderen vereinbarten Termin einhalten müsse.

In diesem Fall war es die ins Bösartige gesteigerte Griesgrämigkeit eines über den wirtschaftlichen Mißerfolg seiner Arbeit verbitterten Künstlers gewesen, die einer hilfsbereiten Absicht schlechten Dank erwies.

Bei einem anderen ähnlichen Besuch, zu dem ich wieder von Kotzenberg, sozusagen in seinem Gefolge, mitgenommen wurde, war die ihn empfangende Gesinnung heuchlerisch und deshalb auf einer noch weit schlechteren menschlichen Ebene.

In diesen jungen Jahren hatte ich dem Wohlwollen meines Gönners viel zu danken. Mit seinem gutartigen Fürspruch erwirkte er mir bei meinem Vater die Erlaubnis, ihn auf einer Gamsbirsch zu begleiten, auf der ich dann, vierzehnjährig, mein erstes Gams schoß. Auch meinen ersten Auerhahn dankte ich, als er selber in einem Frühjahr nicht hatte kommen können, seiner Einladung. Es war dies eine der glücklichsten Überraschungen meiner frühen Jägerlaufbahn. Ihre Geschichte habe ich auf anderen Blättern schon erzählt.

Überraschungen erlebte man immer wieder mit ihm. Er hatte sich, ich weiß nicht mehr, wer ihn dabei beriet, als er Pächter der Aschauer Jagd geworden war, einen Repetierer des 9,3-Kalibers gekauft. Der Förster Steiner, der ihn auf den meisten seiner Birschen führte, war damit nicht einverstanden und redete ihm immer wieder zu, sich der flacheren Flugbahn wegen einen „Siebener" anzuschaffen. Es entsprach aber ganz der für sich selber anspruchslosen Art des Konsuls, daß er es ablehnte, für die wenigen Schüsse, die er im Jahr tat, eine zweite Büchse zu erwerben. Als er wieder einmal auf der Fahrt zur Gamsbrunft durch München kam, glaubte ich, ihm im Sinn des damals von mir in jagdlichen Dingen für all-wissend gehaltenen Steinervaters zureden zu müssen, und mit gutmütigem Lachen gab er schließlich nach. Wir gingen in eines der damals in München führenden Jagdwaffengeschäfte, zu Miller und Valentin Greiß, einstigem Hoflieferanten. Der sehr würdig im Gehrock hinter seinem Ladentisch stehende Inhaber, Pächter oder Nachfolger des alten Valentin, hörte uns an, riet aber dann zu meinem Erstaunen vom Siebenmillimeter-Kaliber ab. Seine Wirkung sei für Hochwild nicht ausreichend. Er empfahl dage-gen wärmstens das an Rasanz fast gleichwertige, in der Wirkung aber bedeutend zuverlässigere 8×57/JS-Geschoß, die deutsche Militärpatrone also, mit Bleispitze für die Jagd.

Der wahre Grund seines selbstlosen und bei aller Meisterwürde mit Eifer vorgebrachten Rates war, was ich freilich erst Jahre später, zu pro-funderem Waffenwissen herangereift, durchschaute, daß er eine ganze An-zahl zu Jagdgewehren, wie man zugeben mußte, elegant umgeschäfteter Militärkarabiner in seinen Vitrinen stehen hatte, auf denen er, weil Waf-fen dieses Kalibers (eben des von ihm wärmstens empfohlenen) und die dazugehörige Munition damals von der Entente verboten waren, befürch-tete sitzen zu bleiben.

Davon wußten wir beide nichts. Die Ausführung eines uns vorgelegten solchen Repetierers war mit tief nachtblauer matter Brunierung und aus-gesuchtem dunklem Schaftholz bestechend, und Kotzenberg griff zu. Ich aber war stolz, der vermeintlichen guten Sache zum Sieg verholfen zu haben.

Zehn Tage später traf in Aschau ein langes, schmales und sehr gewich-tiges Paket für mich ein. Ich fand es erst bei meinem nächsten Wochenend-besuch von München her dort vor. Es enthielt dieses neue Gewehr mitsamt aufmontiertem sechsfachem Zeiß-Zielfernrohr. In das Silberplättchen am Schaft aber war mein Name eingraviert. Der Gönner selber war bei sei-nem Neuner geblieben. Das war sein Stil, seine Art zu beschenken.

Diese Büchse, deren Lauf ich zehn Jahre später, nachdem die immer miserabler werdende Munition und die häßliche Wirkung des S-Geschosses mit der kleinen Bleispitze mir manchen Ärger bereitet hatten, schließlich doch gegen einen 7×64er austauschen ließ, habe ich zwei Jahrzehnte lang mit mir durch die Wälder getragen. Auf Rehe war sie der abscheulichen Wirkung des Geschosses wegen unbrauchbar, sonst aber habe ich ungezähl-te gute und mit zunehmender Schützenreife auch eine Anzahl meisterlicher Kugeln aus ihr versendet. Die nicht vielen Fehlschüsse vergesse ich gern.

Solche Geschenke waren aber nicht das einzige, wofür ich ihm heute noch Dank schulde. Er hielt es auch für wichtig, daß ein aufgeschlossen ins Leben hineingehender junger Mensch vieles, was außerhalb seines Alltags und seiner Schülerausbildung lag, zu sehen bekam und vor allem besondere Persönlichkeiten kennenlernte.

Bei seinen Münchner Aufenthalten stieg er immer im Hotel „Vier Jahreszeiten" ab und lud dort fast täglich Gäste zum Mittagessen ein. Journalisten, Politiker, Künstler und Gelehrte saßen in nicht nur vom Wein, sondern mehr noch von der Lebhaftigkeit seines Teilnehmens an ihren Geistesgebieten beschwingter Unterhaltung an seiner Tafel. Ich durfte sehr oft, wenn auch meist schweigend und nur zuhörend (manchmal hörte ich auch nicht zu) dabeisein.

Die mit Abstand stärkste Persönlichkeit unter diesen Gästen war Oskar von Miller, „der Eisenkopf", wie seine Freunde, vor allem aber seine Mitarbeiter, ihn nannten. Für den Bau seines „Deutschen Museums" hatte Karl Kotzenberg bedeutende Spenden gemacht. Wenn Oskar von Miller den Mund auftat, lohnte es sich aufzuhorchen. Das erste, was ich über das Wesen der Technik erfuhr, hörte ich von ihm. Er hatte eine kraftvoll originelle Art, seine Gedanken klarzumachen, man darf fast sagen, sie den anderen gewaltlos aufzuzwingen. Von den Nationalsozialisten sagte er später einmal: „A guate Suppen war des, alle Art Kräutln und Brot und Rindfleisch und Eier, all's war drin. I wollt mi grad hinsetzen und essen, da hab ich g'sehn, daß a tote Maus drin g'schwommen is."

Eines Tages nun nahm der Konsul mich mit hinaus zu dem herrlichen Schloß Nymphenburg, dem größten Sommersitz und Jagdschloß der alten Bayernherzöge. Die staatliche Schlösserverwaltung hatte dort mehrere Räume einem, ich glaube aus Frankfurt stammenden, Afrikaforscher für die vorläufige Unterbringung seines Instituts zur Verfügung gestellt. Der hatte irgendwie in Erfahrung gebracht, daß Karl Kotzenberg in Sachen der Frankfurter Universität als deren Senator eine gewichtige Stimme hatte und hoffte, durch ihn dort den für seine eigene Zukunft wie auch für die seiner Forscherarbeit lebensnotwendigen Lehrstuhl zu bekommen. Er hatte ihn deshalb um Besuch seines Instituts gebeten, und der Konsul, der sich auch hier Weitung des Horizonts und geistigen Gewinn für mich versprach, hatte angefragt, ob er mich mitbringen dürfe. Ich erfuhr erst nachträglich, daß dieser Professor (er führte damals schon den Titel) eine im Kreis der Frankfurter Universitätsprofessoren umstrittene, zum Teil überhaupt nicht ernstgenommene Erscheinung war.

Um auf sich aufmerksam zu machen, hatte er die letzte Afrikareise zusammen mit seinem Stab auf bespannten Wagen und in Tropenkostümen mitten aus der Stadt Frankfurt heraus durch die belebtesten Straßen mit viel Hütewinken angetreten. Die Safari nahm also – das war freilich etwas Neues – von einer deutschen Stadt aus schon in voller Echtheit ihren Ausgang. Es sollte dies vor allem der Presse Anlaß geben, sich mit der abenteuernden Fahrt zu befassen. Trotz solchen Aufwandes ist aber dem Vernehmen nach wenig Popularität dabei herausgekommen, und überdies wurde behauptet, die bespannte Reise habe sich nur über ein kurzes Stück Weges erstreckt, um alsbald per Bahnachse fortgesetzt zu werden.

Die zünftige Wissenschaft aber, und das war eine zweifellos nachteilige Folge, fand nicht mit Unrecht diese Art des sich Inszenesetzens eines seriösen Gelehrten wenig würdig. Über den wissenschaftlichen Wert oder Unwert der Forschungsarbeiten des Professors, die, das war bei jenem Besuch seines Instituts mein siebzehnjähriger Eindruck, vielseitig und gründlich waren, konnte erst zu einem späteren Zeitpunkt (ich selber habe mit diesem Zweig der Wissenschaften nie Berührung gehabt) ein Urteil entstehen.

Auf Schloß Nymphenburg trat der Professor uns damals als Vollgermane gegenüber, mit langem blondem Försterbart, ungekämmtem Haar und mit einer aus der Decke von Reh- oder Gazelle gearbeiteten Kurzledernen hochoriginell angetan. Die Außenseite dieser Hose war nicht gegerbt, so daß er bis zur Gürtellinie in rotbraunes Fell gekleidet war. Er hatte eine Eigenschaft, die ich zeitlebens nicht leiden konnte, nämlich, daß er jeden seiner Sätze mit einem nervösfröhlichen Lachen bekräftigte. Als junger Mensch hat man so seine Antennen. Ich fühlte, daß er und ein Teil seiner aus dem Hintergrund den Konsul anglotzenden Mitarbeiter den Besuch nicht als das würdigten, was er war, nämlich eine in hilfsbereiter Absicht erwiesene Freundlichkeit, sondern abermals mit jenem, diesmal ins Wissenschaftliche abgewandelten unerträglichen Hochmut glaubten, einen Spießbürger, der nichts hatte als sein vieles Geld, einseifen zu müssen. Aus den burschikos-fröhlichen Sätzen des Chefs klang während der Führung allzu deutlich, wenn auch nur für die Ohren seines Stabes bestimmt, die Geringschätzung für das geistige Niveau des Besuchers heraus. Als der Konsul mich ihm zu Anfang vorstellte, schaute er mir germanisch blaublitzend ins Gesicht:

„Sohn Ihres Vaters, nicht wahr!? Hahahahaha!"

In dem Institut arbeitete als Kartenzeichner auch ein pensionierter General – in seinem hochkorrekten Aufzug inmitten der ihn umgebenden betonten Saloppheit eine unfreiwillig komische Figur. Er hatte einen Raum für sich, an dessen Wänden sich aber Landkarten befanden, die gezeigt werden sollten. Der fand es nun ganz unter seiner Würde, „besichtigt" zu werden. So etwas hatte aktiv nur ihm einmal zugestanden.

Gemütlich, das sah man ihm an, war es dabei sicher nicht zugegangen. Mit geradezu manierloser Unverbindlichkeit schaute er durch seinen ungeranderen Zwicker den Konsul an und stand bei der Vorstellung nicht einmal auf. Als ich im Vorbeigehen mich vorbeugend einen Blick auf seinen Zeichentisch warf, traf mich ein wütender Vorgesetztenblick, als wäre ich bestenfalls ein Kadett, der sich, noch dazu mit falscher Ehrenbezeigung, erfrecht hatte, diesem Allerhöchsten in seine Karten zu schauen.

Ein in der Privatbehausung des Professors vorbereiteter Imbiß, den seine gütig damenhafte, sofort eine andere Atmosphäre schaffende Frau sehr hübsch gerichtet hatte, sollte den Besuch beschließen. Diese Behausung, wenn der Professor sie wirklich, wie er sagte, selber aufgebaut hatte, stellte nicht nur seiner Begabung als Architekt, sondern auch seinem Sinn für Vereinfachung und Präzision das beste Zeugnis aus. Er hatte ein größeres Grundstück nahe bei Nymphenburg anscheinend langfristig gepachtet, es kralartig eingefriedet und, gut im Raum verteilt, einige Blockhäuser für sich und die Seinen darauf gestellt. Sein eigenes, die Mitte beherrschendes Domizil z. B. war in der Art einer bedeutend vergrößerten Lappländerhütte gebaut, aus langen, zeltartig an der Spitze zusammenlaufenden, geschälten und gebeizten Rundlingen, die ganz oben nur einen Rauchabzug freiließen. Die Einrichtung des einzigen Innenraumes mit offener Feuerstelle war dabei ausgesprochen behaglich und komfortabel.

Wir kamen im gleichfalls hölzernen Hauptbau zusammen, von dem mir nur noch erinnerlich ist, daß er im ersten Stock einen zwar überdachten, nach Süden aber ganz offenen Raum, so etwas wie eine gedeckte Terrasse, besaß. Auf ihr war der Tisch hübsch und herrschaftlich gerichtet. In der Mitte der langen Tafel prangte mit grünen Kräutern garniert ein bereits tranchiertes Spanferkel. Die Absicht war nicht schwer zu durchschauen: Bei einem fröhlichen Gelage sollte aus dem Konsul eine bindende Zusage, zu der er, wie die Dinge standen, allein gar nicht ermächtigt war, herausgeholt werden. Auf die Terrasse führte eine hölzerne Außentreppe hinauf. Aus irgendeinem Grund kam der Professor noch einmal von oben herunter und traf dabei mit einem seiner anscheinend vertrautesten Mitarbeiter, einem feindselig undurchdringlich dreinblickenden hageren Mann zusammen.

Ich stand unterhalb und wartete auf den Konsul, der zurückgeblieben war. Und da geschah es, daß der Vorhang sich lüftete. Der Hagere, der, obwohl er soeben an mir vorübergegangen war, meine Nähe anscheinend vergessen hatte, fragte seinen Chef: „Ist das dicke Schwein schon oben?"

Mit einem zornig warnenden Blick auf mich schüttelte der Professor den Kopf.

Kotzenberg hat ihm dann wirklich zu seinem Lehrstuhl verholfen. Ich sah ihn nur noch einmal im Leben zufällig bei einem Besuch der Universität in Frankfurt. Er hatte sich da (es mag ein halbes Dutzend Jahre später gewesen sein) eine neue Rolle, nicht mehr die des unbekümmert und kühn voranstürmenden Forschers, sondern die des würdigen Hochschullehrers einstudiert. Der Bart war gestutzt, der Fellhosenaufzug durch einen wahrhaftigen Gehrock ersetzt, eine dicke goldene Uhrkette baumelte auf dem nun auch recht ansehnlich gewordenen Bauch. Ich erkannte ihn erst im letzten Moment, als er, einem Hörsaal gemessen zuschreitend, nah an mir vorüberkam.

Auf der gemeinsamen Heimfahrt damals (wir hatten, weil des Konsuls Zeit in München immer sehr ausgefüllt und entsprechend eingeteilt war, nur kurz bei dem Spanferkel ausgehalten) sprach ich kaum ein Wort. Sollte ich meinem gütigen Freund das, was ich gehört hatte, berichten? War die Aufklärung, die ich ihm über diesen „edlen Kreis" geben konnte, die Kränkung wert, welche die Wahrheit ihm sicher antun würde?

Schließlich, als er mich auf meine Einsilbigkeit ansprach, redete ich. Dabei hielt mich eine mir vom Takt auferlegte Hemmung davon ab, den gehörten Satz in seiner vollen vulgären Häßlichkeit zu wiederholen.

Der Konsul nickte vor sich hin und dachte eine Weile nach, dann legte er mir die Hand auf die Schulter und schaute mich an. Die kleinen hellen Augen waren diesmal, was nur selten vorkam, ernst.

„Ja", sagte er nach einem seufzerartigen tiefen Atemholen, „mein lieber Ludwig, merk dir das fürs Leben: Man darf sein Tun und Lassen nie danach richten, ob oder welchen Dank man erntet. Ich weiß, wie diese Leute über mich denken! Bittsteller sind fast immer bösartige Feinde. Das entbindet uns nicht davon, trotzdem das zu tun, wozu unser Gewissen uns rät."

Das war Karl Kotzenberg, der Mann. Über den Jäger ist weniger zu berichten.

Ich habe nie herausgebracht, was ihn letzten Endes dazu veranlaßt hatte, sich ein Jagdrevier im Hochgebirge zu pachten, denn eine oder gar *die* große Leidenschaft seines Lebens ist das Jagen nicht gewesen. Er war wohl zuvor schon Pächter einer meines Wissens nicht großen Gemeindejagd in der Nähe von Frankfurt gewesen und hatte an schönen Sommernachmittagen seine Jucker dort hinauskutschiert, um einen Rehbock zu schießen. Vermutlich war es das „Männchen Schwaichen" gewesen, dem er den Rat verdankte.

Es war, so meine ich, kurz vor dem Ersten Weltkrieg, als in Deutschland ein Roman erschien, der sich die Herzen ungezählter Leser im Sturm eroberte, bis hinaus in die Schützengräben wanderte und auf tausend Krankentischen in Lazaretten lag.

Die leider früh verstorbene Autorin, die den für den damaligen Zeitpunkt geradezu beispiellosen Erfolg ihres Buches, soviel ich erfahren konnte, gar nicht mehr erlebte, hieß Agnes Günther, der Roman hatte den für meine Generation ob seiner damaligen Vielgenanntheit kaum vergeßbaren Titel „Die Heilige und ihr Narr". Sobald die zünftige Literatur anfing, sich mit ihm zu befassen, wurde er, wie kaum anders zu erwarten, zerpflückt und niedrig eingestuft, was aber seinen Siegeszug nicht aufzuhalten vermochte.

Er enthält die feinfühlig und mit großem Schönheitssinn erzählte Geschichte von einem naturnah und einsam in einem alten, von Geistern durchschwebten Schloß zur Jungfrau heranwachsenden Kind. Die meisten der Schloßgeister sind ihm freundlich gesinnt, vor allem das „Männchen Schweigen", das es mit auf die Lippen gelegtem Zeigefinger davor warnt, verständnislosen Menschen von seinen Visionen zu sprechen.

Nun war Karl Kotzenbergs Grundwesen viel zarter, als seine Klugheit ihm erlaubte, es merken zu lassen. Die wilhelminische Zeit hatte kein Verständnis für zart empfindende Männer – sie wollte martialische, zumindest so sich gebärdende Mannsgestalten. Aber das blasse Prinzeßchen der Agnes Günther hatte es auch ihm angetan, und das Buch berührte überdies seine Naturliebe und sein immer wieder erkennbares Hingezogensein zur Welt der Romantik.

So hatte er sich, bei diesmal nicht sehr glücklicher Wahl des Künstlers, das Männchen Schwaichen, so wie er sich's dachte, als Beleuchtungskörper und ich glaube auch als Schlußfigur eines Treppengeländers für sein Haus schnitzen lassen.

Als ich, es war schon nach seiner Aschauer Zeit, einmal bei ihm in Frankfurt zu Besuch weilte, fragte ich, was dieser etwas grotesk geratene Heinzelmann zu bedeuten habe. Zum Glück ließ ich mir nichts von meinem Erheitertsein anmerken.

Das „Männchen Schwaichen", eine Gestalt aus dem schönsten Buch, das er kenne, kam in Frankfurter Färbung die Erklärung. Er war dabei völlig ernst. Nun, und die romantisch-poetischen Einflüsterungen dieses Männchens haben manchen Entschluß bei Karl Kotzenberg reifen lassen.

Als ich einmal mit ihm auf der Gamsbrunft war, blieb er, weil es ihm zu anstrengend geworden wäre, die Birsch in höhere Lagen fortzusetzen, bei einem Almkaser, in dessen Nähe zwei gute Wechsel vorüberführten, in der Sonne sitzen, indes ich mit dem uns führenden Förster weiterstieg.

Es kam uns nichts Rechtes unter, auf der Alm aber fiel nach einiger Zeit ein Schuß. Wir hielten uns dann nicht mehr lange auf und kehrten wieder um. Der Konsul hatte wirklich von seiner Hüttenbank aus einen, noch dazu guten Gamsbock geschossen. Mit seinem Perspektiv die Alm absuchend, entdeckte der Förster auf freier Schneefläche das verendete Gams, und nun eilten wir, ein paar Serpentinen des Latschensteiges abschneidend, zum glücklichen Schützen hinunter.

Als wir zu ihm traten, begrüßte er uns mit unverkennbarer Freude, aber es war doch so, als sei irgendein grauer Schleier darüber gebreitet.

Die Erklärung dafür hörte ich alsbald schon aus den ersten Sätzen heraus, die er mit mir sprach, nachdem der Jäger um den Bock gegangen war.

„Was war man doch in seiner Jugend für ein stumpfsinniger Trottel!" sagte er, anscheinend ganz unvermittelt.

„Hier in den Bergen hätte man heranwachsen sollen, statt im Kontor herumzusitzen und geschäftliche Reisen zu machen!"

„Aber Ihr Vater hat es doch so von Ihnen verlangt!" erwiderte ich ihm, auf das hinweisend, was er mir einige Zeit zuvor von seiner Jugend erzählt hatte.

Er nickte nachdenklich: „Ja, meine Generation war eben folgsam, und jetzt, da man wüßte, wie man es hätte machen sollen, jetzt ist's zu spät. Wie ihr zwei gerade, selber wie die Gamsböcke, da heruntergekommen seid" (wir hatten, die Bergstöcke zu Hilfe nehmend, Hindernisse überspringend und über hart gefrorenen Schnee abfahrend auf kürzestem Weg das Fels- und Latschengebiet steil abwärts durchquert), „da war ich dir neidig um dein Aufwachsen inmitten dieser Welt. Ein ganz anderer, ein viel gesünderer Mensch muß man da werden! Jetzt bin ich ein alter Kerl, jetzt ist da nichts mehr zu gewinnen."

„Doch!" sagte ich und deutete auf den Gamsbock, den der Förster soeben, ihn hinter sich nachziehend, heranbrachte. Da war dann der kurze elegische Einbruch in das sonst unsentimentale Wesen des Konsuls wieder verflogen, und er schlug mir im Aufstehen freundschaftlich lachend auf die Schulter.

Er hatte in dieser Stunde des Hingegebenseins an die Romantik unserer Bergjägerei wohl auch vergessen können, daß für ihn selber, um ihrer ganz froh zu werden, ein schwer überwindbares Hindernis bestand, daß er nämlich nicht schwindelfrei war. Sogar beim Aufstieg zur Elandalm auf sicherem Holzabfuhrweg mußten seine Begleiter an Stellen, an denen sich ein Ausblick bis tief ins Tal hinunter auftat, talseitig neben ihm gehen und ihm mit dem fahnenartig über den Bergstock gehängten Mantel die Sicht verdecken.

Man hegte überhaupt, als er zum erstenmal, es war in der Hirschbrunft, nach Aschau kam, so manchen Zweifel an seinem Jagderfolg. Die Probeschüsse aus seinem neuen Repetiergewehr steckten zwar beide im Zehnerkreis der Scheibe, aber als diese dann auf zweihundert Meter erneut aufgebaut worden war, sagte er zu dem ihm assistierenden Forstrat, daß er zeitlebens noch nie weiter als auf hundert Meter ein Stück Wild beschossen habe. Und wieder steckten die zwei Schüsse im Schwarzen.

„Des is a Schütz und bleibt einer!" äußerte sich erfreut der Forstrat gegenüber dem, wie immer, skeptischen Förster Steiner.

Natürlich wußte er durch große Verheißungen, des Jagdpächters Wege auf die Elandalm zu lenken und ihn auf solche Art von seinem „Leibgeheg" fernzuhalten.

„Unsere alten Hirsch kommen in der Brunft alle auf Eland und Baumgarten zusammen, drum is dort ein Brunftbetrieb, wie nirgends sonst im ganzen Revier. Weiter gegen 's flache Land zu steh'n nur die Jungen."

Sowohl des Herrn Rats Vorhersage, daß der Pächter „ein Schütz" sei und es bleiben würde, als auch seine Hirschverheißungen bezüglich des Elandgebietes sollten sich bei dem ersten Hirschbrunftaufenthalt des Konsuls glänzend erfüllen.

Zwei vorhergegangene mehr oder minder jagdlose Jahre hatten dem Bestand, vor allem dem an älteren Hirschen gutgetan, was anscheinend auch einen sehr lebhaften Verlauf der Brunft zur Folge hatte.

Ohne Fehlschuß erlegte der neue Herr fünf durchweg jagdbare Hirsche. Sein erster war ein echter und rechter Berghirsch, einer jener durch die kronenzüchterischen Bestrebungen der letzten Jahrzehnte, deren auch ich mich schuldig gemacht habe, leider selten gewordenen, in Gebäude und Geweih wuchtigen Achter mit guter Auslage und derben, aber schön proportionierten stark- und langendigen Stangen. Ich kann ihn so genau beschreiben, weil auf des Konsuls Weisung Vorschlag und Haupt abgeschärft und an einen ihm befreundeten Holzbildhauer gesandt wurden. Der machte einen Gipsabguß und schnitzte danach das genaue Porträt etwas über lebensgroß in Eichenholz. Dieses prachtvoll gelungene Hirschhaupt ziert noch heute den Giebel unter dem Vordach der Winterstube.

Mein Vater, den mit seinem Jagdpächter vom ersten Tag an eine schnell geschlossene und bleibende Freundschaft verband, der übrigens selber kaum je einen Tropfen Wein trank, schickte ein paar Flaschen seines edelsten Pfälzerweins zur Feier des Ereignisses auf die Elandalm.

Meine Großmama war Pfälzerin gewesen, und ihr umsichtig vielseitiger Vater hatte als Pharmazeut und Spezialist für Weinstockerkrankungen zu den dortigen Winzern gute Beziehungen, die sich auch nach seinem Tod noch eine Zeitlang erhielten.

Was ward in der Folge nicht alles an Geschenken und Aufmerksamkeiten zwischen den beiden einander verstehenden und durch ihre Großzügigkeit verbundenen Männern ausgetauscht! Ein prachtvolles grünes Meßgewand mit darauf dargestellter Hubertuslegende, ein in dieser Art der Textilkunst unseres Jahrhunderts einmaliges Meisterwerk, befindet sich im Paramentenschrank der Schloßkapelle und wird nur an höchsten Festtagen benutzt. Es war eine Weihnachtsgabe Karl Kotzenbergs an meine Eltern.

Um aber wieder auf die Elandalm zurückzukehren: Es war nicht nur Jägerfreude, die den Konsul erfüllte, es war so etwas wie ein beglückendes neues Leben, das sich ihm da oben geschenkt hatte. Er wurde im Hüttenbuch sogar zum Dichter, und das erste von ihm beim Abschiednehmen darin eingetragene Gedicht endet mit dem rührenden Vers:

„. . . und jetzt klagt's aus der Brust
um lieb Elands Verlust!"

Das zweite Jahr brachte, es war dies nach dem starken Eingriff im ersten nicht verwunderlich, was die Strecke anbetraf, eine Enttäuschung, die aber der Konsul (er schoß nur einen, freilich sehr starken Zehner) nicht als solche empfand.

Dem Förster Steiner aber kam dies recht gelegen. Er hatte sich sehr bald Zutrauen und Zuneigung seines neuen Jagdherrn gewonnen. Der Konsul kam oft aus dem vergnügten Lachen über ihn und seine trockenen Redensarten nicht heraus, und es war ihm sogar verstattet, dem zum Kühlwerden vor die Hütte gestellten Bowlenkrug, um die Temperatur zu prüfen, immer wieder mit dem Schöpflöffel Proben zu entnehmen, woraus sich dann sehr oft die Notwendigkeit ergab, den Krug mit einer neuen Flasche aufzufüllen. Und dem Steiner konnte man kaum ein besseres Vergnügen bereiten, als ihn eine Sektflasche öffnen zu lassen. Es mußte dann der Propfen mit lautem Knall aus dem Flaschenhals gegen die Decke fahren.

Der Steiner nun mochte seinen Vorgesetzten, den Forstrat, nicht und mißgönnte es ihm schon seit langem, daß er das Gejaid im Hofalmgebiet, in der nördlichen Herzkammer des großen Revieres also, als besonderes Reservat für sich in Anspruch nahm.

Bei dem ersten sich ergebenden Gespräch darüber, daß die Brunft einen ruhigeren Verlauf nähme als im Vorjahr, sagte nun der Förster zu seinem noch wenig erfahrenen Gast:

„Mir hamt halt vorig's Jahr a bisserl stark einag'langt da herüben auf Eland. Aber Hirsch hätt mer no gnua!"

„Sie meinen an anderen Plätzen?" fragte der Pächter. „Wo sind denn die?"

Der Steiner machte eine Kopfbewegung nach Norden und über die Zellerwände hinüber. „Auf der Hofalm!"

„Aber des sin doch all junge Hirsch, sagt der Herr Forstrat!?"

Der Steiner sah dem Konsul mit seinem von einem spöttischen Lächeln begleiteten merkwürdig ruhigen Blick ins Gesicht:

„Moanas die Stuck da drenten ham koane Kälber net?"

„Was soll des heiße?"

„Wo Stuck san, san Kälber, und die kemmant net von alloans, da müass'n scho Hirsch her für des in der Brunft. Und wo viel Wildprat beisamm steht, da san *guate* Hirsch dabei", erklärte ihm der Förster.

Kurz, er nahm die Gelegenheit wahr, seinen in Aschaus jagdliches Ränkespiel mit all seinen Finessen noch uneingeweihten „Konsuul", wie er den Titel aussprach, darüber aufzuklären.

Karl Kotzenberg, der die Hofalm noch nicht kannte, beschloß daraufhin andern Tages einen Spaziergang in dieses „Neuland" hinüber. Und der Himmel war im Sinne Steiners dem Unternehmen geneigt, denn in der Nacht hatte es stark geschneit und gegen Morgen aufgehört. Von vielen Schalen in den Boden geackert zogen sich die Wechsel mehrerer starker Brunftrudel durch die weißen Matten der Hofalm. Zur Vervollständigung der Vorstellung röhrten sich hinten im Richterkessel noch zur Mittagsstunde zwei oder drei Hirsche an.

Nach einigem Schauen, Horchen und Nachdenken sagte der Konsul schließlich zu seinem glänzend gerechtfertigten Jägerfreund: „Ei, die junge Hirsch möcht' ich mir doch als emal näher ansehe!"

„Ja", antwortete dieser, „da hätt mer scho hübsch was zum Oschaugn. Nur des oane is halt, da herüben ham mir koa Hüttn."

Hier muß ich ein Bubenerlebnis von mir einschieben, das für mich mit dem Abschluß des damaligen Kotzenberg'schen Hofalmspazierganges in indirekter, aber fester Verbundenheit steht. Während der Kriegsjahre hatte der Aschauer Schloßkaplan meine Erziehung und einen Teil meines Unterrichts, der kriegsbedingt privat erfolgen mußte, übernommen. Ich befand mich dadurch fast ständig unter seinem Schutz und Schirm. Nur an Sonn- und Feiertagen konnte ich mich, zumindest am Nachmittag, frei bewegen und erwirkte mir bei meinem Vater sowohl, als auch bei meinem in fast jeder Hinsicht verständnisvoll aufgeschlossenen Lehrer, in den Herbstwochen, zur Zeit der Hirsch- und Gamsbrunft also, stets die Erlaubnis, einen unserer Jäger auf seinem nachmittäglichen Berggang begleiten zu dürfen.

Mein Vater gab die Erlaubnis, weil er es für gut hielt, wenn ich auf solche Weise Wälder und Wege und ihre Betreuer, die mir forstliche Hinweise geben sollten, näher kennenlernte und zugleich von dummen Streichen mit meinen Freunden aus dem Dorf abgehalten war. Der Kaplan, der, ganz abgesehen davon, daß er oft bei den Nachmittagsgottesdiensten in der Pfarrkirche seinen Amtsbrüdern aushelfen mußte, auch einmal in der Woche gern seine Ruhe hatte, war gleichfalls froh, mich in verantwortungsbewußte Obhut geben zu können und begrüßte überdies die dadurch entstandene Belebung meiner Arbeitslust, die aber durchaus keinen ideellen Pflichteifer zum Motiv hatte, sondern einzig und allein den Wunsch, den Sonntag in uneingeschränkter Freiheit verbringen zu können. Nur deswegen war ich bestrebt, alle Schulaufgaben schon am Samstag wegzuarbeiten.

Es war aber keineswegs leicht, unter unseren Grünen immer einen aufzutun, der mir den Wunsch erfüllen konnte, mich auf einen Birschgang mitzunehmen. Die einen mußten Jagdgäste führen, die anderen hatten guten Grund, am Sonntag vom ersten Taggrauen an Jagdschutz zu machen. Und so lief ich oder strampelte ich mit dem Rad, in immer wachsender Sorge um meine Bergwanderung, oft von einem Jägerhaus zum anderen.

Im ersten Jahr der Verpachtung nun, noch bevor ich meinen damaligen „Todfeind" kennengelernt hatte, war's mir an einem jener Sonntage (ich weiß es heute noch: Es war ein 15. Oktober, der letzte Tag der Schußzeit) gelungen, unseren Fischmeister, den Gschwendtner, der während des Krieges viel im Jagdschutz aushelfen mußte, dingfest zu machen. Als ich, wohlausgerüstet mit Mantel, Bergstock und Glas in seine Wohnstube trat, deren Wände überreich mit Geweihen, Krucken und ausgestopften Vögeln behängt waren, saß er noch auf dem Kanapee und schaute bedenklich zum Fenster hinaus.

„An Nebel hat's, Ludwig, und der werd weit auffa geh. Da werd'n mer net vui derseh'n. Magst net lieber herunt bleiben?"

Nein, ich mochte nicht, und er sah meine Enttäuschung. Da zog er dann doch seine Bergschuhe an, und wir wanderten los. Er hatte recht gehabt; es wurde ein Spaziergang durch dichtesten, von keinem spürbaren Luftzug bewegten Nebel, der einem nicht mehr als einen knappen Schrotschuß Sicht freigab. Wir birschten auf Wegen und Steigen dahin, die ich zum großen Teil noch nicht kannte, durch Hochwald, durch Dickungen, über Schläge. Alles triefte von Nebelnässe, und ich verlor jedes Richtungsgefühl. Ab und zu machte mein Betreuer mir die Freude, eine Rast einzulegen und durch eine getrocknete Hirschdrossel, die er der Innentasche seiner Joppe entnahm, ein paar rasselnde Rufe in die milchige Unsichtigkeit hinein zu entsenden. Er hatte mir gesagt, daß er noch einen geringen

Hirsch zum Abschuß frei habe, was meine Spannung bedeutend steigerte. Aber es blieb still, sosehr ich mich rundum lauschend mühte, irgendwoher einen Grohner zu vernehmen.

„Oans g'freut mi", sagte während eines solchen kurzen Hocks der Gschwendtner, „daß der Bartl genau a so im Nebi drin sitzt, wie mir!"

Der „Bartl", das war der Forstrat, der nicht etwa den Vornamen Bartholomäus führte, sondern wegen seines schönen Vollbarts von den Holzknechten und einem Teil unserer Jäger so benannt worden war. Sie mochten ihn fast alle nicht, den trefflichen Mann, der ihnen vielleicht etwas allzu genau auf die Finger schaute, und neideten ihm das einzige Sonderrecht, das er beanspruchte und sich zu wahren bemühte, die Ausübung der Jagd auf seiner Hofalm, auf der er in einer alten Holzknecht-hütte die letzten Tage auch dieser Brunft verbrachte.

Schließlich führte unser Weg auf freie Almen hinaus mit dicht grau verschleierten Schirmfichten. „Is da aa no der Nebi heroben", brummte um sich schauend der Fischer. „I hab mir's aber denkt."

Als wir ein befahrbares Almsträßlein kreuzten, folgten wir ihm. Ich war mit der Zeit durch die nicht endenwollende Unsichtigkeit ein wenig stumpf geworden und folgte, ohne Ahnung wohin, dem Begleiter. Was wollte er eigentlich noch? Warum ging er überhaupt weiter? Wo waren wir wohl? Nach einer Weile übersprudelte den Weg ein kleiner Bach, ein paar lose, auf größere Steine gelegte Bretter bildeten die Brücke, auf der wir ihn querten, danach ging's ein wenig steiler bergan. Die Bäume da links, waren das nicht Obstbäume?

Mit einemmal geschah es dann: Vor uns war von einer Sekunde zur anderen ein durch das fester Anhaltspunkte Entwöhntsein der Augen riesig erscheinendes Haus aus dem Boden gewachsen, ein Haus mit weißem Unterbau und verwitterten, zum Teil schief in ihren Angeln hängenden Läden, mit rußschwarzem, hölzernem Obergeschoß und einem wuchtig drohend gegen uns gerichteten, großmächtigen, gleichfalls schwarzen Vor-dach, durch dessen schadhafte Stellen der trübweiße Himmel hindurch-schien. Davor plätscherte, gleichgültig gegen seine Umwelt in Selbstge-spräche vertieft, ein halb verfallener Brunnen. Ein unheimliches, ein rich-tiges Geisterhaus wär's gewesen, hätte sich nicht an dem uns zugekehrten Hauseck eine Wildrosenstaude, wie ich in solcher Größe kaum je wieder eine gesehen habe, bis unters Dach emporgerankt. Ihr dorniges, besen-dichtes Geäst und Gezweig über den armdicken Stämmen erschien gleich-falls schwarz, war aber mit unzählbaren, mit tausenden von kleinen knall-roten Hagebutten dicht übersät. Wie in ein Märchen hineingeraten stand ich vor diesem überraschenden und zugleich seltsam reizvollen Bild.

Inzwischen schritt der Gschwendtner zur Haustür hin, probierte, ob sie verschlossen sei, und ging dann noch um das ganze Gebäude herum.

„Is all's in Ordnung, feit si nix", sagte er zurückkehrend. „Da brechen s' nämli manchmal ein, die Lumpen."

„Wo sind wir denn hier eigentlich?" fragte ich, aus meinem Verzaubertsein erwachend.

„Warst da noch nie heroben? *Des is d'Winterstub'n.*" Das also war sie! Bis hinüber zur Winterstube, von der ich zu jener Knabenzeit nicht ahnte, wieviel Beglückung mir später einmal unter ihrem Dach geschenkt würde, führte der Förster Steiner damals auch den Konsul. Sie legten dort eine Rast ein, schauten sich sogar ein wenig in dem teils verwahrlosten, teils baufälligen Inneren um und traten dann den Heimweg zur Elandalm an, auf dem sie sich noch Anblick und vielleicht auch Birscherfolg versprachen.

Mit der Geschichte dieses kleinen Bauernanwesens ließe sich, wollte man sie bis in alles Einzelgeschehen hinein erzählen, ein Buch füllen. Die entromantisierten Tatsachen sind, daß das ziemlich stattliche Haus mit Tenne und Stall für ein Dutzend Rinder im Jahre 1759 erbaut worden ist. Es ist kaum denkbar, daß die dazu gehörenden Grünländer damals erst gerodet wurden. Sie haben bestimmt zuvor schon, wahrscheinlich als Alm, bestanden. Das Haus wurde, wie ich annehme, von Anfang an mit dem Nebenzweck gebaut, darin einen Ausschank zu tätigen, und das Ehepaar, das als erster Besitzer in den Kirchenbüchern auftaucht, muß damit kein allzu karges Geschäft gemacht haben. Das nimmt den wunder, der heute durch diese Gegend wandert, aber in früheren Zeiten, bis zur Stilllegung der Aschauer Eisenhütten durch meinen Großvater im Jahr 1878, waren die umliegenden Berge von zahlreichen Köhlern belebt, was ihrer Stille freilich weniger Abbruch tat, als die jetzt in ihnen ganzjährig herrschende Touristik. In den Öfen des Eisenwerkes sowohl, als auch auf den Essen der darum entstandenen zahlreichen Huf- und Nagelschmieden brannte nichts anderes als die Holzkohle aus den Meilern dieser Bergköhler. Dann waren da noch die sie laufend zu Tal schaffenden Roßknechte, waren die unter der Woche bis in den Frühwinter hinein oben im Bergwald hausenden Holzer und den Sommer über die Almleute. Auch die Jäger mögen zur rechten Zeit dort zugekehrt sein. Als aber das Köhlern aufhörte, fehlten alsbald die treuesten Besucher des kleinen Bergwirtshauses, erlosch das allabendliche Leben in seiner behaglichen Gaststube. Schon nach wenigen Jahren boten seine Besitzer das gesamte Anwesen unserer Verwaltung zum Kauf an. Der kam zustande, und der, wenn auch der Sage nach vielleicht nicht ganz selbstlose, so doch tatkräftige und rastlos fleißige Oberschweizer meiner Großmutter gliederte, nachdem er mit seinen Taglöhnern einen befahrbaren Almweg von der Hofalm zur Winterstube hinüber gebaut hatte, die neu erworbenen Gründe in seine großzügig geführte Almwirtschaft mit ein.

Einer seiner jungen Melker wurde im Haus einquartiert und mußte ihm tagtäglich die frisch gemolkene Milch mit dem Ochsenkarren zum Molkereiraum der Hauptalm hinüberfahren. Das ging ein paar Jahre lang gut, bis dem Jungsennen eines Morgens beim Eintreiben eine Kalbin fehlte. Er ging auf die Suche und fand sie tot in einer Mulde des Almfeldes. Der Oberschweizer, irgendeine Nachlässigkeit als Ursache argwöhnend, kam selber herüber und schaute sich das umgestandene Rind an. Als er das Fell betastete, rauschte es in dem aufgetriebenen Kadaver unheimlich auf, als ob noch Leben in ihm wäre. „Rauschbrand!" war seine kundige Diagnose. Es ist dies eine zwar selten auftretende, aber fast immer und stets binnen kurzer Frist tödlich verlaufende Viehkrankheit. Die Bauern meinen, sie käme am häufigsten auf verwahrlosten und verunkrauteten Gründen vor. Fest steht nur, daß ihr Erreger ein verhältnismäßig spät wissenschaftlich festgestellter Bazillus ist, der von den Rindern mit irgendwelchen Kräutern oder mit sumpfigem Wasser aufgenommen wird. Das sich durch die Vergiftung in den Geweben des Tierkörpers stauende Wasser verursacht beim Berühren gedunsener Stellen jenes merkwürdige leise Brausen unter der Haut, das in alten Zeiten zu abergläubischen Deutungen Anlaß gab.

Nach dem dritten Fall von Rauschbrand auf dem Weideland der Winterstube wendete sich der sonst nicht leicht zu erschütternde Oberschweizer, der entlang den Waldrändern Schutzgräben gezogen und Feuer gelegt hatte, mit Grausen und trieb seine Herde auf die Hofalm zurück. Abermals lagen Haus und Wiesen und Weidehänge verödet in der stillen oder rauschenden Hut der sie umschließenden Fichtenwälder. Das Geraune unter den Bauern von einem geheimen Fluch, der darauf laste, war eine beinahe unausbleibliche Folge und steigerte sich noch, als ein unglücklicher Gendarm, der angeblich erpreßt worden und in Schulden geraten war, sich eines Tages auf der Tenne des unbewohnten Hauses erschoß. Das alles aber hinderte den gleichfalls tatenfrohen und vom Geschwätz der Leute nicht beirrbaren Oberförster Häffner, den späteren Forstrat, nicht, das freigewordene Anwesen der Forstverwaltung zu unterstellen und ein halbes Hundert von ihm rasch gedungener Taglöhner zum Pflanzen hinaufzubeordern. Die damals auf den lehmig quelligen Hängen oberhalb des Hauses geschaffenen herrlichen Fichtenbestände wachsen heute schon hochschäftig der Haubarkeit entgegen. Das Gras auf den ums

Haus gelegenen mähbaren Wiesen wurde von den Waldarbeitern einge-
heut und – das war so eine der originellen Ideen dieses findigen Mannes –
der Stall, dessen Türe man aushängte, in eine Rotwildfütterung umge-
wandelt. In der Küche ward mit freilich wenig Aufwand ein Koch- und
Schlafraum für den Jäger und im alten Gastzimmer eine Holzerstube eingerichtet.

Der Fischmeister Gschwendtner, der eine Zeitlang abwechselnd mit
dem Forstwart des Nachbarbezirkes diese Fütterung versorgen mußte, hat
mir oft davon erzählt, wie sich bei seiner Annäherung das Rotwild so
hastig und heftig aus der Stalltür zwängte, daß es manchmal zu richtigen
Verkeilungen der Wildkörper kam, und daß er, wenn er ab und zu nach
dem Füttern im Jägerraum übernachtete, stundenlang durch die Haus und
Stall trennende Wand hindurch das Anschlagen und Raffeln der Hirschgeweihe an den Raufen hörte. Jäger und Wild hausten auf solche Weise
unter einem Dach.

Zu Beginn des Ersten Weltkrieges trachteten die Grünlandbauern
(nicht anders als im Zweiten), ihre Rinderbestände, vor allem ihr Milch-
vieh, zu vermehren. In unserer Landwirtschaft tat man das auch. Im Zug
dieser Bestrebung kam man auf die durch Aufforstung nun verkleinerten
Weiden der Winterstube zurück, setzte sich über die Rauschbrandgefahr
hinweg und machte aus ihnen so etwas wie eine Jungviehalm.

Wir hatten zu der Zeit einen – ja, wie soll man's nennen? – nun einen
etwas *aparten* jungen Praktikanten auf dem Gutshof. Er war das ledige
Kind einer ehemaligen Tänzerin im Ballett der Münchner Hofoper. Da
sie ihren Buben allein, ohne helfende Oma, aufziehen mußte, nahm sie ihn
häufig mit ins Theater, wo er als verwöhnter Liebling ihrer Kolleginnen
heranwuchs. Der allgemeinen Beliebtheit der Mutter war's wohl zu danken, daß sie und auch der Sohn später in der Verwaltung des Hoftheaters
kleine Posten erhielten. Der ziemlich wohlhabende natürliche Papa war
unverheiratet geblieben und hatte außer diesem hübschen und anstelligen
Jungen keine Kinder. Seine Freizeitfreude war ein kleines, von ihm mo-
dernisiertes und, was die Wohnräume anbetraf, etwas komfortabler ge-
staltetes Bauerngut.

Diesen Besitz beschloß er, als das Alter auf ihn zukam und ihm, um
mit Richard Wagner zu sprechen, „das Herz fühlsamer schuf", seinem
Sohn zu vermachen. Um solch ehrenden Bedachtseins würdig zu werden,
sollte nun der Bub, der bis dahin keine andere Welt als die des Theaters
gekannt hatte, sich als Landwirt ausbilden lassen. Ein königlicher Prinz,
der in dem Rufe stand, ein Gönner der Oper unter besonderer Berück-
sichtigung der Belange des Balletts zu sein, und dem der junge Mann an-

geblich häufig als Postillon d'amour Dienste geleistet hatte, empfahl ihn meinem Vater, und so war er nach Aschau gekommen.

Er stellte sich nicht dumm an, aber zwischen dem feingliedrigen, sich elegant bewegenden und überdies in alten Glacélederhandschuhen melkenden Jüngling und dem weder klugen, noch feinerer Regungen fähigen und überdies humorlosen Verwalter (er hatte für seinen in den Krieg gezogenen Chef einspringen müssen) war kein erquickliches Verhältnis herzustellen.

Es ließe sich mancherlei Erheiterndes aus dieser wenig glücklichen Kuhstall-Ballettkombination berichten, aber ich würde damit allzu weit von meinem Erzählerpfad abkommen.

Als die Almzeit da war, beorderte der Verwalter, und das war eine richtige Gemeinheit, den Praktikanten auf die Winterstube. Was sollte der dort schon lernen!? Die Fladen von 25 Jungrindern allmorgendlich aus dem Stall hinauskratzen und seine Tiere in der Früh aus- und des Abends eintreiben, drüben auf der Alm täglich mit dem Ochsenkarren Magermilch und Käsewasser für den Viehtrank holen, sich selber, des Kochens unkundig, womöglich einen Schmarrn bereiten, todeinsam in dem modernen Haus den halben Tag und die ganze Nacht verbringen – das war kein Praktikum, von dem nennenswerter Gewinn für seine Ausbildung erwartet werden konnte.

Ich nehm's dem armen Jungen nicht übel, daß er schon nach kürzester Zeit in verzweifelte Wut geriet. Und eines Tages, während er über Mittag drüben auf der Hofalm weilte, brach auf der Winterstube ein Zimmerbrand aus, der zum Glück mit seinen flackerigen Händen nur zögernd in die übrigen feuchten Räume hinübertastete, von der Nachbaralm aus bald entdeckt ward und, ehe er das Dach richtig erklettert hatte, mit vereinten Kräften gelöscht werden konnte.

Trotz des nachgewiesenermaßen vorher schon durchgebrannten Ofenrohrs und des schadhaften Kamins zieh man natürlich den Praktikanten allsogleich der Brandstiftung. Der Verdacht wurde ernster, als die schnüffelnden Mitarbeiter, die den Neuen nur ungern mit auf der Alm hatten, weil er dort etwas von ihren Butterschiebungen bemerken konnte, feststellten, daß seine privaten Gegenstände, insbesondere seine schöne Salzburger Joppe mit den Silberknöpfen, die seine Mami ihm noch für den Landaufenthalt gekauft hatte, nicht mitverbrannt waren.

Schluchzend gestand er meiner Mutter, er habe seine Kleider nicht in den Spind, sondern in eine Hinterkammer gehängt, weil irgendeiner seiner Vorgänger im Schrank anscheinend Würste verwahrt gehabt hatte, und ein Rückstand unerträglichen Knoblauchgestankes sich im Stoff festsetzte. Mein Vater war verreist, und meiner Mutter tat dieser junge Mensch leid, der mit erwartungsvoller, vielleicht sogar romantischer Freude seine Praktikantenlaufbahn angetreten hatte und jetzt so grausam davon enttäuscht worden war. Sie wußte (nur Frauen bringen so etwas fertig) die drohende Strafuntersuchung von ihm abzuwenden. Er kehrte zurück zu seiner Mama. Hoffentlich waren im Erblasser die Vatergefühle stärker, als die Passion des Landwirtes, und er hat dem Sohn sein Versagen nicht entgelten lassen. Und dreimal hoffentlich ist der nette Junge nicht in einem der noch folgenden Kriegsjahre gefallen! Zum Soldaten dürfte er nicht viel geeigneter gewesen sein als zum Hüterbuben. In unserem Tal hat man nie wieder etwas von ihm gehört.

Zum zweitenmal wurde nun das Vieh von der Winterstube wieder weggetrieben. Das angekohlte Haus hatte durch Feuer und Wasser nun doch zu große Schäden erlitten, als daß man es noch bewohnbar hätte nennen können. Und in diesem Zustand befand es sich also, als Karl Kotzenberg an jenem Schneemorgen damals seinen Jägerspaziergang über die Hofalm dorthin unternommen hatte.

Als er und der Steiner sich schließlich von der Bank vor dem Haus erhoben und auf den Rückweg machten, ging er, nachdenklicher als sonst, hinter seinem Führer her. Dort, wo das Almsträßlein zur Hofalm über einen Rücken der benachbarten Schmiedalm und dann in eine tiefe Mulde hinunterführt, blieben die beiden stehen und ließen einen letzten Blick zu dem merkwürdigen Haus hinüberwandern. Plötzlich fragte der Konsul:

„Ei, könnt mer denn nit das alte Haus wieder aufbaue!? Dann hätte mer unser Standquartier, um dem Forstrat seine jungen Hirsch in Angriff zu nehme!?"

„Geh, den oiden, zammbrennten Kasten!" antwortete ablehnend der Förster.

„Um a jed's Markl war's schad, was oaner da einasteckert!"

Der Konsul nickte nachdenklich, „und weiter schritt das Paar fürbaß". Nach etwa dreihundert Metern fühlte der Steiner einen leichten Bergstockschlag auf seiner Schulter. Umschauend sah er den Konsul, jetzt nimmer nachdenklich, mit lachenden blauen Augen vor sich stehen.

„Den *baue* mer, den alten Kasten", sagte er, mit der ganzen ihm innewohnenden Energie die Spitze des Bergstockes in den Boden stoßend. „Und übers Jahr wohne mer drin!"

Das war die Stunde der Wiedergeburt für die alte Winterstube.

Es war mir von Anfang an ein nicht lösbares Rätsel und ist mir's heute noch mehr, wie ein Mann, der Oberbayern erst seit wenigen Jahren kannte und selber kein Baumeister war, es fertig bringen konnte, das alte Bauernhaus in seiner guten bodenständigen Verfassung wiederherzustellen. Am einleuchtendsten war mir des Steiners Erklärung:

„Es hat so weit gar net g'feit g'habt."

Mit anderen Worten: Das Grundlegende hatte sich erhalten, und was durch die Zeit und die Flammen zerstört worden war, wurde unter peinlicher Beibehaltung der alten Formen und Proportionen erneuert. So wurde, was für das äußere Bild von kaum schätzbarem Wert ist, keines der nach örtlicher Baugepflogenheit kleinen Fenster vergrößert, obwohl sämtliche Fensterstöcke neu gemacht werden mußten.

Und die Wildrosenstaude am süd-ostwärtigen Hauseck, die riesengroße, uralte, herrliche, auch sie blieb ganz wie sie war, erhalten!

Bei der Umgestaltung im Inneren beschränkte der Konsul sich darauf, aus dem oberen, dem Holzgeschoß, ein paar Zwischenwände herauszunehmen, um die engen Kammern in weiträumig behagliche Zimmer umzuschaffen.

Aber von diesem Haus, das schon im Sommer des nächsten Jahres wieder, oder, man darf trotz allem sagen, *neu* erstellt war, hab ich auf anderen Blättern genug erzählt. Es war für den Konsul, nachdem er es mit alten Möbeln, Skulpturen und Bildern eingerichtet, seine Frau es bei glücklicher Wahl von Formen und Mustern mit dem notwendigen Hausrat ausgestattet hatte, das große Hauptquartier geworden.

Und selbst „lieb' Elands" Zauber verblaßte allmählich, obwohl er in dem neu erschlossenen Revier, in welchem der Steiner, schon um den Forstrat zu ärgern, seine ganze Kunst im Bau von Bodensitzen hinter gut verblendeter Brustwehr, zu denen heimliche Birschsteige hinführten, aufbot, nie wieder die Strecke seiner ersten Hirschbrunft annähernd erreichte.

Er blieb unverändert ein zuverlässiger Schütze und hatte, was Alter und Stärke seiner Hirsche anbetraf, einen gleichbleibend guten Anlauf, aber so im Herzen des Geschehens wie auf der Elandalm befand man sich auf dem neuen Jagdhaus nicht. Es hatte dies auch seine Vorteile, weil man beim Gehen und Kommen nichts vertrat und mit Lampenlicht, Gespräch und fröhlichem Umtrunk nicht wie dort ständige Rücksicht auf das zu nehmen brauchte, was sich unter rauhem Stimmgedröhn vor den Fenstern abspielte.

Während des Sommers (der Konsul verbrachte nun ab Ende Juli regelmäßig drei bis vier Wochen auf seinem „Schloß", wie er den „z'ammbrennten Kasten" von einst im Spaß manchmal nannte) hätte es ein paarmal ein starker Feisthirsch werden können, aber da war ihm die Göttin nicht gewogen. Die Launsbergwiese, eine zu Füßen eines breiten Felskopfes ganz umwaldet liegende kleine Bergwiese, an deren Rändern sich mehrere Suhlen befinden und auf der auch ein Quellbach entspringt, war, knapp vierzig Gehminuten von der Winterstube entfernt, der klassische Idealplatz zum Ersitzen eines Feisthirsches, schon allein deswegen, weil ein schmaler, wendeltreppenartig sich durchs Gestein windender Pfad von unten her aus dem Altfichtenforst genau auf den eine Naturkanzel bildenden Scheitel des Felskopfes hinaufführt, so daß man bei der Annäherung nichts vergehen und auch nicht eräugt werden kann.

Der den angrenzenden Frasdorfer Bezirk betreuende Forstwart Mayr hatte dort einen starken Zwölfer bestätigt und auf der Winterstube seine Meldung gemacht, als der Hirsch verschlagen hatte. Der Konsul mußte aber gerade da für zwei Tage verreisen, und als der gewissenhafte Mayr andern Abends zu vorsichtiger Weiterbeobachtung nochmals den Felsen erstieg, bot sich ihm ein in unseren Tagen selten gewordener Anblick: Zwei hochbeinige Hunde hatten anscheinend den Hirsch erst in seinem Einstand gejagt, und er war vor ihnen unter die Wand herübergeflüchtet, um die ihn giftig verbellenden Köter mit Rückendeckung abwehren zu können. Der Forstwart sah von steil oben nur Haupt und Geweih des Zwölfers, vor dem auf der Wiese, ständig bemüht, ihm in die Flanke zu kommen, die beiden Hunde kreisten. Den ihm gefährlicher erscheinenden schoß er. Im Verenden heulte der laut auf, worauf der andere blitzschnell talwärts abfuhr, und auch sehr bald der erschöpfte Hirsch seinem Einstand zutrollte. Er kam in diesem Jahr nicht mehr auf die Launsbergwiese zurück. Zu tief wurzelt durch die Jahrhunderte im Wild das Wissen um die Zusammengehörigkeit von Hund und Mensch, zu geläufig ist in einem viel bejagten Revier einem älteren Hirsch die Verbindung des jähen Büchsenknalls mit der gefahrbringenden Nähe des Jägers.

Vielleicht habe ich sogar Grund, die bösen Hunde zu loben, denn es spricht vieles dafür, daß dieser Zwölfer es war, den ich ein halbes Jahrzehnt später als wuchtigen Achter und als meinen ersten echten und rechten Althirsch auf der Hofalm geschossen habe.

Ein andermal ward vom Konsul ein sehr guter Kronenzehner, der mit einem mehrhäuptigen Feisthirschrudel allabendlich kurz vor Sonnenuntergang den zwischen zwei Dickungen sich steil abwärts ziehenden Schlag auf der Dernerleit überquerte, zu Holz geschossen. Die diesmal „maxima culpa" traf aber nicht den Schützen, sondern, nachdem ich viel Gutes von und mit ihm erfahren habe, erzähle ich es nicht gern, einzig und allein den Förster Steiner. Seine schlechteste, im Alter sich steigernde Eigenschaft war eine teils aus dem Skeptizismus, teils aber auch aus der Bequemlichkeit seines Wesens kommende zähflüssige Gleichgültigkeit.

Es war kein weiter Schuß gewesen, den der Konsul, rotköpfig zwar vor Aufregung, aber dennoch ruhig zielend, abgegeben hatte. Das Rudel, mehr erfuhr ich nicht, setzte sich in Troll und verschwand in der Dickung.

„Der hat koan Rührer net g'macht, Herr Konsuul", sagte der Steiner, „i hab'n genau im Aug g'habt, den hams g'feit, drüber ganga werd's halt sein."

So war das mit ihm: Zeichnete ein Stück mit Hochflucht, dann sagte er regelmäßig in vorwurfsvollem Ton: „Den moan i hams unten grad a weni kratzt!" Zeichnete eines schwach oder gar nicht: „Koan Rührer hat er tan, der moan i is überschossen."

Auf mich, der ich, vom Großvater und seiner Jägerei in Franken geschult, immer auf den Anschuß ging und überdies schon ziemlich bald meiner Kugeln sicher war, hatte dies keine Wirkung. Ein nicht sehr erfahrener Schütze aber ließ sich überzeugen.

„Ei wolle mer net nachschaue?" fragte der Konsul.

„Naa, da brauch mer desmal net schaugn, mir vergengant uns nur die ganze G'schicht. Feisthirsch san empfindli. Der Schuß hat soviel net ausg'macht. I glaub, daß 's morgen scho wieder kemmant."

Sie kamen aber nicht. Nun erhielt der Forstwart Mayr, der auch diesmal den Zehner ausgemacht hatte, den Auftrag zu weiterer Beobachtung. Und ihm zogen sie schon am ersten Morgen vorüber, aber – der Zehner fehlte. Da holte er sich seinen Schweißhund, und nur dreißig Meter in der Dickung lag mit gutem Schuß der schon anbrüchige Hirsch.

Wozu doch ein alter Jäger und Führer ungezählter Jagdgäste mit mehr als vierzigjähriger Praxis fähig ist, wenn eine vorgefaßte Meinung, wenn Besserwisserei und Eigensinn mit Alterswurschtigkeit gepaart ihn leiten!

Dieses vom Steiner verschuldete Mißgeschick war noch in anderer Hinsicht bedauerlich: Der Konsul hatte einen Tag zuvor auf der zur Winterstube gehörenden kleinen Rieselaualm seinen besten Gamsbock geschossen. Im dortigen Gebiet hatte wohl mein Vater den gesamten Gamsabschuß für sich reserviert, es war aber vereinbart, daß der Pächter (nicht seine Gäste) den einen oder anderen guten Bock, so er ihm zur Sommerszeit oder während der Hirschbrunft begegnen sollte, zu schießen berechtigt sei. Diese hohen und enorm starkschläuchigen Krucken hätte der Zehner mit seinen weit ausladenden Stangen und langendigen Kronen auf der Auguststrecke gut ergänzt.

Die Revolution im Jahre 1918 erfaßte auch in unserer, damals noch so ländlich friedsam erscheinenden Gegend einen Teil der Gemüter. Mein Vater leistete sich manchmal den bitteren Scherz, wenn er mit Gästen oder Freunden an einem alten Birnbaum vorüberkam, der am Hohenaschauer

Ortseingang stand und auf halber Stammhöhe einen starken, galgenartig ausladenden Seitenast hatte, zu sagen: „Der ist von einem Teil meiner Mitbürger bereits dazu ausersehen, mich eines Tages an ihm aufzuknüpfen."

So ganz unrecht hatte er, wie sich später erweisen sollte, mit seiner Vermutung nicht. Als einer unserer Angestellten ein paar Jahre nach jenen Räterepublikzeiten wegen mehrfacher Unterschlagungen entlassen wurde, sagte er bei einer letzten, soweit die Umstände es zuließen, gütlichen Aussprache mit meinem Vater: „Andere waren auch nicht ehrlich und haben trotzdem nicht gehen brauchen. Mich wollen Sie halt wegen meiner politischen Gesinnung los sein!"

Und als mein Vater ihm guten Gewissens und unter Anführung einiger Beispiele lebhaft widersprechen konnte, fügte er hinzu: „Glaubens mir's, Herr Reichsrat, i war offen, aber i war koaner vo die Schlechten. I hab' Ihre Kinder seinerzeit 's Leben gerettet!"

Und nun erfuhr mein Vater, was er nur zum Teil schon gewußt hatte, daß nämlich in den Tagen der Räteregierung mit starker Unterstützung aus der Kreisstadt ein Sturm aufs Schloß geplant gewesen war, der aber unterblieb, weil die verwundeten Soldaten in dem von meinen Eltern gegründeten und betreuten Aschauer Lazarett für den Fall notwendig werdender Abwehr einen Stoßtrupp gebildet hatten. Ein paar fronterprobte Unteroffiziere, die sich unter diesen Patienten befanden, hatten bei Kriegsende die bereits vorhandene Waffenkammer des Lazaretts, in der ich als Bub schon das Reinigen von Gewehren erlernte, aus zurückgelassenem Heeresgut noch hinlänglich ergänzt. Man war wohlgerüstet. Und das hatte sich herumgesprochen. Aber trotz strenger Geheimhaltung war auch – durch wen, hat sich nie recht aufgeklärt – den Aschauer Radikalisten der Fluchtweg verraten worden, über den wir vier Kinder im Fall nahender Gefahr ins Tal und in ein vermeintlich sicheres Versteck gebracht werden sollten. Und in den diesen wenig bekannten Pfad säumenden Gebüschen mußten, so war's beschlossen, ein paar linientreue Genossen uns auflauern und uns ohne viel Federlesens die Hälse durchschneiden. Es soll für die Ausführung dieses Sonderauftrages mehrere freiwillige Meldungen gegeben haben. Unser Hilfsbuchhalter aber wollte, zunächst als einziger, solcher Form des Kampfes für Freiheit, Gleichheit und Brüderlichkeit sich entgegengestellt und im Kriegsrat heftig widersprochen haben, bis sich schließlich noch ein paar andere seinen Einwendungen anschlossen. Freilich, ob das im Ernstfall etwas geholfen hätte, traute er sich auch damals, mindestens ein halb Dutzend Jahre später, nicht zu sagen. Ein paar aus ihren Reihen seien ganz heiß darauf gewesen, die Baronskinder abzumurksen.

Meine Mutter schenkte dieser Aussage keinen, mein pessimistischer Vater vollen Glauben. Und sprach schon das Wissen um jenen, damals ganz im Geheimen ausersehenen Fluchtweg dafür, daß der Buchhalter wahr berichtet haben mußte, so ward ihm später nochmals Bestätigung, als sich nämlich zwei wilde Kumpane in hochbetrunkenem Zustand gegenseitig ihrer damaligen Mordbereitschaft bezichtigten. Eins ist gewiß: Wo, ganz gleich unter welchen Farben, der Haß gepredigt wird, da sammeln sich unverzüglich seine Schergen.

Zu Ehren des von mir hochgeachteten Standes sei es gesagt: Es waren keine Bauern, die solches im Schild führten oder auch nur darum wußten. Aber als man davon zu raunen anfing, daß dem Baron seine Gründe aufgeteilt würden, da horchten doch manche interessiert auf, und als sich diesbezüglich nichts rühren wollte, da versuchte man auf legal getarnten Wegen aus der „neuen Zeit" doch irgendwelchen Profit herauszuangeln.

Es war damals (vielleicht auch schon früher) ein halbbehördlicher Verband zum Schutz der Alm- und Weideinteressen entstanden, dessen man sich als Vorhut bedienen konnte. Vom Ende der siebziger Jahre an bis gegen die Jahrhundertwende hin hatten immer wieder einzelne Bergbauern zuerst meinem Großvater und später meinem Vater oder dessen Vormündern ihre Almen, ihre talnahen Weidegründe oder auch Weiderechte zum Kauf oder zur Ablösung angeboten. Sie hatten die Plackerei, die die Almwirtschaft vor allem auf schwer zugänglichen, den Winden und Wettern ausgesetzten Hochalmen bedeutete, sattbekommen, die Landflucht setzte ein, im Tal gab es da und dort ein gutes Stück Wiesenland zu kaufen, mit dem es möglich war, auch ohne Alm seine Rinderzahl beizubehalten, und manchen Hof drückte eine Hypothek, so daß ihm ohne Zufluß baren Geldes Verwahrlosung drohte.

Es kamen dann auch mehrere solcher Verträge zustande. Die damals erworbenen, vom Großvater und Vater mit „wohlgerütteltem, mit überfließendem Maß" bezahlten Weiden wurden zumeist aufgeforstet. Auf durch jahrhundertelangen Weidegang hart und filzig gewordenen Böden Kulturen hinzuzaubern ist ein waldbauliches Kunststück, das überdies, wenn man die Rückverführung nicht der Zeit und einer zweifelhaften natürlichen Entwicklung überlassen will, große Gelder verschlingt. Nachdem nun dieses Werk durch etwa ein halbes Jahrhundert mühsam vorangebracht war, die immer wieder nachgeforsteten Kulturen sich langsam zu schließen begannen, erschienen, diesmal unter dem Schutz des Alm- und Weideverbandes, die Bauern abermals und wollten ihre Almen, die ihnen angeblich (so auch ihre offiziellen Vertreter) in Notzeiten „abgedrückt" worden waren, zurück haben. Sie hielten meinen Vater so weit zu einer

Wiedergutmachung seines „Unrechts" ihnen gegenüber verpflichtet, daß sie nach dem Motto „wer es hingepflanzt hat, muß es auch wieder wegmachen" von unserer Forstverwaltung die Rodungsarbeiten verlangten.

Ich will mich bei dieser Reminiszenz nicht allzulange aufhalten und nur noch anfügen, daß einige Alm- will heißen Weiderechte damals, freilich ohne das Verlangen der Rodung durch uns zu erfüllen, zurückgegeben wurden. Nach kaum zwei Jahrzehnten verzichteten die Almbauern abermals auf den Viehauftrieb, und so kommt es, daß sich jetzt die fraglichen Flächen doch in Wald zurückverwandelt haben. Was aber damals, um es mit Ludwig Hohlweins Variationen deutscher Sprichwörter und Redensarten zu sagen, dem Faß die Hutschnur ausschlug und dem Hut über den Faßboden ging, war, daß eines Tages Vertreter des Almverbandes zu uns auf die Forstverwaltung kamen und zwecks Wiedergewinnung alten Weidelandes die Rodung der auf der Winterstube, also auf unserem eigensten Grund und Boden, im Lauf von gut vier Jahrzehnten entstandenen Wälder verlangten. Nicht nur das, auch das wiederaufgebaute Haus, so forderten sie, müsse landwirtschaftlichen Zwecken dienen.

Mein Vater, der in seiner Jugend sehr jähzornig sein konnte, damals aber schon ein Mittvierziger und ausgewogeneren Gemütes war, ließ, als ihm dieses Ansinnen durch den Forstrat vorgetragen wurde, seinem Unmut mit einer so deutlichen und zugleich lautstarken Qualifizierung der Stelle, von der es ausgegangen war, freien Lauf, daß meine Mutter, die gerade in der Nähe war, aus Angst, die Verbalinjurien könnten von Dritten vernommen und weitergegeben werden, beschwichtigend herbeieilte.

Zum Glück kam gerade zu der Zeit Karl Kotzenberg in Aschau angereist. Seinem gutartigen Lachen und klugen Zuspruch gelang es alsbald, meinen Vater zu beruhigen.

„Lassen Se mich des in die Hand nehme! Ich werd' die Herrn auf die Winterstub bitte, des, glaub' ich, is der beste Weg."

Die „Herren" erschienen dann auch mit düster verschlossenen Mienen und schauten sich den Wald und die verbliebenen Wiesen genau und in Unheil verheißendem Schweigen an, gingen schließlich, noch düsterer womöglich, auch ins neugerichtete Haus hinein und erst nach mehreren Stunden, wie durch wunderbaren Zauber in fröhliche Menschen verwandelt, wieder aus ihm heraus. Sie waren nicht nur reich bewirtet worden, sie hatten auch einen vollen Erfolg erzielt: Karl Kotzenberg hatte ihnen zugesichert, selber eine kleine Musterwirtschaft auf der Winterstube einzurichten. Dabei wäre es selbst in diesem von un- und widerrechtlichen Bestrebungen aller Art kreuz und quer durchschossenen Zeitpunkt für die „Herren" aussichtslos, zumindest handhabelos gewesen, sowohl die Rodung des

Waldes als auch irgendeine Bestimmung über die Verwendung des Hauses, das drei Jahre zuvor so gut wie nicht mehr existent gewesen war, durchzusetzen. Es hatte aber genügt, daß dort oben der Hof schön ausgestattet wieder erstanden war, um die germanischen Neidgefühle im Tal zu erwecken.

Ich bezweifle sogar, daß es in diesem Fall Bauern waren, die eine für ganz andere Aufgaben geschaffene Halbbehörde mobilisierten und zum Sprachrohr ihrer Mißgunst hatten machen wollen. Zu dieser Art von Intrigen hat der schwer arbeitende Bauer weder Zeit noch Veranlagung.

Karl Kotzenberg aber blieb beschwingt von dem Gedanken an seine kleine Landwirtschaft. Und seine frohe Tatkraft setzte auch diesmal binnen kurzer Zeit die Verwirklichung durch.

Stall, Dungstätte, Odelgrube, Tennenbrücke und Tenne, alles wurde zum Empfang des Viehs in den würdigsten Stand versetzt, und im nächsten Sommer schon erwarteten ihn und seine diesmal besonders vorfreudig lächelnde Anna zwei Kälberkühe, zwei Kalbinnen und ein breitstirniger Jungstier aus der bodenständigen weichselbraunen Pinzgauer Rasse im Stall der Winterstube.

Ein Mitglied jener vor knapper Jahresfrist mit anfangs so finsteren Mienen hier oben aufgekreuzten Kommission, ein Zuchtwart, hatte sich erboten, das Vieh für den Konsul zu besorgen und, wie sich zeigen sollte, gut ausgewählt. Das beste Stück für die neue Einrichtung aber hatte der Steiner hergebracht; es stand in schwarzer langer Hose, schwarzer Samtweste und einem frischgewaschenen weißen Hemd auf der Schwelle, hatte braune Locken, die so gekräuselt und dicht wie ein Lammfell waren, sehr helle, etwas verträumt in die Ferne gerichtete Augen und einen wüsten braunen Hängeschnurrbart im schmalen Gesicht und reichte dem Konsul und seiner Frau ehrerbietig eine langfingerig hagere Hand zum Empfang. Das war der neu engagierte Senn, der Tell Hausl, ein gebürtiger Tiroler. Der Steiner, der zu Anfang seiner Dienstzeit bei uns mehrmals das Revier gewechselt hatte, war dem Hausl im Lauf der Jahre immer wieder, bald da, bald dort, einmal diesseits, einmal jenseits der Landesgrenze auf Almen begegnet und mit ihm gut Freund geworden. So hatte er ihn denn als die Einrichtung der Landwirtschaft auf der Winterstube beschlossen war, geholt. Von der Stunde seines damaligen Einstandes an sollte dieser absonderliche Mann mehr als drei Jahrzehnte als Senn und später als Pächter auf der Winterstube verbleiben, rundum auf den Almen bis hinunter ins Tal ihr eigentlicher Repräsentant werden und als hoher Siebziger in seiner Küche auf dem erkalteten Herd sitzend, in dem er, entkräftet, kein Feuer mehr anzufachen vermocht hatte, seine Tage beschließen.

Auch über ihn könnte man ein Buch schreiben. Wenn man sein merkwürdiges Leben aus der Sicht unserer Tage überblickt, dann möchte man das Epos mit den bewundernden Worten Homers beginnen: „Nenne mir Muse den Mann, den über viele Almen gewanderten, der ein ganzes Leben, ohne Weib, ohne Kinder und Freund in freiwilliger Senneneinsamkeit, nur seinen Rindern dienend, verbrachte ..."

Aber für diese Jägerchronika ist's nur von Belang, daß er, wer weiß, vielleicht durch die Liebe zu den Mitgeschöpfen, die er ausstrahlte, dem Wild um die Winterstube wie ein Eremit im Walde vertraut wurde. Am hellen Tag äste es oft nur einen Schrotschuß vom Haus entfernt und ließ sich dabei nicht stören, wenn er die „Radltruhe" voll Kuhmist aus dem Stall auf die Dungstätte schob und ausleerte oder am Brunnen sein Milchgeschirr wusch.

In der Gefolgschaft der Rinder nämlich, und das ist das Wesentliche, kam auch das Rotwild auf die jetzt gut gedüngten Felder der Winterstube gezogen. Es währte nur wenige Jahre, bis sie und das Haus in den Oktobernächten von den Stimmen der auf verschiedenen Wechseln heranziehenden Hirsche umdröhnt waren.

Dem Tell Hausl mit ein paar Bechern Sekt einen kleinen Rausch aufzuhängen, war von der ersten Einstandsfeier ab dem Konsul ein besonderes Vergnügen. Es gab dann keinen harmlos-fröhlicheren, jeden Witz mit überlautem Lachen dankbar bejahenden Tisch- und Zechgenossen als ihn. Während des nächsten Hirschbrunftaufenthaltes der Kotzenbergs brachte die eine der beiden tragenden Kühe ihr Kalb. Das wurde Anlaß für ein Winterstubenfest mit vielen springenden Sektkorken, und das kleine Kuhkalb wurde zu guter Letzt auch mit Sekt auf den Namen „Karoline" getauft.

Noch zwei Jahrzehnte später nahm der Hausl die Pfeife aus dem Mund und haute sich hellauf lachend auf die Schenkel, wenn man sich diese Geschichte von ihm erzählen ließ. Die „Karoline" ist übrigens später des Hausls Einspannkuh geworden. Wie manchen meiner auf dem Feld der Winterstube oder in seiner Umgebung geschossenen Hirsche hat sie im Lauf von mehr als zehn Jahren, immer gutartig-willig und sehr „geländegängig" auf dem unberäderten Hörnerschlitten zum Haus hingeschafft! Da ward er dann neben dem Brunnen auf dem kurzen grünen Gras, dem „Fußgras", wie es bei uns die Bauern nennen, gestreckt und aus den kleinen Fenstern der Wohnstube im Obergeschoß mit dankbar glücklichem Blick immer wieder gegrüßt, bis die „Lieferer", die Waldarbeiter, ihn abholten.

Von dem Zeitpunkt ab, da der Konsul auf seiner Winterstube von solchem Leben, einem richtigen ländlichen Hauswesen, umgeben war, hat er, so meine ich mich zu erinnern, kaum mehr in anderen Hütten Aufenthalt genommen. Ab und zu entsandte er jetzt sogar einen Gast auf die Elandalm, die er sich noch lange reserviert gehalten hatte. Seine eigenen Birschen umkreisen jetzt nur noch das engere und weitere Gebiet der Hofalm.

Der ob dieser Entwicklung aus seinem Leibgehege hinausgedrängte Forstrat ließ sich von der verständlichen Bitterkeit seiner Gefühle nichts anmerken. Er wechselte mit Einverständnis des Konsuls, der ihn im übrigen hoch schätzte, auf die nicht minder hirschgesegnete, ihm aber weniger ans Herz gewachsene Dalsen hinüber (die sie umgebenden Forste waren nie von ihm betreut worden). Es war dies auch immer erst nach dem Abzug der jeweiligen Jagdgäste von dort möglich. Aber der Konsul lud sich nicht viele Gäste ein.

Es ließe sich trotzdem von ihnen, deren jägerische Qualitäten recht unterschiedlich gewesen sind, manche unterhaltsame Geschichte erzählen.

Einmal hatte mich der Konsul, als er sich am Ende der Hirschbrunft auf der Heim- und Durchreise befand, in München wieder zum Abendessen eingeladen. Mit dabei war noch ein Bekannter von ihm aus erster Frankfurter Familie, der auch von Aschau kam, wo er als sein Gast ein paar Tage auf der Elandalm gejagt hatte. Sie hatten am Nachmittag gemeinsam an einer Sitzung teilnehmen müssen und waren deshalb in München nochmals zusammengetroffen.

Unsere Jäger führten diesen Jagdkavalier nicht gern, weil er – so entnahm ich es ihren Erzählungen – ohne rechte Ausdauer, ungeduldig und ziemlich unbeherrscht war. An jenem Abend merkte ich dem Konsul an, daß irgend etwas ihn erheitert hatte, während sein Gast hinwiederum verstimmt zu sein schien.

Nachdem mehrmals hin- und hergeprostet worden war, hob sich aber dann doch die Stimmung, und ich erfuhr die tragisch-komische Geschichte des Grundes für die Heiterkeit auf der einen und den Ärger auf der anderen Seite.

Trotz lebhafter Spätbrunft hatte der Gast kein Heil gehabt und am zweiten oder dritten Abend (obwohl sonst verlässig schießend) sogar einen Hirsch gefehlt. Am anderen Morgen schrien die Hirsche gut und in nächster Nähe der Hütte, aber die Alm war in dichtesten Nebel gehüllt. Es wäre dies, so zumindest meinte der Gast, die letzte Birsch seines Aufenthaltes gewesen, die ihm auf solche Art verdorben war, denn am Nachmittag mußte er zu eben jener Besprechung in München sein. So packte er zornentbrannt und mit viel Gepolter seine Sachen und eilte, von Jäger und Träger, auf deren lebhaftes Abraten er nicht hörte, begleitet, bei noch völliger Dunkelheit talwärts, um den ersten Zug, der schon kurz nach 6 Uhr abfuhr (es hätte noch andere, bequemere Verbindungen gegeben) zu erreichen. Aber der Nebel war so zum Schneiden dick, daß es nicht Tag werden wollte und selbst seine wegkundigen Führer im Wald nur langsam vom Fleck kamen. Er versäumte nicht nur den Frühzug, er mußte es, während er auf den nächsten wartete, mit ansehen, daß der Nebel der aufgehenden Sonne wich, und als er endlich in München ankam, war Karl Kotzenberg (der mit dem Auto fahren wollte) nicht wie verabredet im Hotel.

Und da erst stellte der Unselige fest, daß ihm in der Einsamkeit der Berge sein Zeitmaß durcheinandergeraten und er einen ganzen kostbaren Jagdtag zu früh abgereist war.

„Wir trinke drauf, daß in der Gamsbrunft das Pech durch einen guten Bock wieder ausgeglichen wird!" sagte mit ihm anstoßend der Konsul.

„Es war kei Pech, es waren alle Arten von Pech! *Peche* waren's!" erwiderte, noch immer nicht voll aufgeheitert, der Gast.

„Na, dann sage mer eben *Böcke!*" verbesserte der Jagdherr mit gutmütigem, schütterndem Lachen das Angebot.

Einer der in seinem Wesen angenehmsten Jagdgäste Karl Kotzenbergs war der „Professor". Ein zierlicher und beweglicher Mann von damals etwa vierzig mit einem nicht überlangen schwarzen Vollbart. Er war Lehrer an einer, ich weiß nicht mehr welcher, technischen Hochschule. Was ich heute noch an ihm schätze, ist, daß er, ein bedeutender Wissenschaftler, seine Einträge in die Hüttenbücher stets nur mit Vor- und Nachnamen, ohne, wie sonst viele Gäste aus jenen Zeiten, mit einer Kette von Titeln unterzeichnete.

In seiner Jugend war er Hochalpinist gewesen, somit ohne Schwierigkeit den bergsteigerischen Leistungen, die ihm das Aschauer Revier abverlangte, gewachsen. Seine Qualitäten als Jäger standen denen als Geher leider um einiges nach. Vor allem, man kann es getrost so formulieren, erreichten seine Kugeln nur ausnahmsweise ihr Ziel. Trotzdem folgte er stets freudig den Einladungen seines Freundes. Es war unverkennbar, daß er Kotzenberg schätzte und der Konsul ihn gern hatte. Die gemeinsame Hin- und Rückreise nach und von Aschau muß immer recht vergnügt gewesen sein.

In einer Gamsbrunft nun hatte der Jagdherr im Forsthaus in Grattenbach Quartier genommen und machte seine Birschen vom Tal aus; der Gast hingegen war höher hinaufgestiegen und hatte die schön gelegene Aschentalhütte bezogen. Die Zeit des Aufenthaltes war in jenem Jahr kurz bemessen, und wie das in solchem Fall nicht selten vorkommt, hatte der Konsul keinen Anlauf. Aus dem Aschentalgebiet hörte man zuweilen Schüsse bis herunter ins Tal, aber der Träger, der täglich auf und ab ging, um Proviant und Post zu befördern, brachte nie einen Gams mit.

„Mei lieber Thoma", sagte eines Mittags der Konsul zu dem ihn führenden Forstverwalter, als der ihn zu einer Fortsetzung der Birsch bis hinüber in die Weitlahner überreden wollte, „höre Se jetzt emal zu: Ich bin müd und mag net mehr. Morgen muß ich abreisen. Damit wir uns vor der Forstverwaltung nicht ganz blamieren, gehen Sie jetzt allein in die Weitlahner. Und bringen Sie ja einen Bock mit! Krucken und Bart gehören Ihnen, das arrangier ich dann schon, aber unten im Tal sagen wir, daß es *mein* Bock is. Ich bleib gemütlich hier in der Sonne sitzen."

Der Forstverwalter willigte ein, schlug nur dem Konsul vor, statt hier am Rand eines Schlages sitzen zu bleiben, einen etwas weiter oben befindlichen Hochstand zu beziehen, der mit Rücksichtnahme auf sein Nichtgefeitsein gegen Schwindel zwei Jahre zuvor schon eigenes für ihn errichtet worden war. Man bestieg ihn von der Bergseite her über eine kurze, ziemlich flache Leiter und hatte dann einen guten Einblick in das höher gelegene Latschengebiet.

So geschah es, und der Forstverwalter machte sich eilends auf den Weg. Als er, einem Quersteig folgend, etwa eine halbe Stunde gen Osten gebirscht war, fiel in seiner nächsten Nähe ein Schuß. Gerade in diesem Revierteil mit seinen groß über mehrere hundert Hektar zusammenhängenden Latschenfeldern wurde damals, als späte Nachkriegsfolge, immer noch gewildert. In der Unübersichtlichkeit dieser Fels- und Legföhrenwildnis war es besonders schwierig, die Lumpen zu stellen, und hier hatte ihnen auch der Jäger Steinberger mit seinen locker sitzenden Kugeln schon manches Fernfeuergefecht geliefert. Aber zufällig in solche Nähe der Wildschützen geraten, könnte es, so dachte der Forstverwalter, gelingen, sie zu fassen.

Mit entsichertem Repetierer zwängte er sich in Richtung des Schusses durch die Latschen. Es bedurfte keines langen Bemühens. Als er schon nach knapp hundert Metern Einblick in einen Felsgraben gewann, sah er einen der Kerle, der mit hochgezogenen Hemdsärmeln gerade ein Gams aufbrach.

Auf den Anruf hin erschrack der Wilderer so heftig, daß er sich beinahe auf den Hosenboden setzte, aber zugleich erkannte der Forstverwalter in ihm den führenden Jäger und Betreuer des Professors. Wie kam der hierher an einen Platz, der weit außerhalb des dem Gast zugeteilten Reviers lag!?

Die Aufklärung, die er gab, veranlaßte den Forstverwalter, sich seinerseits nun hinzusetzen und laut hinauszulachen. Der Professor, der gleichfalls andern Tags abreisen wollte, hatte seinen Jäger gebeten, für ihn
einen Gamsbock zu schießen, nachdem er zu der Überzeugung gekommen
war, daß er selber doch keinen treffen könne und nicht gern ohne Bock vor
den Gastgeber hintreten wollte. Im Aschental selber, so versuchte der
Jäger seine ziemlich bedeutende Grenzüberschreitung zu entschuldigen,
hätten sie während der letzten Tage so kräftig „umgerührt", daß dort
nichts mehr zu holen sei. Es gab dann schon noch eine etwas ernstere Nach-
rede, denn erstens war dieser Einbruch in das Gebiet des Jagdherrn, zumal in der Gamsbrunft, in der die Böcke beweglich und mit weiten Hin-
und Herwegen viel auf der Suche, somit auch anderswo anzutreffen sind,
trotz aller schönen Begründungen ungehörig, und zweitens, des gerade
dort notwendigen verschärften Jagdschutzes wegen, nicht ungefährlich gewesen.

Nun, der Professor hatte „seinen Bock", aber anscheinend war von
dem Jäger, ehe er ihm das stolze Waidmannsheil verschaffen konnte, auch
in den vom Forstverwalter für seine Birsch erkorenen Bereichen kräftig
„umgerührt" worden, denn nach ein paar Stunden kehrte dieser letztere
unverrichteter Dinge zum Konsul zurück. Pflichtgemäß meldete er ihm,
was er erlebt hatte. Und das war nun etwas für Karl Kotzenberg, der übrigens den Schuß gehört hatte. Er lachte Tränen und lachte noch nach Tagen, und jedesmal, wenn die beiden Gamsjäger auf der gemeinsamen
Heimreise durch München beim Abendessen einander zutranken, mußten
sie wieder loslachen.

Nachdem der Konsul sich etwas beruhigt hatte und von seiner bequemen Kanzel herabgestiegen war, wies er mit lachendem Gesicht hinauf
in die Latschen. Dort lag sein Bock. Der Forstverwalter hatte den Schuß
nicht gehört. Als der Konsul ihn auf den gemächlich vorbeibummelnden
Bock abgab, war der „Beauftragte" wahrscheinlich gerade durch einen der
tiefen Seitengräben gebirscht. Auf daß aber die Geschichte für alle Teile
einen ungetrübt erfreulichen Beschluß habe, erhielt der Konsul seinen Auftrag an den Forstverwalter, statt seiner einen guten Bock zu schießen, auch
über seinen Abschied hinüber aufrecht.

Für einen Gast des Konsuls, der zwei- oder gar dreimal zusammen mit
seiner Frau zur Zeit der Hirschbrunft die Dalsenhütte bezog, fällt es mir
schwer, das rechte charakterisierende Eigenschaftswort zu finden. Ihn
kenne ich auch nur aus Erzählungen, mit ihm zusammengetroffen bin ich
nie. Er muß so etwas wie eine Mustererscheinung der Zeit vor 1914 gewesen oder zumindest danach gestrebt haben, es zu sein.

„Rittmeister der Reserve, Oberregierungsrat im Ministerium des Äußeren, derzeit kommandiert – was weiß ich wohin", so und ähnlich stand es unter seinem Namen im Hüttenbuch verzeichnet. Die militärisch knappen Schilderungen seiner Jagderfolge (Mißerfolge hatte er nicht) waren im gleichen Stil gehalten:

„… in der Grauen Wand früh 6.45 einen sehr starken Zwölferhirsch auf 150 Meter mit Blattschuß erlegt. Lag im Feuer!" oder: „… auf dem Heimweg früh 7.10 einen guten Gamsbock auf 200 Meter im „Weidenauer Wandl" geschossen. Gezirkelter Blattschuß, stürzte sofort verendet aus der Wand." Und sogar eine Katze, die er aus dem Hüttenfenster auf 90 Meter schoß, hatte einen „Blattschuß".

Einen seiner Hirsche habe ich, obwohl der Zeitpunkt der Erlegung über ein halbes Jahrhundert zurückliegt, noch in ganz klarer Erinnerung. Es war einer jener selten gewordenen urechten Alpenhirsche mit gedrungenen, sehr starken, reich und derb geperlten Stangen, auf denen ihrer Kürze halber nah beisammen zwar, aber in wunderbarer Ausgewogenheit, die langen Enden verteilt sind. Mich selber haben meine Bergjägerwege nie mit einem zusammengeführt. Die wenigen, die ich bei uns zu sehen bekam, lagen von gebetenen oder auch ungebetenen (ich meine damit die Jäger der amerikanischen Besatzungsarmee) Gästen erlegt auf der Strecke.

„Den nahm i glei als Präsent!" sagte der breitbärtige Förster Hornberger, als er das Zwölfergeweih aus dem Brunntrog, in den es zum Wässern gestellt worden war, hob und uns, dem Schloßkaplan und mir, entgegenhielt. Das war auf einem jener von mir stets dringend bei meinem Mentor erbetenen Spaziergänge zum Zerwirkgewölbe hinauf, wo es zur Hirschbrunft- und Jagdgastzeit fast immer etwas zu schauen gab. Wir wollen diesen Kotzenbergschen Gast aus Gründen, die im folgenden erklärlich werden, den Herrn von Stahl nennen. Er hat in Wirklichkeit ähnlich, aber etwas anders geheißen, dieser Name aber paßt auch gut zu seiner wilhelminischen Art und ergibt, was wichtig ist, denselben Reim. Ich weiß sonst nicht viel von seinen Taten zu berichten, außer daß eben dieser Förster Hornberger, seinen Kavalieren gegenüber sonst der liebenswürdigste Betreuer, ihn eines Tages im Morgengrauen allein stehen ließ und auf die Hütte zurückging. Wo und wie es sich genau zugetragen hat, weiß ich nicht, aber der Herr von Stahl hatte dem Förster in scharf militärischem Ton und mit deutlichen Worten klargemacht, daß die von ihm eingeschlagene Birschroute falsch sei, er habe im Vorjahr schon den gleichen Fehler gemacht, der zu einem Mißerfolg führte; man müsse hier auf den vor ihnen schreienden Hirsch von vorn, von hinten, von unten oder oben, ich weiß es nicht, „pürschen".

Der Hornberger ließ so nicht mit sich reden:

„Ja, wenn Sie's besser wissen, Herr Rittmeister, nachan jagerns halt alloanig weiter!" sagte er, machte kehrt und ging davon.

Die Römer hatten neben ungezählten anderen guten Lebensregeln eines überlegenen und nicht dekadenten Kulturvolkes auch diese: „fortiter in re, suaviter in modo!" was frei übersetzt etwa heißt: „fest in der Sache, umgänglich in der Art, sie durchzusetzen."

Oh, wie oft habe ich im Leben, zornig und grob werdend, gegen solche Weisheit verstoßen! Um aber bei diesem Fall der Auseinandersetzung zwischen führendem Jäger und Jagdgast zu bleiben: „in re" kann ich dem Förster nicht ganz zustimmen; denn unfehlbar ist kein noch so revierkundiger Jäger, und der Wunsch eines Gastes muß bei aller Erfahrenheit des Führenden stets einiges Gewicht haben; „in modo" aber, sich als Leiter des Unternehmens aufspielend, war der Jagdgast im Unrecht. Und auf dieses „in modo" vor allem war es hier angekommen.

Nun, die Birsch jenes Morgens mißlang, und auf der Hütte hat man sich schließlich wieder geeinigt. Weshalb mir dieser Gast des Konsuls in besonderer Erinnerung blieb, hat aber einen anderen Grund. Einmal, von erfolgreichen Tagen besonders beschwingt, schrieb er, sozusagen als rauschendes Finale seines Erlebnisberichtes, folgende, nicht von ihm erdachte, aber als wohlgeeignet befundene Verse ins Hüttenbuch:

> „Auf den Bergen ist Freiheit!
> Der Hauch der Grüfte steigt nicht hinauf
> In das Reich der Lüfte.
> Die Welt ist vollkommen überall,
> Wo der Mensch nicht hinkommt mit seiner Qual!
> Horrido!"

Ein gutes Jahrzehnt später saß ich zur Hahnfalzzeit an einem Regenabend allein in der Hütte und las in der Chronik. Als ich zu dieser Stelle kam, mußte ich, den etwas grotesken Gegensatz zwischen stolzen Blattschußberichten und dem Lob der Bergwelt, wenn der Mensch sie nicht mit seiner Qual heimsucht, überdenkend, lachen und ergänzte, weil sich's so gut reimte, den Schlußvers mit einer Zeile:

> „Hier wäre entbehrlich sogar Herr von Stahl. Joho!"

Diese Minute nicht unterdrückter Spott- und Reimlust, an deren Produkt zunächst nur ich in isolierter Hüttenzurückgezogenheit mein Vergnügen hatte, bewirkte einige Jahre später einen mir in die Knochen fahrenden nicht geringen Schrecken, als mir nämlich erzählt wurde, daß der Herr von Stahl weit über ein Jahrzehnt nach seinen jagdlichen Gastrollen auf einer Autofahrt durch Aschau gekommen sei und für ein oder zwei

Tage im Gasthof zur Burg Aufenthalt genommen habe. Wenn es ihm – zum Glück war dem nicht so gewesen – eingefallen wäre, auf rückerinnerndem Spaziergang die Dalsenalm zu besuchen und dort im Hüttenbuch zu blättern, dann hätte mein Zusatz ihm sicher den Spaß ganz und gar verdorben. Und so, wie mein Vetter Ernst Johann Faber die Trägheit des Herzens für eine Todsünde hielt, so gibt es vor meinem Gewissen kaum eine schwerere Sünde, als anderen Menschen eine harmlose Freude zu verderben.

Es war, aus bestimmten Gründen weiß ich es noch genau, und überdies steht es auf der Hirnschale eines guten Hirschgeweihs so geschrieben, zu Ende September des Jahres 1926. An einem schönen, sternklaren, ein wenig föhnigen Morgen saß ich mit dem Altmeister Steiner auf der von ihm gerichteten und gut verblendeten Bank am Hofalmboden. Diesen Boden, den fast ebenen westlichen Ausläufer der großen gutseigenen Alm, hab ich schon mehrmals beschrieben. Er ist an die vierhundert Meter lang und etwa halb so breit, nur nach Osten offen, sonst hufeisenförmig von Wäldern umschlossen, die damals zum weitaus größten Teil noch Jungwälder waren. Das Rotwild zieht während der ganzen grünen Zeit des Jahres dorthin zur Äsung, und während der Brunftnächte hallt der Boden von Hirschhälsen, aber die Jägerhoffnung, daß das Hauptrudel und bei ihm der eigentliche Platzhirsch am Morgen bis zum Schußlicht auf der freien Almfläche aushalten, erfüllt sich nicht oft. Man sieht die Schatten der Wildkörper sich auf der fahlen ebenen Fläche hin- und herschieben, die aufgeregten Schreie des Hirsches schlagen einem manchmal aus geringer Entfernung geradezu ins Gesicht, aber schon wenn das Gefunkel der Sterne nachläßt, verschiebt das Leben sich kaum merklich auf die Westecke zu, in der die Hauptwechsel zum Tageseinstand münden. Zur Not kann man die Grundform des Geweihs noch ansprechen, aber wenn es hell wird, schreit der Hirsch meist schon in Deckung der Fichten. Nur geringe Hirsche und ein paar Kälbertiere äsen sich noch eine Weile langsam den Waldrändern entlang, bis auch sie in ihrem Dunkel untertauchen. Trotz alledem habe ich im Boden schon manchen guten Hirsch geschossen, wenn er zum Beispiel bei einem hochbrunftigen Stück stand, das nicht einziehen mochte oder ein starker Beihirsch, an dem er sein Kahlwild nicht vorbeitreiben wollte, ihm vom Waldrand her entgegenröhrte, oder er sich eine zurückgebliebene Ungetreue noch schnell zum Rudel holte.

An jenem Morgen nun war, als der erste bleiche Frühschein den Boden erhellte, die ganze vielköpfige Gesellschaft schon rechts hinten im Eck eingezogen, und der Hirsch, der zuvor Schrei auf Schrei nahe vor uns hatte erschallen lassen und Kahlwild oder auch Beihirsche (auf dem trockenen

Almboden waren die dumpfen Fluchten gut hörbar gewesen) herumgesprengt hatte, war verstummt. Obwohl ich versucht war, zu den weiter oben gelegenen Schlägen weiterzubirschen, blieben wir, ohne Hoffnung auf noch möglichen Anblick, auf unserer Bank sitzen. Schon lag auf den Felsköpfen und hohen Almkuppen im Hintergrund rosiges Licht, und ich hatte mir soeben eine Zigarette angezündet, als uns gegenüber, also ganz woanders, als da, wo der Platzhirsch seine letzten Brummer getan hatte, jäh und unvermittelt ein zorniger Schrei ertönte, noch einer und abermals einer. Trotz der Entfernung hörte man Steine gehen und Äste brechen, und dann trat mit waagerecht gehaltenem Träger ein Alttier, von seinem Kalb gefolgt, auf die Alm heraus, und hinter ihm her entquoll es in rötlich-grauem Gedränge den Fichten. Fünf oder sechs Stück waren es im ganzen, die mit nach hinten gestellten Lauschern langsam die freie Alm überquerten, und dann kam, mit lässiger Flucht den Almzaun überfallend, der Hirsch nach. Er hatte sich den Teil seines Rudels, der in anderer Richtung als das bei ihm befindliche Kahlwild zu Berg gezogen war und dem sich wahrscheinlich im Schutz des Waldes ein Beihirsch hatte zugesellen wollen, zurückgeholt. Es war unzweifelhaft der Platzhirsch, ein tiefrumpfiger, langstangiger Achter mit merkwürdig weiter, dabei ganz ungeschweifter, also flacher Auslage. Eigentlich wär's ein Zehner gewesen, hätte er sich nicht das nur einseitig vorhandene Eisend nah bei der Stange abgekämpft gehabt.

Ich durfte keine Zeit verlieren, und nachdem ich das Notwendige angesprochen hatte, schoß ich. Der Hirsch zeichnete und verschwand mitsamt dem Rudel nach rechts im Wald. Von dort her vernahmen wir dann Prasseln, harten Aufschlag, Krachen von Dürrästen und Stangenschlagen. Er war zusammengebrochen.

Wir kamen überein, trotzdem noch zwanzig Minuten sitzenzubleiben, um sicher zu sein, unser Wild verendet vorzufinden. Nach einer Weile brach der Steiner das für mich vorfreudig glückliche Schweigen.

„Vor zwei Jahr, wiar i mit 'n Konsuul 's letztemal da g'sitzt bin, hams as genau a so g'macht; rechts ei'zog'n, und vo links hat der Hirsch danach no a Wuidprat daherbracht."

„Habt's ihn dann g'schossen?" fragte ich.

„Naa", sagte der Steiner nachdenklich. „Des war's ja. Da g'sitzt is er und hat in Boden nei g'schaut. I hab'n erst aufmerksam machen müassen, daß zum Schiass'n g'wen war. Da hab' i mir scho denkt, daß ebbas net stimma ko mit eahm. Er hat a nix mehr g'schossen in den Jahr. Jedsmal *bitten* hab i 'n müassen, daß er mir überhaupts noch mit nausgangen is."

Ich wuße es, daß das über ihn gekommene Unheil zu der Zeit schon im

Heranziehen gewesen war. Wie dies hatte geschehen können, habe ich, damals noch zu unbekümmert, um es ergründen zu wollen, nie erfahren. Hatte er wirklich einen schweren Verlust seiner Familienfirma, die ihm bedeutende Erfolge durch Jahrzehnte zu danken hatte, verschuldet und war dann aus den eigenen Reihen zum Ersatz herangezogen worden? Ich weiß es bis heute nicht. Gewiß ist nur, daß es ein einziger Mißerfolg gewesen ist, der ihm den freien und hohen Flug beendet hat. So wie ich aber jetzt die Dinge ansehe, hatten seine Feinde schon lange im Hinterhalt gelegen und auf den Fehler gewartet, den er, zu sicher geworden, wie viele Erfolggewöhnte, schließlich machte. Der Reichtum als solcher war es vielleicht gar nicht in erster Linie, den man ihm neidete. Aber daß er niemandem als seinem eigenen Gewissen Rechenschaft schuldete, daß er keine Kinder hatte, daß man ihn schwer festlegen konnte, daß es ihm möglich war, mit großen Mitteln einzugreifen, wo er es für geboten hielt, womit er andere Kreise vielleicht störte, das war's, was man fürchtete und wogegen wahrscheinlich schon lange an einem Riegel geschmiedet worden war. Immer zu neuen Taten entschlossen, hatte er vermutlich auch für das Ausmaß seiner Unternehmen zu geringe Reserven geschaffen.

Wie dem auch gewesen sein mag, es kam der Abschied. Karl Kotzenberg schob ihn, entgegen seiner sonstigen Entschlossenheit, lange hinaus. Er verließ dieses ihm zur neuen geliebten Welt gewordene Tal mit seinen vielen originellen, zum Teil auch liebenswerten und sogar wertvollen Menschen schweren Herzens.

„... und jetzt schreit's aus der Brust
um lieb Elands Verlust!"

Um wieviel mehr Leid mag in dem lautlosen Rufen seines Herzens gelegen haben, als er die Winterstube verlor. Er hatte das Haus, und das war vielleicht ein Glück für alle Teile, nicht erworben. So gab er es, als er einsehen mußte, daß er die durch längere Zeit gestundete Pacht nimmer würde aufbringen können, mehr oder minder formlos mit der ganzen Einrichtung und allem, was er hineingebaut hatte, an meinen Vater zurück. Der Tell Hausl, der die Ersparnisse seines anspruchslosen Lebens in Österreich verwahrt und damit unbewußt vor dem Zerrinnen in Nichts gerettet hatte, kaufte nach ein paar Jahren das Vieh, zahlte für die Gründe eine geringfügige Pacht und wurde auf solche Art an der Schwelle seines Alters noch selbständig.

Ohne Abschied, in allmählicher, oft unausgesprochener Auflösung aller formellen Bindungen, hatte der „Konsul" uns und unser Tal verlassen. Eines Jahres und Tages wurde es einem bewußt, daß er nicht mehr da war. Aber, und das habe ich erst viel später erkannt, mit ihm war ein freundlicher Zauberer fortgegangen, einer, der alles vermocht und alles zum Guten hatte wenden können.

Es ist auch merkwürdig, daß mit seinen Pachtjahren für unsere Wälder eine letzte besonnte Zeitspanne verbunden war. Alles hielt noch zusammen wie in glücklichen Tagen und konnte aus der beginnenden Bedrohung vielleicht doch wieder zur alten Beständigkeit geführt werden. Was dann folgte, war, als späte Auswirkung des Krieges und der Inflation, nur noch Verlust und Niedergang, Triumph der niederen Mächte und des Gemeinen, wie er uns gegenwärtig erneut bedroht.

Heute noch, wenn ich zum Hofalmboden komme (die Steinersche Bank, mehrmals gerichtet und erneuert, steht noch auf ihrem Platz unter den Randfichten, die sich inzwischen himmelwärts gereckt haben) glaub' ich manchmal, ihn dort sitzen zu sehen, den untersetzten Mann mit dem flockigen grauen Schnurrbart, wie er, den Kopf in die Hand gestützt, den sonst stets frohen und furchtlos hellen Blick auf die Erde gerichtet hat, während draußen auf der Alm der Hirsch im Morgenlicht vorüberzieht.

Damals wußte er schon, daß, was seinem Leben Glück und Glanz vor abertausend anderen gegeben hatte, vorüber war.

Es hätte nicht zu ihm gepaßt und seinem Grundwesen nicht entsprochen, zu resignieren. Sehr bald schon nahm er sich auf und begann mit allem, was ihm verblieben war, einen neuen entschlossenen Kampf. So fing er den Sturz nah über dem Boden ab und sicherte sich ein mit dem alten nimmer vergleichbares, aber erträgliches Leben.

Wenige Jahre, nachdem er die Pacht hatte aufgeben müssen, kam er noch einmal, ein letztesmal auf die Winterstube. Er wollte die, wie er mir mehrmals gesagt hat, glücklichste Zeit seines Lebens sich zurückbeschwören und zehn Tage, weit weg von allem Ungemach und aller Sorge, die ihn bedrängten, auf seiner Winterstube (das Wohn- und Benützungsrecht hatte er sich vorbehalten) hinbringen. Der Steiner sollte bei ihm sein und der alte Senn, der Hausl, wieder Tränen lachen, wenn er die Rinder im Stall, an ihrer Spitze die zur stattlichen Altkuh gereifte Karoline, sein „Patenkind", mit Sekt „wiedertaufte".

Ich verbrachte zu der Zeit meine Hirschbrunfttage auf der Elandalm und ging über Mittag hinüber, um ihm und seiner Frau, die, unverändert still heiter vor sich hinschweigend, durch alle Wechselfälle hindurch eng an seiner Seite blieb, meinen Besuch zu machen. Ein dicht grau verhangener Tag war's, genau wie damals, als ich die Winterstube erstmalig und zugleich in ihrer zu der Zeit noch baufällig rußgeschwärzten Verfassung letztmalig vor mir aus dem Nebel hatte herauswachsen sehen. Drinnen empfing mich in behaglich durchwärmter Stube das Ehepaar, sie nicht anders als sonst, er aber war gealtert unter den Enttäuschungen und dem ihm spät nochmals auferlegten Kampf des Bestehens in einer Welt, in der er geglaubt hatte, seinen gesicherten Platz auf hoher Stufe schon erobert und fest bezogen zu haben.

Ein leichter Schlaganfall, dessen Folgen er erstaunlich schnell überwunden hatte, mochte auch das seine zu der mit ihm vorgegangenen Veränderung beigetragen haben. Es war nimmer die natürliche, breit basierte Heiterkeit von früher, die von ihm ausging. Er zog seine kleinen Witze an den Haaren herbei, als wolle er jedes ernstere, vor allem jedes ihn selber betreffende Gespräch vermeiden.

Ich hatte im Herübergehen viel geschaut und gehorcht und, als der Nebel sich einmal gehoben hatte, den Blick ins Tal wandern lassen; so war ich zu spät daran. Die anscheinend früh angesetzte Mittagessensstunde war vorüber. Aber der Steiner brachte noch die für ihn zu jedem Hüttenmenü gehörende Nudelsuppe und ein Stück Rindfleisch, und auf ein fröhliches Augenzwinkern des Konsuls hin schoß er den ersten Sektpropfen zur Decke hinauf. Wir saßen dann lange beisammen, und trotz des beschwingenden Schaumweins überkam mich, ob meines Jungseins nur halb bewußt und uneingestanden, die Wehmut. Wie oft und mit welch jugendlicher Inständigkeit hatte ich in den Zeiten, da ich noch fest an die Schulbank gebunden war, mir gewünscht, den durchreisenden Konsul nach Aschau begleiten und an den mir vom Förster Steiner gerühmten Freuden der Winterstube teilhaben zu dürfen! Damals hatte ich mich stets mit dem Gedanken an spätere Jahre getröstet. So wie sich's jetzt erfüllte, machte es mich nimmer froh; die große Zeit im inneren und äußeren Leben dieses besonderen Mannes und väterlichen Freundes, in der durch ihn alles erwirkbar schien, war vorbei, und sie würde, das fühlte ich mit traurig machender Gewißheit, nicht wiederkehren. Das Schicksal hatte ihn in einem Zeitpunkt seines Lebens getroffen, in dem die Wege nimmer aufwärts führen.

Ich brach erst spät auf. Als ich die Elandalm wieder erreichte, war das Büchsenlicht schon geschwunden.

„Ei komm doch noch emal rüber!" sagte, in der niederen Haustür stehend, der Konsul zum Abschied. „Dienstag, allerspätestens Mittwoch, fahre mer heim."

Ich wollte ihm gern die Freude machen und begab mich nach Frühbirsch und Frühstück am Dienstag wieder auf den Weg zur Winterstube hinüber. Das Wochenende hatte ich, so wie es mein Vater der Sonntagsmesse wegen wünschte, im Tal verbracht und war am Montag erst wieder zu Berg gestiegen.

Als ich aber, schon bald nach zehn Uhr, drüben ankam, diesmal bei strahlender Oktobersonne über nebelfeuchte, bunt brennenden Bergwäldern, erfuhr ich, daß die Freunde doch den Dienstag zum Reisetag erkoren hatten und schon abgezogen waren.

„Wann sans denn scho furt?" fragte ich den am Misthaufen werkenden Hausl.

„Ja, wia lang werd's sein, a Stund scho guat", gab er mir Auskunft. „Es hamt no auf Aschau wollen, an Pfarrer b'suachen. 's Auto hat s' in der Rappertsau derwart't."

Es tat mir leid, daß sie jetzt doch ohne mein Lebewohl geschieden waren. Aber noch ließ es sich gut machen: Mit langen Sprüngen packte ich den Talweg an. Den Abstieg, zu dem sie, das stand fest, gut eine Stunde gebraucht haben mußten, würde ich unschwer in einer halben hinter mich bringen und ihnen dann nach Aschau entgegengehen. Wenn sie nach ihrem Pfarrerbesuch in Richtung München fuhren, mußte ich ihnen auf der Landstraße begegnen.

Auf dem Weg kamen mir der Steiner und der Träger Georg unter, die, recht vergnügt wie mir schien, schon wieder berg-, und, wenn die sicher reichlichen Bestände noch nicht aufgebraucht waren, bierwärts stiegen. Sie waren von der Rappertsau, vom Platz des Abschieds, herauf noch nicht recht weit, meinem Gefühl nach aber vielleicht doch schon zu weit gekommen.

Auf mein Befragen hob der Förster zweifelnd die Schultern: „Ja mei, z' Aschau sans ja glei drinn mit'n Auto. Und halten will er si gar net lang, hat er g'sagt, nur a Viertelstund, weil er z' München sein möcht' um a oans."

Ich rannte trotzdem weiter und in den Nebel hinein, der mit einer Dichte, daß man keinen Schrotschuß weit sah, unten im Tal über den Wiesen lagerte. Aber als ich endlich die Alleebäume der Landstraße aus dem öden Grau sich herauslösen sah und schwitzend und sehr beschleunigten Atems auf die Uhr schaute, wurde es mir klar, daß der ganze Galopp vergeblich gewesen war, und das den Konsul mit seinem Annache unserem Tal wieder entführende Auto schon vorbeigebraust sein mußte.

Ich ging ins nächste Dorf. Der die Produkte unseres Bräuhauses ausschenkende und mir daher wohlbekannte Wirt setzte mir einen Trank der Labe vor, spannte dann einen mit breitmächtigem Hinterteil prahlenden Schweißfuchs vor seinen Metzgerwagen und fuhr mich, mir damit sechs Kilometer Fußmarsch ersparend, ans Schloß. Nach einem Bad und nach dem Mittagessen an der elterlichen Tafel stieg ich wieder auf die Elandalm und von da – oh glückliche Zeit kaum ausschöpfbarer Jugendkräfte! –

noch weiter auf die Baumgartenalm hinauf. Die Wagenfahrt abgerechnet hatte ich an jenem Oktobertag mit allem Hin und Her und Auf und Ab acht scharfe Gehstunden hinter mich gebracht.

Den starken, sehr langstangigen Achterhirsch von der Baumgartenalm, um dessentwillen ich diesen Weg während der letzten Tage mehrmals und auch am Morgen des gleichen Tages schon gemacht hatte, bekam ich aber nicht. Niemand hat ihn, den von mir Heißbegehrten, nach dieser Brunft je wieder gesehen.

Von jenem „Freundschaftsmarsch", dem Beweis meiner Anhänglichkeit an ihn, hat Karl Kotzenberg übrigens nie etwas erfahren. Der Winterstubenaufenthalt damals war sein letzter. Trotzdem er es sich in der Folge noch mehrmals mit brieflicher Ankündigung vornahm, ist er nicht wieder nach Aschau gekommen. Vielleicht hatte ihn, ich habe allerdings nie Sentimentalität an ihm bemerkt, die Einsicht schmerzlich berührt, daß ein niedergegangenes Glück, wenn man es wieder aufrichten möchte, meist ein herabgemindertes ist.

Und als ich zwei Jahre später zur schönen Pfingstzeit ein paar Tage in seinem Frankfurter Haus bei ihm zu Besuch war, kamen wir nimmer darauf zu sprechen. Mein Vater hatte mir diesen Besuch, den er für eine Pflicht der Dankbarkeit erklärte, anbefohlen, und ich war später froh, ihm gehorsam gewesen zu sein, obwohl mich dies zu einem etwas schwierigen Umbau anderer, den Eltern verheimlichter Pfingstreisepläne nötigte.

Ich sah endlich das Haus, von dessen Gastlichkeit und frohen Festen ich viel erzählt bekommen hatte. Denn manche Aschauer waren in den guten Zeiten dorthin eingeladen worden: der Pfarrer, der Schloßkaplan, das Forstratsehepaar und sogar die Aschauer Zitherspieler und Tanzpaare in ihren Trachten.

Das Kotzenbergpalais war nicht nur im romanischen Stil gebaut, sondern auch bis herunter zum Stuhl und zum Hocker so eingerichtet. Ich sah jetzt endlich den kleinen Konzertsaal mit den von Hans Thoma entworfenen, die Jahreszeiten darstellenden bunten Glasfenstern und den in Weiß und Gold gefaßten Instrumenten, dem Flügel, der kleinen Orgel und der großen Harfe. Auch ein Teil der einst so umfangreich bedeutenden Sammlung prachtvoller Kunstgegenstände war damals noch erhalten. Aber die das Haus belebenden Gäste und Freunde, die Lachenden, Zechenden, Singenden und Musizierenden, fehlten jetzt; zwei alte Menschen gingen in den weiten Räumen meist einsam umher.

Als ich knapp zwei Jahrzehnte nach dem Krieg einmal einen unfreiwilligen Aufenthalt in Frankfurt hatte, entschloß ich mich nach längerem Abwägen von Für und Wider, mir dieses Haus noch einmal von außen anzuschauen und die Erinnerung an den längst verstorbenen Freund damit neu zu beleben, ihn noch einmal deutlich vor mir zu sehen, in dessen Winterstube ich inzwischen ungezählte gute Stunden verbracht hatte. „Victoriaallee 16", welch stolzer, siegbewußter, ganz und gar wilhelminischer Name aus der Jahrhundertwendezeit!

Der Taxichauffeur schaute mich ratlos an, als ich ihm die Adresse nannte. Er blätterte in seinem Buch nach und fragte schließlich einen älteren Kollegen. Und da erfuhr ich, daß diese einst nobelste Straße im neueren Stadtteil von Frankfurt nicht mehr existierte. Die Bomben der Amerikaner hatten die Gebäudereihen eingeebnet. Das war das Ende der Gloria-Victoria.

Unverhofft

Im Leben wiederholt sich manches, aber es kehrt nichts wieder. Das klingt nur dann wie ein Widerspruch, wenn man äußeres und inneres Geschehen, handgreifliche Erlebnisse und durchlebte Zustände, nicht auseinanderhält. Das Geschehen freilich wiederholt sich, manchmal, wenn es sich um Leidvolles oder um Verluste handelt, sogar öfter als uns lieb ist; ein Zustand aber, wurde er erst einmal durch Ereignisse irgendwelcher Art unterbrochen, würde uns, selbst wenn er sich wieder ergäbe, niemals mehr als die gleichen vorfinden.

Als Karl Kotzenberg die Pacht aufgegeben hatte und das Gejaid in unseren Wäldern wieder frei war, kehrten deshalb die alten Zeiten nobler Jagdgastlichkeit nicht zurück. Der Erste Weltkrieg hatte alte Bande gelockert und neue geknüpft, die Art zu leben auf andere Bahnen verschoben, die Sorgen um vieles, was einmal von Bedeutung gewesen, als unwert vergessen gemacht und andere, bisher ungekannte und weit gewichtigere, gebracht. Man war froh, all dem, was man zuvor hoch gehalten und frei vor sich hergetragen hatte, wenigstens im Inneren seinen Platz erhalten zu können.

Es kam wohl wieder der eine oder andere Jagdgast, und im Laufe der Jahre waren es ihrer mehrere geworden, die zu den verschiedenen hohen Jagdzeiten, manche sogar fast regelmäßig, zukehrten.

Als einer der ersten, erstmalig auf meine Fürsprache hin noch von Karl Kotzenberg zum Hahnfalz eingeladen, kam Arthur Schubart. Mit ihm hatte mein Vater als Gymnasiast schon den gleichen Schulweg gehabt.

Seine Bücher lernte ich dadurch kennen, daß er zu Beginn seiner Schriftstellerlaufbahn einige von ihnen meinem Vater dediziert hatte, die ich dann aufstöberte und heimlich las. Die persönliche Bekanntschaft mit ihm, aus der eine lebenslange Freundschaft wurde, vermittelte mir Ludwig Hohlwein, der nicht gerechterweise fast nur als Gebrauchsgraphiker voll bekannte und anerkannte große Künstler, der viele herrliche Jagdbilder geschaffen hat. Auch er war mehrmals Aschauer Jagdgast, und es tut mir leid, daß ich ihn nicht öfters einlud oder einladen konnte. Er war mir ein lieber Freund, und – wenn ich es so rückschauend überdenke – der liebste Jagdkumpan, immer gut gelaunt sich tabakrauchumkräuselt der Behaglichkeit des Hüttenlebens und der jägerischen Vorfreude hingebend. Natürlich kehrte auch der Onkel Oberleutnant als Abteilungs-, dann als Regimentskommandeur und schließlich als General des Hunderttausendmann-Heeres in die ihm von Bubenzeiten an schon vertrauten Aschauer Jagdgründe zurück. Von ihm muß ich eine kleine Geschichte aus seiner Oberleutnantzeit noch vor dem Ersten Weltkrieg hier herein erzählen; nichts gar Ausgefallenes, aber etwas, das einen Blick tun läßt in das glückliche Leben der Vorvierzehnerjahre auf dem Aschauer Schloß und in den es umgebenden Wäldern.

Ich glaube, mein Onkel Heinrich war der einzige Aschauer Jagdgast, der damals, wenn auch nur zu kurzem Verweilen und einmaligem Übernachten, das Jägerzimmer auf der alten Winterstube bezogen hat.

Es war, als er für nur wenige Urlaubstage gegen Ende der Hirschbrunft und spät angesagt angefahren kam, keiner der Hauptplätze unbesetzt. Einer, die Dalsenalm, wurde erst zwei Tage später für ihn frei. Als einen der jüngsten Jagdgäste und zudem als nahen Verwandten konnte und mußte man ihn zunächst an der Peripherie beschäftigen. Der ihn führende und ihm, schon weil er selber Reservist bei der Artillerie war, zugetane Forstwart hoffte, mit seinem Gast von der Winterstube aus dem Forstrat, dem auch er die Hofalm neidete, „ins Gäu" birschen zu können. Deshalb hatte er ihn (es hätte noch andere Plätze gegeben) dorthin gebracht. Es kam aber anders. Auf der ausgedehnten Nachmittagsbirsch durch das Felsengebiet der Heugräben schoß mein Onkel einen guten Gamsbock, und am Morgen trieb ein älterer Eissprossenzehner auf der Almlehne gegenüber dem damals noch baufälligen Bauernhof sein Rudel waldwärts. Die Entfernung war ziemlich groß. Der Hirsch zeichnete auf einen Waidwundschuß, den auch die Birschzeichen am Anschuß bestätigten. Man mußte ihn zunächst in Ruhe lassen. Mein Onkel aber konnte die Nachsuche nicht abwarten und schaute, daß er ins Tal hinunterkam, denn am Nachmittag sollte er zur Dalsendiensthütte aufsteigen. Überdies hatte sich zum Mittagessen ein hoher Gast angesagt, die Prinzessin Ludwig, Gattin des späteren letzten Bayernkönigs, die in naher Nachbarschaft auf dem Schloß Wildenwart, bei der aus Italien emigrierten Herzogin von Modena, hochbetagten Tante ihres Gemahls, gerade zu Besuch weilte.

Im feierlichen artillerieblauen Überrock nahm der Onkel an dieser Mittagstafel teil, zog aber, als die männlichen Gäste bei den Zigarren angelangt waren, beunruhigt mehrmals heimlich die Uhr. Um einhalb drei Uhr wartete der Wagen auf ihn, der ihn ins Tal hinein bis zu seinem Aufstiegsweg fahren sollte. Als der große Zeiger auf dreiviertel stand, und die Prinzessin, die anscheinend keine Eile hatte, in die nicht eben unterhaltsame Atmosphäre des Wildenwarter Schlosses und seiner greisen Herrin zurückzukehren, von Aufbruchsabsichten nichts merken ließ, wandte sich der Onkel in einem geeigneten Moment an meine Mutter:

„Anny, seit halb drei wartet der Wagen auf mich. Glaubst Du, daß ich mich von der Prinzessin verabschieden darf?"

Meine Mutter sah ihm verständnisvoll lächelnd ins Gesicht:

„Nein, das darfst Du nicht, aber Du kannst Dich *heimlich* zurückziehen. Waidmannsheil!"

So geschah es, und am nächsten Morgen schoß der Onkel seinen bis dahin besten Aschauer Hirsch, einen Zehner mit großen Kronen und zwar gedrungenen, aber sehr starken und rauh geperlten Stangen. Als er nach dieser Birsch, den Bruch am Hut, wieder auf die Hütte kam, übergab der Träger ihm einen Briefumschlag, der die Grandeln des ersten Zehners enthielt und einen Zettel mit der Meldung von der glücklich verlaufenen Nach- und Todsuche.

Mein Onkel hat mir mehrmals die Geschichte von diesen drei Tagen erzählt, die, wie ich glaube, in seiner Erinnerung zu den schönsten gehörten, die er in Aschau verlebt hatte.

Von den übrigen Jagdkavalieren, die vor dem Ersten Weltkrieg oft oder sogar regelmäßig Gäste meines Vaters in Aschau gewesen waren, ist ein einziger, und der nur wenige Male, als Jäger wiedergekehrt. Einige waren im Lauf des dazwischenliegenden Jahrzehnts alt geworden und wollten mit der Jagd im Gebirg nicht nochmals anfangen, und andere wiederum hatten ihre Verärgerung über die Jagdverpachtung etwas zu deutlich merken lassen und nicht einmal Versuche gemacht, die ihnen offengebliebene Möglichkeit, die gesellschaftlichen Beziehungen zum Haus meiner Eltern, in dem sie durch Jahre Gastfreundschaft genossen hatten, weiter zu unterhalten. Nicht zuletzt aber hatte mein Vater, der schon sehr bald die Reviere auf der Ostseite des Tales wieder, wenn auch hinsichtlich der Wahl des Pächters weniger glücklich, verpachtete, erkannt, daß

eine Gastlichkeit, wie er sie in Vorkriegszeiten gepflegt hatte, seinen Möglichkeiten und den Gegebenheiten der Zeit nicht mehr entsprach.

Aber dieser eine, von dem ich jetzt noch erzählen will, war mit der
beste Jugendfreund und Freund meines Vaters, und hatte, von aller jagdlichen und sonstigen Veränderung unbeirrt, als ein ob seines Witzes, seiner
Kultur und seiner lebhaft unterhaltenden Art hochwillkommener Gast
meine Eltern immer wieder besucht. Es war der Graf Franz Pocci, „Franz
Pocci der Enkel", wie er sich selber nannte, zum Zwecke der Unterschei-
dung von seinem Großvater, dem älteren Franz Pocci, dem hochbegabten
Spätromantiker, Aquarellisten, Graphiker, Dichter und Komponisten,
dem Verfasser der zu Nestroyschem Ruhm gelangten Kasperl-Lustspiele.
In seinem Hauptamt war dieser ältere Pocci Oberstkämmerer und Oberstzeremonienmeister am königlichen Hof, und sein liebenswürdiger, nie ver-
letzender Witz gewann ihm selbst die Zuneigung Ludwigs des Zweiten,
dem, ganz im Gegensatz zu seinem Bruder Otto und zu seinem Großvater,
dem Ludwig Augustus, jeder Sinn für Humor fehlte. Es wurde sogar behauptet, daß der Oberstzeremonienmeister, als er mit einer Karikatur
eine empfindliche Stelle seines überaus schwer zu behandelnden Königs
berührte, die allerhöchste Gunst nicht verloren habe.

Anno 1865 hatte Ludwig seinem sorgenschwer seufzenden Intendanten,
dem Freiherrn von Perfall, die Uraufführung des Wagnerschen Tristan
befohlen. Trotz einer glanzvollen Darstellung durch das Ehepaar Schnorr
von Carolsfeld, fanden Tristan und Isolde beim Münchner Publikum zwar
keineswegs Ablehnung, aber eine so zögernd unsichere Bejahung, daß
Wagner seinen Sängern am Morgen nach der Premiere einen kurzen
schriftlichen Gruß mit folgenden einleitenden Worten sandte: „Guten
Morgen, liebe edle Löwen! Wollen wir noch einmal in die Wüste brül-
len...?" Schon die dritte Aufführung bedeutete einen Mißerfolg für die
Kasse des Hoftheaters und zu einer vierten ist es damals dann auch nicht
mehr gekommen. Graf Pocci hat aber eine Zeichnung von dieser vierten
Vorstellung gemacht, die in seinem Freundeskreis von Hand zu Hand
ging. Auf ihr ist die Bühne der Münchner Hofoper vor völlig leerem Par-
kett dargestellt. An der Rampe steht Wagner, Hand in Hand mit dem
Ehepaar Schnorr und verneigt sich tief. Aus dem Dunkel der Königsloge
wachsen zwei riesengroße beifallklatschende Hände heraus und die beiden
Karyatiden zur Rechten und Linken, die auf ihren Häuptern den Balda-
chin der Loge tragen, haben ihre Leiern unter die Achseln geklemmt und
beteiligen sich ernst und feierlich am Applaus. Ich glaube nicht daran, daß
diese scherzhafte Zeichnung dem König vor Augen gekommen ist. Er hätte
sie schwerlich humorvoll aufgenommen.

König Ludwig der Erste schätzte die angenehm heitere Art des Oberstzeremonienmeisters und nahm ihn sich, auch nachdem er abgedankt hatte, noch besonders gerne als Reisebegleiter mit nach Rom. Dort verbrachte der König in seinen letzten Lebensjahrzehnten, der alpennahen Kälte in Bayerns Residenzstadt entfliehend, fast regelmäßig die Wintermonate. Während eines dieser römischen Aufenthalte – so hat Pocci der Enkel es mir erzählt – wurden ihm über Mittelsmänner Briefe zum Kauf angeboten, die er zwanzig Jahre zuvor an die Lola Montez, seine von ihm als Gräfin Landsfeld in den Adelsstand erhobene Geliebte, geschrieben hatte. Der König beauftragte den sein volles Vertrauen genießenden und überdies die italienische Sprache bis in die Nuancen beherrschenden Grafen Pocci mit den Verhandlungen, die, trotz der seit dem Lola-Montez-Skandal verstrichenen langen Zeitspanne, doch noch einige Diskretion erforderten. Der Rückkauf der Briefe kam ohne besondere Schwierigkeit zustande, da aber der Oberstzeremonienmeister zu später Stunde und außerhalb des königlichen Quartiers mit dem obskuren Vermittler verhandeln mußte, konnte er seinem hohen Herrn, der stets frühzeitig zur Ruhe ging, die Papiere nicht mehr übergeben, die vergilbten Dokumente jenes Großfeuers im Herzen eines genialen, hier freilich verblendeten Königs, das einst das gesamte Bayerland des neunzehnten Jahrhunderts einschließlich seines spießigen Bürgertums und nicht viel aufgeschlosseneren Adels auf den Kopf zu stellen gedroht hatte. Sie waren mitsamt einer Kassette ausgehändigt worden, die Ludwig I. seiner schönen Geliebten einmal geschenkt hatte. Vermutlich war sie damals schon für Aufbewahrung seiner Liebesbriefe und -gedichte bestimmt gewesen, wie etwa dieses:

> „Heitren Sinnes, froh und helle,
> Lebend in der Anmut hin,
> Schlank und zart wie die Gazelle
> Bist du, Andalusierin . . .“

Alles was der König im Lauf seines langen Lebens gebaut, an kunstgewerblichen Arbeiten veranlaßt, oder auch zu Geschenk gemacht hatte, war bis ins Letzte mit hochkultiviertem Sinn bedacht, durchdacht und ausgeführt. Sein Enkel, Ludwig II., hatte diese kultivierte Präzision von ihm geerbt, nur leider nicht auch den Zahlensinn, der den Großvater bei seinem diesbezüglichen Wirken sich immer auf das Mögliche beschränken ließ. Die Kassette der Lola war aus Ebenholz mit silbernen Schlössern, Scharnieren und Eckbeschlägen gefertigt. Deckel und Seitenwände aber waren mit himmelblauem Samt überpolstert. In der Mitte des Deckels prangte groß ein mit Silberfäden und Perlen gesticktes L unter der Königskrone.

Der Graf hatte die Briefe gezählt und nachgeprüft und dann die Kassette mit dem silbernen Schlüssel wieder zugesperrt. Die Nacht über stand sie nun auf dem Tisch in seinem Zimmer, und während dieser ganzen langen Winternacht tat Franz Pocci der Ahn kein Auge zu. Die Versuchung, diese Briefe zu lesen, ward für ihn zur Qual. Sein ritterlicher Sinn, sich des königlichen Vertrauens würdig erweisen zu müssen, behielt aber die Oberhand über die bohrende Neugierde. – Endlich wurde es Tag und endlich war es soweit, daß er bei seinem Herrn vorgelassen werden konnte. Der greise König saß fröstelnd vor dem offenen Kamin, in dem ein Kohlenfeuer brannte. Er übernahm das kostbare Behältnis und legte es auf die über seine Knie gebreitete Decke. Dann schaute er längere Zeit nachdenklich darauf nieder. Schließlich wendete er sich dem Oberstzeremonienmeister mit einem müden Lächeln zu und fragte:

„Hat er die Briefe gelesen, Pocci?"

„Nein, Majestät", antwortete der Graf mit einem Seufzer aus tiefer Brust, „es war eine sehr große Versuchung für mich, und ich habe die ganze Nacht kein Auge zugetan deswegen, aber ich gebe Eurer Majestät mein Ehrenwort, daß ich die Briefe, nachdem ich sie im Beisein des Übergebenden auf ihre Echtheit geprüft hatte, nicht mehr angerührt und auch die Kassette nicht mehr aufgesperrt habe." Der König nickte, zum Zeichen, daß er ihm glaubte, ein paarmal vor sich hin. Er hätte ein Erliegen der Versuchung, zumal bei diesem in Treue und Diskretion erprobten Diener, sicher verziehen.

„Ich will sie *auch* nicht mehr lesen, Pocci", sagte er dann und warf das schöne Ebenholzkästchen mitsamt silbernem L und Königskrone ins Kohlenfeuer des Kamins.

Franz Pocci, der Enkel, hatte mit dem Großvater nicht nur den Namen gemeinsam. Ich entsinne mich zwar nicht, Zeichnungen von seiner Hand gesehen zu haben, er ist aber einer der gewandtesten, formsichersten und schlagfertigsten Literaten seiner Zeit gewesen. In den zwanziger Jahren, zu einem Zeitpunkt, da der deutsche Büchermarkt von Lyrik schon beinahe ebenso wenig mehr wissen wollte wie gegenwärtig, sind mit großem Erfolg zwei Auswahlbände seiner Gedichte erschienen. Es ist bezeichnend für seinen orginellen und dabei sehr offenen Charakter, daß er die Auslese, die ihm selber Schmerzen bereitete, von seinen Freunden treffen ließ, zu denen unter anderen Max Halbe, Gustav Waldau, Kurt Stieler, Felix Schlagintweit, Georg Escherich und sogar ein Ordensmann, der geistreiche Franziskanerpater und Literarhistoriker Expeditus Schmidt, zählten. Jeder der von ihm erwählten Preisrichter (auch literarisch unbeteiligte Freunde waren darunter) bekam einen großen Stoß Gedichte zugesandt und mußte statt seiner begutachten und klassifizieren. Selbst in französischer und lateinischer Sprache hat er vollendete Verse geschrieben. Seine Fasanenmonographie ist ein leider längst vergriffenes, hochstehendes ornithologisch-historisches Werk. Seine ungezählten gereimten Küchenrezepte sind für Meister der Kochkunst, kultivierte Esser und Freunde der Literatur gleichermaßen erfreulich.

Während der zwei Jahrzehnte vor dem Ersten Weltkrieg, diesem wahrscheinlich glücklichsten Abschnitt deutscher Geschichte und deutschen Lebens in neuerer Zeit, war Franz Pocci ständiger Jagdgast im Aschauer Revier. Viele lustige Erlebnisse mit ihm erzählte sich die alte Jägerei; von seinem wilden Temperament, seinen Zornesausbrüchen, seinen Fluchlitaneien, seiner beinahe bubenhaften Gutmütigkeit, seinem Humor, seinen Meisterschüssen in voller Flucht und seinen gelegentlichen Patzereien. Der Förster Steiner, der den Grafen oft geführt und auch gerne gemocht hat, erzählte mir ein mit ihm gehabtes ziemlich dramatisch verlaufenes Erlebnis, das sein Wesen voll charakterisiert. Es war lange vor dem Ersten Weltkrieg; Franz Pocci war damals noch jung und der Steiner erst Forstwart. Ich glaube, es hat sich zur Zeit der Hirschbrunft so zugetragen. Einem Steig entlang birschend, begegneten sie einem guten Gamsbock, der sie aber gleich eräugte, und, als der Graf gerade den Finger krumm machte, flüchtig wurde. Die Folge war ein schlechter Schuß und dessen Folge wiederum eine ganze Kette nachgejagter fehlgehender Kugeln, deren Bahn der erzürnte Schütze mit ungezählten Flüchen „segnete". Selbst als der anscheinend ziemlich schwerkranke Bock weit oben in eine Wand eingestiegen war und sich niedergetan hatte, umstäubten ihn noch die Einschläge. Und auf einmal hatte der Graf keine Patronen mehr. Auch das Magazin des Steinerschen Dienstrepetierers war leergeschossen. Franz Pocci stampfte wütend auf den Boden: „Haben Sie keine Patronen mehr?"

„Oane hab' i no in der Taschen", antwortete der Steiner, „aber a so bedeut's ehana do nix, Herr Graf! Jetzt hören's auf mi."

Er trug nun dem Erregten einen Plan vor. Die Gelände- beziehungsweise Felsgegebenheiten lagen anscheinend so, daß das kranke Wild, richtig angegangen, einen Zwangswechsel annehmen mußte. Unterhalb dieses Wechsels irgendwo in den Latschen war ein Felskopf, den der Graf gedeckt erreichen konnte, und von dem aus er den Wechsel auf günstige Entfernung beschießen konnte. Sobald er seinen Stand bezogen hätte, wollte der Forstwart ihm den Bock zudrücken. Der Steiner wartete ab, bis sein Kavalier auf dem vereinbarten Stand sichtbar wurde und machte sich dann mit einer kleinen Umgehung auf den Weg. Aber kaum war, als er sich sehen ließ, der Gams hoch geworden, peitschte schon, obwohl die

Entfernung für eine sicher anzutragende Fangkugel auch von dieser neuen Warte des Schützen aus noch zu weit war, der Schuß des Grafen herüber, und die letzte Patrone war vertan. Der kranke Bock zog langsam auf dem vom Steiner richtig ausersehenen Wechsel weiter auf hundertfünfzig, auf hundertzwanzig Meter an den Grafen heran, schließlich auf weniger als hundert Schritt an ihm vorüber und verschwand in den Latschen. Die ihn dabei begleitenden Verwünschungen des Schützen hallten bis zum Steiner herüber, der nun am liebsten selber laut geflucht hätte, aber nicht auf den Bock. Damit ist die Geschichte aber noch nicht ganz zu Ende. Der Weitermarsch zur Hütte verlief dann nämlich auch nicht schweigsam. Denn alle hundert Meter weit blieb der Gast stehen, stampfte ins Gestein und fluchte laut vor sich hin. Und dabei geschah es auf irgend eine Weise, daß er plötzlich stolperte und in seiner ganzen Länge nach vorne abwärts hinschlug. Der Steiner erschrak zu Tode, denn es war ein sehr bösartiger und harter Sturz in die den Steig säumenden Felsen hinein. Als der Graf sich erhob, war er kreidebleich und griff sich ganz benommen an den Hinterkopf. Sein zierlich eleganter 6,5 Mannlicher Stutzen hatte ihn, vermutlich durch eine unglückliche Hebelwirkung im Gestein oder Geäst, so heftig auf den Hinterkopf geschlagen, daß der Schaft abgebrochen war.

Franz Pocci war trotz seiner in der Jugend ungezügelten Art, seinen italienischen Vorfahren auch in dieser Hinsicht nachgeraten, ein sehr frommer Mann, ein tiefgläubiger Katholik. Von einer Minute zur anderen ernüchtert, glaubte er in diesem jähen Hingeworfenwerden einen zornigen Ordnungsruf von oben erkennen zu müssen.

„Das war die Strafe", sagte er ernst und auf einmal völlig verändert zum Forstwart, der ihm seinen Hut aus den Latschen geholt hatte. Und seine ganze Gutartigkeit zeigte sich jetzt, indem er dem Steiner die Hand reichte und ihn um Verzeihung bat, weil er sich so sündhaft hatte gehenlassen. Er stieg dann auch, als der Weg sie daran vorüber führte, zu einem Almkreuz hinauf, um zu beten. „Wahrlich, wahrlich, ich sage euch, wenn ihr nicht werdet wie die Kinder . . ."

Ganz zu versöhnen aber hatte er den Himmel doch nicht vermocht, denn der Gamsbock war, wie alle aufgemüdeten Stücke, anscheinend sehr weit gegangen, in der Nacht schneite es überdies, und des Steiners junge Schweißhündin, die, wie alle seine Hündinnen, „Dean" hieß – so nennt sich die Jagdgöttin Diana auf oberbayrisch – versagte in den Latschen. Der Bock ward nicht gefunden.

Ein andermal wieder schoß der Graf, auch unter Steinerscher Führung, eine seltene, heute natürlich verbotene Dublette. In der Gamsbrunft war's. In Deckung eines Altfichtenbestandes nah an der Baumgrenze waren sie bis zum Rand einer größeren Alm hingebirscht. Auf ihr äste, wie sie von weiter unten her schon beobachtet hatten, den Schnee von der steilen Halde wegschlagend, ein Rudel Gams, von einem guten Bock umkreist. Etwa fünfzig Meter unterhalb davon balzte, was im Hochgebirg um diese Zeit nicht selten vorkommt, auf dem dürren Wipfel einer kleinen Wetterfichte ein langsicheliger Spielhahn blaublitzend im vollen Sonnenlicht. Nachdem sie das Ganze eine Weile beobachtet und den Bock genau angesprochen hatten, nahm Franz Pocci zum mißbilligenden Erstaunen des Forstwartes den Hahn aufs Korn. Damals hatte das Birkwild im Spätherbst noch Schußzeit, der Steiner sah jedoch einen Fehlschuß, ein dadurch verursachtes Wegflüchten der Gams und einen Zornesausbruch des Schützen voraus. Aber die Befürchtungen lösten sich in Freude auf, denn der Hahn kippte von seiner Fichte, und wenige Sekunden später bekam der Gamsbock eine gute Blattkugel. Auch solche Erlebnisse konnte man mit diesem sehr schnell und meist sicher schießenden Jagdgast haben.

Es war, wenn ich nicht irre, Anno 32 im November, als er nach längerer Pause wieder einmal in Aschau weilte. Mein Vater lud ihn auf einen Gamsbock ein, aber der inzwischen hoch in die Fünfzig aufgerückte Freund war ein wenig leidend geworden und zu bergjägerischen Anstrengungen, die er zwei Jahrzehnte zuvor mit seinen langen Beinen mühelos bewältigt hatte, nicht sonderlich mehr aufgelegt. So gegen Ende der Gamsbrunft aber, als die letzte Woche eines schneearmen Novembers mit tiefblauem Himmel und warmsonnigem Wetter es besonders verlockend erscheinen ließ, entschloß er sich doch auf gemeinsames Zureden von Vater und Sohn zu einem bewaffneten Spaziergang ins Gamsgebirg. Es verlangte ihn nach einem Wiedersehen mit altvertrauten Plätzen, nach Rückschau und belebter Erinnerung und – wenn's Hubertus gesegnen wollte – auch nach der Krucke und dem Bart eines etwa vorübersuchenden Bockes.

„Du kommst mir aber mit! Dich möchte ich dabei haben", sagte er sehr kategorisch zu mir, nachdem er dies alles – wie es seinem Temperament entsprach, ganz plötzlich sich entschließend – schon für den nächsten Tag anberaumt hatte. Nichts hätte ich bereitwilliger getan als das, denn ich liebte ihn sehr und jeder, der ihn gekannt hat und sich seiner noch erinnert, wird mir zugeben, daß seine Persönlichkeit etwas in höchstem Maße auszeichnete, was sich mit dem deutschen Wort „Zauber" nicht voll zutreffend ausdrücken läßt und was die Franzosen „Charme" nennen. Das erhielt ihn überraschend jung und machte das Zusammensein mit ihm fast immer, und gar bei solch einem mehr auf den Genuß eines sonnigen Novembertages und der spätherbstlichen Landschaft, als auf Beute eingestellten Gamsspaziergang, hocherfreulich.

Ich wäre also gerne mitgekommen und dabei gewesen, aber dem stand ein Hindernis entgegen, ein älteres Recht sozusagen, ein von mir schon gegebenes Versprechen. Artur Schubart war gerade mit dem sauer verdienten Latschenbruch am Hut von einer unserer Hütten heruntergekommen, wollte nächsten Tags abreisen, und wir hatten für die Stunden des frühen Vormittags eine kleine gemeinsame Entenbirsch und Hasenstamperei in den Flußauen vereinbart. Franz Pocci, der daran hätte teilnehmen sollen, wollte aus Sorge vor einem Umschlagen des beglückend schönen Wetters keine Verschiebung seiner Gamsbirsch mehr wagen, sah aber ein, daß ich, ohne den anderen Freund und Gast zu kränken, das schon fest verabredete Unternehmen nicht wohl mehr absetzen oder davon fernbleiben konnte. Ich versprach ihm, gleich nach meiner Heimkehr die Wasserstiefel mit den Bergschuhen und die Flinte mit der Büchse zu vertauschen und ihm beschleunigt nachzusteigen, um ihn spätestens am Endziel seines nicht weiten Weges, einem Hochsitz am Rand gamsberühmter Almen, einzuholen.

Auf Grund so mancher im Lauf der Jahre gemachter Erfahrungen vermeide ich jetzt derartige ineinandergehende Abmachungen mit verschiedenen Partnern. Bestensfalls ist man der Hin- und Hergezerrte und -gehetzte und befindet sich überdies in ständiger, wenn auch nur halbverschuldeter Gefahr eines Vertragsbruches.

Am nächsten Morgen lagen die Enten nicht auf jenen Tümpeln, auf denen ich sie kurz zuvor beim Hechtfischen mehrmals bestätigt hatte. Wir mußten nach ihnen suchen und fanden sie nicht. An unerwarteter Stelle gingen wir sie dann zufällig an. Sie standen plötzlich in einem Riesenschoof von etwa hundert Stück auf und stiegen aus sich lösenden Nebeln in den sonnenblauen Himmel empor, ein rauschendes Farbenwunder von weißen Schwingen, silbernen und bräunlichen Brüsten und Bäuchen, enzianblauen, weißrandigen Flügelbinden, smaragdenen Erpelköpfen, schwarzsamtenen Pürzeln und orangenen Rudern. Sie kamen allzuschnell aus dem Bereich unserer Flinten – ihnen nachzuschießen wäre aussichtslos gewesen – gewannen rasch an Höhe, zogen sich zu einem langen Geschwader auseinander, überkreisten mehrmals das Tal und suchten endlich, in Büchsenschußhöhe über unseren ihnen bei aller Bewunderung enttäuscht folgenden Gesichtern hinwegklingend, das Weite, will heißen, den im Nordosten mit gastlicher Fläche sie erwartenden Chiemsee. Aber als ich mich soeben meinem Gast mit bedauernd hochgezogenen Schultern zuwandte, drehten sie, die windschnellen Wanderer, sich uns doch wieder zu, sanken, schneeweiß erschimmernd, plötzlich in die Tiefe und schließlich nach einigen zögernden Zirkeln fielen sie bis auf vereinzelte, sich selbständig machende Paare alle dort in die breiten Weidenkronen des Auwaldes hinein, wo jene Tümpel lagen, auf denen wir sie eine halbe Stunde zuvor vergeblich aufzutun gehofft hatten. Wir kehrten um und führten den beim ersten Unternehmen mißlungenen Feldzugsplan jetzt siegreich noch einmal durch.

Der alte braune Wachtelrüd Tasso hatte aber noch viel Arbeit, mußte manchen seichten Tümpel durchplätschern, manchen Arm des Quellbaches durchschwimmen, manches Rinnsal überspringen und manches Schilfbeet sorgsam absuchen, eh' wir die fünf herabgeholten Erpel mit der einen unvermeidlichen, und noch dazu geflügelten Ente auch wirklich am Galgen hatten.

Ich aber mußte unterdessen allerhand erleiden, denn der durch die anfänglichen Irrwege mißmutig gewordene und auf seine Kunst mit der Flinte nicht wenig eitle väterliche Freund ließ es an abfälligen Bemerkungen über die tatsächliche Leistung hochgepriesener, von ihren Führern maßlos überschätzter Gebrauchshunde nicht fehlen, eh' nicht die ganze Strecke geborgen war, und auch nachdem dies geschehen, tat er dem alten Tasso keine Abbitte. Irgendwo sollte nämlich noch eine siebente Ente sehr nieder geworden und wahrscheinlich herabgefallen sein. Weder ich noch der die Enten uns angehende Jäger und Hundeführer hatten davon etwas bemerkt, und auch der kundige Tasso, mit dem mir kaum je ein schwerkrank geschossenes Stück verlorengegangen ist, wollte es nicht wahrhaben, revierte teilnahmslos auf jener Streuwiese umher, schüttelte sich absagend das Wasser aus den braunen Zotten und löste sich schließlich, wobei er das etwas bereifte Haupt mit angelegten Behängen und zurückgezogenen Lefzen wie verzückt der wärmenden Sonne entgegenhob.

Jagdherr, Jäger und Hund waren beim Gast nach diesem Vorkommnis in Ungnade gefallen, aber der Heimweg durch die in Nebelfeuchte und Sonnenglast flimmernde Flußau mit frisch brennender, blauwölkender Zigarre hinter dem die Beute tragenden Jäger her löste am Ende doch alles in Harmonie.

Und darüber war es Mittag geworden, und als ich nach endgültigem Abschied in trockenen Kleidern, bergjägerisch angetan, meinen Wagen endlich bestieg, schlug die Uhr am Giebel des alten Gasthofes zur Burg soeben die zweite Stunde des Nachmittags. Und als ich den Wagen dort abstellte, wo der wasserfallwilde Weißenbach in den Prienfluß hineinstürzt, lag die Westseite des Tales, an der mein Weg mich aufwärts führen sollte, schon beinahe ganz im Schatten. Außerdem bemerkte ich mit nicht geringem Ärger, daß ich mein Zeißglas zu Hause vergessen hatte. Ich bin sehr abergläubisch, und wenn ich einen wesentlichen Gegenstand, wie etwa die Uhr, die Zündholzschachtel, das Rauchzeug, den Wettermantel, mit auf die Birsch zu nehmen vergessen habe, dann geb' ich nicht mehr viel auf den Erfolg. Heut' konnte es mir aber wahrhaftig gleichgültig sein, denn schießen sollte ja der Gast, und der mußte nach dem Reglement einer ordnungsgemäß abrollenden Gamsbirsch, wenn überhaupt, dann schon längst den Finger krummgezogen haben. In knapp einer halben Stunde würde der Wind von seinem Platz auf dem Hochstand in die Almmulde hineinschlagen und die Zeit des Abstiegs für ihn gekommen sein. Bestenfalls und bei weitest ausgreifendem Bergjägerschritt konnte ich ihm noch zwei Drittel seines Heimweges entgegensteigen. Er hatte mir ausdrücklich gesagt, daß er sich für irgendein Gehetze beim An- oder Abstieg nicht wohl genug fühle und auf einer Tallandung bei noch leidlichem Licht bestehe.

Im Alter von vierundzwanzig Jahren hat man außer den jagdlichen nur ausnahmsweise auch andere Sorgen. An jenem Nachmittag hatte ich sie und, nachdem die Entenerlebnisse des Morgens und der sich anschließende eilige Umzug sie durch ein paar Stunden verdrängt und niedergehalten hatten, fielen sie jetzt auf dem einsamen Bergweg über mich her und schienen alles nachholen zu wollen, was ihnen der Vormittag an Quälerei verwehrt hatte. Eine Niederlage brannte und wurmte, eine Fessel drückte und zerrte, eine Verkennung kränkte, und so hielt ich denn im Gehen den Kopf eingezogen, brummte in abgerissenem Selbstgespräch allerhand vor mich hin, stritt ab und bewies, legte zurecht und überredete und verspann mich ganz in inneren Widerstreit.

Mein Weg war knöcheltief mit Fallaub bedeckt, das trotz nächtlichen Reifens bei dem föhnigen Wetter sehr trocken geworden war. Schnell bergwärts eilend, rauschte ich darin mit dem zu meiner Linken talwärts sprudelnden Weißenbach um die Wette. Hoch oben unter den Wänden des Zinnkopfs und auf der Schattenseite der Aueralm lag Schnee. Es gab da ein paar im Lauf der Jahrzehnte klassisch gewordene Spähpunkte an bestimmten Krümmungen des Weges, von denen aus man mit Bestimmtheit den ersten Anblick freilich noch sehr fern und hoch über einem stehender Gams gewärtigen konnte. Heute überlief ich sie.

Der Ziehweg nahm an einem durch Steinschlag und Erdrutsch fast unkenntlich gewordenen Lagerplatz ein Ende, und ich bog in den Steig ein, der von hier weg steil und in Zickzackkehren aufwärts führte. Auf einzelnen laubfreien Stellen fährtete ich in schwarzer Erde den langen, schmalen, eleganten, aber nichtsdestotrotz grob genagelten Schuh des Gastes und die kurzen, breiten Trittlinge des ihn führenden alten Försters Huber. Und hier auf einer niederen Felsplatte, die wie ein riesiger Mühlstein in einer Wendung des Steigs lag, hatten die beiden anscheinend gerastet. Ein wenig Stanniol von einer Rippe Schokolade, zwei jener schikken roten Streichhölzer, deren sich Pocci der Enkel, aus silberner Büchse zu bedienen pflegte und ein paar Zigarettenstummel lagen davor.

Weiter! Es ist ohnedies eine Schande, wie spät ich daran bin und eigentlich ist's sinnlos, sich jetzt noch zu dieser Hetztour zu zwingen. Hätten wir heute früh den ersten Heimweg nicht über die Wiesen, sondern dem Waldsträßlein entlang genommen, dann hätten wir die auf offenem Bach ganz unerwarteten Enten nicht angegangen, dann hätt's keine Umkehr und keine umständlichen Nachsuchen mehr gegeben, dann wäre ich zwei Stunden früher daran und würde oben auf sonniger Alm mein Versprechen eingelöst haben.

Jede Jagdart hat ihren besonderen Geist, ihre eigenste Stimmung und ihre hauptsächlichsten Stunden des Tages oder der Nacht. Im Hahnfalz bin ich um die Mittagsstunde nicht gern im Revier, die Hirschbrunft hat eine, wenn auch kurze Zeitspanne, die ich nicht mag und zu der ich nur äußerst selten den Fuß vor die Hüttentür setze; es ist dies die Stunde lustloser Stille so zwischen einhalb zwei und einhalb vier Uhr des Nachmittags, wenn die große Fahne drunten auf dem Turm des Schlosses unruhig flappt und in müden Falten zusammenfällt, weil der Wind im Begriff steht, sich talaus zu drehen. Und so braucht auch eine Birsch auf den Bartgams keinen Abend; der sollte immer dem Abstieg, der tieferen Region und der Heimkehr gehören.

Aber all diese Gedanken um hätte, wäre und würde waren unfruchtbar. Ich war auf dem Marsch und wollte so weit wie möglich kommen, um meinen guten Willen, so wie es sich jetzt eben noch machen und drehen ließ, zu beweisen. Ich hatte auch schon ein nettes Stück Weges geschafft und soeben den Ausläufer des Almerertals an der Stelle, da es sich zu einer klammähnlichen Felsenschlucht verengt, hinter mich gebracht. Der keuchende Atem gebot eine Rast, ein kurzes stehendes Verweilen; zum Setzen war keine Zeit.

Unheimlich still war's in dem schon abendlich sonnenlosen Bergwald. Keines der Millionen dürrer Blätter regte sich unter irgendeinem Lufthauch, und ganz leise, schwermütig und abwesend rauschte, tief in die Felsen eingegraben, zu meiner Linken der Gießbach. Mir war, als sei ich das einzige lebende Geschöpf in diesem weiten Kar, als sei alles um mich her in entfremdenden Schlaf gefallen, und eine seltsame Bangigkeit faßte mich an. Ich merkte auch, indem ich mich aus unerfreulichen Grübeleien zu lösen suchte, daß ich recht müde war. Franz Pocci saß gern und bis tief in die Nacht hinein am grünen Tisch. Ich war damals auch noch dem

Der Förster Steiner im Alter von 80 Jahren; Zeichnung von A. D. Hinzpeter im Jahre 1946

Der Förster Adolf Pfaffinger im Alter von 70 Jahren; Zeichnung von Professor Longino um 1950

Hasenjagd im bayerischen Alpenvorland (um 1850); aquarellierte Tuschezeichnung des Grafen Franz Pocci des Älteren

Die Brockenalm; Zeichnung von General a. D. K. v. Reder 1872

Kartenspiel mit Leidenschaft ergeben, aber ich stieg zumeist unter dem Schein der Sterne früh des anderen Tags wieder in die Berge und hatte auf das bei uns nicht allzu schwer zu bejagende Krickelwild in diesem Jahr Pech gehabt, wie in keinem der zehn hinter mir liegenden Gamsbehänge.

Wie, wenn ich jetzt einfach sitzen bliebe? Es führt kein anderer Weg nach Küßnacht; Graf und Förster müssen hier vorüber. Mehr als meine gute Absicht konnte ich, nachdem die Dinge nun einmal nicht plangemäß gelaufen waren, ja doch nimmer beweisen. Aus dem zum Zweck gemeinsamen Ansitzens vereinbarten Nachkommen war ein Entgegengehen geworden. Würde sich an der betrüblichen Tatsache des nicht eingehaltenen Paktes noch etwas ändern, wenn ich dem Freund ein paar hundert Meter höher im Berg begegnete? Müßiges Wägen, da waren sie schon! Sie rauschten heran durch das trockene Bodenlaub und lösten sogar ganz unnötiger, aber auch unschädlicherweise einen größeren Stein, der raschelnd in die Tiefe rollte.

Franz Pocci hatte in sehr jungen Jahren, noch bevor er in unser Tal kam, die Bergjägerei in der Steiermark erlernt bei seinem berühmten Oheim, dem Grafen Hans Wilczek, dem Freunde Baumbachs und Brehms. Er trug sich deshalb im Gebirg immer steierisch vom Hut und Gamsbart bis zu den langen Unterhosen, die der Steiermärker bei Kälte unter der Gamsledernen trägt. Aus sehr derbem, besonders enggewebtem Leinen in senkrechten Linien blau, rot oder grün gestreift, umhüllen sie die sonst nackten Knie und sind deshalb zwischen Schneegamasche und Hosenrand sichtbar.

In diesem eigenartigen, aber durchaus stil- und bergrechten Aufzug meinte ich ihn schon vor mir zu sehen, als über dem kleinen Wandl, um das herum der Steig hier eine Krümmung macht, auf eine Entfernung von gut dreißig Metern der schwarze Rand seines Hutes für den Bruchteil einer Sekunde sichtbar wurde. Jetzt noch einige rauschende Tritte, und da bewegen sie sich schon und sind da und kommen auf mich zu, aber – das ist ja – ein Gamsbock!

Ein Mordslackl, ein richtiger Klotz von einem ruß-schwarzen Bock, der in abgehackten kurzen Fluchten dem Steig folgt und sicher mit mir zusammenrennen wird, so sehr beschäftigt ihn irgendein Ziel, das er sich in den brunftig umnebelten Kopf gesetzt hat. Auf zwölf Schritte ist er schon heran, und da erst wird er meiner Gewahr und bremst mit einem kurzen Ruck auf der Hinterhand seine Fahrt und steht dann erstarrt auf dem steil abfallenden Pfad mir direkt in Augenhöhe gegenüber.

Mein Jagdglas – bei allen guten Berggeistern – ich hatte es ruhig vergessen dürfen, denn auf diese Entfernung konnte ich's nicht gebrauchen; mit freiem Aug' sprach ich jede Einzelheit an: Die schon etwas verwaschenen schwarzen Zügel über den weißen Hamsterbacken mit ihrem maisfarbenen Grundton, die an einzelnen Teilen des Rumpfes ein wenig durchschimmernde gelbgraue Unterwolle und die nur mittelweit gestellten, aber sehr hohen Krucken. Ich glaubte sogar, eine Besonderheit an ihnen zu erkennen. Der Kundige weiß, daß an den meisten Bockkrucken der einzelne Schlauch im Querschnitt elliptisch ist; diese Schläuche aber waren rund, was ihnen ein besonders festes, säulenhaftes Aussehen gab; überdies waren ihre Bogen sehr weit geschweift, fast wie Halbkreise, so daß die Bezeichnung „Hackel" gar nicht auf sie gepaßt hätte. Bis in alle Feinheiten hinein konnte ich, obwohl das Kar schon im Abendschatten lag, in der völlig unbewegten kristallenen Luft diese Krucke begutachten und bewundern. Unterdessen hatte auch der Bock mich ziemlich eingehend beäugt, anscheinend aber nichts gar so Besonderes an mir angesprochen, denn er wandte plötzlich das Haupt nach der anderen Lehne des Kars hinüber und verhoffte eine Zeitlang in diese Richtung, als könne ihm von dorther etwas wesentlich Reizvolleres in die Lichter fallen. Ich sah hinter den schmalen, fast wie Speerspitzen wirkenden Lauschern die hochgeschwollenen, zerklüfteten Brunftfeigen und sah jetzt auch den Bart, der so lang war, daß der Bock ihn nicht richtig aufstellen konnte und zur Rechten und Linken der Rückenlinie in verklebten, meerschaumfarben bereiften Strähnen herunterhing.

Was würde weiter geschehen? Diese unverhofft entstandene Lage barg unglaubliche, kaum absehbare Möglichkeiten. Würde als nächster der Gastfreund um die Felsenecke herumkommen; würde er mir den Bock unter meinem seitlich in den Steilhang gestützten Bergstock hindurchtreiben? Würde er, der noch immer Temperamentvolle, mich in meiner laubfarbenen Joppe am Ende gar ganz übersehen und seine Kugel mir durch den Bock hindurch oder durch mich hindurch dem Bock antragen? Würde, wenn ich mich, um solchem Los zu entgehen, flach auf den Steig hinwarf, der gefehlte Bock mit hoher Flucht über mich hinwegsetzen, oder der Verendende auf mir zusammenbrechen!? Welch herrlich heroische Geschichte könnte ein den nordischen Gauen unseres Vaterlandes entstammender Jagddichter aus diesem Erlebnis heraus gestalten! Der Bock, ausweglos zwischen die beiden Waidmänner geraten, stürzt sich in tödlicher Verzweiflung auf einen von ihnen, reißt mit seinen nadelspitzen Krucken ein Loch in des alten Grafen steierisches Unterbeinkleid und zerrt ihn gegen den Abgrund hinab. Ich aber springe herbei, und es beginnt hart über der schaurigen Tiefe ein Ringen auf Leben und Tod, bis es mir gelingt, dem verzweifelt um Leben und Freiheit sich wehrenden Wild den Fang zu geben. Dampfender Schweiß entströmt des schwarzen Ritters Brust, sein wildes, edles Herz steht still ...!!

Nichts von alledem geschah. Der Bock schien drüben im Gewänd nicht das entdeckt zu haben, wonach er Ausschau gehalten hatte. Vielleicht auch hatte ich aus den Phantasien heraus, in denen ich mich erging, unbewußt irgendeine Bewegung gemacht, ein Geräusch verursacht; jedenfalls wandte er mir aufs neue seine Aufmerksamkeit zu. Und jetzt schien ihm der braungraue Storren mit der moosfarbenen Kappe auf einmal verdächtig zu sein. Seine Lichter wurden dunkler; nach einem kurzen drohenden Ruck erstarrte er wieder zu Stein, sträubte dann das seidige lange Haar und weitete jäh die schwärzlich eingefaßten, gelben Nüstern. Und nach ein paar Sekunden ließ mich sein in mißtrauischem Zorn hervorgestoßener Pfiff zusammenfahren. Und wieder Erstarrung und noch ein Pfiff und dann eine urplötzliche, scharfe Drehung zur Seite, und mit zwei langen bockigen Fluchten verschwand er über die nächste Felsenstufe senkrecht hinunter gegen die Sohle des Grabens.

Was weiter geschah, rollte in größter Schnelligkeit ab. Ich hatte schon bei vielen Birschen ins Almerertal hinein auf diesem Hang Gams angegangen und wußte aus Erfahrung, daß sie immer den gleichen Fluchtwechsel nahmen: hinunter in die Klamm, wo sich der Weißenbach an mehreren Stellen leicht überqueren läßt und dann im jenseitigen Gewänd wieder steil bergauf. Dort fühlten sie sich geborgen zwischen Latschenbeeten und vereinzelten Buchen- und Tannenhorsten. Dort beruhigten sie sich meist wieder und hielten, sich in Sicherheit wähnend, Ausschau nach dem Störer ihres Friedens. Da der Graben aber sehr steilwandig war, betrug die Entfernung hinüber bis auf den halben Gegenhang nur knapp zweihundert Meter, und manchem Bock waren dort seine arglosen Standerl schon zum Verhängnis geworden. Ich wußte auch, daß es immer eine Weile dauerte, bis die angegangenen Gams, in den jenseitigen Felsen aufwärtsstrebend, wieder sichtbar wurden. Und darauf baute ich meine Hoffnung, unseren Gast, der sich schon auf dem Heimweg befinden und jeden Augenblick mit mir zusammentreffen mußte, noch zu Schuß zu bringen. Ich rannte ihm entgegen, so schnell mich die zu neuem Leben erwachten Beine trugen. Wenn ich dem Steig nur etwa hundert Meter weiter folgte, kam ich an einen schmalen Schlag, der sich von der Alm, auf der die Jäger ihren Sitz eingenommen hatten, bis zu mir herunterzog. Etwa zur halben Höhe dieses Schlages zickzackte der Pfad über die freie Fläche empor und verschwand dann rechts im Bestand. Nach meiner Berechnung mußte Franz Pocci schon in dieser Gegend angelangt sein. Im Abstieg konnte er nicht mehr als zwanzig Minuten von der Alm da herunter brauchen. Aber der Steig, dessen Linie ich bis zu den Fichten mit freiem Aug unschwer verfolgen konnte, war leer, als ich keuchend den Schlagrand erreichte, und kein leisester Laut, keine klappernde Bergstockspitze, kein gedämpftes Gespräch, kein abgehender Stein gab Hoffnung auf der Säumigen alsbaldiges Erscheinen. Dafür polterten auf einmal hinter mir in den Felsenklüften der Klamm die Steine und ich wußte, daß der Bock den Gegenhang gewonnen hatte. Und ich wußte auch, daß es jetzt zu handeln galt, wenn dieser Prügelgams, den ich dem väterlichen Freund vermeint hatte, nicht uns beiden verloren sein sollte. Ich brauchte gar nicht mehr auf dem Steig bis zur Stelle der ersten Begegnung zurücklaufen; mit ein paar Sprüngen steil abwärts durchquerte ich einen schmalen Streifen Alpenwaldes, der mir die Sicht hinüber verwehrte und machte hinter einer kleinen Felsnase halt, auf deren Spitze ein Grasschopf der Büchse weiche Auflage bot.

O Herrschaftseiten! Ich hatte ja, mich ganz als Begleiter fühlend, heute die alte Büchsflinte mitgenommen. Der Wirkungsbereich ihres damals noch punktgenau hinschießenden Kugellaufs war beschränkt. Würde sie es schaffen bis da hinüber? Und geladen hatte ich auch noch nicht! Die Patronentasche war im Rucksack. Es währte eine halbe Minute, bis ich feuerbereit war. Und dann suchten die Augen, denen kein Doppelglas behilflich war, in der schon leise fühlbaren Dämmerung zwischen Lahnergras, kupfrigem Fallaub, grauem Gefels und silbrigen Stämmen nach dem jetzt durchaus nicht mehr nahen, sondern schon recht fernen, einschichtigen Bockbummler.

Dort! Dort huschte es in federnden, nahezu senkrecht emporbolzenden Fluchten durch die Wand! Aber – war's auch wirklich der Gute? Ich war nicht am Wild geblieben, hatte die Augenverbindung mit ihm verloren, und so etwas benützt der Teufel, zumal wenn sich's um Brunftgams handelt, gern zu irgendeiner Tücke, und man hört sein hämisches Lachen erst, wenn man vor dem versehentlich gemeuchelten Vierjährigen steht. Mein Gewissen war bei alledem und obwohl ich mir des besten Willens, dem Gast zu diesem Waidmannsheil zu verhelfen, bewußt sein durfte, mit dem ganzen Tun nicht einverstanden. „Laß es gut sein!" raunte es mir durch das Rauschen des Weißenbaches zu. „Geh dem Freund, dem du heut schon einmal nicht im Wort geblieben bist, weiter entgegen und spar dir die eig'ne Waidmannsfreude auf einen späteren Tag!" Ja, wär's nur kein so ausnahmsguter, kein so klobiger Lackl von einem Bock gewesen! Aber wenn das Gewissen raunt, dann muß man des Teufels und seiner Hinterlist besonders gewärtig sein. Ich hatte ja das Perspektiv im Rucksack, und mit dem suchte ich, nachdem ich's schnell auseinandergezogen hatte, fieberhaft nach dem mir inzwischen wieder aus den Augen gekommenen Wild. In einzelnen tiefschattigen Gräben lag Schnee, und mitten auf einer solchen Schneezunge stand auf einmal, dickhalsig und schwer, der Bock.

Sogleich hatte ich ihn in den Linsen und als den zuvor Nahbeschauten wiedererkannt. Aber unter dem Wechsel von Fernrohr und Büchse war er mir aufs neue entschwunden, und als ich ihn im übernächsten Graben mit dem Zielfernrohr einfing, da stand er schon besorgniserregend klein vor dem Abkommen. Zweihundertzwanzig Meter, so weit war es sicher, wenn nicht weiter. Drei Finger hoch über dem Bart zog ich auf den nicht ganz breit Stehenden, ein wenig von mir Weggewendeten ab.

Unheimlich finster hallte und rollte und brach sich mehrmals der Schuß in den Wänden. Der Bock zeichnete nicht. Er zog ganz unbekümmert in der Rinne, in der er sich befand, weiter nach oben. Nur eines bemerkte ich an ihm, was mir nicht gefallen, oder besser gesagt, was mir gefallen wollte: daß er die Lauscher nicht vorwärts gestrafft hielt, sondern sie ein wenig nach rückwärts hatte sinken lassen. Und dann löste er sich schwarz in den schwarzen Latschen auf; ich sah nichts mehr von ihm.

Nette Geschichte das! Morgen früh Nachsuche. Es ist gar kein so besonderes Vergnügen, in den Nordhang des Almerertals zu gelangen und dort herumzuschliefen. Allein den Anschuß wiederzufinden würde ein hartes Stück Sucharbeit sein. Und während ich mich bemühte, mir den Platz genau einzuprägen, war drüben auf einmal wieder Bewegung. Auf einer steil zur Schlucht abfallenden, mit Latschen nur schwach bestockten Felsrippe, etwa fünfzig Meter hinter dem Anschuß, stand ein Gams. Es äugte unter ganz sonderbaren, gar nicht gamshaften schnellen Wendungen des Kopfes um sich, machte dann ein paar lange Fluchten auf der Kante der Rippe abwärts, blieb stehen und warf abermals das Haupt mit jener merkwürdigen schüttelnden Bewegung hin und her. Das mußte – das konnte nur mein Bock sein! Er setzte sich, ehe ich ihn in den Sehkreis des Perspektivs hineinbrachte, erneut in Bewegung, und jetzt wurden seine Sprünge in befremdender Weise schnell und lang.

Das waren keine unschlüssigen Fluchten mehr, das war ein wildes Fliehen, ein Sich-in-die-Tiefe-Stürzen, das war ein Fliegen von der Wand hinaus in die Luft und ein plötzliches Sichüberschlagen; das war ein jäher Sturz, ein wischender Schatten in den noch tieferen Schatten der Felsenklamm hinab. Nur der um drei Herzschläge spätere Auffall weit unten war nicht dumpf und hart und schwer; er war weich, beinahe sanft. Der Bock mußte in einen Gumpen hineingestürzt sein.

Eine Weile war ich von diesem Erlebnis ganz benommen. So hatte ich noch kein Gams in die blaue Nacht einer Klamm und kein Wild in die purpurne des Todes sich stürzen sehen: Als ob die befreite Seele den Körper, den sie verließ, noch ein Stück mit sich gerissen hätte auf ihrem Flug aus der Erdenschwere. Ich konnte mich nicht freuen, ich konnte kein Rauchopfer anbrennen, ich war kaum fähig, etwas zu denken. So sehr stand ich im Bann des Geschauten.

Dann aber fiel mir allmählich alles wieder ein, der Grund, weshalb ich auf dem Weg war, die vorgerückte Stunde, der Gast. Ich packte mein Spektiv ein, nahm Bergstock und Büchse und stieg eilig wieder zum Weg hinauf. Die beiden Jäger mußten jetzt auf dem Schlag zu sehen sein, sie mußten den Schuß gehört haben und es oblag mir vor allem, sie darüber aufzuklären, daß *ich* ihn abgegeben hatte, um ihnen ratloses Mutmaßen und Herumzögern zu ersparen. Sie kamen aber nicht, und in totenstiller Einsamkeit lag wiederum der schmale Schlag vor mir. Hatten sie wirklich einen anderen Abstieg gewählt, den steilen Viehtrieb etwa über die Turnleite, oder den bequemen Zugweg durch den Weißenberg? Es war ja möglich, daß irgendwelche Beobachtungen von ihrem Hochstand aus sie zu einer Birsch veranlaßt hatten, die ihnen einen dieser Heimwege gegebener erscheinen ließ. Oder war etwas passiert? Jagdunfall, Wildschützen, Absturz!!? Alles gleich unwahrscheinlich: Es gab keine einzige gefährliche Stelle auf dem ganzen Weg; in diesem Herzteil des Reviers war seit vielen Jahren kein ungeklärter Schuß mehr gefallen, und der Förster war bei aller schwierigen Eigenart und wichtigtuerischen Vorsicht rüstig und berggewandt.

Trotzdem – es war heut anscheinend der Tag der Gehetze – stieg ich im halben Laufschritt weiter entgegen bis an den Rand der Alm. Als ich die Gesuchten auch dort nicht fand und auf mein halblautes Hupen keine Antwort erhielt, machte ich mit scharfer Wendung kehrt und sprang in langen Sätzen nach der Schlucht hinunter.

Ich mußte mich eilen. Die Nacht kommt schnell an solchen glasklaren Novembertagen, und es war jetzt Abend. Ein feiner, goldrosiger Wolkendunst überzog den blaßblauen, unendlich hoch sich wölbenden Himmel. Jeden Augenblick mußte irgendwo im Osten der erste winzige Sternenbrillant erkennbar werden. Mit gutem Grund mißtraute ich dieser streckenweise sich bis zum Felsspalt verengenden Klamm. Vor Jahren hatte sie mir, freilich bei bauchtiefem Neuschnee und weiter unten an ihrer schmalsten Stelle, einen Bartbock, der auf den Schuß, in eine weiße Lawinenwolke gehüllt, abgerutscht und verendend in ihre Tiefe gestürzt war, auf Nimmerwiedersehen entführt. Damals war ich noch auf dem Gymnasium, hatte zur Belohnung für irgendeine gute Schulleistung vom Vater ausnahmsweise den entschuldigenden Freibrief zum Fernbleiben vom Samstagsunterricht bekommen und erwartete, schon am Abend nach diesem Geschehnis in die städtische Verbannung zurückgekehrt, mit brennender Ungeduld den Bericht von der Bergung, die genaue Beschreibung von Bart und Krucke, Jahrringen, Sitz der Kugel, Gewicht und eben all dessen, was einem sechzehnjährigen Jäger, der sein großes Erlebnis bis in die letzten Winkel auszukosten gewillt ist, so wissenswert erscheint, wie einem Künstler die Kritiken am Tag nach der Premiere.

Endlich, volle 24 Stunden später als erwartet, lag ein Brief mit der mir wohlbekannten Kanzlistenschrift des zuständigen Forstbeamten auf meinem Schreib- und Lerntisch. Er enthielt die tief enttäuschende Kunde, daß am nächsten Tag Tauwetter eingefallen war und daß, bis einer der drei Jäger in die Klamm abgeseilt werden konnte, schon so viel Lawinenschnee nachgerutscht war, daß alles Schaufeln vergeblich blieb; immer wieder hatten die ausgehobenen Schächte sich von unten her mit Wasser, das anfangs sogar schweißgerötet war, gefüllt. Ein harter Winter folgte und ein plötzlicher wilder Lenz. Vermutlich haben die Schmelzwasser irgendwann die Reste meines Bockes (es wäre der dritte meines Lebens gewesen) unter den fest zusammengefrorenen Schneetunnels hindurch in unbekannte Fernen mitgenommen.

Wie, wenn mir's mit meinem heutigen Kapitalbock genau so erginge, zur Strafe vielleicht, weil ich mich – obwohl ein Gast im Bereich war – des Schusses nicht enthalten hatte?! Mit lauter Hasten wäre ich beinahe selber, ähnlich wie kurz vorher der Gams, aus der Wand hinaus und ihm nachgeflogen, obwohl der diesseitige Hang des Almerertales durchaus zahm und nur in seinen untersten dreißig Metern schroff und felsig ist. Aber dann stand ich und schaute, tief und glücklich Atem holend, wenige Meter unter mir ein seltenes und schönes Bild. Ich hatte genau an den Gumpen hingefunden. Er war im oberen Teil der Klamm einer der größten und lief seicht zwischen Kiesbänken aus. Seine Wasser kräuselten sich in blendendem, ganz hellem, eindringlich rosafarbenem Licht, während die glatten, feuchten Felsufer und die darüber hereinhängenden Latschen sie schwarz wie Onyx umschlossen. Nahe am weißen Kiesstreifen des Ufers lag, von den sanft flutenden rosigen Wassern friedlich gewiegt, gleichfalls schwarz und massig, aber mit weicher Kontur, der verendete Bock.

Er war völlig unversehrt geblieben. Bis dahin war's mein zweitbester und seine Krucken zeigten, wie ich erst im Tal mit Bestimmtheit feststellen konnte, elf Jahresringe auf. Beim Aufbrechen fand ich die untere Herzspitze aufgerissen. Die Kugel hatte nicht mehr durchgeschlagen und steckte ausschußseitig zwischen Stich und Bug unter der Decke. Aller

Schweiß schien sich nach innen ergossen zu haben. Jetzt verströmte er unter meinen Händen schwarzpurpurn ins himmelspiegelnde Wasser und löste sich wie eine dunkle Wolke darin auf. Zum Bartrupfen langte weder Zeit noch Licht, aber einen Arm voll Latschen schnitt ich mir noch schnell und nahm ihn mit aus diesem kaum zimmergroßen verzauberten Stück Klammwelt, in das schwerlich öfter als alle sieben Jahre ein Mensch die flüchtig weilende Sohle setzt.

Sterne erfunkelten fern und klein, während ich, wesentlich langsamer als ich herabgekommen, unter nahezu sechzigpfündiger Last dem Felsgraben entstieg, und indes ich oben auf dem wiedergewonnenen Steig verschnaufte, kam gerade der dreiviertelvolle Mond über die Mühlhornschneid herauf. Jetzt quälte mich kein Grübeln und Erinnern mehr. Wenn einer dieser Latschenäste, die ich mir auf den Rucksack gebunden hatte und mit ihm der ganze urkräftige Duft seiner Welt morgen vielleicht – nur vielleicht – einen Flug antreten würde, weit über Länder und Meere zu den feingegliederten, weißen, geliebten Händen hin, wär's nicht eines der tausend Märchen der Wirklichkeit? Überreich hatte diese Erde mich heute wieder beschenkt. Wenn ich darüber vergangenen Leids nicht vergaß, war ich ihrer Gabe nicht wert.

Im klaren Silberlicht sicher die Füße setzend, kam ich schnell ins Tal. Schon näherte ich mich jenem wuchtigen Einbaum, der über den Unterlauf des Weißenbaches hinüber seit Jägergedenken die klassische Brücke bildet aus der Bergwiesenwelt in die der Wälder und Felsen, auf dem auch ich, sechsjährig, dem Vater dicht auf den Fersen, zum erstenmal ins Almerertal eingedrungen bin; da meinte ich's vor mir auf dem Weg im Dürrlaub rauschen zu hören. Ich blieb stehen und horchte genauer hin. Richtig, da ging wer! Jetzt knallte ein Nagelschuh gegen einen Stein.

„Herrgottsackra!" klang's herauf.

Die Stimme kannte ich. Vor mir war Franz Pocci auf dem Abstieg. Und jetzt des alten Huber siebensüßes Gerede:

„Vorsicht, Herr Graf, geben Sie recht obacht; der Tag war anstrengend, der heilige Hubertus hat uns nicht belohnt. Daß nur jetzt auf d'Letzt nix passiert. Geben Sie mir lieber den Arm, Herr Graf . . .?"

„Schmarrn . . .!"

Der Gast schien nicht bei bester Laune, und meine stille, das Gewissen ein wenig entlastende Hoffnung, daß auch er Waidmannsheil gehabt hätte, war nicht erfüllt. „. . . der heilige Hubertus – nicht belohnt . . ." Mitten auf mondbeglänzter Wiese holte ich die beiden ein und stellte mich, von dieses Tages Mühe, meines Bockes Gewicht und des Gewissens Lasten ein wenig vornübergebeugt, dem Freunde. Wie würde er's aufnehmen, daß ich mein Versprechen so schlecht gehalten und daß ich ihm, der von einer für seine Jahre mühsamen und überdies vergeblichen Birsch heimkehrte, mit einem Gamsbock, noch dazu mit einem solchen, entgegentrat? Franz Pocci war, trotz seiner Liebenswürdigkeit und seiner glänzenden Umgangsformen ein Mensch, der sich nie verstellte; mit seiner offenen, unbekümmerten Art wäre dies nicht vereinbar gewesen. Diese Eigenschaft machte ihn in besonderer Weise liebenswert. Und jetzt trieb es mir beinahe die Tränen einer beschämten Rührung in die Augen, als er nach frohüberraschter Begrüßung loslegte:

„Hast du einen? Wirklich? War das dein Schuß? Zeig her! Der ist ja kapital! Jetzt bin ich wieder versöhnt mit diesem Tag, das ist ein guter Abschluß . . .!"

Im Mondlicht merkte er nichts davon, wie sehr ich bewegt war von seiner noblen Freude. Ein paar Minuten lang brachte ich kein vernünftiges Wort heraus. Es war auch nicht nötig, denn er begann zu erzählen von einem Bock, den er zwei Stunden lang mit dem Förster beobachtet und den er dann mit einem wahrscheinlich zu weiten Schuß gefehlt hatte. Auf dem Heimweg verließen sie dicht unter der Alm den Steig, um einen schütter bewaldeten Felsgraben einsehen zu können, und dort entdeckten sie im Gegenhang einen voll vorwinterlichen Eifers äsenden starken und sicher auch alten Sechserhirsch. Mein Vater hatte seinen Jugendfreund vorsorglich gebeten, einen geeigneten Hirsch, wenn er ihm begegnen sollte, zu schießen. Als für den wiederum nicht ganz nahen Schuß Sitz und Auflage bereitet waren, tat der Hirsch sich hinter einer Schirmfichte nieder, und weil es dem Gast widerstrebte, ihn dadurch hochzumachen, daß er eine Kugel auf irgend eines der vielen benachbarten Wandeln setzte, hielten die beiden bis zum Beginn der Dämmerung vergeblich auf ihrem Stand aus. Ich war, als ich nach meinem Schuß zum Almrand hinaufstieg, auf knappe hundert Schritt an ihnen vorbeigehastet, ohne daß wir etwas voneinander bemerkten, und während ich in der Klamm meinen Bock aufbrach, waren sie auf dem Steig, langsam heimwärts wandernd, über mir durchgekommen.

Am Abend erwartete uns beide noch eine Überraschung. Meine Mutter hatte sich eines Gastgeschenks erinnert, das Franz Pocci mehr als zwei Jahrzehnte zuvor ihr und meinem Vater bei einem Novemberbesuch mitgebracht hatte. Es war ein silberner Gamsbock, spannhoch etwa, auf einem Bergkristallsockel. Nach dem Entwurf von Heus für die Nymphenburger Porzellanmanufaktur hatte ihn der Münchner Silberschmied Theodor Heiden gearbeitet. Auf einem Polster aus Latschenzweigen stand er kerzenumschimmert inmitten der runden Abendtafel. Über ihn hinweg trank der väterliche Freund mir zu, und ich schwor einen stillen Eid, daß ich in den nächsten Jahren nicht ruhen wollte, ehe ich ihn nicht, und zwar für ihn möglichst mühelos, auf einen guten Gams zu Schuß gebracht haben würde.

Aber was bedeutet unser Schwören und Wollen, wenn das allmächtige Schicksal seine Grenzen zieht. In jener festlichen und glücklichen Abendstunde ahnte ich nicht, daß Franz Pocci zu seinem letzten Besuch in Aschau weilte. Oder war es doch irgendeine unterbewußte Ahnung, die mir keine Ruhe ließ; denn als ich kurz nach Neujahr einen, wenn auch nicht hoch-, so doch besonders starkkruckigen, zweifellos alten Gamsbock in einer umwaldeten Wand unten nahe der Talstraße ein paarmal beobachtet und genau angesprochen hatte, gab ich um die Erlaubnis ein, ihn abzuschießen. Solche einschichtige, tiefstehende Gams, insbesondere alte Böcke, gehen in strengen Wintern sehr häufig ein. Und dieser Bock hielt, ohne aufzuwerfen, die Holzknechte aus, die täglich mit ihren Zugschlitten knapp hundert Schritt unterhalb dieses Gewänds berg- und talwärts an ihm vorüber mußten. Trotz alledem hätte ich ihn, wie manchen anderen zuvor, in Frieden seines Schneetodes sterben lassen. Die Schonzeiten waren mir damals noch unter allen Umständen heilig; nicht etwa aus besonderer Ehrfurcht vor dem, was man den gesetzgebenden Körper nennt, sondern weil ich anständig kämpfen und dem Wild jede gegebene Chance zugute kommen lassen wollte. Heut' denk ich anders und möchte, nachdem um der Trophäe willen, sehr oft gegen den Geist der Natur abgeschossen wird, mich bei der übrigen unumgänglichen Ernte, so gut es geht, an ihr Gesetz halten. Es erscheint mir gerechter, dem sicheren Ende durch die Not des Winters mit einer Kugel zuvorzukommen, als während der Jagdzeit ein vollkräftiges Wild der Liste halber zu erlegen. Das halte aber jeder so, wie sein selbständiges Jägergewissen es ihm gebietet. Ich für meinen Teil rief, kaum daß ich nach mancherlei papiernen und persönlichen Bemühungen die Abschußerlaubnis in Händen hatte, Franz Pocci auf seinem hübschen Schloß Ammerland am Starnberger See an.

Ich wollte – meine Eltern hatten die weihnachtlichen Zelte auf dem Land schon wieder abgebrochen und waren nach München zurückgekehrt – so etwas wie eine Herrenwoche für ihn bereiten, mit geruhsamen Vormittagen, Schlittenfahrten, Besuch der Rotwildfütterungen; abendlichem Entenfall, kleinen Tafelfreuden und ausgedehntem grünen Tisch beim milden Bordeaux, beim edlen Tabak und dem knackenden, knisternden Buchenscheit im großmächtigen Kachelofen. Im Mittelpunkt des ganzen Unternehmens sollte die Erlegung jenes Januarbockes stehen. Wir würden mit dem Schlitten zum Lagerplatz fahren und auf dem von den Holzknechten gebahnten Ziehweg zehn Minuten gemächlich ansteigen. So hatte ich mir's ausgedacht. Die späten Sonnenstrahlen jägerischen Glückes darf man getrost auf solche Art genießen.

Es kam aber anders. Etwas, womit ich am wenigsten gerechnet hatte, trat ein: Der Freund sagte ab, ohne eine überzeugende Begründung zu geben. Er fühle sich nicht ganz wohl, habe in München zu tun, würde den Besuch gern auf das Ende des Monats verschieben. Auch hier mag so etwas wie ein Vorgefühl gewaltet haben, denn genau an dem Tag, auf den ich seine Ankunft hatte festsetzen wollen, brach er sich den Unterschenkel.

„Ich fürchte, er hat sich das Bein nicht gebrochen, weil er hingefallen ist, sondern er ist hingefallen, weil ihm das Bein brach...", sagte mir Georg Escherich, den ich bald danach zufällig traf. Leider behielt er recht. Ein bösartiges Leiden und ein langwieriges Krankenlager nahmen von da ihren Anfang für den lebensfrohen, freiheitliebenden Mann, dessen Ungeduld in seiner Jugend geradezu sprichwörtlich gewesen war. Er überlebte meinen Vater, den im Jahre 1938 ein schneller Herztod von schwerem Asthmaleiden erlöste, um einige Monate. Man hat ihm die Kunde vom Tod des Jugendfreundes aber nicht mehr überbracht.

Ich blieb zurück mit meiner Dankesschuld für seine Großmut unter dem Schein jenes Novembermondes. Oft habe ich darüber nachgedacht, wie sie sich abgelten ließe. Und wie auch sonst manchmal im Leben, wußte mir die Zeit schließlich Antwort und Rat. Heute sind mehr als vier Jahrzehnte, ist beinahe ein halbes Jahrhundert darüber ins Land gegangen, und ich selber bin schon geraume Weile in das Alter eingetreten, da es einem an Gelegenheit nicht mangelt, mit gleicher Großmut Jüngeren zu begegnen. Mein Gott, was ist schon so ein Menschenleben, wenn man einmal in den Jahren steht, aus denen heraus man es rückblickend überschaut!

Lichter auf bunten Blättern

Die Silvesterjagd

W enn ich von bunten Blättern erzählen will, so meine ich diesmal nicht
das herbstliche Laub der Wälder, sondern die vielfarbigen Seiten im Buch
meiner Erinnerung. Es ist im Lauf der Jahrzehnte zu einem gewichtigen
Band geworden, und die Farbtöne auf seinen Blättern sind nimmer zähl-
bar, erregend oder friedlich, beglückend oder quälend, purpurn, golden,
maiengrün, eisblau, schiefergrau, mohnrot, sommerregensilbrig. Aber es
ist müßig, aufzählen zu wollen, was sich doch nimmer umfassen läßt. Da
sind auch verblichene Seiten und andere, die ich immer wieder überblät-
tere und fast vergessen habe. „Weh spricht vergeh . . .“, sagt Nietzsche in
seinem schönsten Gedicht. Von einigen aber geht, so oft ich sie aufschlage,
stets aufs neue aufblinkend ein besonderes Licht aus. Und von solchen
Blättern will ich erzählen.

Es sind keine großen, keine weitausholenden, langsam sich aufbauen-
den Geschichten. Was uns an das Dasein bindet und in ihm festhält, sind
die fein geschlungenen Fesseln der kleinen Freuden. Es gibt abertausend
Menschen, bei denen das große Glück nicht ein einziges Mal zugekehrt ist
und die dennoch bejahend am Leben hängen. Und es gibt vom Glück Ver-
wöhnte und hoch Emporgetragene, die als Selbstmörder enden. Aber wohin gerate ich, ein sinnierender Jäger, der nichts anderes will, als in seinem
Erinnerungsbuch die Seiten aufschlagen, auf denen eben jene freundlichen
Lichter liegen.

Seit Jahrzehnten halte ich im Vorland unseres Bergreviers zwischen
Weihnachten und Silvester eine ihrem Jägerkreis, ihrer Treiberzahl, ihrer
Fläche und ihrer Strecke nach kleine Treibjagd ab, ein „Hasenjagdl“, das
aber zuweilen Überraschungen bringt, mit einem Fuchs etwa oder mit ein
paar Enten, einem verirrten Fasanengockel, ab und zu sogar mit einem
Stück Rotwild und – nur einmal war es uns beschieden, ihn auf der
Strecke zu haben – mit einem Edelmarder.

Das war ja eine besondere und ziemlich ausgefallene Sache damals. Weil mich der Weg gerade an der Erinnerung vorbeiführt, will ich davon erzählen. Herzstück einer zu der Zeit noch zugepachteten Gemeindejagd ist ein innerhalb solcher bäuerlichen Voralpenfluren in dieser Ausdehnung verhältnismäßig seltener an die hundert Hektar umfassender und dabei geschlossener Wald. Ein „Holz“, wie man bei uns sagt, und zwar ein nahezu reines, an Weißtannen reiches Nadelholz, das aber, und hierin liegt der besondere Reiz des altbayerischen Bauernwaldes, hinsichtlich der Zusammensetzung seiner Altersklassen ein kaum entwirrbares Durcheinander von der kniehohen, dichtest ineinander verfilzten Verjüngung bis zum breitschäftig in den Himmel ragenden, feierlichen Altholz darstellt.

Das Treiber- und Schützenaufgebot, dessen man bedürfte, um es planmäßig abzustellen und durchzukämmen, würde die Strecke von drei oder vier oder, wenn's einmal sehr hoch käme, sechs einsiedlerischen Hasengroßvätern nicht lohnen. Um aber diese weite, geheimnisreiche Waldregion nicht ganz auszulassen, hatten wir so etwas wie ein Guerillasystem entwickelt. Da und dort auf Kreuzwegen in tiefen quelldurchgluckerten Gräben, an Brücken, auf im Schnee bestätigten Wechseln und kleinen Pässen standen vereinzelt lauernd die Schützen, und in nicht allzu geordneter Kette klopfte und klapperte das von wenigen älteren Waldarbeitern zusammengehaltene halbe Dutzend Treiberbuben auf langem Ellipsenweg erst gen Norden und dann in südlicher Richtung zurück. Dazwischen kreuzten in aufgeregt hechelnder Eile die stöbernden Dackel hin und her. Mehr als einmal lief nach dem Treiben einem der dem zum Sammeln rufenden Horn zustrebenden Schützen noch ein in schlau ausweichendem Zirkel sich abstehlender Althase in die Flinte.

An diesem sonnigen Wintertag mit nur fußtiefem flaumigem Neuschnee hatten wir es dort wieder einmal versucht. Ich stellte die Schützen an, und als ich mir schließlich allein übrigblieb, sah ich die Aussichtslosigkeit ein, den Kreis auch nur annähernd zu schließen und stellte mich nah einem Wegrand an den nächstbesten Fichtenüberhälter ins stark ausgelichtete Stangenholz. Stand da und freute mich der nachmittäglichen Schneestille. Kaum daß eine Meise irgendwo in den Wipfeln zirpte. Nur wenige Sonnenpfeile drangen durch das überschneite Dach des ineinander verflochtenen zottigen Geästs in den Walddämmer und warfen tiefgoldene Flecken auf die Stämme und den glitzernden Schneeteppich.

Jetzt kam ich endlich dazu, mir den von der Mittagspause her noch in der äußeren Brusttasche meiner Joppe steckenden schwärzlichen Weihnachtsstumpen anzuheizen. Indes ich's tat, meinte ich, in der Ferne nach mir rufen zu hören. Ich horchte eine Weile. Ach was, die Treiber plärrten,

Das sogenannte „Obere Schloß" in Mitwitz (Oberfranken), erbaut 1715; Tuschemalerei aus der ersten Hälfte des 19. Jahrhunderts

Die Elandhütte im Winter; Aquarell von Rudolf Sieck

Das Schloß Hohenaschau (Ansicht von Norden) zu Anfang des 19. Jahrhunderts;
Stahlstich von Ettinger

Der zur Herrschaft Hohenaschau gehörende Moorsee (Bärnsee) mit Aschau im
Hintergrund; Lithographie von Emminger

vom erwärmenden Teepunsch animiert, unartikulierte Schlachtrufe in den Wald. Sie mußten aber nach meiner Berechnung noch an die vierhundert Meter entfernt sein.

Hatte man nicht doch nach mir gerufen? Und da hörte ich es wieder und jetzt schon viel näher: „Herr Barroon!" Mir wurde unbehaglich. Was konnte da los sein!? Mein damals fünfzehnjähriger Sohn war bewaffnet mit von der ihm einen Höhepunkt der Weihnachtsferien bedeutenden Hasenpartie. Ich meinte zwar, mich auf ihn und sein Verantwortungsbewußtsein beim Umgang mit dem Gewehr verlassen zu können. Aber es gibt für den Teufel viele Wege, wenn er es auf einen abgesehen hat.

So laut ich konnte, gab ich Antwort und lief dem Ruf entgegen. Nach gut hundert Metern traf ich mit dem Jäger Wolfgang zusammen, der mich, ganz außer Atem, über die Ursache seines Alarms aufklärte. Die in mir aufgestiegenen Ängste war ich daraufhin los, nicht aber die Nötigung, in verschärfter Gangart weiterzutraben.

Was war geschehen? Nahe am Wolfgang vorbei hatte sich ein Marder von außen kommend ins Treiben hineinbegeben. Nun war von mir, teils um das Aussterben der kleinen Edelräuber zu verhüten, teils um dem unschönen Brauch unserer alten Berufsjäger, am frischen Gamsaufbruch Tellereisen fängisch zu stellen, ein Ende zu machen, in der Eigenjagd Fang und Abschuß von Edelmardern schon lange untersagt. Marder schneiden sich bekanntlich nicht aus, und deshalb revidierte man oft erst nach Tagen diese im Rucksack leicht mitführbaren kleinen „Gelegenheitseisen".

Der Wolfgang, damals noch nicht lange bei mir im Dienst, wußte um das Verbot, mit dem ich es hier, weitab von den Herzkammern des Reviers, nicht gar so ernst genommen hätte, wußte aber auch um meinen durch Jahrzehnte unerfüllt gebliebenen Jägerwunsch, einen Marder zu schießen. Und so hatte der Gute, der Hochanständige, den ahnungslos auf dem Boden kaum mehr als zehn Gänge entfernt bei ihm vorüberfedernden Gelbkehligen zum Aufbaumen gebracht, dadurch, daß er ihn rasch entschlossen ansprang. Dann rief er die nahegerückten Treiber herbei und hieß sie den inmitten jüngerer Bestände aufragenden Horst mächtiger Altfichten, in die der Marder hineingeholzt war, umstellen. Aus beträchtlicher Höhe schaute der überrumpelte und verstörte Marder dem Treiben der vielen Zweibeiner zu. Und dann hatte der brave Wolfgang, ohne recht zu wissen, wo ich zu finden sein würde, sich in Galopp gesetzt, um mich heranzuholen. Was noch folgte, ging ziemlich schnell.

Ich war auf einmal mitten im Kreis der von der Schneeluft geröteten Bubengesichter, und blaue und graue und grüne Fäustlinge deuteten aufgeregt steil nach oben: „Do hockt a omat, doo, dooo!" Und da kauerte er auch wirklich, auf Deckung kaum bedacht, aber sehr hoch oben im zottigen Geäst. Der erneut entstandene Lärm veranlaßte ihn jedoch, weiterzuholzen, noch eh ich im Gesicht war. Wie stets auf solchen Jagden führte ich die befernrohrte Büchsenflinte, konnte den bläulichbraun vom dunklen Genadel sich Abhebenden mit den Linsen einfangen und hielt vor den maisgelben Kehlfleck. Im Schuß gab's eine Schneewolke, flogen Nadeln, Zapfen und Zweige, und mit dem gleichen Hochgefühl, mit dem ich einst die erste Wildtaube aus hohem Wipfel hatte herabfallen sehen, sah ich jetzt den kleinen Körper durch den Schleier des nachstäubenden Schnees herunterstürzen und hörte schließlich den weichen Aufschlag am Boden. Nach vier Jahrzehnten vergeblichen Wünschens hatte ich meinen ersten Marder.

Allzu ruhmreich freilich war der Hergang nicht gewesen. Ich kam mir dabei, wenn auch ein wenig glücklicher, so vor wie der „Förster Finkenrist" in der vom alten Haider illustrierten tragischkomischen Mardergeschichte. Aber dennoch – die Freude war groß, als ich, den jetzt von allen Seiten herzustürmenden Buben nur knapp zuvorkommend, den Verendeten mit Nackengriff aus dem Schnee hob.

Zu der Zeit, da sich das, wovon ich jetzt berichten möchte, begab, hatten wir unsere kleine Jahresausklangsjagd schon auf etwas festere Füße gestellt. Wir luden manchmal einen Gast dazu ein, die Treiber waren vermehrt worden, und vor allem, wir hielten um die Mittagszeit an sorgsam gewähltem Platz mitten im Waldrevier eine echte und rechte altbayerische Jägerbrotzeit ab. Mit aufgestellten Bänken ums knackende Feuer, mit wohleingeschenkten Steingutkrügen, leise dahinsiedendem Wurstkessel, Körben voll braunglänzender Brezen und blonder Semmeln.

Diese mittägliche Rast fand immer verhältnismäßig pünktlich statt, weil meine Frau in Begleitung des weiblichen Nachwuchses und des einen oder anderen nichtjagenden Gastes sich dazu einfand. An dem Tag, von dem ich kurz erzählen will, hatten wir unser Biwak am Südrand eines herrlichen Altfichtenbestandes aufgeschlagen. Die falben Wiesen waren aper, nur da und dort hatte sich in den Mulden ein wenig hartgefrorener Schnee gehalten. Die Sonne schien uns vom Scheitel ihrer flachen Bahn mit beinahe frühlingshafter Wärme ins Gesicht. Vor uns dehnte sich viele hundert Meter weit buschdurchsetztes Streuwiesenland, fast, so schien es, bis zur fernen, vom Türmepaar der Pfarrkirche überragten Kulisse des Dorfrandes hin. Weiter hinten im Tal sah man dunstverschleiert das Schloß auf bewaldeter Felsenhöhe liegen.

Ich saß ein wenig abseits von den anderen neben meiner Frau auf einem am Wiesensaum liegenden Stamm. Sie hatte helle Skihosen an und trug ihren Pelzmantel lose um die Schultern. Zu einem durch seine ungemusterte grobe Webart geradezu hinreißend schönen Kamelhaarpullover hatte sie ein rotgrünes Foulardtuch um den Hals geschlungen. Vor uns im Gras lag die Vormittagsstrecke. Sieben Hasen, meine ich, waren es, ein Nußhäher und zwei schwere, im eindringlichen Licht der Wintersonne bunt glänzende und glitzernde Wintererpel. Ich hätte, weiß der Jägerhimmel, glücklich sein müssen, aber ich war es nicht. Ich ließ mir's so gut es ging nicht anmerken, ich war tief verstimmt.

Der letzte Bogen vor dem Frühstück war eine Streife gewesen, mit der in allen vorhergegangenen Jahren die Jagd abgeschlossen worden war. Damals hatte ich es erstmalig andersherum angeordnet. Es ergab sich damit eine harmonischere Aufteilung des wintersonnwendnahen kurzen Tages, und überdies war es sinnvoll, den Gang der Jagd so zu lenken, daß sie ohne jeden noch nötigen Anmarsch ihr mittägliches Ziel vor dem prasselnden Feuer erreichte. Das bedingte aber auch, daß die Streife nicht wie sonst von Norden nach Süden, sondern umgekehrt genommen wurde.

Ich stellte die Schützen- und Treiberkette auf, gab meinem Sohn den Tip, eine bestimmte Krümmung des eben jenes Streuwiesenland durchschlängelnden Baches anzusteuern, weil dort oft Enten lagen, wies einem mir sehr lieben Teilnehmer, dem leider früh verstorbenen Helfer bei vielen meiner literarischen Arbeiten, seinen mir aussichtsreich erscheinenden weit in die Flanke vorgeschobenen Stand an und nahm unseren Paradegast, meinen nur als Flintenjäger passionierten Schwager, mit, um ihn an eine Buschgruppe in der Front, also nahe dem Ziel der Streife, zu stellen. Da wir „so herum" noch keine Erfahrungen hatten sammeln können, nicht wußten (um es nicht hochjägerisch, sondern volkstümlich auszudrücken) wie der Hase lief, waren alle diese jagdherrlichen Anordnungen mehr Improvisation als weise Lenkung.

Was sollte ich nun mit *mir* anfangen? Ich hatte nicht übel Lust, mich schon jetzt auf den Frühstücksplatz zu begeben und von dort aus auf etwas erhöhter Feldherrnwarte abgeklärt den Gang der Jagd zu beobachten. Aber dann überlegte ich mir, daß dieses weitläufige Gebiet mit unseren sieben oder acht Flinten ohnedies kaum zu beherrschen war und somit auch der glatte Lauf meiner Büchsflinte zählte. Der Bach war ziemlich tief und an manchen Stellen so breit, daß selbst ein Hase ihn kaum überspringen konnte. Ich kam zu dem Schluß, einen weiten Schrotschuß von seinem Ufer entfernt, in Deckung des hier halbinselhaft in die anmoorige Streuwiese (im Sommer war sie dicht verschilft) vorspringenden und ein paar Meter sich über ihre ebene Fläche erhebenden Waldrandes, meinen Posten zu beziehen.

Was sich nun ereignete, ist mir bis heute nicht erklärlich. Ich stand in guter Deckung der hüfthohen Dornstauden des Waldrandes, und der Südwind wehte mir kühl ins Gesicht. Achtzig Schritte vor mir war inmitten der Wiese ein größeres, zweimannhohes Weidengebüsch von etwa dreißig Metern im Geviert. Entgegen meiner sonst unerschütterlichen Gewohnheit hatte ich nur den Schrotlauf geladen und erwartete die breit ausgeschwärmte Kette der Schützen und Treiber, welche sich – ich hatte ein weites Stück Weges gehabt bis hierher – der verabredeten Uhrzeit nach schon in Bewegung gesetzt haben mußte. Ihre Ausgangslinie war etwa einen halben Kilometer von meinem Standpunkt entfernt.

Sehr vereinzelt (wie das bei uns nun einmal Gegebenheit ist) fielen nach einer Weile Schüsse, zu meiner Freude auch einer auf dem Flankenstand des Schreiberfreundes, und dann vernahm man, immer deutlicher werdend, die hellen Rufe der Treiberbuben. Da auf einmal – ich traute meinen wenig erwartungsvoll in den Wiesenglast hineinschauenden Augen nicht – spritzte in federnder Flucht ein Fuchs genau mir gegenüber aus dem Weidenbusch und kam direkt auf mich zu. Aber schon in der nächsten Sekunde verhielt er hoch erhobenen weißkehligen Kopfes und sicherte zu mir her. Auf die Entfernung von nahezu fünfzig Schritt wäre ein Schuß auf den Spitzstehenden unsinnig gewesen.

Es gab auch keinen Grund, die Weiterflucht des Roten nicht abzuwarten. Er hatte wahrscheinlich, in einen der großen Streuhaufen hineingeschmiegt, draußen auf den Wiesen in der Sonne geschlafen und würde jetzt bestrebt sein, auf kürzestem Weg in die Deckung des Waldes zu gelangen. Noch ehe ich das aber zu Ende gedacht hatte, schlug er jäh um und flüchtete in Richtung auf das Bachufer weiter. Jetzt versuchte ich es mit einem sehr weiten Schuß. Der Fuchs überschlug sich, warf sich mit der seiner zähen Rasse eigenen zappelnden, wirbelnden und lunteschlagenden Heftigkeit auf dem Boden herum, kam, noch ehe ich nachgeladen hatte, wieder auf die Läufe und hastete, wenn auch schief und krummrückig, gegen den Bach zu weiter. Als ich das sofort in größter Eile nachgeladene Gewehr zuschlug, plumpste er gerade ins Wasser. Ich sah an seiner ein wenig über die Böschung herausschauenden Rückenlinie, daß er mühsam bachab rann, dann verdeckten ihn mir die Uferweiden.

Als ich wieder aufschaute, kam fast auf dem gleichen Paß, den der Fuchs benützt hatte, in ebenfalls gestreckter Fahrt ein Hase aus den Weiden heraus. Und wieder der völlig unbegründete jähe Stopp, ein kurzer erstarrter Kegel, und dann schlug er – Abwechslung muß sein – diesmal in entgegengesetzter Richtung, von mir aus gesehen also nach links, mit aufblitzender Blume einen Haken und flüchtete schräg von mir fort. Auch ihn faßte auf nahezu fünfzig Gänge noch die grobe Garbe; er strauchelte, rutschte ein Stück am Boden dahin, fing sich aber gleich wieder und verschwand, krank zwar, aber noch flüchtig, im Wald.

Ich war so wütend, daß ich vergaß, abzublasen, als die Treiber und einer der Schützen aus den Weiden heraustraten. Da sollte doch der giftgrün schwefelgelbe Samiel dreinfahren, oder besser gesagt, der hatte mir das angetan! Als wenn er einen für mich unsichtbaren Auswehrer zwischen Wild und Jäger hineingestellt hätte! Deckung, Wind, Paß, alles war gut gewesen. Was, in dieses Samiels dreifachem Namen, was hatte in beiden Fällen das Wild zum unvermittelten Abschwenken veranlaßt? Wie und woher war ihm die Warnung gekommen!? Solche Art von ungeklärtem, von völlig willkürlichem Pech vermag mir heute noch die Stimmung zu verderben.

Ein (damals war er nimmer mit von der Partie) ziemlich schußneidiger Jäger von uns, den das Pech der anderen immer sehr erheiterte, pflegte einen solchen Fall mit seinem ewig gleichen Gewäsch abzutun: „Wenn's so was net gab, gab's scho lang koa Wuid nimma!" Wenn es freilich ihn selber traf, dann versagte seine lehrhafte Philosophie, und Tränen der Wut konnten ihm in die bebrillten Augen treten: „I ko hinglanga wo i mag, i lang überall in Dreck eina!"

Wir suchten sofort mit einem an sich fähigen, aber launisch unzuverlässigen Wachtel den Fuchs nach. Der war anscheinend an geeigneter Stelle über das jenseitige Bachufer ausgestiegen und auf einem Dammweg ein paar hundert Meter weit geradeaus geflüchtet. Als die Spur vom Weg ab in den Wald hinein abbog, schnallten wir den Hund. Ohne gehetzt zu haben, kam er nach fünf Minuten gleichgültig zurückgetappt, und wir brachen ab. Auf Grund überreicher diesbezüglicher Erfahrung hatte ich die Suche schon ohne Hoffnung begonnen. Nur Prell- und Krellschrote hatten, das schien mir sicher, den Fuchs gefaßt. Mit einem einzigen der Einserschrote in Lunge oder Leber wäre er dem Bach nimmer entstiegen.

Wie schön wär's gewesen, mit Fuchs und Has vor die Wartenden am Frühstücksplatz hinzutreten! Wie hätte der Rote mit aufgestellter Lunte die kleine Strecke aufgeputzt! Und Glückwunsch und bewillkommnendes Kirschwasser – wie wohl wären sie mir eingegangen! Statt dessen war mir der Spaß und der halbe Tag verdorben, obgleich ich gegen mich selber keinen Vorwurf erheben konnte. Aber das alles war kein Grund, der gutgelaunten Korona und der ob des schönen Tages froh gestimmten Geliebten die Mittagsstunde zu verderben. Ich schluckte und schluckte abermals den Ärger mit etwas Feuerwasser hinunter und mühte mich um eine gute Miene.

Es schien dann auch so, als habe der Samiel mit meinem Mißgeschick seinen Tribut empfangen: Die zweite Hälfte des Jagdtages verlief günstig und brachte (immer gemessen an unseren unverwöhnten Bergjägeransprüchen) noch eine erfreuliche Strecke. Es fing damit an, daß der Wachtel zu Beginn des ersten Nachmittagsbogens den von mir auf dem Unglücksstand angeschossenen, inzwischen lang verendeten Hasen aus den Büschen unter den Schirmästen des Waldrandes apportierte. Fuchs aber kam keiner mehr vor.

Andern Tags feierten wir dann in ein neues Jahr hinüber.

Wie zur damaligen Zeit fast immer, hatte ich es mir so eingeteilt, daß mein Winterausspann um die Mitte des Januar begann, und wir übersiedelten zunächst auf zehn Tage in die Stadt. Als der Februar kam, wurde es Zeit, die eigentliche Erholungsreise in ein Alpental, das noch viel höher gelegen, noch viel schneereicher, dabei weiter, sonne-, süd- und himmelnäher ist als das unsere, anzutreten. Um die Koffer ohne zeitliche Bedrängnis zu packen, fuhren wir nochmals für eine halbe Woche aufs Gut hinaus.

Ich hatte ursprünglich um nächtlichen Fuchspassens willen vorausfahren wollen, den Plan aber auf großen Wunsch der Gattin, die zusammen mit der ältesten Tochter auf ein Faschingsfest geführt sein wollte, aufgegeben. Der Mond hatte inzwischen die volle Rundung schon verloren, und ich erbat mir nun, sozusagen im Austausch, für zwei der vier gemeinsamen Abende Urlaub zu jägerischem Tun. Meine Frau fand das nicht unbillig, nur verstand ich nicht, weshalb sie entgegen ihrer sonstigen Art (*wenn* sie's zufrieden war) zu wissen wünschte, an welchen Abenden ich auszurücken gedächte.

Der Schnee lag nur zwei Fuß tief, aber es war grimmig kalt. Trotzdem war's um die Fuchsjägerei nicht allzu gut bestellt, weil der Ostwind die über der noch offenen Fläche des Chiemsees ständig schwelenden Nebel zu uns hereindrückte. Am zweiten oder dritten Tag aber wurde es klar. Schon am späten Nachmittag packte ich Pelz, Fußsack und Roßdecke in den Wagen und trat waldmarschmäßig in den kleinen Salon meiner Frau, mit ihr zusammen noch eine Tasse Tee zu trinken. Als ich dann aufstand, um als allerletztes Gewehr und Glas ins Auto zu legen, lächelte sie ein wenig merkwürdig.

„Wenn Du mit allem ganz fertig bist, dann komm, eh' Du wegfährst, noch einmal herein. Ich muß dir was sagen!" rief sie mir nach. Ich tat wie geheißen, und dann erfuhr ich es: „Heute war unser Hochzeitstag – nur für den Fall, daß Du nicht daran gedacht haben solltest."

Das war doch die Höhe weiblicher Tücke! Ich hatte – schlimm es einzugestehen – wahrhaftig ganz darauf vergessen. Aber die leiseste „Hilfe", so wie man sie dem aufmerksamen Pferd gibt, hätte genügt, bei mir das Licht aufzuzünden und mich vor solcher Schande zu bewahren. Um nun aber nicht gar zu rabenhaft zu erscheinen, muß ich ein paar mildernde Umstände anführen. Wir hatten im Krieg geheiratet, und meine bald darauf erfolgte Wiedereinberufung, die sich – durch weitere vier Jahre mit von zivilen Behörden, die nur „weltanschaulich zuverlässige" Männer in der Heimat wissen wollten, heftig befehdeten Unabkömmlichstellungen abwechselnd – noch ein paarmal und immer mit großer Abruptheit wiederholte, ließ uns zu keinem harmonisch festefeiernden Familienleben kommen.

Wir hatten in jenen ersten Jahren den Tag mit einer Ausnahme getrennt verbracht, später, nachdem die ärgsten Sorgen vorüber waren, auch öfters auf Reisen, und das alles war seiner so ganz echten und rechten Einfügung in den Kranz der intimen Feste des Jahres abträglich gewesen. Aber trotz alledem – abmildernde Gründe hin und her – dran denken hätt' ich schon müssen!

Eigentlich war es ja auch noch gar nicht zu spät! Ich würde die Füchse Füchse sein lassen, dann waren wir den Abend über – und auf den kommt es ja schließlich an, nicht wahr! – zweisam feiernd vereint. Dieser in schuldbewußter Schnelle gemachte Vorschlag jedoch fand bei der Partnerin keine Billigung. Dabei war sie aber, Gott sei es gedankt, nicht gekränkt.

„Nein, Du mußt jetzt losfahren. Ich wollte nur Dein verdutztes Gesicht sehen. Es war doch immer Nebel bis jetzt, und übermorgen reisen wir. Fahr, ich bin Dir wirklich nicht bös! Jetzt fahr schon!"

Halb schob sie ihn, halb sank er hin. Schlechten Gewissens und zerworfenen Gemütes fuhr ich in den frostigen Abend hinaus. Nun war sie allein im leeren Haus, würde allein bei Tisch sitzen und bald schlafen gehen, ohne kleines Fest, ohne den leisen Freudenknall, wenn der Pfropfen der Champagnerflasche sich löste!? – Es stand bald bei mir fest, daß es so nicht würde sein dürfen. Was die Wiederheimkehr betraf, band mich keinerlei Gebot.

Ich hatte es zuerst in der Nähe einer abgelegenen Rotwildfütterung mit der Hasenklage probieren wollen. An zwei Plätzen mindestens konnte man dort auf einen zustehenden Fuchs hoffen. Aber dafür war's jetzt schon ein wenig spät geworden. Für den Anmarsch allein würde ich eine gute halbe Stunde brauchen. Dann kam ich so spät an die hohe Eichenkanzel beim Luderplatz, daß ich die Chance auf vielleicht schon im Dämmerlicht die Felder dort überschnürende Füchse versäumte. In der Ranzzeit laufen bei uns die Roten entgegen ihrer sonstigen Zurückhaltung manchmal sehr früh ins Freie und überqueren von einer Talseite zur anderen hinüber die weiten, ebenen Wiesen. Oft schon hatte ich zu Anfang des Hornung, wenn ich bei eben erst hereinsinkender Nacht meinen Fuchspaß bezog, das paarungssehnsüchtige Bellen der Rüden nahe dem Dorfrand oder um die Kirchhofsmauer herum auftönen hören. Wohin aber jetzt bis zur Dämmerung? So talnah, daß man dann binnen einer Viertelstunde den Eichensitz erreichte, wußte ich mir keinen Wald, an dessen Rändern das Quäken nicht Zeitverschwendung gewesen wäre.

Aber auf einmal zündete etwas: Wie, wenn es Fuchsgewohnheit wäre, sich in die großen Schilfhaufen jener Gefilde, über die bei der Treibjagd unsere Streife hingegangen war, bauartige Unterkünfte zu wühlen!? Der Wind kam von Südosten. Ich mußte ungefähr den Stand beziehen, von dem aus ich bei der Treibjagd geschossen hatte, und laut in Richtung der Streuwiesen hinaustrompeten.

Der Fluß, der sonst, weil ihn hier auf mehrere Kilometer kein Steg überbrückte, ein nur mit Wasserstiefeln passierbares Hindernis zwischen dem für die Nacht ausersehenen Ansitzplatz und dem großen Bauernwald da drüben bildete, war zugefroren. Kaum mehr als dreihundert Luftmeter trennten die beiden Stände voneinander. Ich konnte unter diesen Umständen sogar meinen Wagen jenseits des Flusses bei einem Einödhof abstellen. Hinüber wie herüber war es von dort aus gleich weit.

Beschwingt von einem seltsamen heimlichen Jubel, einer Art fiebernder Zuversicht, die mich im übrigen schon oft getäuscht hat, stapfte ich meinem Ziel zu. Der sich auch jetzt wieder zunächst dünn, schleierhaft und niedrig über die Wiesen ziehende Nebel verringerte aber sehr bald meine Hoffnung. Andererseits war seinetwegen erst recht Eile geboten. Wenn er sich verdichtete und hob, konnte ich umkehren.

Und dann stand ich wieder an der Spitze jener Waldhalbinsel, wischte mir den Schweiß vom Gesicht, lud die Büchsflinte (mir war, als ob ihr Schloß rückerinnernd besonders ingrimmig zuknackte) und fing, ohne viel zu warten, mit meiner Musik an. Eine lange Arie war es vom angstvollen Aufgestöbertsein bis zur Verzweiflung des Gegriffenwerdens und zum langsam verröchelnden und verlöschenden Ausklang.

Ich mußte den Kopf ständig nach allen Seiten drehen und darauf gefaßt sein, daß auch aus dem Wald in meinem Rücken ein Fuchs zustand. Der Halbwind hätte ihn nicht warnen können. Es rührte sich aber nichts auf dem sichtigen Schneegrund. Schläfrig stand in der weißgrau sich verdichtenden Dämmerung der stille Hochwald, kauerten die runden Weidenbüsche draußen auf den übernebelten Wiesenflächen. Vom Bach her hörte man es zuweilen unter dem Ufereis schlurfen und leis aufplätschern. Sonst aber war's lautlos still, nicht einmal eine Krähe krakeelte neidisch vom Schlafbaum, und auch den Hofhund mit seinem locker sitzenden heiseren Hals drüben beim Bauern hatte man anscheinend in die Stube eingelassen, so daß ihm von dem ganzen Lärm nichts ans Ohr gedrungen war.

Auf einmal aber war auf kaum mehr als 40 Gänge vor mir, mitten in der weißen Nebelschneewiese, wie ein verdichteter Schatten ein langgestreckter regloser Klumpen. Der war vorher bestimmt nicht dagewesen! Ich ging mit großer Vorsicht in Anschlag. Als ich den freiäugig schwer zu enträtselnden dunklen Fleck im Zielfernrohr hatte, rührte er sich noch immer nicht. Es war aber doch ein Fuchs, der mit eingezogener Lunte und von mir weggewendetem zu Boden gesenktem Kopf irgend etwas, eine Spur oder ein Mausloch, bewindete. Er kam nimmer dazu, sich zu rühren; ich traute bei diesem Nebelgeschleier dem Wind nicht und krümmte eilig den Finger am Schrotabzug durch. Als ich absetzte, war der dunkle Klumpen ein wenig zusammengeschwunden, sonst aber unverändert noch auf dem gleichen Platz.

Jetzt bellte, durch die Mauer nur dumpf vernehmbar, drüben beim Bauern der alte Hund. Ich zog eine Zigarette aus dem Etui und zündete sie an. – Erst nachdem sie halb geraucht war, ging ich durch den flaumigen Schnee hinüber, langsam, jeden Schritt und das allmähliche Sichumfärben des kleinen schwärzlichen Haufens zu übersilbertem Purpur, das Gestaltannehmen der begehrten Beute ausgenießend.

Das sind die Augenblicke der Freude, die wie Morgen- und Abendröte schnell entfliehenden Minuten unseres einsamen Jägerglücks. Man muß, ja man *muß* sie tief in sich einatmen bis hinab auf den Grund der Seele. Damals blieb es kein einsames Glück, es weitete sich sehr bald zum zweisamen am stillen Herd. Anderthalb Stunden nach der Abfahrt war ich wieder daheim und fand sogar noch Zeit, von Freude zur Eile beflügelt, in den Smoking und in die Lackschuhe hineinzufahren und den bereits gedeckten Tisch mit dem von kleinen Eibenbrüchen umkränzten Fuchspokal, einem Erbstück von englischen Ahnen, zu dekorieren.

Wie gescheit können doch manchmal Frauen sein. Die meine hatte, als sie mich wegschickte, dem Tag noch eine Chance gegeben. Wäre ich daheim geblieben, wäre es wohl auch ein hübscher Abend geworden, zu einem Erlebnis aber hätte er sich dann nimmer gestalten können.

Matthais bricht's Eis

Matthais bricht's Eis
Hat'r koans, na macht er oans.

Das ist in seiner Trockenheit und seinem, wie von harten Arbeitshänden, die mit ihren Axthieben sparsam geworden sind, aus dem Holz gehackten Rhythmus, eines der prachtvollsten oberbayerischen Bauernsprichwörter.

Der Tag des heiligen Matthias ist der 24. Februar. Um diese Zeit sitzen bei uns in den Bergen den alten Hirschen ihre Stangen schon tief eingeschnürt auf den Rosenstöcken, und wenn ein gesunder, will heißen ein im Januar und Februar auf der Höhe seiner frostigen Macht stehender Winter vorhergegangen ist, setzt dann auch fast immer sonniges, manchmal auch diesiges Tauwetter ein. Das Eis bricht, der Winter ist vorbei. Was von ihm dann noch bleibt oder nachkommt, ist ein nochmals aufbegehrendes Sichwehren, aber trotz gelegentlichen eisigen Ingrimms doch nur mehr ein Hinscheiden. Merkwürdig, daß unter den Gezeiten, sei's im Jahr, sei's im Menschenleben, dieses je nach Wesensart mehr oder weniger kämpferische Abschiednehmen nur *einem* erspart bleibt: Nur der Frühling geht mit seligem Grüßen in den Sommer hinein. Deshalb wahrscheinlich lieben wir ihn, – haben wir ihn so sehr geliebt.

Aber um beim Matthais zu bleiben: Wenn schon ein paar Wochen vor seinem Tag der Föhn lau-regnerisches Wetter in die Gebirgstäler hineinbläst, dann haut der heilige Spätapostel fast immer mit einem oft recht unwirschen, wenn auch nicht allzu tief in den März hineinreichenden Nachwinter nochmals dazwischen. Da darf man unter die Joppe den Wolljanker wieder anziehen und sich die Abwurfstangen der guten Kronenhirsche rund um die Raufen herum unterm Neuschnee ertasten.

Aber im Jahre des Fuchserlebnisses, von dem ich erzählen will, hatte der starke Matthais das Eis gebrochen, es war aus den Wänden heruntergekracht und von den anschwellenden Wildbächen zersprengt und mitgespült worden. Auf steilen Südhängen und um die Wurzelstöcke der alten Schirmfichten herum waren sogar schon apere Flecken. Ich stieg, von der hinter die Schneiden der westlichen Talseite hinabsinkenden Sonne geblendet, zu den Schoßbachwänden hinauf. Von ihnen hab' ich auf anderen Blättern schon viel erzählt*. Um ein umwaldetes Gewänd handelt es sich,

---

* Und zwar in dem literaturpreisgekrönten Buch „Glückselige Einsamkeit", das 1965 im Verlag Paul Parey erschien und inzwischen die dritte Auflage erfuhr.

um jene vor allem für die Voralpen typischen, gleich oberhalb der Talwiesen aus dem geschlossenen Hochwald schroff und feindselig herauswachsenden Felsköpfe, -schluchten und -wände, die noch nichts wissen vom freien Reich der Almen und himmelnahen Gipfel. In ihren Spalten und Höhlen haust gerne der Fuchs, oder er schläft an schönen Tagen auf einem der sie durchziehenden, oft sich zu kleinen Balkonen und Terrassen verbreiternden Grasbänder.

Trotz des vom Matthais gebrochenen Eises und der Wärme, die tagsüber die Luft über den Schneehalden wabern machte, hätte ich, außer vielleicht mit Schiern, noch nicht bis zu dem von mir ausersehenen Platz hinaufgelangen können, wären nicht die Holzfuhrleute auf dem Schoßbachziehweg an der Arbeit gewesen. Sie hatten ihn schon vor zehn Tagen ausgeschaufelt und so auch mir begehbar gemacht. In den tiefen Gleisen der Schlittenkufen rieselte und gluckerte das Schmelzwasser talwärts, manchmal war es von aufgeweicht in der Bahn liegenden Roßäpfeln weichselbraun gefärbt.

Der letzte der Einspännerschlitten, an den zusätzlich seiner Beladung noch ein halbes Dutzend geschälter Prügel angekettet war, begegnete mir auf halbem Weg. Der die stämmige braune Stute lenkende Knecht trug eine schwarze Zipfelmütze. Die grauen Fäustlinge hatte er ausgezogen, von einer Schnur verbunden baumelten sie ihm um den Hals. Im raschen Vorbeigleiten hob er zum Gruß die Rechte, in der er die brennende Pfeife hielt. Ich schaute ihm nach und horchte hinter dem Gefährt her. Von dem harten Stoßen und Stauchen der Pferdehufe in einem eigentümlichen Rhythmus geschüttelt, verklimperten und verklangen die kleinen Kummetglocken allmählich in der Tiefe. Auch von dieser winterlichen Melodie hieß es nun bald Abschied nehmen.

Still war der Bergwald jetzt und von Menschen frei, nur der einsame Jäger tauchte lautlos unter seine schwarz bemantelten Fichten hinein. Nach einer knappen halben Stunde steilen Anstiegs teilt sich der Weg, biegt scharf nach rechts zur Elandalm ab und führt geradeaus in die von schroffen Wänden eingeschlossene Schlucht des Schoßbaches hinein. Dort auf dem in der Gabelung liegenden kleinen Lagerplatz hörte die Schlittenbahn auf, aber dort war ich auch am Ziel.

Fast genau auf der Stelle, von der aus ich vor gut drei Jahrzehnten als sehr junger Fuchsjäger den ersten Teilerfolg mit meiner damals noch recht schepperigen Hasenquäke gehabt habe, steht heute ein Hochstand, und auf den turnte ich, die nach Wintermonden mit schweren Schneelasten gebotene Vorsicht Sprosse für Sprosse wahrend, hinauf. Um nahezu dieselbe Zeit und bei gleichem Spätwintersonnenwetter, es lag damals nur etwas weniger Schnee als heute, war mir hier im vorigen Jahr ein Fuchs aufs Quäken gekommen. So wie dieser ist mir kaum je zuvor einer zugestanden; ohne Hast folgte er in kurzen Fluchten genau dem Weg, trug dabei die Lunte nur halb hoch und spitzte die schwarzsamtenen Gehöre nach vorne wie ein erfahrenes Turnierpferd vor einem Hindernis. Nichts von Raublust und Gier war ihm anzumerken, er sah viel eher so aus, als freue er sich auf ein Spiel mit einem Artgenossen. Vielleicht war's eine Fäh', die ihrem Trauten, der für sie und sich gute Beute gemacht hatte, zuversichtlich entgegeneilte.

Schon auf 150 Schritt hatte ich den mittelstarken Fuchs um eine sanfte Biegung herumkommen sehen. Merkwürdig war und blieb sein kurzes, nicht wie sonst von fiebernder Eile getriebenes und dabei ganz gleichmäßiges Tempo. Als er auf später genau abgeschrittene 46 Gänge heran war, blieb er unvermittelt stehen und äugte erst den Weg hinunter, dann um sich und ein paar Herzschläge lang auch zu mir herauf. Der Hochstand ist in einem erhöht auf kleinem Felskopf stockenden Horst älterer Buchen eingebaut. Wie fast jedes auf die Locke zustehende Wild, hatte der Fuchs die Richtung, aus der die anziehenden Töne gekommen waren, genau erfaßt. Ein Ausdruck von befremdeter Enttäuschung schien mir jetzt auf dem spitzfängigen Gesicht mit den nah beisammen liegenden nachtschwarzen Sehern zu entstehen. Dann setzte der Rotgoldene sich auf die Keulen. Ich lag längst im Anschlag und hatte ihn im Zielfernrohr.

Wenn ein Fuchs sich auf die Keulen setzt, dann hat er in neunzig von hundert Fällen Verdacht geschöpft. Vielleicht hatte diesem ein kurzes Küseln des bisher stetig von Süden her mir ins Gesicht ziehenden Windes doch eine Ahnung von meiner Herfährte zugetragen. Jeden Augenblick konnte der mir jetzt noch Erreichbare kehrtmachen, und bestenfalls blieb mir dann das etwas unsichere Wagnis eines Kugelschusses auf den Davonschnürenden. Für einen solchen war die von mir eingenommene sitzend freihändige Stellung – ich hatte ohne falschen Optimismus annehmen dürfen, mit dem glatten Lauf feuern zu können – wenig geeignet. Weil die Schußrichtung ziemlich steil abwärts zeigte und ich mich beim In-Anschlag-Gehen auch nicht viel bewegen wollte, hatte ich die Läufe der Büchsflinte unter der Auflegestange durchschieben müssen. Ein paar Sekunden vergingen, und immer noch saß der Fuchs regungslos auf demselben Fleck. Der Zielstachel stand mitten auf dem Stich. Ein richtiger Spitzschuß, wie ich sie scheuen gelernt hatte, bei dem die Schrote nur Kopf und Fang und vielleicht eine Vorderbrante fassen können, war das eigentlich nicht. Bei dieser Stellung boten Kehle, Brust und Bauch ein zusätzliches Ziel. Ich überlegte es kurz, und dann war der Schuß draußen. Wie ein gelber Blitz fuhr der Fuchs die Böschung zu seiner Linken hinauf. Der dem Hochstand gegenüber steil ansteigende Schlag ist in seinem unteren Teil mit einem schütteren Gemisch aus Jungfichten und Buchengestrüpp bestockt.

Die windend schnelle Flucht des Beschossenen, die breit an mir vorbeikam, konnte ich über zahlreiche Lücken hinweg freiäugig verfolgen. Mit einem zweiten Schrotlauf wäre ich wahrscheinlich noch einen Schuß losgeworden. Wie ein Gesunder fegte der Fuchs dahin und entschwand mir in der weiter rechts höher und geschlossener werdenden Dickung. Das erste, was ich tat, war, daß ich das Gewehr aufklappte, um nachzusehen, ob ich nicht etwa aus Versehen doch am Drücker des Kugellaufes gezogen hätte. Aber es war die Hülse der Schrotpatrone, die den Einschlag des Bolzens im Zündhütchen aufwies.

Wenn ich etwas von Zeichnen und Benehmen des Wildes nach dem Schuß verstand, dann war dieser Fuchs – gefehlt! Ich schritt also zunächst jene 46 Gänge bis hin zum Anschuß ab. Da der Schnee weich und keine andere Spur in der Nähe war, ließ er sich leicht finden.

Das Schußbild war, wie immer bei diesem Zauberlauf, vorzüglich; gleichmäßig verteilt und verhältnismäßig eng beisammen hatten die Schrote den Schnee verhagelt. Der Radius des Streukreises betrug gut einen Meter, und in des Kreises Mitte war ein großes, ein genau fuchsförmiges, makellos weißes Loch. So an die zwölf Einserschrote mußte bei überschlägiger Schätzung der Rote abbekommen haben. Also würde er auch vielleicht hundert, vielleicht zweihundert Schritte von der Stelle seines Verschwindens weg in der Dickung liegen.

Nun, er lag nirgends; er hatte die Dickung durchquert, den Elandweg gekreuzt und diesen, immer noch flüchtig, aufwärts angenommen. Nicht nur das: Am Anschuß lag nicht die kleinste, nicht die allerwinzigste Flocke Fuchswolle, war kein auch nur stecknadelkopfgroßer Tropfen Schweiß und steckte auch kein etwa abgepralltes Schrot oberflächlich im Schnee. Nicht nur das: In der Fluchtspur, der ich alles in allem etwa 300 Meter weit offenen Auges und bei noch gutem Licht folgte, war ebenfalls kein noch so winziger, noch so blasser Schweißspritzer, obwohl der Fuchs nach dem Überfallen querliegender Stämme und Gerten in der Dickung mehrmals bis zum Bauch im Schnee eingesunken war. Dabei hatte ich den Eindruck, daß die Schrote, die beim Anschuß Zweige gestreift oder getroffen hatten, keineswegs kraftlos gewesen waren. Und weshalb hatte der Fuchs nicht, aber schon überhaupt nicht gezeichnet?

Es hat keinen Sinn, über Unerklärliches zu rätseln. Wer, was ich hier berichte, für unwahr hält, möge es tun; es haben mir's auch manche, denen ich es damals erzählte, nicht geglaubt. Zu weit, verwackelt, verrissen, verschaut und was sonst noch alles aus ihrem regen Geist hervorgehen mochte. Soviel weiß ich, daß der Fuchs mitten im Streukegel gesessen hatte und daß auf 45 Schritt Einserschrote aus intakter Patrone noch einen Kistendeckel durchschlagen. Selbst wenn sie – und zu dieser Leichtsinnsteilschuld muß ich mich bekennen – bei solchem Gewendetsein des Wildes nicht mehr alle bis ins Leben gingen, zehn oder zwölf Schrote kämmen doch irgendwo Wolle aus dem Fuchsbalg, und wo sie nur etwas tiefer eindringen, schlagen sie schweißende Wunden.

Am anderen Vormittag folgte der zuständige Jagdaufseher der Spur von da weg, wo ich sie verlassen und verbrochen hatte, mit seinem sehr passionierten und zuverlässigen Rauhhaardackel noch etliche hundert Meter weit. Als sie sich in die Wände hinauf verlor, schnallte er den Hund nicht; er befürchtete mit Recht, daß er ihm in einem der Felsenbaue verlorengehen könnte. Hexerei? Ein hämischer Teufel? Ein mißgünstiger Wunsch? Oder doch eine schlecht geladene, eine altgewordene Patrone? Ich will's gut sein lassen; es ist dies nicht das einzige Unerklärliche, was ich beim Jagen und auch auf anderen Wegen erlebt habe.

Im übrigen muß ich einräumen, daß der seiner üppigen Pelzverbrämung entkleidete Kern des Fuchses an Schlankheit dem Rumpf eines friderizianischen Windspiels gleichkommt und bei Schüssen über die Dreißigmetergrenze hinaus von den auch aus gut zusammenhaltendem Lauf versendeten groben Schroten nicht allzu viele mehr auffängt. Ich habe dieserhalb schon manche Enttäuschung erlebt.

Und nun also saß ich, ein Jahr später, um St. Matthais wieder auf den nicht eben anschmiegsamen Rundlingen, aus denen die Bank auf jenem Hochstand gefügt ist. Ich wollte zunächst ein Viertelstündchen verschnaufen und auskühlen. Zwar war ich nahezu lautlos hergekommen, hatte aber ausreichend Zeit vor mir.

Nachdenklich schaute ich auf den Fleck hinunter, auf dem im Vorjahr der so munter herangetänzelte Fuchs gesessen hatte. In der Zwischenzeit hatte ich öfters an dieses Erlebnis gedacht, und man neigt rückerinnernd meist mehr zu Schuldgefühlen als unmittelbar nach dem Geschehen. Immer wieder maß ich mit von mehr als vier Jägerjahrzehnten geschultem Auge die Entfernung. Nah war es nicht, aber wenn jetzt wieder einer unten stünde!? Dürfte ich mich kein zweites Mal getrauen, mit den Schroten bis dahin zu langen? Müßte es die Kugel sein? Sicherer wär's vielleicht, aber notwendig nicht. Ich hatte schon oft unbedenklich und mit sicherem Erfolg gleichweite Schrotschüsse auf Fuchs und Has getan.

Dann war es soweit: Schrill und anhaltend ließ der überrumpelte Hase unter den Fangzähnen eines der roten Malepartusstrauchritter seine verzweifelte Klage erschallen. Ich war mit dem verröchelnden Finale noch nicht ganz am Ende, als es genau mir gegenüber weit oben (auf fast 200 Meter) am Fuß der Wände und am Rand des dort noch kahlen Schlages weißgelb aufblitzte.

In gierigen Fluchten kam ein semmelfarbener starker Fuchs direkt auf mich zu. 150 Meter, ich würde mich diesmal auf nichts mehr einlassen und mit der Kugel schießen, sobald er frei stehenblieb. Aber er verhielt keine Sekunde, in ständiger schneller Bewegung schlängelte und schob er sich zwischen Steinblöcken und Wurzelstöcken durch und fand dennoch immer wieder in die eingeschlagene Richtung zurück. 100 Meter, genau sah ich durchs Zielfernrohr die funkelnden Lichter, die blaugraue Brust, die dicke, nachschleifende, bei schrägen Sprüngen manchmal schlagende weiß bequastete Lunte. 70 Meter, jetzt tauchte er ins Buchengestrüpp hinein, in dessen lückiger Deckung seine Base vor einem Jahr in Augenhöhe an mir vorbeigeflüchtet war. Und damit war der Semmelgelbe verschwunden. Ich fühlte den Pulsschlag in der Kehle. Wo würde er wieder auftauchen?

Oder flackerte der Wind, hatte er schon umgeschlagen, abgedreht, haltgemacht? Saß auch er jetzt da drinnen auf den Keulen?! Aber da sah ich es wieder rötlich aufleuchten und schnell und geschäftig dahingleiten durch die Gerten und dünnen Stämme, und dann auf einmal war's als purzelte ein großer gelbgrauer Wollknäuel aus dem Gebüsch heraus und über die steile weiße Wegböschung herunter, und dann stand er, die Aufregung ließ mir keine Zeit, darüber zu staunen, mitten im Weg, fast auf den Meter genau da, wo den im Vorjahr Gefehlten die Schrote umprasselt hatten.

Aber bei ihm war es nicht so, daß er sich hier längere Zeit aufzuhalten gedachte. Mit dem Fang gierig den Schnee abtastend querte er den Weg und näherte sich seinem linken Rand. Wenn er über den hinabsetzte, deckte ihn sogleich ein dichter Jungfichtenhorst. Wer wußte, ob und wo er dann wieder auftauchen würde!? Das war, nein das *war* ganz einfach nicht zu weit! Ohne langes Besinnen schoß ich, und der Fuchs sank in den Schnee. Noch ein paarmal peitschte er sich mit der Lunte die Flanken, bäumte er sich auf, hob mit eng angelegten Gehören und hochgezogenen, die Fangzähne entblößenden Lefzen den rundstirnigen Kopf, aber noch eh ich nachgeladen hatte, lag er verendend auf der Seite.

Oben in der Wand gingen ein paar Steine, wahrscheinlich waren dort Gams flüchtig geworden, und jetzt auf einmal hörte ich vom Tal herauf das breite Rauschen des Flusses.

„Matthais bricht's Eis . . .“

Bergwinters letzte Gabe

Wenn es fürs Erzählen außer dem inneren Genötigtsein überhaupt Gründe gibt, dann ist's in diesem Fall vor allem *einer*, eine Nachdenklichkeit nämlich, die mich, wie schon öfters, beschäftigt und veranlaßt, Erlebtes wieder vorüberziehen zu lassen. Im Lauf des Jägerlebens meine ich es zuweilen, nicht oft zwar, aber doch mehrmals, beobachtet zu haben, daß ein besonderes Pech (und zu seinem Begriff gehört, daß es unverschuldet war) nachträglich einen Ausgleich findet. Es ist dann so, als hätte der ungezogensten Kobolde einer gegen die Spielregeln eingegriffen und müßte später seinen unrechtmäßigen Gewinn (das ist in diesem Fall der dem wehrlosen Jäger zugefügte Ärger) wieder herausgeben.

Die Gegend der Schoßbachwände, davon habe ich in einem meiner früheren Bücher hinlänglich erzählt, hat mir durch viele Jahre den Tribut versagt, den sie mir an von ihr beherbergtem Wild schuldig gewesen wäre. Schließlich aber schien der zu meinen Ungunsten dort wirkende Hexenspruch und -spuk seine Kraft verloren zu haben. Nicht, daß ich von da ab in diesen Wäldern und Wänden mit Waidmannsfreuden reich gesegnet worden wäre, aber nachdem der Krieg und die ersten auf ihn folgenden Interregnumsjahre vorüber waren, ging auch dort alles seinen nach beiden Seiten hin, der schenkenden und der versagenden, wechselhaften Gang. Aus jener immer nur verneinenden Zeit ist mir aber eines geblieben, nämlich die besondere Anziehung, die das Schoßbachgebiet, vor allem in den Wintermonaten und gar wenn der Vorfrühling in den Lüften liegt, auf mich ausübt.

Es war, dessen erinnere ich mich, schon nach dem 21. März, nach dem Tag also, den ich aus ganz besonderen Gründen in meinen höchst eigenen Jagdausübungsverordnungen als den letzten planmäßiger, sozusagen gezielter Winterfuchsjägerei festgesetzt habe. Solche frei erwählten und bestimmten Termine schenken dem Jägerjahr und seinen Gezeiten zusätzlichen Zauber. So höre ich auch seit Jahrzehnten mit dem 18. August, einem schon späten Zeitpunkt, zu dem aber im Gebirg noch durchaus nicht alle Chancen erschöpft sein müssen, zu blatten auf. Jenem März aber war ein besonders schneereicher, die Wege zu den höheren Fuchsregionen lange versperrt haltender Winter vorhergegangen, und deshalb gab ich ausnahmsweise ein wenig zu.

Der Jäger Wolfgang begleitete mich, und wir waren, allein schon in Anbetracht der länger gewordenen Tage, früher als sonst auf dem steilen

Ziehweg zu den Schoßbachwänden. Ein lauer, im wesentlichen sonniger Tag war's, aber in Abständen überzog auch verdüsterndes Regengewölk den weißblauen Märzhimmel. Bis auf vereinzelte erd- und nadelgeschwärzte Eisplatten lag kein Schnee mehr auf dem Weg, der Waldboden war aper, und überall leuchteten die winzigen Leberblümchenkelche aus dem Gestein und dem niedergepreßten falben Wintergras. Es raunte und rauschte leise im schwarzen Nadelwerk der Fichtenwipfel, und von allen Seiten und aus allen Höhen zirpte, flötete, pfiff, schmetterte Vogelsang.

Unser Ziel war auch diesmal der Hochstand oberhalb der Weggabelung. Als wir ihn lautlos und ohne Zwischenfall erreichten, hatte der Wind noch nicht talwärts gewendet. Das hatte ich nicht, oder nicht früh genug, bedacht. Während ich den Bergstock behutsam an eine der Buchen lehnte und schon die erste Leitersprosse unter der genagelten Sohle hatte, ging oben im Schlag ein Rudel Rotwild so jäh flüchtig, daß die Äste krachten und die Steine nur so knallten. Die meisten Stücke mußten verdeckt in einer Mulde, ein paar auch noch am Dickungsrand gestanden haben, jedenfalls sah ich sie erst, als sie, sieben oder acht an der Zahl, mit auf- und niederschaukelnden gelblichen Keulenstreifen flüchtig waren. Sie nahmen Richtung genau auf die Gegend, aus der ich mir das Zustehen des Fuchses erhofft hatte. Nicht nur das, als sie eine dort dicht bei der Wand stehengebliebene Altfichtenkulisse erreicht hatten, fing das Leittier zu schrecken an, und die mit besonders zorniger Lautstärke hervorgestoßenen Rauhtöne wollten kein Ende nehmen.

Es stand nun keineswegs fest, daß, wenn wir den Hochstand bezogen und eine halbe oder ganze Stunde abwartend ausharrten, ein Versuch mit der Quäke erfolglos bleiben mußte, aber mir war hier der Spaß und die Zuversicht verdorben, und so bogen wir vom Schoßbachweg gen Eland ab. Die in meinen frühen Jägerjahren die Elandalm nach unten begrenzenden weiten Althölzer sind lang schon gefällt ("Sägprügel mußten rollen für den Sieg"), und über den Schlägen hat sich der Jungwald wieder geschlossen. Auch in diesen Dickungen haust der Fuchs, und die steuerten wir jetzt an. Als wir ihren unteren Rand, dem entlang steinig und ausgewaschen der alte Holzabfuhrweg verläuft, erreicht hatten, zog der Wind längst bergab.

Nach einigem Herumtasten in fast geräuschloser Birsch fand ich einen mir geeignet erscheinenden Platz für den Ansitz. Wir ließen uns auf dem talseitigen hohen Wall des hier einen Hohlweg bildenden Pfades nieder. Von ihm aus hatten wir wenigstens etwas Einblick in die schon weit über mannshohe, stellenweise aber lückige Dickung. Rechts unter uns, also auch unterhalb des Weges, war ein tiefer, durch Fallholz und eine Felsenkaskade wild wirkender und schlecht übersichtlicher Graben, den auf beiden Seiten licht stehendes Altholz einfaßte.

Hier hatte ich ein paar Jahre zuvor, kurz ehe ein sich langsam zusammengrollendes Augustgewitter losbrach, einen guten alten Rehbock geschossen, einen Spießer, der, weil er bei der Geiß gestanden hatte, nur zögernd aufs Blatten herangezogen kam. Ich hatte gemeint, ihn im Schuß wegsinken gesehen zu haben, er konnte aber genauso auch mit einer Abflucht in die nimmer einsehbare tiefere Region verschwunden sein. Obwohl wir uns den Anschuß gut gemerkt hatten, brauchten wir fast eine halbe Stunde, ehe wir den Weißhäuptigen mit den endenlosen, unten merkwürdig schaufelig geperlten Stangen fanden; er war in ein von hohen Grasbüscheln umwachsenes Loch unter der Wurzelscheibe einer gestürzten Buche hineingeglitten. Ohne eine wegweisende Flocke Lungenschweiß hätten wir uns den Hund aus der Hütte herholen müssen, der ob seiner beim Blatten störenden Unruhe auf meine Weisung hin dort hatte zurückbleiben müssen.

Heute war schon allein des Windes wegen von unten her nichts zu erwarten. Die Übersicht freilich über die zerklüftete Grabensohle war erleichtert, denn in ihr, wie hier oben überhaupt an vielen Stellen, lag noch tiefer Schnee. Ich durfte verschnaufen und mir einen kleinen Tabak gönnen; es ging wohl schon gegen Abend, aber die Zeit drängte noch nicht.

Die Dickung auf dem nicht allzu steil ansteigenden Hang lag offen vor mir. Es bedurfte keiner besonderen Lautstärke, jeder Ton würde bis in ihre Tiefe dringen, bis hinauf zum Almrand mußte man ihn vernehmen. So brauchte ich kein richtiges Geschrei anzustimmen. Der vom Fuchs (nur bei flaumigem Neuschnee gelingt dies dem Herrn von und zu Malepartus manchmal) aus nächster Nähe aus der Sasse gestochene Hase gibt zunächst kurze, mehr ängstliche als angstvolle Töne von sich. Ich glaube fast, daß sie, bewußt oder instinktiv, der Irreführung eines noch nicht allzu erfahrenen Verfolgers dienen; denn unmittelbar nachdem der Hase so einen kurzen Klageton hat hören lassen, schlägt er meist einen scharfen Haken. Läßt der Fuchs sich durch den akkustischen Reiz, der für den Menschen der erregendste ist und beim Tier in besonderen Fällen vielleicht dem von warmer Witterung ausgehenden gleichkommt, ablenken, dann gewinnt der bedrängte Löffelmann Vorsprung.

Mit solchen kurzen, nur bis zur unteren Grenze des echten Geschreis anschwellenden Tönen fing ich zu reizen an und machte dann eine längere Pause. Bis hier herauf in den trotz weicher Luft winterlich gebliebenen Bergwald war der volle Vogelsang noch nicht aufgestiegen, nur die Meisen zirpten und warnten jetzt auch ein wenig unter mir im hohen Holz. Sonst regte sich nichts. Auf einmal aber schlug mir die unverkennbare scharfe Witterung eines spätranzigen Fuchses mit solcher Deutlichkeit ins Gesicht, daß mir sogleich das Blut in den Schläfen pochte und ich die Flinte fest umfaßte.

Schrotschußnah mußte mir drinnen in der Dickung ein zustehender Fuchs soeben in den Wind geschnürt sein. Innerlich jubelte ich: Es galt jetzt nur, im Halbanschlag regungslos abzuwarten, und sehr bald würde es sich irgendwo rot auf den weißen Weg herausschieben. Kaum erträglich wurde die Spannung im Bewußtsein solcher Nähe des brennend begehrten Wildes; Minuten vergingen, die überdeutliche Witterung blieb, die Luft schien erwärmt von dem beißenden Duft. Dem rastlos wandernden Auge aber zeigte sich nichts.

Da tupfte der schräg hinter mir sitzende Jäger mich behutsam in den Rücken. Es war eine riskante Sache, sich gerade jetzt umzudrehen, aber ich tat es. Mit dem Blick deutete der Wolfgang abwärts, und in derselben Sekunde sah ich einen Fuchs mit sichernd erhobenem Kopf breit unter mir im Graben stehen. Mir war sofort klar, daß es nicht der sein konnte, dessen Witterung gleichzeitig von oben zu mir hergeweht kam. Ich mußte zwischen ein verspätet ranzendes, zumindest nach dem Reigen vereint gebliebenes Paar hineingeraten sein.

Wie das hatte passieren können, war freilich schwer vorstellbar. Wahrscheinlich waren beide Füchse im Jungwald von links herangeschnürt und dieser, der da jetzt mißtrauisch im Graben stand und sekündlich Wind bekommen konnte, hatte früher als der andere die Dickung verlassen und in unserem Rücken (wir hatten dorthin keine Sicht) den Weg überfallen. Daß ihn dabei aber unsere frischen Spuren nicht zu sofortigem Wiederumschlagen veranlaßten, war ein weiteres Rätsel.

Ich muß gestehen, daß ich ein paar Sekunden mit Überlegen verlor. Dieser untere war fünfzig Schritt von mir entfernt, und jeden Augenblick mußte der andere sich auf höchstens dreißig aus den Fichten schieben. Aber da setzte der mittelstarke Fuchs, wahrscheinlich war es die Fäh, sich den Graben querend mit kurzen, federnden Fluchten in Bewegung. Bei richtiger Reaktion hätte ich mich jetzt nach dem Grundsatz „Laß fahren dahin!" verhalten müssen. Der obere blieb mir trotz alledem so gut wie sicher.

Aber – ähnlich veranlagten Waidgenossen zum Trost sei es eingestanden – erst in *noch* reiferen Jahren habe ich mich dazu gebracht, mich in solchen Momenten anders zu benehmen als ein nachprellender junger Dackel. Ich führte an diesem Tag, warum weiß ich nicht mehr, aber wahrscheinlich, weil der Jäger mir den Repetierer nachtrug, der flacher und auch etwas präziser schoß als der Kugellauf der Büchsflinte, ich führte also meine Schrotbockflinte mit Zielfernrohr, eine Zwölferin, mit deren eng gebohrten langen Läufen man sich, was das Hinauslangen betrifft, schon einiges leisten kann. Ich sprang auf, weil es wieder einmal galt, steil abwärts nach rechts und gegen die Hand zu schießen. Der gemessen fortflüchtende Fuchs zeigte sich jetzt halb spitz von hinten, aber – und das eben bestärkte mich – auch sein Rücken war, so von oben her, voll exponiert. Sehr sorgfältig dicht vor den Fang hinzielend, doppelte ich hinter ihm her. Ungerührt und jetzt beschleunigt suchte er das Weite. Innen im Bestand, den er angenommen hatte, war es schon viel dunkler als im kahlen Graben; wie ein schmales schwarzes Ausrufungszeichen wischte er über den Schnee davon und in die nächste Mulde hinein.

Die starke Fuchswitterung aus der Dickung hielt merkwürdigerweise noch eine ganze Weile an, ehe sie sich, fast so schlagartig, wie sie angekommen war, verzog. Ich hatte die Flinte, die einen ziemlich vernehmbar knackenden Ejektor hat, nicht nachgeladen und mir mit raschem Tauschgriff den Repetierer hergelangt. Wir warteten eine Viertelstunde, dann birschte ich allein zweihundert Meter auf dem Weg weiter, erstieg einen von unten ausersehenen kleinen Felskopf und versuchte in der jetzt schnell fortschreitenden Dämmerung nochmals, ohne Hoffnung und auch vergeblich, mein Heil.

Nach einer Weile holte ich mir mit dem Kauzruf den Wolfgang heran, und wir beschlossen, gleich senkrecht durch das hohe Holz abzusteigen. Damit würden wir auf einen anderen Ziehweg gelangen, der aber ebenfalls in den Lagerplatz mündete, auf dem mein Wagen stand. Eine gute Wegviertelstunde konnten wir auf dieser Route einsparen. Schon schimmerten winzige Sterne in der verblassenden Himmelskuppel. Wenn ich um einhalb acht Uhr daheim sein wollte, durften wir keine Zeit mehr vertun. Ich war verstimmt und diesmal auch wütend auf mich selber. Ein bißchen mehr Ruhe und Beherrschtheit – dann wäre alles gutgegangen! Wirklich? Warum war der obere Fuchs nicht auf den Weg herausgeschnürt? Zeit genug hätte er zwischen seinem ersten Herunterduften und meinen Schüssen dazu gehabt. Vielleicht war dieser untere wirklich die einzige Chance gewesen!?

Für mich haben die Spätlinge in den jeweiligen Gezeiten, „die Letzten der Saison" sozusagen, einen schwer zu beschreibenden Zauber und sind mir von besonderem Wert. Wenn ich so einen Späten, einen Mitte-Mai-Auerhahn etwa, einen Spielhahn, wenn auf der Alm schon die Viehglocken klimpern, einen Rehbock in allerletzter Spätbrunft oder noch rot und mit noch festsitzenden Stangen, wenn schon der erste Hirsch geschrien hat, und dann eben auch so einen Märzfuchs heimtrage, dann gesellt sich zur Freude noch ein ganz eigenes, befriedetes Gefühl, daß es ein guter Abschluß war, daß die Füchse oder die Hahnen oder die Rehböcke jetzt Ruhe haben werden vor mir und – vielleicht ist das das Wesentliche – daß dieser Abschnitt des Jägerjahres nun ausgelebt und bis zur Neige ausgekostet ist, daß schon ein Geruch in den Lüften liegt, der zu neuem, zu ganz anderem jägerischen Tun das Signal gibt. Um diese feierabendliche Stimmung hatte ich mich für diesmal gebracht und war doch so nahe daran gewesen! Jetzt würde ich um der Füchse willen nicht nochmals zu Berg wandern. Der Frühling hatte begonnen. Es wurde Zeit, sich nach den Schnepfen umzuhören.

Es ließ sich in dem steilen Hang gut absteigen durch den nur halb fußtief angetauten Schnee. Man hatte festen Halt für seine Tritte und sank doch nicht hindernd ein dabei. Der Wolfgang ging voraus, ich war ein wenig zurückgeblieben und holte ihn, der auf seinen schräg eingesetzten Bergstock gestützt anscheinend verschnaufend auf mich wartete, nach den ersten zweihundert Schritten wieder ein. Aber er verschnaufte gar nicht. Was hatte er dann? Er deutete mit dem Kinn vor sich in den Schnee. Ich schaute ihn fragend von der Seite an, und er deutete wieder.

Und dann sah ich es auch, obwohl es schon tief dämmerig war: Da lag zwei Meter vor seinen Fußspitzen lang und gerade hingestreckt ein verendeter Fuchs. Und ich brauchte noch zwei volle Verblüffungssekunden, um zu erfassen, daß es der von mir Beschossene war, der, kaum unseren Blicken durch eine breite Schneemulde entzogen, aus der Flucht heraus verendet umgefallen sein mußte, denn er hatte hier nirgends eine Spur gemacht, er war an die hundert Meter im steilen Schneehang bergab gekugelt, bis eine kleine Quersenke ihn aufhielt.

Stimmen zwischen Nacht und Tag

W as habe ich in jungen Jahren um der großen und der kleinen Hahnen, manchmal sogar der Schnepfen willen, für weite Fahrten, Wege und Wanderungen gemacht! Ich bin sonst ein bodenständiger Jäger und habe früh die Sehnsucht nach fernen Wildbahnen und noch früher die Begierde nach exotischen Trophäen verloren. Aber der Lenz, der tat es mir immer wieder an, und wenn es März wurde, sann ich auf hahnjägerische Wanderschaft.

Dabei reizten mich viel weniger die großen und gepflegten Reviere von Freunden, die manchmal froh waren, wenn man sich meldete, um den einen oder anderen Auerhahn und vor allem (weil's eben arg hoch hinauf zu steigen galt) Schneidhahn bei ihnen zu schießen, als kleine, unbekannte und mir neue Waldwelten. Da war vielleicht ein abgelegenes Bauernrevier, auf dessen Hochmösern dem Vernehmen nach ein paar Spielhahnen balzten, da war weit hinten an der bayerisch-böhmischen Grenze eine vergessene Gemeindejagd, deren Pächter, der Wirt, den Abschuß von ein, zwei Auerhahnen vergab, oder in einem Tiroler Hoch- und Seitental ein Einödgroßbauer mit einer Eigenjagd.

Hinter der Tennenbrücke seines Hofes quorrten allabendlich die Schnepfen vorüber, und wenn man auf seiner zu Anfang Mai noch von Schneeplatten bedeckten Alm mit offener Feuerstelle im Kaser nächtigte, dann bedurfte es am Morgen „nur" einer Stunde nächtlichen, höllisch steilen Anmarschweges, um zu dem Balzplatz der Urhahnen zu gelangen. Dem geschossenen Hahn die nachdenkliche Wacht haltend, hörte man vom schneeigen Grenzkamm herunter den Spielhahn rodeln, dem es andern Tages gelten sollte. Im eigenen Revier ist mir über solchem Fremdgehen mancher von den damals noch vielen Auerhahnen alt und unstet und schwer erjagbar geworden.

Der Reiz bei all dem ging nicht nur von der Jagd und vom Wild aus; da war die Freude an den in ihrem Grundcharakter zwar vertrauten, aber dennoch neuen Landschaften, da waren die Menschen, die sehr unterschiedlichen Gastgeber-Jägertypen, gediegen, schlitzohrig, gleichmütig oder großsprecherisch, da war das Drum und Dran, waren die unheizbaren Kammern, in denen man nächtigte, mit ihren eigentümlichen Gerüchen, meist nach Heu, manchmal aber auch nach Winterobst, nach Wachsstöcken und alten, abgelegten Kommunionkerzen oder nach Feiertagskleidern in muffigen Schränken, und mit dem Wandschmuck von Vierfarbendruckheiligenbildern oder von bis zur Milchkaffeebräune verblaßten Familienphotos: Braut und Bräutigam, fast lebensgroße Köpfe; sie hochgeschlossen mit Kranz und Schleier, er mit sichtlich ungewohntem steifem Kragen und Myrthenzweig im Knopfloch, oder gar Goldhochzeitsjubelpaare Hand in Hand, mit zerfurchten Gesichtern, gekrümmten Rücken, Kranz auf weißem Haar, wallendem Weißschnauzbart und wimperlos gewordenen Augen.

Da waren in der von Frühjahrsfliegen durchsummten Wohnstube am Boden balgende Kinder, im Lehnstuhl eine je nach Veranlagung gesprächige, stumpfe oder mißtrauisch lauernde Ahnin, manchmal eine frischwangig stramme, halb verschämt, halb herausfordernd dreinblickende Tochter, manchmal ein verwachsener schielender Halbtrottel, manchmal ein sich bevorstehendem Jagen mit dem Fremdling entgegenfreuender helläugig lebfroher Bursch.

Und abends im Wirtshaus der immer wieder neugierig herüberschielende Kreis um den Stammtisch, die (damals war es noch so auf dem Land) meist ältliche Kassiererin, der Bier- und Virginiageruch, die auf die Tischplatte klatschenden Karten, der rustikal derbe kalte Aufschnitt mit daumendicken Brotkeilen. Das alles gehörte dazu, war wesentlicher Beitrag zur erwartungsvollen Stimmung der Vorabende.

Aber erst beim nächtlichen Weg ins Unbekannte hinein begann der wahre Zauber mich anzuwehen und zu umweben. Am schönsten waren diese oft stundenweiten Nachtwanderungen im Schein des Mondes. Erst ging's durch das tief schlafende fremde Dorf; da oder dort auf Scheunengiebeln maunzte ein sehnsüchtiger Kater oder kreischte haßerfüllt eine von ihm belästigte Kätzin auf. Die Blütendolden der Obstbäume fluteten zart erschimmernd fast bis auf die Erde herunter. Dann kamen die Wiesen im dichten Primelsegen, die sie durchgluckernden Quellen, die nur an ganz wenigen Stellen ihres schwach gewundenen Laufs silbern aus dem Ufergras herausblinkten.

Unbekannter, noch nie betretener Feldweg, was alles war darauf schon gewandert!? Kleine weiße Kapelle unter noch kahler Jahrhundertulme, wer hatte sie gebaut und weshalb, wer alles im jetzt tief verschatteten Innern sein Herz vor der Gottesmutter aufgetan? Schimmernde Weiden und Haselstauden am sprudelnden Forellenbach, wie viele Dorfbubenwünsche mochten sie schon umkreist haben!? Und dann endlich der schwarze Nadelwald mit seinen aus dem Unbekannten ins Ungeschaute führenden Sträßlein, Hohlwegen und geheimnisvollen Kreuzwegen, seinen Holzschleifrinnen und Jägerpfaden, eine vom Silberdunst übersponnene Anemonenwiese, ein unterm Fuß federnder Steg, vielleicht noch einmal umzäunte Wiesenmatten, vielleicht noch ein um das bemondete Kirchlein zusammengedrängtes Dorf, Dorfstraße mit ihren erloschenen rußschwarzen oder, wie die Augen eines Toten, im Mondlicht aufglitzerndern Fenstervierecken, hinter denen unbekannte Menschen mit fremdem Leben in nie enträtselbaren Träumen liegen; Träume von Glück und Gewinn, des Streites, der Sünde oder wehmütigen Erinnerns oder auch beseligende Visionen in unenttäuscht gläubigen Kinderträumen.

Stark auflebende und bald wieder verwehende Gerüche von Dung-stätten, gelagertem Holz, erkalteten Schornsteinen, Abfallgruben, leeren Bierfässern. Landstraße dann von feuchten Erdgerüchen überweht, wieder ein Wiesenpfad, über dem der durch die Kühle der Nacht nur schwach wahrnehmbare Honigduft der Himmelschlüssel liegt, und schließlich aber-mals Wald mit seiner unverkennbaren Moderholz- und Harz- und Nadel-würze, mit grell von Blößen und Rändern her in seine bergende Schatten-schwärze einblendender weißgoldener Helle.

Irgendwann, man hat, verloren an all die Gesichte und eingesponnen in ihre Hintergründigkeit, schon beinahe Zweck und Ziel seines Wanderns vergessen, wird der Schritt des vorangehenden Begleiters mählich lang-samer, dann behutsam und dann endlich bleibt er, an ganz anderem Platz meist als man sich's ausgemalt hatte, stehen, auf quelliger staudenüber-wucherter Blöße vielleicht oder am Rand eines vor himmelragender Tan-nenkulisse steil ansteigenden Schlages oder auf einem Holzabfuhrweg mitten im lückigen, sternüberfunkelten Altholz. Lauschen mit schiefem Kopf und nach einer Weile das heisere Zurückflüstern:

„Vo da weg hab' i'n Hoh jetzt scho zwoamoi derhört..." So etwa war einer dieser Nachtwege, und ich hab ihrer viele gemacht dort in den Mittelgebirgen, aber auch im nebelübersponnenen Moor und auf den stei-nigen Bergpfaden der Hochalpentäler. –

Es kam der Krieg, und als er vorübergezogen war und man gern an Frieden und Wiedererblühen hätte glauben mögen, hat es sich allem schö-neren Hoffen zum Trotz gezeigt, daß er nur Vorläufer einer neuen Zeit gewesen war, Vorverkünder einer Menschheit, der weder Frieden noch Blüte mehr etwas gilt. Frieden, der von Bestand sein soll, erheischt Ehr-furcht vor Werten, und ein Erblühen gibt es nur, wo Liebe es nährt. Aber lassen wir das! Was vermag schon Erkennen gegenüber dem Wahn, der im Einreißen schöpferisch und im Haß fruchtbar zu sein glaubt.

Lassen wir es und bleiben beim Zurückerinnern und bei der Frühlings-wanderschaft. Ich hatte diesen letzteren, ihrer durch die Jahre des Krieges entwöhnt und inzwischen häuslich und seßhaft geworden, schon entsagt; im eigenen Wald rund um den eigenen Herd gab es, als man anfing, seine Waffe wieder frei umherzutragen, noch manche Jägerfrühlingsfreude zu suchen und zu finden. Da kam mir aber doch eines Jahres zu Anfang des Wonnemondes – unverhofft, wie auch manchmal das Gute – die Einladung zugeflogen, in den Bergen des Salzkammergutes einen Auerhahn zu schie-ßen. Ein Revier war's, zum Neidischwerden! Neben vielen anderen war es sein bester Wert und Reiz, daß es vom Interesse der Bergwanderer unbehelligt im Schlafe friedvoller Abseitigkeit lag.

Der großzügige Jagdherr, der ohne viel Gerede sein Revier in guter Ordnung hielt und auch etwas von der rechten Verteilung, der Placierung des in vernünftigen Grenzen gehandhabten Hahnenabschusses verstand, ließ mir unter den bei unserer gemeinsamen Ankunft fest bestätigten Hahnen die erste Wahl. Da gab es einen ziemlich sicheren, einschichtigen, starken Hahn, der nun schon im dritten Jahr nicht weit vom Jagdhaus im steilen Hochholzhang balzte. Ein richtiger, gut erreichbarer Gasthahn schien der zu sein. Dann balzte weit hinten im schmalen Haupttal, von dem alle sechs- bis siebenhundert Meter weit, bald hüben, bald drüben herrliche und zum Teil recht breite Seitentäler abzweigten, unter mehreren vielleicht jüngeren ein alter rauferischer Sultan, der erst diesen Morgen wieder verhört worden war. Die Kunde von dem und die Schilderung seiner Stärke tat es mir an, und ich wollte ihn mir schon erbitten, als die Rede auf einen weiteren Hahn, einen alten Bekannten der Verhörer in diesen auerwildreichen Gehängen, kam, auf den „Heiseren".

Seit ein paar Jahren schon wußte man um ihn und seine aus irgendwelchem Grund lautschwache Stimme. Selbst gute Ohren vernahmen ihn nicht über hundert Meter weit, und auch dann hörte man meist nur den Hauptschlag. Alle anderen Laute der Balzstrophe waren so leise, daß die Jäger, ehe sie diesen Hahn näher kannten, seine Hauptschläge für in längeren Abständen verlautende Glepfer gehalten hatten.

Der Hahn war unverträglich und hatte, als er älter wurde, den einst sehr guten Balzplatz, auf dem er stand, ständig unruhig hin und her reitend schließlich leergerauft. Im Vorjahr aber war er verschollen gewesen. Niemand war ihm mehr begegnet, obwohl er bis dahin seinen Platz bei aller eifersüchtigen Unruhe schwer hörbar zwar, aber zuverlässig gehalten hatte. Die Jäger nahmen an, er sei durch Adlerklaue oder Marderzahn oder sonstwie im strengen Winter umgekommen. Es hatten sich auch wieder zwei jüngere Hahnen auf dem befriedeten Kampffeld eingefunden.

Am Vorabend unserer Ankunft war der zuständige Gehilfe dieser um ein Hahnenjahr gereiften beiden wegen, deren Einfall er bestätigen wollte, zu den nicht allzu steilen Altholzhängen mit ihren raumstehenden, prachtvoll beflechteten Felsfichten hinaufgestiegen. Noch ein paar hundert Meter vom Ziel seines Weges entfernt, hatte er einen starken Hahn gesehen, der auf dem Wipfel einer schmal beasteten Tanne sich in voller Balzstellung frei vom verglühenden Abendhimmel abhob. Es war unverkennbar, daß dieser Hahn balzte, am Heben des Stoßes und am Zittern des Kragens in regelmäßigen Zeitabständen sah man es. Aber trotz der geringen Entfernung von etwa hundert Gängen *hörte* man es nicht. Der „Heisere" war in sein Reich zurückgekehrt. Anscheinend waren ihm die

anderen Hähne auch schon ausgewichen, denn sie fielen ums Dämmrig-
werden ein gutes Stück oberhalb ihrer vorjährigen Balzbäume ein.

Als ich den etwas umständlich vorgebrachten Bericht mir angehört
hatte, war in den Kammern meines Jägerherzens die Entscheidung gefallen: Diesen Geheimnisvollen wollte ich. Es war dies nicht gerade eine sehr
kluge Wunschlenkung, denn ich hatte vorgehabt, nur einen Tag zu bleiben, und überdies hörte ich zu der Zeit schon nicht mehr allzu scharf;
besser gesagt: Das rechte Ohr tat noch seine guten Dienste, aber das linke
war stumpfer geworden. Ich war vorher schon mehrmals lautschwach bal-
zenden Hahnen begegnet und hatte sie angesprungen. Gegen Ende der
hohen Zeit und auch nach späten Schneefällen tritt, durch entzündliche
Schwellungen wahrscheinlich, diese oft bis zur Unhörbarkeit abdämpfende
Heiserkeit nicht gar zu selten auf.

Ich wußte also, wie schwer es schon mit ungeschwächtem Gehörsinn
halten kann, unter solchen Gegebenheiten den Hahn zu finden und dann
auch beim Anspringen die Verbindung mit ihm nicht zu verlieren. Aber
ich hatte schließlich den Jäger dabei, und außerdem war auch mein damals
16jähriger Sohn mit auf die Hahnenreise gegangen und würde aushelfen
können.

Der Jagdherr hob skeptisch die Schultern: „Mir wär's recht, wenn Sie
ihn schießen würden, denn mit seiner Ausrauferei verdirbt er den guten
Platz. Dazu *raten* kann ich Ihnen nicht. Ich hoffe zwar, daß Sie noch
einen Tag zugeben, weil wir dann auch miteinander abreisen könnten,
aber die Zeit ist trotzdem zu kurz, um sich auf einen solchen Hahn zu
kaprizieren. Überlegen Sie sich's noch!"

Aber bei mir war der Startschuß jetzt schon gefallen. Der, dieser heisere Neidkampel, mußte es sein. Ein Vorteil, von dem ich freilich nichts
hatte wissen können, lohnte mir meinen Entschluß. Der Balzplatz war,
obwohl er ziemlich weit ab vom Jagdhaus lag, schnell und ohne Mühsal
zu erreichen. Man konnte auf dem in der Sohle des Hauptales verlaufenden Sträßlein, wenn auch ein wenig holterdiepolter, bis zur Abzweigung des Nebentales fahren, in dem der Balzplatz lag, und hatte dann
kaum eine halbe Stunde weiteren Anmarsches.

Am Abend hörten wir, und zwar genau da, wo der Jäger die intime
Balzplatzsphäre des Alten vermutete, schon ziemlich früh einen Hahn
einreiten und sich später noch zweimal plusternd umstellen. Aber auch
nicht der leiseste Glepf- oder Schleiflaut drang an unsere Ohren durch die
von keinem Lufthauch gestörte Abendmusik der Vogelstimmen hindurch,
bis sie versiegte, und auch danach nicht, obwohl wir aushielten, bis im
klaren Himmelszelt schon viele Sterne aufgebrannt waren.

Das Jagdhaus war vermutlich um die Jahrhundertwende von einem Vor- oder Vorvorgänger meines Gönners neben das für den ärarischen Oberjäger bestimmte kleine Anwesen hingebaut und im behaglich luxuriösen Kommerzialratsstil dieser Zeit eingerichtet worden. Schwarzbraune Täfelung, die Sitzmöbel lederbezogen und messingbenagelt, nicht zu vergessen ein dem alpenländisch lokalen Stil Rechnung tragender Herrgottswinkel, und an der Wand ein Regulator mit Messingperpendikel und akkordialem Glockenschlag. Ich glaube, er hatte die elfte Stunde schon heruntergezählt, als wir uns endlich von dem mit hüttengemäßen Tafel- und Becherfreuden wohlbestellten Tisch erhoben. Wir hatten rauchumwölkt viel grünes Garn gesponnen, und vor dem Aufsuchen der Schlafkammer gab der Jagdherr mir nochmals den Rückwechsel von meinem Vorhaben frei. Ich aber hielt daran fest.

Über Nacht war Nebel eingefallen. Woher, ob aus dem tief unter dem unseren gelegenen flußdurchrauschten Haupttal emporgestiegen oder aus weißer Wolkenhöhe herabgesunken, das wußten wir nicht, die wir, während diese kaum vorhersehbare Wandlung sich vollzog, in tiefem Schlaf gelegen hatten. Den Hahnfalz stört der Gamshüter nicht; im Gegenteil, nichts steigert so wie er den Reiz und den Zauber einer Jagdart, bei der das Ohr der am stärksten beanspruchte Sinn ist: Naher Hirschschrei aus weißer Nebelwand, Flattersprung mit Zischen und Schwingenschlag, wenn in früher Dämmerung der Spielhahn unsichtbar auf übernebeltem Schneefleck einfällt, und dann der Große, nie tönt seine Strophe geheimnisvoller, verwunschener, erdentrückter, als wenn er sie in die graue Versponnenheit hineinerzählt! Dann ist mir's immer, als spräche ein milder Geist aus anderen Welten zu mir herüber.

Wir stiegen wieder auf dem gestrigen Paß, einem von Schmelzwassern teils ausgewaschenen, teils grob übersteinten steilen Ziehweg bis zu der Stelle hinauf, von der aus wir am Vorabend das Einreiten und zweimalige Umplustern vernommen hatten. Es war schon fahl im hohen Holz, die wunderbare schläfrige Dämmerung des Nebelmorgens hatte kaum merklich, aber dennoch schwach aufhellend begonnen. Und wieder blieb es still, obwohl ich mich (mit peinlichster Vorsicht, denn ich kam von oben) noch fünfzig Meter näher an die Fichtenwand heranschob, in deren Gewipfel irgendwo wir den Hahn gestern vermutet hatten.

Jeder nur halbwegs erfahrene Auerhahnjäger weiß, daß es in dieser absoluten Stille, in der die Nacht lautlos ihr Gewand zusammenrafft, um sich zu entfernen, einen Zeitpunkt gibt, in dem es einem mit plötzlicher Klarheit bewußt wird, daß der Hahn jetzt singen müßte – wenn er da wäre. Nur wunderselten kommt es in der Spätbalz einmal vor, daß der

Sänger, wahrscheinlich, weil er in der Müdigkeit des Abgebalztseins ganz einfach verschläft, sich erst einspielt, wenn bei fortgeschrittenem Frühlicht die Vögel schon präludieren. Die eigentliche Zeit seines Erwachens ist die bis auf den kaum merklich gelichteten Saum im Osten noch tiefe, fast völlige Nacht.

So war's auch da; der Hahn hätte jetzt längst balzen müssen. Der Jäger kam mit meinem Sohn mir nachgebirscht und riet mir, ein- bis zweihundert Meter in das Altholz oberhalb des Weges hinein und höher hinauf zu steigen, dort herum habe der Heisere in früheren Jahren meist nach der Baumbalz seinen Bodenreigen getanzt. Meine Begleiter wollten zurückbleiben.

Ganz leise tropfte es aus den flechtenbärtigen Ästen des Altfichtenholzes auf das moosbedeckte Gefels des Waldbodens. Ich setzte vorsichtig Fuß vor Fuß und blieb alle zwanzig Schritt offenen Mundes lauschend stehen. Es wurde nicht hell an diesem Morgen. Endlich hörte ich, weit weg und ziemlich hoch oben, eine Henne locken. Ich lehnte mich an einen der rauhen Stämme und gab ihr Antwort. Das Gocken ging hin und her. An die fünf Minuten mochte ich mich so mit ihr unterhalten haben, als ich ein merkwürdig pfeifendes Sirren irgendwo sehr nahe vernahm, und gleichzeitig sah ich ganz flach und niedrig einen großen Schatten durch die Stämme gleiten.

Zwei Sekunden später fiel donnernden Schwingenschlages, acht Schritte vielleicht von mir entfernt, ein starker Hahn am Boden ein! Fiel ein und ging sofort in Balzstellung. Heiliger Hubert, was für ein Rad, was für ein herrlicher weiß geperlter Unterstoß! Ich hatte, ohne es recht zu wissen, die Sicherung vorgeschoben und hielt die feuerfertige Büchsflinte in zitternden Händen. Nur zu balzen mußte er jetzt noch anfangen, der Wunderbare, und sich dabei breitdrehen, vielleicht im ersten Flatterschlag. In dieser stumpfen Beleuchtung erschien sein Gefieder rußschwarz, nur die Braue brannte scharlachrot daraus hervor. Der weiße Riesenschnabel war halb geöffnet.

Jetzt drehte er gesträubten Kehlbartes den Kopf wie um sich blickend hin und her und hub zu glepfen an, ein, zwei, fünf hölzern harte, laute Schnackler. Aber – in diesen Tönen war doch nichts von Heiserkeit!? Der gleich darauf folgende klare Triller, der dunkle Hauptschlag und das scharfkantige Schleifen, das er mit zitterndem Kehlbart aus dem Schnabel zu schütteln schien – nein, das war wohl ein starker Hahn, aber der Gesuchte war es nicht!

Der beglückende Anblick war mir nicht lange, aber doch über mehrere Hahnenliedstrophen vergönnt. Der dritte Hauptschlag schon ging auf in einem dröhnenden Umsprung, fast spitz zu mir her stand jetzt der Hahn. Er war mir so nahe, daß ich zeitweilig die drei mächtigen Zehen seiner Tritte freiäugig erkannte und jedes Mitzittern der Kehle beim Triller hätte zählen können, wäre das alles, Hauptschlag, Schleifen und das sofort sich überschlagende Glepfen, nicht in so vibrierender Schnelle, als wolle eines das andere überholen, dahingegangen.

Mit einemmal wieder ein prasselnder Sprung, daß die spärlichen, eben erst dem Waldboden entsprossenen maigrünen Gräser und Kräuter im heftigen Luftschlag der Schwingen erzitterten, und dann zog mir der Wundervogel davon. Der Takt seiner Schritte glich sich dem des Liedes an; erst langsam mit großmächtig schaukelndem Rad, dann immer schneller, und für eine kurze Strecke ward schließlich ein Laufen daraus. Beim Schleifen stand er in hochaufgerichteter Verzückung still, oder er warf sich wie von Sinnen um seine eigene Höhe in die Luft. Von mir fort und steil bergan nahm er seinen Weg, aus der Sehnsucht in die Verzückung und aus der Verzückung in unstillbare Sehnsucht zurückverfallend. Der von seinem Gefieder ausgehende rußschwarze Mattglanz, der perlmutterne Schimmer des Schnabels und der weißen Sprenkelflecke im Rad und im Unterstoß löschten langsam aus, sein Umriß wurde unklar, der Nebel spann darüber hin, und schließlich verschwankte und verschwamm auch die weitgefächerte Schaufel, schmolz hinein ins milchige Nichts.

„Teck, – teck...", dann abschließend noch einmal ein verlorener Hauptschlag und ganz zuletzt noch ein fernes, dumpf prasselndes Schwingenschlagen aus der jetzt weiß und blendend gewordenen Nebeltiefe heraus, dann hatte sein Sang sich im Unverfolgbaren aufgelöst.

So wie unser Herz, nachdem es von großer Beglückung ganz ausgefüllt gewesen ist, eine Weile benommen schweigt, so wirkte die mich jetzt wieder umschließende völlige Stille. Morgendlich verschlafene und wie verschüchtert sich einzirpende, einschluchzende, einjubilierende Vogelstimmen woben sich schließlich von allen Seiten her in sie hinein.

Der Nebel verzog sich und verrauchte golden über den Wäldern, noch ehe wir wieder im Wagen saßen. Es wurde ein wonniger Maitag, den wir im und rund um das Jagdhaus und unter den blühenden Obstbäumen auf der Wiese verschliefen, verhockten und verbummelten. Ich hatte, leicht herumkriegbar in diesem Fall, nach- und den zweiten Tag zugegeben.

„Daß Sie mir aber diesen anderen Hahn jetzt schießen, für den Fall er Ihnen noch einmal etwas vorbalzen sollte! Der ‚Heisere‘ ist ganz einfach ein Herumreiter, mit dem man nimmer rechnen kann."

Ich schämte mich ein wenig, aber nicht sehr, daß ich nicht einmal in meinem Inneren dieses Ansinnen entrüstet zurückwies. Er war schon ein

Guter, ein voll Ausgereifter, der von heute früh! Und schließlich – ich *sollte* einen schießen, ausnahmsweise war ich wieder einmal Gast und zu diesem Behufe hier zugekehrt. Es erfordert ein wenig Umstellung, und man muß sich erst daran gewöhnen, daß die Verantwortung auf anderen Schultern ruht.

Und wieder sah der Abend uns auf dem steinigen Bergpfad mitten im von dunkelgoldenen Schrägstrahlen illuminierten Fichtenforst. Ich hatte nach langem Auf- und Ab-, Her- und Hin- und Für- und Gegenerwägen meine Widerstände aufgegeben und den inneren Bogen, dessen Pfeil nur auf das eine, das fest eingebildete Ziel gerichtet war, abgespannt. Die Jahrzehnte des Reifens hatten es mir, mühsam und allmählich genug, beigebracht, daß starres Verfolgen von Wünschen weit mehr Versäumnis an Lebensglück verschuldet als ein offenäugiges den Dingen Entgegen-ruhen. Jede nimmer elastisch federnde und nicht nur im gegebenen Zeit-punkt einsetzende innere Anspannung verbraucht Kräfte und bringt nichts ein. Kurz also und ohne lebensweise Abschweifung: Ich war jetzt soweit, daß ich mich auf den oberen, den Hahn von heute früh, umgestellt hatte, und ich wollte ihn anpacken.

Deshalb trennten wir uns auch diesmal: Sohn und Jäger setzten sich ein wenig unterhalb des Weges an mit Augen- und Ohrenrichtung zu den hier auf quelligem Grund ziemlich licht verteilten Fichtenhorsten, die der stimmschwache Althahn angeblich als Balzbäume bevorzugte. Ich stieg wieder zwischen den mächtigen Silbersäulen des Altholzes höher in den Waldberg hinauf.

Der Jäger hatte mir übrigens nach unserem Wiederzusammentreffen am Morgen gesagt, ich sei im Nebel zu weit nach rechts abgekommen, dort herum seien wohl die hohen Fichten, auf denen er die anderen Hahnen mehrmals bestätigt hatte, der Bodenblazplatz des Alten befände sich zwar auch mitten im hohen Holz, aber an die 150 Meter weiter links in einer breiten Mulde mit fast ebenem Grund.

Jetzt also schlug ich bewußt die Rechtsrichtung zum Platz meiner mor-gendlichen Hahnbegegnung ein. Ich fand mich schwer zurecht, im Früh-nebel hatte sich alles anders angeschaut, und als nach etwa 150 Metern des Anstieges ein dicht am Stamm einer Fichte ruhender Stein mich dazu einlud, ließ ich mich mantelunterpolstert auf ihm nieder und beendete ebenso bewußt wie willig den Weg ins Ungewisse.

Es war ein sehr besonderer Abend mit goldflirrendem Firmament und abermals von absoluter Windstille. Die Wipfel der Fichten waren noch von dem nur langsam abnehmenden Glanz aus Westen besprüht, indes zwischen ihren Schäften turmalingrünes Dämmern zu weben und die klaren Konturen einzuspinnen begann. Die Vögel hatten sich anscheinend müdgesungen. Weit verstreut und in immer länger werdenden Intervallen ließen sie ihre vom zur Neige gehenden Maitag Abschied nehmenden Strophen hören.

Langsam verschwand das düstere Grün aus den Mänteln der Fichten, Genadel und Geäst verschmolzen ineinander und verdichteten sich schließlich zu schwarzen Wänden. Das vom Himmel zäh festgehaltene Gold entzog sich ihm allmählich, in blassem Blau stand er über dem zottigen Gewipfel, und ein winziger weißer Stern schimmerte schon in ihm auf. Jetzt mußte aber endlich der Hahn, wahrscheinlich ein gutes Stück oberhalb meines Ansitzplatzes, einfallen! Ich horchte schon lange angespannt hinauf und fuhr dennoch tief erschrocken zusammen, als mit einemmal ganz nahe schräg links hinter mir erzenes Flügelklatschen, dunkles Geprassel und schließlich seidiges Anstreifen von Gefieder in den benadelten Zweigen ertönte.

Ich getraute mich keinen tiefen Atemzug mehr zu tun. Es blieb dann aber eine ganze Weile still. Als ich mich dreimal so langsam wie der Sekundenzeiger einer Uhr, der zu einer Kehrtwendung dreißig Sekunden braucht, umgedreht hatte, sah ich durch wenige von Stämmen und Ästen offengelassene Lücken das letzte goldrosige Licht im Westen verglühen. Und dann auf einmal fiel in die von einer zärtlichen Schwarzplättchenkehle durchflötete Stille der erste hölzern harte Glepfer.

Die Viertelstunde, die nun folgte, war eine der schönsten, die ich auf dem Abendeinfall erlebt habe, aber das Weshalb läßt sich schwer erklären. Der Hahn blazte in beträchtlicher Höhe und stand anscheinend inmitten der dem Auge undurchdringlichen Dichte zweier oder drei ineinandergewachsener Fichtenwipfel. Nur ein einziges Mal sah ich, während ich die Gruppe mit behutsamen Einschrittsprüngen umkreiste, seinen faustrunden Kopf mit dem halboffenen Schnabel krampfig zitternd vor einem Fleck bleicher Himmelsbläue auftauchen.

Aus irgendeinem Grund mußte ich gleich danach kurz auf den Boden schauen und fand trotz aller verrenkten Rücklage diese eine unter den vielen großen und kleinen Lücken in der schwarz wallenden Nadelwand nicht mehr. Aber ich hatte den anfänglichen Gedanken an einen Schuß im Abenddämmer sehr bald aufgegeben und versenkte mich ganz ins Belauschen. Mit nichts im Leben der Wälder vergleichbar sind diese an die heraufsteigende Nacht sich hingebenden Strophen, ist dieses zarte Hineinpochen in die Stille, sind die wie in glücklicher Begrüßung sich immer neu aneinanderreihenden Triller und das liebend sich anvertrauende Geflüster des Schleifens. Ich setzte mich schließlich gegen den Weg hinunter ab. Es schien mir geratener, damit nicht so lange zu warten, bis der Hahn verschwieg. Und mählich leiser werdend perlte es fort und fort hinter mir her, aus den hochragenden schwarzen Wipfeln unter dem mit immer zahlreicher aufschimmernden Sternen erblühenden Himmel.

Den Ziehweg erreichte ich genau an der Stelle, an der meine Gefährten mich erwarteten. Es war schon so dunkel, daß ich erst als ich nahe vor ihnen stand, ihre beschwörenden Handbewegungen wahrnehmen konnte. Sie schlichen vor mir her, als gälte es die hellhörigen Wachposten eines Indianerlagers zu überrumpeln. Erst nach mehreren hundert Metern des Abwärtswegs erfuhr ich zu meiner mich freilich neuerdings in innere Wirrnis zurückwerfenden Freude, was sich zugetragen hatte:

Verhältnismäßig früh war wiederum in den gleichen Fichten wie am Vorabend nah und klar vernehmbar ein Hahn unterhalb des Ansitzplatzes meiner Begleiter eingeritten. Auch diesmal war er stumm geblieben. Als man aber eine Weile später oben im Hochholz aus der Richtung, in die ich gegangen war, einen zweiten Hahn einfallen und alsbald auch balzen hörte, ließ endlich der untere doch einen, aber nur einen einzigen, wie mein Sohn sagte, merkwürdigen doppelten Schnackler hören. Als dieser Balzlaut sich später in regelmäßigen Abständen öfters wiederholte und die beiden genauer hinhorchten, merkten sie, daß dies kein Glepfer, sondern der Hauptschlag einer sonst kaum hörbaren vollen Strophe war.

Vielleicht hatte der Hahn sich nach einer Weile streitbar zu dem Rivalen hingewendet; jedenfalls vernahm man schließlich zwischen den Hauptschlägen ganz fein die leise herausgezählten Glepfer und das heisere Hauchen des Schleifens. Als mein Sohn mich durchs schummrige Holz schon herankommen sah, hörte er den Hahn immer noch balzen, und die letzten Hauptschläge vertropften in die Nacht hinein, als ich zu ihm trat.

Im Schein der grün beschirmten Lampe den rechten Plan zu schmieden, war diesmal nicht schwierig. Wir wußten jetzt fast auf den Baum genau, wo die beiden Hähne standen, und daß der untere von ihnen wirklich und wahrhaftig der Besondere, der vor allen begehrte „Heisere" war. Ich würde im Schutz der Nacht mich so nah wie nur irgend tunlich an diesen, den zuerst Erwählten, heranschieben, und sollte er wirklich wieder schweigen, oder, wie unstet herumreitende Althahnen das gerne tun, noch unterm Sternenschein abstreichen, dann war der Weg hinauf zum nun schon zweimal bestätigten Oberen nicht weit.

Die Nacht wurde wieder ein wenig zu kurz. Vielleicht hätte ich auf die zwei Tassen heißen Tees und die Zigarette vor der Abfahrt verzichten sollen. Aber wir kamen nicht zu spät. In noch ganz gleichmäßiger tiefer Stahlbläue wölbte sich der sternüberfunkelte Himmel, als uns nach dem kurzen Steilanstieg der Wald aufnahm. Ich setzte tastend Schritt vor Schritt. Wenn der Hahn jetzt etwas von uns vernahm, dann konnte das noch alles verderben. Endlich erreichten wir die Stelle, an der wir gute sechs Stunden zuvor uns wieder zusammengefunden hatten. Ich wollte mich gerade umwenden und genau auf die Richtung einweisen lassen, da fühlte ich mich von rückwärts her am Arm gepackt.

„Er blazt schon!" flüsterte sehr aufgeregt mein Sohn. Ich wendete das rechte Ohr so, wie es für die mit dem Finger gedeutete Richtung am wahrnehmungsfähigsten war. Und da hörte ich ihn endlich auch, den Geheimnisvollsten unter den Großen Hahnen dieses mit jägerischen Glücksgütern reich beschenkten Hochtales.

Es war ein seltsames Lied, das er sang. Er stand offenbar etwas tiefer als wir, aber nicht weit unter unserer Augenhöhe. Diesem Umstand und der Stille der Nacht war es wohl zu danken, daß man seine Töne trotz ihrer Leisheit, obwohl es so schien, als hauchte er sie nur zu den Sternen hinauf, deutlich vernahm. Es war fast so, als balze da kein greifbarer, kein körperlich vorhandener Hahn, einer wie der gestrige, der heiß durchpulst und im betörenden Federkleid vor mir am Boden gestanden hatte, sondern als spreche nur sein vergeistigter Inbegriff, nur die Seele des Auerhahns, in die Nacht hinein.

Wenn ich das jetzt so erzähle, dann bleibe ich nicht ganz bei der Wahrheit. Rückerinnernd darf ich, um die Besonderheit dieser Laute wieder zu beschwören und sie deutlich zu machen, es wohl so beschreiben, im Erlebnis aber war es doch anders. Denn so vergeistigt kann eine Balzstrophe gar nicht klingen, daß sie dem Hahnjäger nicht heiße Wünsche wecken und ihm den Pulsschlag beschleunigen würde. Immerhin, ich stand eine Weile beglückt und verzaubert und lauschte den filigranfeinen Silberstrophen. Der hinter mir stehende Jäger aber sorgte dafür, daß ich mich nicht zu sehr in die Verzauberung hinein verlor.

„Anspringen, bittschön, glei anspringen! Der hoit am Bam nie lang her!" flüsterte er mir fast flehentlich zu. Sein gut geschnittenes schmales Älplergesicht war, als ich mich umwandte, wie eine kalkweiße Maske anzusehen. Von unserem Standplatz aus wäre es ein schlechtes Angehen gewesen. Ich hätte steil nach unten springen müssen. So wandte ich mich um und birschte auf dem Weg ein Stück weit zurück, um wenigstens nur schräg von oben zu kommen und den Hahn, für den Fall ich ihn in diesem verzotteten Fichtendurcheinander überhaupt entdeckte, genau vor dem jetzt langsam bleiches Frühlicht ansaugenden Horizont zu haben.

Als ich in den Hang einstieg, hörte ich nicht einen Laut mehr, aber nachdem ich ein viertelhundert behutsame Schritte schräg abwärts hinter mich gebracht hatte, traf wieder der erste Hauptschlag mein Ohr. Nun konnte ich anspringen. Obwohl ich noch ein paarmal dadurch Zeit verlor, daß ich die feinen Hauptschläge überhörte, und dann die Verbindung zur Hahnenstimme überhaupt verlor, war ich ohne sonstigen hemmenden Zwischenfall doch schon bald in Flintenschußnähe der eine quellige Blöße im kleinen Halbkreis umstehenden Fichten, von denen *eine,* welche wußte ich noch nicht, der Balzbaum sein mußte.

Das oft schon mitgemachte Spiel begann: Die angespannte Suche mit den Augen in der noch tiefen Dämmerung, das Herumtasten von Wipfel zu Wipfel und bis herunter zur halben Höhe der dichten Ästemäntel, das immer wieder schrittweise Sichverschieben, damit neue Lücken sich auftaten. Am schwersten ist die Richtung zu erraten, wenn ein Hahn hoch im Baum steht und die Schallwellen über einen wegzittern. Und dieser stand anscheinend in beträchtlicher Höhe, nahe irgendeinem der Wipfel.

Bei dem Versuch, mich etwas abzusetzen, um einen anderen Sehwinkel zu gewinnen, geriet ich auf dem quelligen Grund wadentief in den Morast, und während ich mit ängstlich nach oben gewendetem Ohr schrittweise wieder festeren Boden unter die Füße zu bekommen suchte, merkte ich auf einmal, daß ich unter dem Balzbaum durchgesprungen war und den Hahn im Rücken hatte. Vielleicht war's nicht schlechter so, vielleicht würde ich, wenn ich mich umdrehte, ihn endlich ausmachen können. Jetzt wußte ich zumindest, in welcher Fichtengruppe er stand. Aber gerade jetzt ließ er sich Zeit; in endloser träger Folge tropften die lautschwachen Glepfer in die perlgraue Dämmerung.

Und dann, ich wollte, nein, ich wollte es nicht glauben, plusterte es im Geäst, klatschten zwei-, dreimal die harten Schwingen, ich drehte noch schnell den Kopf und sah den großen schwarzen Körper im Gleitflug entschwinden. Er hatte Richtung gegen den Hang hin genommen, und nach ein paar Sekunden hörte ich ihn gar nicht weit weg wieder einfallen. Hatte er mich eräugt? Ich war fast deckungslos auf der Blöße gestanden, aber ich hatte immer nur einen einzigen Schritt gemacht. Es schien mir ziemlich sicher, daß er zumindest mißtrauisch geworden war, daß er trotz aller von mir gewahrten Vorsicht bei meinem Herumkreuchen etwas von den saugenden Lauten der Schritte im nassen Grund vernommen und in der Folge eine, wenn auch kurze und unklare Bewegung erkannt hatte.

Aber da hörte ich ihn wieder balzen. Ich hatte mich nicht getäuscht, er war ganz in der Nähe oberhalb von mir im dort wieder etwas geschlosseneren Bestand. Ich durfte jetzt keine Zeit mehr verlieren, es war fahl geworden um mich her. Beim nächsten Hauptschlag sprang ich ihn an. Und da war es wieder so wie vorher, wieder zählte und zählte er

Glepfer um Glepfer herunter. Es war über die Kräfte anstrengend, die kaum hörbaren Hauchlaute einen nach dem anderen aufzufangen, und dann – ritt er wieder ab.

Ja, Himmel, Donnerkeil und alle Elemente, was war denn da nur los!!? Es war ganz einfach unmöglich, daß er mich von dort aus auch wieder eräugt hatte! Ich wollte gerade wütend enttäuscht zu meinen zwei Genossen hinaufsteigen, da traf abermals ein Hauptschlag mein Ohr, und während ich ihm nachlauschte, prasselten schon wieder die Schwingen. Jetzt endlich stellte meine vielleicht durch Schlafentzug verlängerte Leitung den Kontakt her: Der Hahn war nicht abgeritten, sondern zu Boden gegangen und balzte sich in höhere Regionen hinauf. Meine Hoffnung aber ward durch diese Erkenntnis nicht erhöht. Einem bodenbalzenden Auerhahn nachzuspringen, ist meist verlorene Liebesmüh. Trotzdem stieg ich langsam nach. Oben am Weg erwartete mein Sohn mich in heller Aufregung. Ich erfuhr, was zu hören ich erwartet hatte: Auf dreißig Schritt war der Hahn an den beiden Niedergekauerten vorübergekommen und ohne Unterbrechung gelpfend, ab und zu sogar schleifend oder einen Flattersprung tuend, aufwärts in das hohe Holz hineingelaufen und in seinem Schummer verschwunden.

Ja, nun war es eben aus. Ich hatte große Hoffnungen gesetzt auf diesen Morgen, der noch dazu der endgültig letzte war. Und trotz aller vorgefaßten Meinung, daß ich jetzt abgeklärter sei als vor zwanzig Jahren, war ich verstimmt und über den Ausgang dieses in mancher Hinsicht freudenreichen Maiausfluges enttäuscht. Aber es geschah mir recht: Was hatte ich mir, nachdem der auf mein Waidmannsheil aufrichtig bedachte Gastgeber seine Schätze vor mir ausgebreitet hatte, gerade den ungewissesten unter all den Hahnen aussuchen müssen, und warum hatte ich mir die gute Chance dieses Morgens auch noch dadurch geschmälert, daß ich, trotz sich langsam vermindernden Hörvermögens, den schwer zu Hörenden allein ansprang!? Hätte ich mir doch zumindest den Sohn mitgenommen, der, wenn auch nicht viel, so doch ein wenig Hahnerfahrung mitbrachte und dessen junge Ohren mich sicherer gelenkt haben würden als meine.

Nun, jetzt war's eben so, und trotz alledem, der optischen und akustischen Wald- und Auerwildgeschenke waren es viele und reiche gewesen in diesen knapp 36 Stunden, und zudem – wie ich es schon in frischer Junghahnjägerzeit geliebt hatte – an neuen, ungekannten, unenträtselten Waldorten.

„Aber auffa schaug'nt mir do no!" unterbrach der Jäger meine um die Rückgewinnung des gestörten inneren Gleichgewichtes sich abmühenden Gedanken.

„Wo hinauf?"

„No, auf sein Plotz, wo d'r vorig's Johr allweil is hinkommen im Erdpfoiz."

„Das hat, glaub' ich, jetzt keinen Zweck mehr, es ist schon fast Tag!" wandte ich, lustlos zu weiteren Taten, ein.

„Oh, sog'n S' dos nicht, Herr Baron! In der scheinad'n Sonn han i'n scho antroffen bei die Henna durt oben!" Seine ruhige, geradezu sachliche Zuversicht hatte etwas Überzeugendes.

„Guate fünf Minuten san's bis zu der Muide."

Also, wir gingen und fanden zumindest die Mulde, genau wie sie uns beschrieben war. Nur war es eher ein seichter Kessel mit fast flachem Boden, darauf zwischen bemoosten Felsblöcken ein hochschäftiges raumes Fichtenaltholz. Rechts, links, auf dem dahinter steil ansteigenden felsigen Hang Fichten, überall hoch in den Himmel ragende flechtenbebartete Fichten. Hier in dem von Vogelstimmen durchjubelten geschlossenen Wald lag noch die Dämmerung, obwohl der Himmel sich in fast weißem Morgenglanz über den Wipfeln wölbte.

Wir ließen uns – überall boten in mächtige Wurzelnester gebettete bemooste Blöcke sich zum Sitzen an – auf unsere Mäntel nieder. Jeder zündete sich eine Regiezigarette an, und dann hockten wir schläfrig dösend in der noch nicht ganz aus der Verzauberung der Nacht gelösten Vorsonnenstille. Ich nickte ein paarmal ein, ließ aber doch die Augen wandern, sobald ich sie wieder aufschlug. Da sah ich den Jäger mit einemmal das Glas heben und fast gleichzeitig jenseits des Kesselbodens zwischen den Stämmen eine rabenschwarze Bewegung. Jetzt hob auch ich das Glas. Träumte ich am Ende!? Das groß ausgefächerte Rad eines Auerhahns schwankte dort langsam, immer wieder Steine und Stämme umgehend, über den steilen Hang in die Mulde herunter.

„Der Hahn!" flüsterte jetzt, gemessen an seiner sonstigen, fast an Stumpfheit grenzenden Ruhe, in ziemlicher Erregung der Jäger, „der kummt in Kessel owa, werden S' seh'n!"

Diese Prophezeiung aber trat zunächst nicht ein. Auf einer flachen Felsplatte fing der Hahn zu balzen an.

„Ob's halt der is?" fragte ich.

„Wos?" fragte der Schmalgesichtige baß erstaunt dagegen.

„No der von unten?"

„Freili! Und wann er 's net war, auf wos möchten S' noch warten, jetzt nach fünfi?" Sein Ärger war unverkennbar, und ich muß gestehen, daß ich ein paar Sekunden später meinen Einwand selber nimmer guthieß.

Vielleicht war ich erst jetzt ganz wach geworden. Ich ließ mich vom Sitz gleiten, legte mich auf den Bauch und bettete den Mantel über eine Wurzel. Im Zielfernrohr bekam der Hahn Farben. Regungslos mit hoch erhobenem Schnabel und immer noch weit gefächertem Stoß stand er vor dem Absehen. Die zierliche Büchsflinte, die ich damals führte, schoß auf den Taler genau. Nur etwas weit war es, so zwischen 150 und 160 Meter, und das Licht war immer noch nicht gut, und der Hahn stand vor einem tief verschatteten Hintergrund. Immerhin sah man den schlohweißen Fleck des Achselspiegels klar auf dem dunklen Gefieder, und es schoß sich ruhig, es hielt sich gut in dieser Stellung und bei solcher Auflage. Der Schuß gellte fremd in die nachschlummernde Stille, und absetzend sah ich den Hahn in erschrockener Schnelle flach durch die Stämme davonreiten.

Der Jäger hatte im Gegensatz zu meinem Sohn, der meine Schützengepflogenheiten besser kannte, nicht geglaubt, daß ich schießen würde, war erschrocken herumgefahren und schaute jetzt wieder aufmerksam durchs Glas.

„Sie brauchen nicht schauen, er ist abgeritten", sagte ich heiser, und trotz einer gewissen Entschuldbarkeit dieses Fehlschusses innerlich sehr verärgert.

„Wor das nicht a Henn?" fragte er.

„Ach woher, es war gar keine dabei", antwortete ich brummig. Aber da fiel mir der Sohn ins Wort: „Doch, Papi, sie ist vor ihm hergelaufen!"

„Freili", ergänzte der Jäger, „i hob s'a deutlich g'sehn!" Ich hob ungläubig die Schultern. Dieses merkwürdig langsame, betuliche Abwärtsschaukeln des Hahnes bei weit ausgefächerter Schaufel und ständig gesträubtem Kragen hatte mich anfangs auch glauben gemacht, daß er einer Henne folge. Aber trotz der Lichtstärke meines großen Glases hatte ich in seiner Nähe keine entdeckt.

„Dann müssen wir eben doch hinüberschauen", sagte ich, ohne daß sich durch die übereinstimmende Beobachtung der beiden Assistenten meine Zuversicht gehoben hätte. Das von mir gesehene starke und dunkle Stück Auerwild hatte sich genau vom Anschuß abgeschwungen, und so jäh im Schuß, ohne Bruchteil einer Schrecksekunde, wie das nur bei direkt daneben einklatschender Kugel möglich ist.

„I geh' scho umma, braucha S' net mit", sagte in seine Ruhe zurückverfallend der Jäger und erhob sich. Ich blieb nur, weil ich ihn so am besten auf den Anschuß einweisen konnte. Es war immerhin möglich, daß der Hahn Federn gelassen, daß die schlanke Vollmantelkugel ihn durchstanzt hatte und er dennoch mit heil gebliebenen Schwingen noch für eine kurze Strecke zum Abreiten gekommen war.

Ein klein wenig Hoffnung hatte ich jetzt. Warum sollte ich ihn bei ruhigem Abkommen eigentlich gefehlt haben, da die Büchse hinging!? Vielleicht war's doch eine Henne gewesen, was da abgestrichen war!? Der Schmalgesichtige, dessen Vornamen ich nie erfahren habe, hatte flinke Beine, ein gutes Auge und ein sicheres Richtungsgefühl, denn er war dem flachen Stein, auf dem der Hahn gestanden hatte, nach wenigen Minuten schon ziemlich nahe und ging, ohne sich nach mir umzusehen, direkt auf ihn zu. Und da geschah das Enttäuschende: Zwanzig Schritte rechts vom Anschußplatz stand plötzlich die Henne auf und schwang sich weißlich erschimmernd durch die Wipfel empor und mit warnendem Gocken über sie davon.

„Siehst du", sagte ich, an meiner Enttäuschung schluckend, zum Sohn, „ich hab' mich doch nicht geirrt!" Dann ergriff ich das Glas und schaute wieder zum Jäger hinüber. Der stand jetzt selber wie ein Denkmal auf der Felsplatte, hatte sich uns zugewendet und hielt hoch in seiner Rechten – den Hahn.

Die sieben Silberflammen

In meinen jungen Jahren hatte ich ein Wetterpech, das bei einem Teil unserer Jäger als geradezu barometerersetzende Gegebenheit galt. Aber – und damit schien irgendein guter Geist das Gleichgewicht wiederherzustellen – bei schlechtem Wetter ward mir sehr oft ein Waidmannsheil geschenkt, auf das ich selbst unter klarstem Himmel nicht gehofft hätte. Später, als die Mitte und mit ihr der Höhepunkt des Lebens vorüber waren, hat sich das nach beiden Seiten hin mehr und mehr ausgeglichen. Es ist mir aber daraus kommend ein Gutes verblieben, nämlich so etwas wie bejahende Freude am rinnenden Regen und an ziehenden Nebeln, am Rauschen der angeschwollenen Wasser und vor allem an der merkwürdigen zerstreuten Helle und der frischen, mit Feuchtigkeit gesättigten Luft des Regentages.

Bei allen Jahr für Jahr aufs neue gefaßten guten Vorsätzen, es im nächsten nicht wieder so spät werden zu lassen, war im Spielhahnfalz wieder einmal der 25. Mai vorüber, als ich endlich um meines „Kleinen" willen zu Berg stieg.

Auf halbem Weg zu der nicht weit vom Balzplatz gelegenen Hütte, in der wir übernachten wollten, fing es zu regnen an, erst dünn mit kleinen Tropfen, allmählich aber immer dichter und schwerer. Beim Abendimbiß unter der Petroleumlampe hörten wir draußen die Dachrinnen sprudeln und den Regen Trommelwirbel auf den Fensterscheiben schlagen.

„Wenn es so bleibt, schlafen wir aus morgen früh", sagte ich im Hinüberdämmern zum Jäger, der noch ein paar Scheite in den Herd schob. So heiß pulste das Jägerblut nimmer, daß ich den gut halbstündigen Aufstieg in Sturm und Regen den Schlafstunden in wohldurchwärmter Wettergeborgenheit vorzog.

Aber wir gingen dann doch hinauf, als so etwas wie Dämmerung in der nebelwallenden Düsternis mehr zu spüren als zu erkennen war. Nur etwas zögernd und deshalb zu spät hatte ich es angepackt. Der Hahn fiel ein, noch ehe wir die notwendige Höhe gewonnen hatten. Es stellte sich aber auch das wieder als kein Unglück heraus, denn dieser sehr starke und alte Spielhahn war unstet und hielt in den weiten und kahlen Lahnern der „Ross" vor allem jetzt, zu Ende der Balz, keinen Platz mehr.

Als ich durch das Rauschen des Windes und das Plätschern und Sprudeln vieler vom Regen zu verstärktem Leben erweckter Rinnsale hindurch endlich heraushorchen konnte, wo er krugelte und blies, und ihn dann auch zwischen aufreißenden Nebeln einmal kurz zu sehen bekam, mußte ich feststellen, daß er viel tiefer als sonst und der Hütte, die wir vor einer dreiviertel Stunde verlassen hatten, näher stand als unserer Schirmfichte.

Damit war aber noch nicht alles verloren. Der Nebel begünstigt das Anbirschen in einem solchen Fall. Dreihundert Meter mußte ich näher hin, um auf einen nimmer gewagten Kugelschuß am Wild zu sein. Ich schaute, daß ich hinunter kam. Es sollte eigentlich gut gehen, dachte ich, der Wind schluckte jedes nicht allzu laute Geräusch weg, und der Nebel wollte heute anscheinend keinen Verrat üben und riß nicht im falschen Moment, wenn ich gerade ohne Deckung zur Schau stand, auseinander. Nur – nach 200 Metern vorsichtiger Annäherung hörte ich kein Balzen mehr, und als die weißlichen Vorhänge sich einmal für kurze Zeit hebend den schmalen frischgrün begrasten Rücken freigaben, auf dem der Hahn mit seiner sehr aufregenden, breiten und bis hinab zum Boden entfächerten Schar gestanden hatte, war er nimmer da, kam auch nicht zurück oder hob irgendwo den kleinen rotgekrönten Mohrenkopf aus einer Mulde.

Mein lautstarkes Reizen verklang öd im Rieseln der Regenfrühe. Jetzt hätte ich mich ärgern können, tat es aber nicht. Ich hatte zwei Tage Zeit. Das eigentliche Ziel meines Weges und Wunsches war weder dieser Platz noch dieser Hahn gewesen. Aber seit ein paar Jahren hielt ich es so, daß ich mir den nahezu vierstündigen Anstieg bis hinauf in die mich am stärksten anziehende Spielhahnregion durch einmorgendliche Nachschau an diesem oder einem anderen auf etwa halbem Weg dazwischenliegenden Balzplatz unterteilte.

Was ließ sich aber jetzt noch anfangen?! Einhalbfünf zeigte die Uhr. Hier im näheren Umkreis war nichts mehr zu hören und erfahrungsgemäß wenig zu unternehmen. Die Hütte mitsamt Feldbett und Herd reizte mich auch nicht. Ich wußte mir schon einen Platz, an dem zumindest noch etwas zu hören, wer weiß, vielleicht auch zu sehen sein würde, und um solcher Erlebnisse willen, es brauchte nicht der Schuß zu sein, war ich schließlich heraufgestiegen. Wenn ich aber dahin gelangen wollte, mußte ich auf die Schneid hinauf, das bedeutete dreihundert Meter Steilanstieg auf nassem Lahner.

Indes mir der Westwind den Regen ins Gesicht sprühte, schaute ich mir die oft schon und meist unlustig gemachte Route an bis hinauf zum nebel-umzogenen Grat. Eigentlich blieb es sich gleich, ob ich den Höhenunter-schied zu den oberen Almen jetzt auf diesem Weg oder im Lauf des Vor-mittags auf einem anderen überwand. Abgesehen davon würde die Rück-kehr zur Hütte (unter ihrem Dach freilich lag unser Gepäck) einen un-nötigen Höhenverlust bedeuten. Kurz, ich beschloß, es anzupacken.

Mit dem Begleiter kam ich dahin überein, daß er jetzt zur Hütte zu-rückkehren, dort frühstücken und ein wenig ausrasten sollte. Dann würde er zusätzlich zu der seinen auch meine Last ein Stück Weges mitnehmen. Wir wollten in dem ganzjährig bewirtschafteten kleinen Unterkunftshaus auf dem höchsten Sattel der Klausenalm zusammentreffen. Der zuerst An-kommende würde den anderen dort erwarten.

Nun, ich will es kurz machen: Auf dem Balzplatz, den ich beim Treffen dieser Abmachung im Kopf gehabt hatte, der aber außerhalb des Kreises unserer ursprünglichen Planung gelegen ist, war reges Leben. Mindestens drei Hahnen krugelten und zischten durcheinander, als ich hinkam. Zwei von ihnen bekam ich trotz der welligen Bodenbeschaffenheit, die keinen weiten Um- und Überblick zuläßt, in Anblick; einer kam ganz unerwartet angestrichen, während ich gerade zwischen raumstehenden Schirmfichten eine Horchpause einlegte. Er baumte schrotschußnah in Augenhöhe vor mir auf, setzte mehrmals zu einem unartikulierten Krugeln an, blieb aber dann letzten Endes doch stumm und naß auf seinem Fichtenast sitzen. Die Schar war erstaunlich gut, aber ich hätte mich um meine Büchsflinte zu wetten getraut, daß ihr Träger nicht älter als dreijährig war.

Später sah ich noch einen anderen Hahn, kollernd zwar, aber mit zu-sammengefaltetem Spiel in langen Schritten über den angeweichten Schnee laufen. Er war es sichtlich satt. Im Lauf von zwei Stunden hatte der

Dauertropfenfall ihn ab- und ausgekühlt. Bei dem wiederum hatte ich keinen Zweifel, daß er hochjagdbar war. Dick aufeinandergeschichtet und lang war das regenverklebte Stoßfedernbündel, das er hinter sich her über den Schnee schleifte. Aber ich kam nicht dazu, mich für den notwendigen Kugelschuß im Sichtschutz eines Steins oder eines der breiten Stämme niederzulassen. Es war anscheinend einer jener Althähne, von denen in früheren Zeiten die Bergjäger sagten, daß sie auf jeder Feder ein Auge hätten. Er eräugte mich (ich stand zwar ungedeckt, aber inmitten von tief beasteten Bäumen) schon nach knapp einer Minute und strich schlagartig ab.

Aber das war ja nicht alles gewesen. Da hatte sich zum Beispiel mehrmals ein ganz feiner lichtgrauer Hauch vor meinen Blick gelegt, sich zum Schleier verdichtet und mich die eben noch plastisch nahen schwarzen Mäntel der Wetterfichten nur noch wie unter einer Porzellanglasur erkennen lassen, und wenige Sekunden später waren sie mir wieder geschenkt, viel frischer, näher, beglückender als zuvor. Jetzt ahnte man das turmalinene Grün im schwarzen Genadel und die Silberflechten auf der rauhen Rinde des Stammes. Drüben über den geschlossenen Fichtenwald des Gegenhanges zogen und wehten weiße Bärte unberechenbare Wege, waren wie durch einen nicht begreiflichen Zauber plötzlich weggelöscht und gleich danach durch andere, anders geformte oder fast gleiche, wieder ersetzt. Und dann kam ein Windstoß, und einer der schweren dicknadeligen Fichtenwedel nah vor meinen Augen entledigte sich jäh Tausender von klaren runden Tropfen, die zuvor unsichtbar in und auf ihm geruht hatten, es schauerte der ganze Wald, und alle zottigen Fichtenarme peitschten empört um sich, bis eine weiße Riesengestalt aus lang ausgezogenem Nebel sich wie im Sturzflug aus dem Himmel über mir in die Tiefe des Almkessels warf und es dann wieder still wurde, schläfrig eingehüllt und gleichmäßig rieselnd und tropfend. Aus diesem fortwährend wechselnden geisterhaften Geschehen aber gluckerte unbekümmert und unablässig bald ferner, bald näher, das hingegebene Lied der Spielhähne. Der mühselige Weg war mir reich belohnt.

Meine Hoffnung, daß sich das Wetter bei vollem Tageslicht beruhigen und auflichten würde, erfüllte sich aber nicht. Gegen den Weststurm gestemmt und noch viel dichter umregnet als im Morgengrauen, machte ich meine dreiviertelstündige Gratwanderung zur Klausenalm hinüber und war glücklich, als ich mit einemmal das flache Schindeldach des Unterkunftshauses fünfzig Meter unter der Schneid vor mir liegen hatte und aus dem eingeblechten Kamin blauen Holzrauch in vom Wind schnell zerwirbelten Fetzen aufsteigen sah.

Eigentlich ist's kein Haus, war von je und blieb ein breit überdachter stattlicher Almkaser. Die Konzession zu einem Ausschank ist schon von alters her mit ihm verbunden, und das wohl deshalb, weil Alm und Almrechte zu einem viele mühsame Wegstunden entfernt im Land Tirol liegenden Wirtsanwesen gehört haben. Ein Kufsteiner Burggraf und ein Aschauer Schloßherr beendeten im ausgehenden sechzehnten Jahrhundert die um der Almrechte willen immer wieder auflebenden Streitigkeiten durch Zuziehung eines rechtskundigen Regensburger Domherrn.

Eines Sommers begingen sie gemeinsam ihre Grenzen, und hierbei entwirrte der nicht nur gelehrte, sondern anscheinend auch wanderfeste Prälat in einer für beide friedwillige Grundherrn erträglichen Weise die in alten Almbriefen mangelhaft auseinandergehaltenen Rechte des Eigentums sowohl als auch der Beweidung. Im Zug solcher Bereinigung erhielt die Klausenalm, deren Zugehörigkeit zur Grafschaft außer Zweifel stand, ihre Schneeflucht* auf dem Grund des Aschauers. Und erst als ich, Jahrhunderte später, die eigentliche Alm erwarb, waren Hütten und sämtliche Weidegründe in einer Hand vereinigt.

In den Zeiten, da ich, ein halber Bub noch, oft und oft den auch für junge Beine mehr als zweistündigen Weg zu den Klausener Hütten hinaufstieg, teils um des Wildes willen, teils aber auch, um die hübschen, blond und lang bezopften Töchter des wie ein schwarzbärtiger Patriarch über Alm und Gesinde gebietenden Kapfingervaters zu besuchen, ach, in den Zeiten ließ ich mir diese Entwicklung nicht träumen.

Hut, Mantel und Büchse legte ich in dem unter das Vordach eingebauten „Salettl" (das ist so etwas wie eine primitive Glasveranda) ab. Drinnen in der niederen, urbehaglich verräucherten Stube bereitete die Wirtin einem übernächtig glücklichen Liebespaar gerade das Frühstück. Die Ecke am Herd war noch frei, und ich konnte sie beziehen.

Es gab alles, was während der letzten zwanzig Minuten meinem inneren Auge wie von regenzerteilenden Flügeln getragen vorangeflattert war. Spiegeleier auf einem nicht durchwachsenen, vor der Bräunung in der Pfanne schneeweißen Speck, Schwarzbrotscheiben von doppelter Handflächengröße und hausgerührte Butter. Dazu trank ich heißen Tee, und während ich mich von ihm erwärmen ließ, fiel mir ein, daß die Tiroler neben ihren hochachtbaren Vogelbeer- und anderen Obstschnäpsen auch einen nicht minder achtbaren Rum zu brennen verstehen. Die Wirtin lächelte zustimmend und schenkte aus einem maisstrohumflochtenen Ballon ein kleines Wasserglas, so wie man es in Österreich früher auf jedem

---

* Das Recht der Almleute, bei sommerlichen Schneefällen ihr Vieh auf fest vereinbarte, tiefer gelegene Weiden zu treiben.

Kaffeetablett (aber mit Wasser gefüllt!) mitserviert bekam, voll mit der tiefpurpurbraunen Labe.

Ich weiß nicht mehr genau, wie viele Tees und solche kleinen Rumwassergläser ich, als ich schon zu den Zigaretten der Tabakregie übergegangen war, noch nachbestellt habe, zwei aber waren es sicher. Der Wolfgang, der nach einer Weile dazukam, mußte dann auch noch einen einnehmen, ehe wir, es war mittlerweile fast 9 Uhr geworden, mit wieder geteiltem Gepäck aufbrachen, um die knappe halbe Wegstunde zur Feichtenalm hinüber noch hinter uns zu bringen. Mir waren gegen Ende der Sitzung immer wieder die Augen zugefallen, aber es erschien mir ausruhsamer, drüben in unserer kleinen Almhütte lang ausgestreckt und in tiefster Abgeschiedenheit meinen Schlaf zu tun, als hier im Sitzen vor mich hinzunicken.

Der Sturm hatte aufgehört, völlig unbewegt lag milchiger Nebel auf der Alm, und der Regen sprühte nur noch in feinen Tropfen. Recht viel nahm ich auf dem anfangs schwach ansteigenden und dann in sanfter Neigung abwärts führenden Wegstück von meiner Umgebung nimmer wahr. Ich war müde, und – ich muß es eingestehen – in den Knien verspürte ich sehr deutlich eine behindernde Schwere.

Nachdem der Wolfgang die Hütte aufgesperrt hatte, ließ ich erfreut meinen Rucksack von den Schultern auf den Tisch hinuntergleiten und setzte mich daneben auf die Bank. Wir zündeten uns einen „Gipfeltabak" an und streckten zunächst einmal die müden Beine von uns. Dann aber wollte der Jäger Feuer machen und anschließend um Wasser zum Brunnen hinuntergehen. Er kramte unter dem Herd nach Spanholz und kleinen Scheiten zum Anfeuern, fand aber nicht, was er brauchte.

„Möcht grad wissen, wer des all's vobrennt hat. Und wieder ebbas herrichten, des gibt's net, Herrgott Sakra! Jetzt muaß i draußd oans hacka." Er nahm das kleine Beil aus dem Winkel und ging, die Tür hinter sich zuziehend, vor die Hütte hinaus. Mich überkam sogleich wieder der Schlaf, und ich legte den Kopf auf die über dem prallen Rucksack gekreuzten Arme. Es fehlte nimmer viel, daß ich ganz drüben war, schon wallten bunte Schleier über mein Bewußtsein, da rief mich irgend etwas ins Wachen zurück. Hatte da nicht eben ein Hahn geblasen!?

Ich hob den Kopf, sah vor mir den Herd und auf der darüber angebrachten Holzstange meinen Mantel, den ich vorsorglich dort schon aufgehängt hatte und der mir den Blick zum Fenster verwehrte, sah die geschlossene, mit grüner Ölfarbe gestrichene Tür und mußte in mich hineinlachen. Was das ausmacht, wenn man durch Stunden angespannt in die Unsichtigkeit hineingelauscht und jeden Ton begierig aufgefangen hat!

Jetzt war das Ohr noch immer überreizt. Ich ließ die Stirn wieder auf die Arme sinken, fuhr aber zwei Sekunden später jäh in die Höhe. *Wohl* blies da ein Hahn, wohl! Und jetzt wieder!

Und nun fiel mir auch auf, daß der Wolfgang nicht Holz hackte; er hätte damit längst begonnen haben müssen. Ich tappte zur Tür und klinkte sie behutsam auf. Der Anblick, der sich mir bot, ging mir abermals auf die Lachmuskeln: In den Winkel zwischen Türstock und dem an der Hüttenfrontwand aufgeschichteten Brennholz preßte sich ganz verkrümmt der Jäger und sah mich mit rollenden Augen an. Dann zeigte er mit dem Kopf in die blaugrau eingenebelte Alm hinaus. Ich hätte auch so die Richtung gefunden, denn zu gleicher Zeit fauchte scharf und trocken wieder der Hahn.

Und dann sah ich ihn, nicht ihn, sondern seine sich mit weicher beinahe aufgelöster Kontur im Nebel abzeichnende Silhouette, sah nicht nur sie, sah es etwas weiter im Hintergrund mit einemmal weiß aufblinken, weil ein zweiter Hahn dort einen Flattersprung gemacht hatte und den Unterstoß zeigte, sah jetzt ganz rechts einen dritten schon krugelnd auf einem Stein stehen. Und dann mit einemmal zischte und fauchte es in einem wild erregten Durcheinander vor uns im weiten Halbkreis, metallisch schwirrender Schwingenschlag tönte auf von allen Seiten, und schließlich war die dichte Luft ganz erfüllt von dem dunklen, in merkwürdiger Mischung sanften und heftigen Tremolo des Hahnensangs.

Der Nebel mußte sich etwas gehoben haben: Da, wie eine vom Wind hochgewehte schneeige Blume, ein Unterstoß, dort im Aufspringen die Unterseiten der schwirrenden Schwingen wie weiße Blinklichter, dann wieder regungslos erschimmernd die Flügelbinden und sogar hie und da den Nebelschleier durchschlagend das Rot der hochgeschwollenen Rosen im Nicken und Drehen aufglühend und wieder jäh verlöschend.

Es war der endlich entfesselte feurige Reigen einer durch Stürmen und Regnen stundenlang zurückgedämmten Balz. Denn hier auf der freien Höhe mußten die Elemente es weit heftiger getrieben haben als unten in den durch ihre Lage mehr oder minder abgeschirmten Almkesseln.

In so eigentümlicher Gedämpftheit von Form und Farbe hatte ich Hahnen noch nie erlebt. Ganz unwirklich war das alles, als ob man einen Blick täte in eine jenseitige Welt. Es dauerte eine Weile, bis ich mich von dem Anblick lösen konnte und mich aus dem Türrahmen mit halben Schritten rückwärtstretend in den hinteren Teil des Hüttenraumes zurückzog, wo ich Glas und Büchse abgelegt hatte.

Daß in der Umgebung des Kasers auf der weiten, völlig baumlosen Almfläche mit ihrem sanften Gefälle immer wieder einmal, vor allem nach

Sonnenaufgang, Spielhahnen balzten, war uns nichts Neues. Aber den bevorzugten, den eigentlichen Balz- und Tanzboden wußten wir ein paar hundert Meter weiter nord- und aufwärts, und was wir nicht wußten war, daß sich in diesem Jahr so viele Hahnen hier zusammengetan hatten. Sieben hatte ich mit freiem Aug gezählt.

Mochte schon sein, daß sie nur heute geschlossen so tief und deshalb so nah bei der Hütte sangen, weil es ihre verspätete Sonnenbalz war, die sie nach solch grobem Frühwetter unter dem tiefhängenden Nebelbaldachin (der Regen hatte inzwischen ganz aufgehört) nachholen wollten. Sieben Hahnen waren es. Auch mit dem Glas konnte ich keine weiteren mehr ausmachen. Ein achter strich später, als die Sonne schon durch den Nebel schien, noch herzu, aber da lebte von diesen sieben einer nicht mehr.

Es war schwierig, aus diesem Spielhahnsegen nicht nur einen Richtigen, sondern den Richtigsten herauszufinden. Die Überschleierung durch den Nebel erschwerte überdies das Ansprechen. Bei zweien war inzwischen der Balzeifer erlahmt, sie hatten den Stoß sinken lassen und taten nur ab und zu noch, wie um der Form zu genügen, zu einem müden Fauchen ihren kleinen Hupfer. Sie schieden aus, denn es sind stets die jungen Hähne, die inmitten eines größeren Verbandes als erste Sang und Tanz einstellen.

Der von mir gleich zu Anfang genau der Hüttentür gegenüber Erblickte war allem Anschein nach der beste. Er hatte sehr breite Sicheln, und ich konnte mehrmals genau erkennen und abzählen, daß er vier Krumme aus dem Unterstoß spreizte. Das wär' schon einer gewesen, mit dem man Staat machen und bei einer der ländlichen Schönsten hätte Ehre aufheben können. Aber ich hatte doch so mein Bedenken, es war sicher kein junger und auch kein jüngerer Hahn, aber der älteste aus der Runde schien er mir auch nicht zu sein.

Dann waren da noch zwei, die sich nicht recht voneinander trennen wollten und trotz aller weitausholenden Kreise, Sechser und Achter, die sie im schnellen Umhertrippeln beschrieben, immer wieder aneinander gerieten. Sie hatten beide gute Scharen, aber ein alter Hahn treibt dieses unablässige Gerankle nicht. Im Benehmen gefiel mir der am besten, den ich als zweiten im Nebel entdeckt hatte. Er war der isolierteste, stand allein auf dem spielhahngemäßesten Platz, einem zimmergroßen ebenen Grasboden mit freiem Blick in die Runde. Sogar ein kleiner Schneefleck hatte sich noch an dessen Rand erhalten. Dieser Hahn ließ nur je drei Krumme auf jeder Seite der Schar erkennen, sie waren gerader und weniger breit wie die des „Schönen", dafür aber um ein Gutes länger als diese. Wenn er im Dahintrippeln seine Sicheln über den Boden schleifte, bogen sie sich bis zur Mitte ab. Allen Zeichen nach war es ein Alter und wahrscheinlich der Senior dieser siebenköpfigen Korona. Auch er hatte einen Trabanten, einen sehr guten, aber unzweifelhaft jüngeren Hahn, der, wenn auch scheuen Abstand haltend, sich immer wieder in seine Nähe begab.

Der Schuß auf gute hundert Meter war keine Kunst. Ich lag auf den Brettern des Fußbodens, und der Lauf ruhte auf einer Wolldecke, mit der ich die Türschwelle gepolstert hatte. Regungslos, fast wie hingemalt, stand der Hahn vor dem soeben erst ergrünenden, zartübernebelten Almgras. Es war, als schmiegte er sich in den Boden hinein, um sich daraus die Kräfte für sein Lied zu ziehen. Durch die Linsen des Fernrohrs sah man das unablässige Vibrieren des angeschwollenen Kragens.

Im Schuß war der Hahn in einer vorher nicht erkennbaren kleinen Mulde verschwunden, nur die schwarze Oberseite einer Schwinge war über ihren Rand weg noch zu sehen, wenn man den Platz genau wußte. Zum Glück waren keine Federn geflogen, was darauf schließen ließ, daß die Vollmantelkugel durchgeschlagen und nicht gerissen hatte. Dadurch, daß die Detonation (für mich ohrenbetäubend) noch im Innern der Hütte erfolgt war, wußten die Hahnen nicht viel damit anzufangen. Der mir zunächst stehende Viersichelige steilte wie eine Rakete in den Nebel hinauf, schwenkte aber, weil die verstummten Genossen nur mit langen Krägen sicherten, im Gleitflug zurück und fiel schließlich mit heftig abbremsendem Schwingenschlag fünfzig Schritt oberhalb seines alten Platzes wieder ein. Da fing von den zwei unzertrennlichen Raufkampeln einer zu blasen an, und sogleich setzte mit Sprüngen, aufblühenden Unterstößen, sich spreizenden Sicheln und erglühenden Rosen der Tanz aller wieder ein.

Das schönste war mir noch vorbehalten: Die Sonne fing an, den Nebel erst blendend weiß aufzuhellen, bis sie als perlmutterner Kreis durch seine Schleier sichtbar wurde, wieder verschwand, wiederkam und von einer Minute zur anderen der Himmel mattblau wurde und die Alm in flirrenden Goldrauch gehüllt war. All diese Wechsel des Lichtes spielten auf dem Gefieder der Hähne; sie wurden glänzend schwarz und lösten sich plastisch aus dem Dunst, wie Weißgold blitzten und blinkten die Unterstöße, die dunkle Glut der Rosen hellte sich zinnobern auf.

Da und dort bekam die Alm große smaragdgrüne Flecken, in Gelb und Weiß und Enzianblau erschimmerten viele zuvor unsichtbare Blumenköpfe, bis mit einemmal auch der goldene Rauch sich verloren hatte und die Maisonne mit der Unzahl der Wassertropfen auf Gräsern und Spinnengeweben ihr sprühendes Spiel trieb. Blitzblau waren jetzt die Hahnen und alle voll seliger Hingegebenheit an ihr wie verzauberte Quellen gluckerndes Lied, tief eingeschmiegt ins funkelnde Gras.

Und dann strich, ich wußte nicht, von wo er kam, eben jener starke Hahn herzu, der zuvor nicht bei der Schar gewesen war. Der Berggeist hatte ihn entsendet, auf daß es wieder sieben Flammen seien, die auf dem Altar des Frühlingsgottes brannten.

Heimliche Waldherzöge

Vom großelterlichen Gut in Franken, meinem Ferienparadies durch drei Jugendjahrzehnte, mit seinen Föhrenwäldern, Waldseen, Sandwegen und seinem einstigen Rehreichtum habe ich schon manches erzählt. Die nach dem unerwarteten Tod des Großvaters durch eine längere Zeitspanne des jagdlichen Interregnums falsch gehegten und in Unordnung geratenen Rehbestände habe ich, von einem verständigen Oberförster unterstützt, binnen nicht allzu langer Zeit, ein knappes Jahrzehnt war dazu notwendig, weniger ihrer Zahl, die immer schon hoch gewesen ist, als ihrem Wuchs und ihrer gesunden Zusammensetzung nach in die Reihe und zur Entfaltung der ihnen innewohnenden Möglichkeiten gebracht.

Dazu war es (halbwegs erfahrenen Hegern braucht man das nicht lange auseinanderzusetzen) notwendig, nach wohlerwogener und nicht berserkerhafter Verminderung der Geißen sich unter den zahlreich gewordenen und allenthalben herumwimmelnden Böcken die mittelmäßigen genau anzuschauen und ihrer nicht zu schonen, sobald an guten kein Mangel mehr war. Wäre der Krieg nicht gekommen, der mich jahrelang von diesen Wäldern trennte und nicht mich ihnen, aber sie mir auf mancherlei Art entfremdete, wir wären mit unseren Rehkronen innerhalb des oberfränkischen Gaues auf einen guten Platz gekommen. Nun, mit Wettbewerben auf dem Gebiet der Jagd habe ich mich kaum je befaßt, aber aus dem Vorgefundenen das Mögliche herauszugestalten, das ist, wo immer die Geschicke uns hinstellen, unsere Aufgabe.

Die Hochschulferien begannen in meinen Studienjahren erst mit dem Anbruch des Monats August, und da mein Vater es nicht gerne sah, wenn man sich aus den hochsommerlich schläfrig gewordenen Kollegien und Seminaren vorzeitig zurückzog, blieb mir, nachdem ich das Gymnasium hinter mich gebracht hatte, keine allzu lange Zeit mehr für den fränkischen Blattzeitaufenthalt. Aber trotz alledem und obwohl ich dabei immer viel Gutes schonte, wurde meine Strecke nicht geringer. Der besondere Reiz dieser Abschüsse ergab sich aus dem hohen Durchschnittsalter der dortigen Rehböcke. Vor allem nachdem ich in zwei aufeinanderfolgenden Jahren meine Frankenreise hatte ganz streichen müssen, war kaum je einer der geschossenen sechs bis zehn Böcke jünger als sechssömmerig, und es fanden sich mit entsprechenden Zwischenstufen alljährlich etwelche Hochbejahrte, wenn nicht gar Methusalems unter ihnen.

Es gibt keine bessere Maßnahme zu schneller Hebung eines Rehbestandes als die der vollständigen Schonung aller Böcke durch mindestens zwei Jahre. Was für ein Geschrei würde das aber geben, wenn heute ein Jagdinhaber sich unterfinge, auf gut 2000 Hektar einer hohen Behörde keine Abschüsse, außer vielleicht die von einigen wenigen Geißen, zu vermelden. Indessen schlägt sich ein anständiger und netter Jungjäger von Reue gequält an die Brust, großes mea culpa, weil er statt eines schlecht veranlagten zweijährigen Spießers einen guten Jährling erwischt hat. So etwas kommt vor, auch wenn der die Auswahl Treffende kein Jungjäger mehr ist, und die Schuld daran trägt nicht der Schütze, sondern eine behördlich gelenkte Zusammenstutzung der Rehbestände, die, sei es direkt oder indirekt, Eingriffe in die Reihen der Zweijährigen verlangt. Es ist abwegig zu behaupten, das *müsse* sein. Zwei, drei Jahre später ist so ein „hegeunwürdiger" Bock eine in jeder Hinsicht würdigere und erfreulichere Beute, und es soll mir niemand erzählen, die vorgeschobene „Landeskultur" erlitte den geringsten Schaden dadurch, daß er als Vier- und Fünfjähriger erst hat sterben müssen. Zwei, wenn es ganz hoch kommt drei Jahre keine Zweijährigen auf der Strecke bedeutet, daß man danach (je nach Größe von Bestand und Jagdfläche) ohne hochnotpeinliche Bedenken mehr Vier- und Fünfjährige schießen kann. Bleibt nur der hochgemute Vorwand übrig: „Aber die Vererbung!!!?" Ja, die, verehrte Herren Heger mit den ungern erkaltenden Büchsenrohren, die überlasse *ich* der Natur.

Lassen wir das! Ich will *jagen,* aber nicht auftragsgemäße Abschüsse „tätigen", und mir ist die Trophäe nie heiliger gewesen als das Lebensrecht des Wildes. Die Trophäe ist kein Ausweis, kein Passierschein, von dem die Berechtigung eines gesunden Wildgeschöpfes abhängt, seinen Wechseln durch freie Wälder zu folgen. Und so lange ich noch lebe, werde ich es in meinen Wäldern weiter so halten. Möchte wissen, wer mich daran hindern kann!

> Wie im Reich der Lüfte
> König ist der Weih,
> Durch Gebirg und Klüfte
> Herrscht der Schütze frei!

Zurück um dreieinhalb Jahrzehnte, da dieses schöne Lied auf des Jägers Lippen noch nicht von so ganz grotesker Komik war wie heute.

In einem jener glücklichen Jahre, ich meine, es ist 1936 gewesen, hatten mich die Hoch- und Vorgebirgsböcke ein wenig über die Zeit im Aschauer Revier festgehalten, und als ich endlich eines glühheißen Augusttages auf vertrauten Straßen die gut vierhundert Kilometer gen Nordosten brauste, war die Getreideernte schon auf allen Feldern in vollbelebtem, bieneneifrig schaffendem Gang.

In den Mitwitzer Wäldern ist es für das Jagen, vor allem das Blatten, keineswegs von Nachteil, wenn auf den sie umgebenden Fluren Erntetreiben herrscht. Erst dann besinnen sich die dortigen Rehe wieder darauf, daß ihr wahres Daheim in den Wäldern liegt. Ich hatte also trotz der überdies auch meinen Aufenthalt verkürzenden Verspätung gute Aussichten. Am siebenten August traf ich ein, am sechzehnten mußte ich zweier mit des Hochsommers Ausklang zusammenfallender, ihn alljährlich krönender Aschauer Familienfeste halber wieder abreisen.

Am dritten Morgen erst, ich war, was mir stets das liebste ist, allein auf dem Rufgang, beglückte mich ein großes und kaum mehr erhofftes Waidmannsheil. Ich schoß den „Kellerbock". Der hatte seinen Einstand an einem einst verrufenen Ort, in der Umgebung eines tiefen und weit verzweigten Erdkellers, der vergessen, grau, mit unter giftig grünen Flechten verwittertem Tor und von Gestrüpp und Gerank umwachsen mehrere hundert Meter vom Dorf entfernt am Rand ausgedehnter Waldungen liegt.

Wie fast alle Erdkeller Frankens ist er uralt. Zu Zeiten des Dreißigjährigen Krieges dürfte er schon ganz so bestanden haben, wie er heute noch da ist. In ihm hat sich einmal, es ist dies archivarisch belegt, eine Räuberbande versteckt gehalten. Spielende Kinder sollen das entdeckt und die Kunde in von furchtbarem Schrecken gejagtem barfüßigem Schnelllauf ins Dorf getragen haben. Es muß dann einen wüsten Kampf gegeben haben, bei dem die Bauern sich blutige Köpfe holten und die Mehrzahl der Räuber entkam, nur zwei – so meine ich mich der Erzählung des Großvaters zu erinnern – wurden niedergeschlagen, ergriffen und später aufgehängt.

Wenn man den niedrigen Sandhügel, in dessen Fuß die Kellergänge und -gewölbe gegraben sind, einen Berg nennt, dann darf man die paar ihn durchziehenden, steilwandig schmalen Täler als Schluchten bezeichnen. Und die wiederum sind in ihren Ausläufern quellig und deshalb dicht verwachsen. Auf den schlechten Sandböden der sie einschließenden Rücken steht nur mageres Föhrengestäng, aber unten in den Gründen gedeihen brombeerumrankt und himbeerumbuscht die Fichte, die Erle und zwischenhinein auch die Birke zu kraftvollem Hochwuchs.

Dort einen Bock auszumachen ist nicht ganz leicht; auf die verschiedensten Wiesen und Kleeäcker kann er nach vier Himmelsrichtungen aus seinen verfilzten Einständen teils über längere Waldwechsel, teils mit wenigen Schritten zur Äsung ziehen. Auf mindestens je einem halben Dutzend Birschen hatte ich mich in den letzten zwei Jahren auf diesen mir ob besonderer Stangenhöhe und Langendigkeit anempfohlenen Bock versucht. Auch der Oberförster sah ihn allsommerlich nicht öfters als ein- bis zweimal, und der Revierbeamte wollte nun wissen, daß der Heimliche seit Ende Mai ganz verschwunden und daß jenseits der ziemlich weit entfernten Grenze dann zu Anfang Juni ein „Großer" geschossen worden sei.

Auf solche Kunde hin und nach den zahlreichen Mißerfolgen der vergangenen Jahre zogen mich die Bereiche des Kellerbocks nicht allzusehr mehr an. Dennoch stand ein Besuch in dieser Gegend auf meinem hinter der Stirn notierten Programm. Auch der vor Jahren zu Zeiten anderer Kellerböcke schon ausgespürte Platz, von dem aus ich es für alle Fälle wenigstens einmal versuchen wollte, war daselbst vorgemerkt.

In der jenem bedeutungsvollen Morgen vorangegangenen Nacht hatte sich ohne allzu wildes Donnergetöse ein kurzes Gewitter entladen. In den nassen, von Nebeldunst träg überzogenen Wiesen standen nur wenig Rehe, und der kaum spürbare Wind wußte nicht, wohin er ziehen wollte. Nachdem das Büchsenlicht voll geworden war, schienen mir die Althölzer mehr zu versprechen als die Feldränder, und langsam schob ich mich voll verhaltener Glücksgefühle des ungebundenen Abenteuerns in sie ein. Und stand mit einem Mal wie von selbst in dem raumen hoch- und starkschäftigen Föhrenbestand, in dessen Unterwuchs ich, knapp zwei Jahrzehnte zuvor an der Seite des Großvaters birschend, die ersten Schlingen meines damals elfjährigen Lebens gesehen hatte. Sie waren so stark verrostet, daß sie sich kaum noch zuziehen ließen. An keiner von ihnen fand sich ein Haar.

Wer hatte sie gestellt? Einer der zur Erntehilfe eingesetzten Kriegsgefangenen, ein Urlauber oder doch der verdächtige, immer und überall Pilze suchende Invalide, der kürzlich dem Großvater ausführlich sein Nervenleiden beschrieben hatte: „nerffiösa Schmerzen..."? Der Großvater ließ diesen Verdacht fallen. Dem Grad ihrer Verwitterung nach konnten die Schlingen schon im vergangenen Herbst fängisch gestellt worden sein von einem, der inzwischen einberufen, wer weiß, vielleicht schon gefallen war. Nach einer Woche fleißiger Nachschau dort und auf improvisierten Spürbahnen zwickte der als ehemaliger Gendarm in solchen Fällen findige und nicht leicht ermüdende Förster Zeitler die rostrauhen Drähte ab. Unheimlich war's aber gewesen, dieses plötzliche Davorstehen und, nach erstem nicht gleich verstehendem Daraufniederstarren, das Erkennen der hier versuchten Untat.

Man konnte sagen, was man wollte, aus diesen durch ihre Tiefe und Steilwandigkeit dem Charakter der Landschaft ungemäßen düsteren Gräben wehte einen immer etwas nicht ganz Geheures an. Vielleicht hatten die Räuber damals, noch ehe man ihr Nest aushob, einen oder gar mehrere aus ihrer Mitte, die aufsässig und unbotmäßig geworden waren, überwältigt und umgebracht und irgendwo da drunten tief in die ungeweihte Erde vergraben. Anheimelnd jedenfalls war dieser Waldort nicht, aber man ging auch, gerade zur Blattzeit, nur selten ohne Erlebnis aus seinem Bereich.

Nun, und dies Föhrenaltholz auf einem runden Rücken zwischen zwei solchen Schluchten war der Platz, auf dem ich's mit dem Ruf hatte versuchen wollen. Ganz glücklich freilich war ich nicht mit meiner Wahl. Der Wind (zwei, drei der von der letzten Italienfahrt in die Heimat importierten „fiamiferi", dieser zierlichen Wachszündstäbe in bunten Zugschachteln, beziehungsweise ihren blauen Rauch hatte ich zu Rate gezogen), der Wind tat es zur Not. Sehr träger, aber zugleich auch klarer Halbwind war es. Ich mußte seinetwegen meinen Stand so beziehen, daß das von vorne unten erwartete Wild mir nicht in dem flachen Grabenausläufer zur Rechten die Flanke abgewinnen konnte.

Da der Rücken weiter vorne gegen die Feldergrenze zu abfiel, bedeutete dieses Sichabsetzen Verzicht auf Einblick in die tieferen Regionen und zu einem dort beginnenden Erlendickicht hin. Sprang mir ein Bock ohne Seitenumgehung von vorne, dann würde er sehr plötzlich und sehr nahe vor mir aus der Überriegelung emportauchen und nur in seltenen Ausnahmefällen eräugen einen in diesen deckungsarmen fränkischen Kiefernwäldern die Rehe aus solcher Nähe nicht. Da muß man schon vorher sich besinnen, ehe man mit seiner Musik beginnt.

In die absichtlich schon gleich zu Anfang ziemlich laut gehaltenen Blattöne hinein hörte ich nach wenigen Sekunden schon die zornig heranstampfenden Fluchten gerade noch rechtzeitig, um in Halbanschlag gehen zu können, und ich wußte auch sofort die Richtung, was mir heute bei ungleich gewordener Empfindlichkeit der Trommelfelle oft schwerfällt. Und dann stand der Kellerbock, aus empörter Fahrt jäh abbremsend, auf knapp dreißig Schritt vor mir und äugte mir mit aus silberweißem Haupt schwarz herausbrennenden Lichtern direkt ins Gesicht. Ich war damals schon nicht mehr ganz leicht aus der Fassung zu bringen, aber dieses Bild warf meinen inneren Jägermenschen doch um. Mit 26 Zentimetern wirken Sechserstangen schon atemberaubend hoch, und gar solche, die nicht sehr weit gestellt und im oberen Drittel schlohweiß gefegt sind, dazu lang nach hinten innen zackende Sechserenden haben!

Der Kolben lag schon an der Schulter, aber die Sekunde, die ich brauchte, um den Kopf zum Zielfassen zu senken, zerriß mir fast die Nerven. Dann gellte der Schuß merkwürdig hart in die feucht aufgeweichte Luft hinein, und nach einem jähen Wegsinken der eben noch zwischen Zorn und Schrecken erstarrten geisterhaften Erscheinung schaute nur mehr die gewölbte blonde Flanke aus dem blitzgrünen Heidelbeerkraut. Ein schwaches Geräusch von schlagenden Hinterläufen erstarb allmählich, und in mir löste die kaum noch erträgliche Anspannung sich zu überglücklichem Aufatmen.

Nimmer viel zu erzählen sonst. Auch jetzt, trotz freudvollen Erlebens, hielt es mich nicht lang in dieser bei allem besonderen Reiz von Stille und Abgelegenheit wenig anheimelnden Gegend. Ich griff meinem Bock in die Krone und zog ihn von hier fort. Ein paar hundert Meter waldein wußte ich mir einen seichten Hohlweg. Ich bettete die Beute ins frische Grün des Schmielengrases zwischen den sandigen Weggleisen und setzte mich, von unterwüchsigen Fichten überschirmt, oben auf die Böschung.

Während ich so auf ihn niederschauend dem Hochgekrönten die Wacht hielt, kam mir mit einemmal die Merkwürdigkeit der Tatsache zum Bewußtsein, daß ich im dritten Jahr einem Kapitalbock nachgegangen war und ihn jetzt geschossen hatte, ohne ihn je, und sei es als kaum noch erkennbaren Schatten im tiefsten Dämmer, gesehen, ohne irgendeine Ahnung nicht nur von seiner Krone, nein, auch von seinen Gewohnheiten und seiner ganzen Rehpersönlichkeit gehabt zu haben. Es hätte ihn genauso, wie es ihn gab, auch überhaupt nicht geben können. Unsere allererste Begegnung fiel mit den letzten Sekunden seines vielleicht schon ein Jahrzehnt einschließenden und seit Jahren griesgrämig abgesonderten Lebens zusammen. Ich weiß nicht und kann es nicht erklären, warum dieser Gedanke mich damals so heftig und merkwürdig grüblerisch angepackt hat.

Wenn ich auf das fränkische Gut kam, fuhr ich, sofern sich dies nur einigermaßen in das Programm einfügen ließ, auch nachdem meines Vaters Güte mich motorisiert hatte, am ersten Abend bespannt ins Revier. Ich tat dies im Gedenken an den Großvater in seinem immer noch juckerbespannten, immer noch schokoladebraun gepolsterten alten Break. Und die Zügel führte immer noch der gleiche bewährte Joseph, den der Großvater sich als Kutscher und Pferdepfleger selber heran- und ausgebildet hatte. Auch damals im Jahr des Kellerbockes hatte ich es so gehalten, und erst als die Sonne schon tief über den Föhrenkronen stand, war ich ausgestiegen und hatte eine Kanzel bezogen und von ihr aus einen trotzigen Altsechser geschossen, der sich, als ich mir schon nimmer viel erwartete, unverhofft zu den seit geraumer Zeit in den steigenden Wiesennebeln äsenden Geißen gesellte. Sechser fast ohne Vordersprossen, mit knapp spannhohen, wenig geperlten, aber starken, schwarzen Stangen und guten Rosen. Er war nicht der mir verheißene Platzbock und mit etwa sieben Jahren wahrscheinlich älter als dieser. Man meinte ihn zu kennen und kannte ihn vielleicht doch nicht. Jedenfalls war mit ihm ein passabler Anfang gemacht. Aber dann mochte es auf zwei ausgedehnten Blattbirschen nicht mehr bis eben zu jenem großen Erlebnis in den „Schluchten" beim alten Keller. Und nach diesem hielt ich es für gerecht und würdig, einen Friedensabend einzulegen.

Es war gerade damals auf allerlei Umwegen über eine Akademikerverbindung und weitere, mehr ins Familiäre fallende Beziehungen ein neuer Jagdgast in Mitwitz eingedrungen. Obwohl mit Gästen schon einigermaßen erfahren, verdankte ich ihm neue Einblicke in eines Jagdbeflissenen, sagen wir einmal „ruhelose" Seele. Nicht ganz freudigen Herzens überließ ich ihm einen mir wohlbekannten, guten, alten, vor allem aber besonderen Bock auf bequemstem Herzplatz des großen Reviers. Das Gehörn war mit mehr als 23 Zentimetern ziemlich hoch, hatte Stangen, die von den großen Dachrosen bis hinauf zur Mitte stark und dicht geperlt waren, sehr lange, in auffallend spitzen Winkeln dazu emporzackende Vordersprossen, etwas kürzere Sechserenden und – das eben war die Besonderheit – von den sich nicht berührenden Rosen ab bis zu den gefährlich dräuenden Spitzen eine streng parallele Stangenstellung in gutem Dreifingerabstand.

Eine schöne Krone in dem Sinn, daß sie sich als bestes Stück über einem Försterzimmerkanapee qualifizierte, war dieses Gebilde nicht, aber ich hatte zeitlebens eine besondere Schwäche für Träger gerade solcher teufelhaft böser und zugleich kraftvoller Hauptzier. Deshalb eben hatte ich mich auch schwer zu der Abtretung des Bockes entschlossen, und es hat seinen besonderen Grund, daß ich sein Gehörn hier etwas eingehender beschreibe.

Der Gast schoß ihn an einem der ersten Abende, und ich war froh, dem Familienwunsch (es fiel mir auf, daß dem sonst in solchen Fällen bestimmenden Vater sichtlich am wenigsten an dieser Erfüllung gelegen war) noch rechtzeitig entsprochen zu haben. Eltern und Geschwister, die schon vierzehn Tage vor mir eingetroffen waren, wollten nämlich die Zeit friedvoller fränkischer Abgeschiedenheit schon ein paar Tage vor mir beenden und alpenwärts reisen. Merkwürdigerweise blickte trotz allgemeiner Beglückwünschung der Gast etwas düster auf seine Beute nieder, die wie stets auf dem Rasen des Blumenrondells vor dem Schloß gestreckt worden war. Schon anderen Morgens erfuhr ich den Grund. Kaum hatte er mich nach dem Frühstück in einer Ecke der großen Glasveranda fest, hub er an:

„Ich war doch – bitte verstehen Sie das nicht falsch – von Ihren verehrten Eltern auf einen guten Rehbock eingeladen."

„Ja!" sagte ich, nicht recht wissend, auf was er mit dieser Einleitung hinaus wollte.

„Ja, nun, man kann da vielleicht verschiedener Meinung sein, aber dieser Gestrige war doch mehr ein Abschußbock."

Mir sank durch ein paar Sekunden die Sprache weg. „Sie meinen, es sei kein guter Bock?" fragte ich dann.

„Ja und nein", antwortete er. Diesen Dreiwortesatz habe ich viele Jahre später, als der Sprecher, von günstiger Welle emporgetragen, zu einem berühmten Mann geworden war, am Rundfunk bei einem wohl einstudierten politischen Interview nochmals genauso von ihm vernommen.

„Hören Sie, Herr Doktor", sagte ich nach beruhigendem Atemholen so gleichmütig wie möglich, „Böcke mit ausgesprochen guten Kronen, das was man neuerdings A-Böcke nennt, haben wir und vor allem schießen wir hier vorläufig nur in geringer Zahl. Ich selber schieße kaum mehr als einen im Jahr, aber wir freuen uns an einem richtigen Abschuß, an so etwas beispielsweise wie Ihrem gestrigen Bock und begnügen uns damit."

Bei weniger robust zielstrebiger Gegenseite hätte das Gespräch nun als beendet angesehen werden dürfen. Aber mit sarkastischem Lächeln versetzte der Gast: „Es wurde heuer schon ein Achterbock geschossen, nicht wahr!?"

„Stimmt", sagte ich, der ich das Getratsche der Jäger, vor allem aber die Gepflogenheit taktloser Gäste, sie auszuholen, nicht leiden kann, „von einem Freund."

„Nun, ich will nicht insistieren, aber vielleicht haben Sie doch noch einen zweiten Abschußbock für mich übrig!? Und vielleicht dürfte ich einmal allein einen kleinen Revierbummel machen. Diese Art des Jagens hier in fester Hut eines Jägers ist mir etwas ungewohnt. Ich bringe nichts Falsches heim. Wenn wir uns länger kennen würden, trügen Sie keine Bedenken, mir die Auswahl zu überlassen!"

„Insistieren", welch ein Wort in seiner Position! Wenn es mir nachgegangen wäre, hätte ich ihm jetzt den Fahrplan überreicht. Ich sprach mit meinem Vater. Der nahm's nicht ernst. Sein in der ersten Lebenshälfte ziemlich heftiges Temperament hatte sich damals, es war wenige Jahre vor seinem Tod, zu überlegener Weisheit gemildert. Er meinte, man solle Gäste, auch wenn sie sich nicht gut benahmen, nicht (so drückte er es aus) „wegschmeißen", sondern „an die Wand lehnen". Jetzt sollten wir dem Wunsch des Gastes wenigstens ein Stück entgegenkommen und ihn dann eben nicht mehr einladen. Das Debüt dieser neuen Attraktion endete schließlich wie eine plump erdachte mittelmäßige Jagderzählung.

Einer der Förster sollte ihn am Vormittag im Schloß zum Blattgang abholen. Er verstand es aber irgendwie, sich mit ihm zu verfehlen und ging allein auf „Entdeckungsfahrt", wie er's nannte. Es fielen zwei Schüsse, von denen der eine von ihm abgestrittene ungeklärt blieb (wenn man einen nach seiner Abreise in genau der Gegend mit Waidwundschuß verludert aufgefundenen Sechserbock nicht mit einbeziehen will), der andere einem zweijährigen Gabelbock mit stolz prahlenden Vordersprossen das junge Herz durchbohrte. Dann machte der erschrocken hinter den Schüssen herirrende und dazukommende Revierbeamte dem ausgelassenen Treiben ein Ende.

Für den draufgängerischen Mann war es nicht gerade ein glückhafter Morgen, zumal ich, als er in mehrfacher Hinsicht echauffiert, mit Gabler und finster dreinschauendem Förster wieder im Schloß einpassierte, gerade dabei war, den Kellerbock aus dem Tragriemen zu lösen. Dort in Franken kehrte er von da ab nicht mehr ein.

Auf Leute seiner Wesensart schien ich durch viele Jahrzehnte meines Lebens besondere Anziehung auszuüben. Es ist nicht ganz leicht, diesen Typus, dessen reinrassiger Vertreter er gewesen ist, zu charakterisieren. Bei offenem Eingeständnis ihrer Einstellung würden solche Menschen etwa sagen: „Deine Joppe gehört zwar dir, aber mir würde sie weit besser zu Gesicht stehen, deshalb solltest du sie mir überlassen." Und beginge man den Fehler, ihnen die Joppe auf drei Tage zu leihen, dann würden sie am zweiten Tag schon zu verstehen geben, sie hätten durch festeres Annähen der Knöpfe und gründliches Ausbügeln erst etwas Rechtes aus ihr gemacht; jetzt sei es ihre Joppe, und sie müsse ihnen aus Gründen der Billigkeit zugesprochen werden. Es wäre besser, sich erst gar nicht in solche Gesellschaft zu begeben. Man täte es vielleicht auch nicht, wenn die Verhältnisse nicht sehr oft stärker wären als die Einsicht.

Genug davon! Den vielversprechenden Gabelbock konnte ich nimmer lebendig machen, aber mit seinem unnötigen Verenden hatte er mir zumindest meine, wie ich fand, wohlverdiente Ferienjägerruhe zurückgegeben. Die Geister des Waldes freilich waren verstimmt. Nichts zeigte sich mir mehr während der folgenden Tage auf behutsamen Frühbirschen, großzügig geplanten Blattzügen und bis in die tiefste Dämmerung hinein durchhaltenden Ansitzen. Nichts jedenfalls, was einer Kugel oder neu entbrennenden Eifers würdig gewesen wäre. Die Zeit ging vorüber, der letzte Abend war da. Ich hatte mir's, was sich, wenn man einmal gemerkt hat, daß es nicht mag, stets empfiehlt, nimmer schwer gemacht.

Da war einmal die traditionell zu diesen Tagen der Blattzeit gehörende Entenjagd abzuhalten gewesen, ich hatte an den Nachmittagen zwischen Mittagsschlaf und Teestunde im Waldsee gebadet, anstatt mich schon um vier Uhr zu neuen jägerischen Taten auf die Birschsohlen zu machen. Die Freude einer solchen Kombination der Entenjagd mit den Blattagen war damals noch nicht durch neue gesetzgeberische Erleuchtungen in Wegfall gekommen, übrigens auch nicht die der Birsch auf den Tauber in den Bergwäldern. Für den tiefen Sinn beider Neuerungen fehlt mir, ich muß es eingestehen, das Untertanenverständnis. Spätschofe, die zu Anfang August noch nicht beflogen sind, dürften, Jahre mit späten, also nicht Frühjahrshochwassern vielleicht ausgenommen, weniger als ein Prozent eines jeglichen Entenbesatzes ausmachen. Aber meinethalben, vierzehn Tage lassen sich schließlich abwarten, auch wenn der Zweck nicht einzusehen ist.

Daß aber der Jäger in den deutschen Waldgebirgen die bei ihm ausgebrüteten Tauben unbeschossen davonziehen lassen muß, damit die sonst, wenigstens damals, beim Erlaß dieses Gesetzes, noch immer als Maß aller Dinge herausgestrichene oder vorgeschobene „Landeskultur" über die „Wildtaubenplage" in den Niederungen sich ereifern und die Waidgenossen dortselbst sich im Dienst der guten Sache bis in den Winter hinein die Läufe darauf heißschießen können, das für weise zu halten, erfordert eine andere Gehirnstruktur als die meine. Aber darum rechten sollen oder sollten Berufenere als ich. Mir fehlt zum deutschen Fachmann vieles, vor allem aber der das Diskussionsniveau bestimmende Hochdruck in der Gallenblase.

Schön also, der von Schulbubenzeiten bis auf den heutigen Tag mich unverändert wehmütig stimmende Abschied vom Frankenwald stand bevor. Nur noch ein aus Blattbirsch und spätem Ansitz kombiniertes Abendmanöver hatte ich geplant und wollte andern Vormittags wohl ausgeschlafen heimzu starten.

Aber der, wenn auch nur für kurze Zeit, einer seiner Tradition unwürdigen schwelenden Jägergier preisgegebene Wald schien immer noch unversöhnt. Ein Schmalspießer schlich sich durch den Fichtenunterwuchs des Föhrenhochholzes zögernd heran, und sogar er eräugte mich schon auf hundert Meter, ein Jungsechser fing aufs lauter werdende Blatten hin an, seine grauhäuptige Kitzgeißmatrone in einen erlenverwachsenen quelligen Grund zu treiben, sonst aber verhallte alles schmachtende, begehrliche und geängstigte Rufen ungehört in weiten moosgründigen Walddomen oder in der meergrünen Undurchdringlichkeit der Kieferndickungen. Wir verloren auch Zeit mit Nachwarten und dem Anhängen kurzer Nachgesänge, weil wir's, der Förster Schaller begleitete mich, nicht glauben wollten, daß sich da oder dort überhaupt nichts herauszaubern lassen wollte.

So kamen wir an einen die Herrschaft gen Osten begrenzenden Höhenzug. Auf ihn hinauf hatte einst mein Großvater mit dem sich noch vor dem offiziellen Anhalten um der Tochter Hand durch Anstandsvisite einführenden späteren Eidam, meinem Vater, seinen berühmten Dreißigminutengalopp gemacht. Beinahe am Ortsrand von Mitwitz beginnend tat sich auf diesen jedes Reiterherz beglückenden sandgründigen Straßen und Waldschneisen eine gut sechs Kilometer lange Galoppbahn auf, zuletzt im sanften Anstieg hinüber und hinauf bis zur „Ludwigshöhe", an den Grenzen des großväterlichen Reiches. Auf ihr also und auf einem der englischen Vollblüter wurde der junge Mann liebenswürdig zwar, aber mit eingehender Erprobung getestet. Nach kurzer Verschnaufpause auf der „Höhe" und respektvoll bewunderter Fernsicht ging es in gemächlicheren Tempis und – in den Sätteln warm geworden – unter gelöstem Gespräch über Pferde, Wald und Wild heimwärts. Im Herbst übers Jahr dann waren Befürchtungen, Besorgnisse, Bedenken, Einwände und letzte aufschiebende Vorwände durchgestanden, und in der kleinen Kapelle des alten Wasserschlosses fand endlich in einem sehr festlichen und an bunten Uniformen reichen Kreis die Trauung statt.

Goldene Zeit! Da drängte auf der einen Seite der Quell ursprünglicher Sehnsucht nach Freude und Liebe, und da hemmte auf der anderen überkommene Weisheit und steigerte die Spannung auf die Glückseligkeiten. Wie ganz anders, um wieviel künstlerischer gestalteten sich so die Wege hinauf zu den wenigen Scheitelpunkten eines Menschenlebens. Goldene Zeit! Ob unsere Kinder einmal mit ergrautem Haar auch die unsere so werden preisen wollen? Aber wohin gerät man auf seinen Waldgängen, wenn jeder Weg einem von schon Erlebtem spricht. Damals, an jenem Fünfzehnten des Rehminnemondes, stand es auch noch anders um mich, damals war ich dem Erleben noch weit mehr verfallen als betrachtendem Erinnern. Und das war schöner!

Als wir in die Gegend der Ludwigshöhe kamen, war der Abend so weit fortgeschritten, daß wir unseren Plan ändern mußten. Ursprünglich hatten wir vorgehabt, auf einem nur etwa zweihundert Meter unter dem Kamm und fast steigungslos im Hang verlaufenden Weg von oben her in die Dickungen und dicht unterwachsenen Hochhölzer der Bergflanke hinein zu musizieren. Nun aber stand die Sonne schon tief, so daß der Wind bergab zog. Es war auch spät geworden; wenn ich mich anschließend noch irgendwo ansetzen wollte, durften wir hier unser Heil nur mehr an *einem* Platz erproben. Es gab da nicht viel herumzuwählen: Am Ausgang einer sehr großen, unten trichterhaft eng auslaufenden Mulde war der strategische Punkt. Die Rehe waren jetzt längst auf den Läufen; fast alle aus den Dickungen des Berges feldwärts, also abwärts führenden Wechsel kamen hier direkt auf uns zu.

Der Förster Schaller schlug, wie fast immer in solchen Fällen, seinen „doppelten Adler" vor. Das bedeutete ein Sichniederlassen Rücken an Rücken, getrennt nur durch den Stamm, an dem man sich lehnte. Nun war im Grund der Mulde gerade da, wo wir es probieren wollten, ein kleines dreieckiges Fichtenaltholz, dessen starke Schäfte sich für den „doppelten Adler" nicht so recht eigneten. Man sollte sich am Stamm vorbei noch mit der Hand zu einem verständigenden Stupfer erreichen können.

Dort und damals, sowohl in zeitlicher als auch in gewissem Sinn örtlicher Bedrängnis, blieb uns keine andere Wahl. Zudem übersah ich von meinem Adlersitz aus den weitaus größten Teil des Gebietes, aus dem Anwechsel und Anblick zu erwarten waren. In des Schaller Sehkreis konnte allenfalls – und das war nicht wahrscheinlich – aus einem unterwuchslosen und schon sehr raum gestellten Kiefernaltholz mit dichtem Heidelbeerteppich und ohne in Hörweite befindliches Dickungshinterland etwas gesprungen kommen. Aber, eigentlich hätte ich es mir denken können, gerade dort und somit genau in meinem Rücken rumpelte etwas heran und hämmerte dumpf in die Fichten hinein, kaum daß die ersten paar Töne verhallt waren. Ich versuchte, mich am Stamm vorbei umzudrehen, aber da hörte ich den Schnaller beruhigend, wenn auch bei solcher Nähe des Wildes ungebührlich laut knurren: „A Gaaß!"

Es dauerte auf dieses unbekümmerte Vorstellen hin auch keine halbe Minute, bis die „Gaaß", obwohl wir guten Halbwind hatten, zu schrecken anhub. Und da riß es mich dann doch herum: Ein solcher kellertiefer Rauhbaß, noch dazu in nur zwei, drei Tönen kurz herausgestoßen – konnte denn der aus einer Geißdrossel kommen!? Ich sprang aus meiner angenehmen Wurzelmulde auf so schnell ich konnte, und schaute am Stamm vorbei. Aber da fegte es schon dunkelrot mit weit gespreiztem gelbem Spiegel steil durch die im Abendlicht kupferig erschimmernden Föhrensäulen bergan. Jetzt ein kurzes, steifläufig bockendes Verlangsamen und Anhalten bei verdecktem Rumpf. Natürlich war's ein Bock, und dem weißen Haupt nach ein steinalter.

Ein paar ganz komische rußschwarze, anscheinend unvereckte Stangenstumpen sah ich, aber nur sekundenkurz. Sie waren, so schien es mir, ziemlich weit gestellt, und das war der Grund gewesen, weshalb der Schaller sie nicht erkannt hatte. Sie mußten genau auf die dunklen Lauscherränder eingedeckt gewesen sein. Ein düsterer Rülpser noch, und die Flucht ging weiter. Immer wieder versuchte ich, dem Durchwischenden mit dem Zielstachel in einer der lichtgrünen Lücken den Fluchtwechsel abzuschneiden, immer wieder mißlang es, bis er mit letztem verschwommenem Aufgrölen über den Rücken hinübertauchte und verschwunden war.

Wie meist in solchen Fällen war der kleine, untersetzte Förster, mit seinem bis ins Alter blonden Krollhaar, dem aufgedrehten schmalen Schnurrbärtchen und dem schönen hellblauen Augenpaar von gelassenster Heiterkeit, zeigte keine Spur von Schuldgefühlen und auch offensichtlich kein Verständnis für meinen unverhohlenen Zorn.

„Warum sagen Sie ganz laut, ‚a Gaaß‘, statt wenigstens still zu sein!?" fuhr ich ihn an, nachdem er sich etwas mühsam aus seinem Adlerhorst erhoben und aufgerichtet hatte.

„Ja, i hab's halt g'maant. Es wor ja nix G'schaits aa. A so a Kimmererbock a so a schlechter."

„Aber zum Schießen wär's einer gewesen. Uralt war der!" schimpfte ich weiter.

„I waaß net, i glaab's gor net, daß der so alt is." Dann klopfte er mir in seiner netten Art besänftigend auf die Hand.

„Da rech'n Sa sich jetzt gor net auf. Mir fahr'n jetzt glei ninder nach Geeren. Da is der Alte noch da, ich hab 'n a wieder g'sehng gestert; er kummt a weng spät, aber er kummt. Is allaans der, und alt is er aa. Ich waaß na scho vier Johr. Da ham Sa doch mehr als vo so an Kimmererzeich!"

Dem Schaller konnte ich nie lange zürnen. Schon seine in sich ruhende bestimmte Art nahm einen immer wieder für ihn ein. Heute hatte er überdies trotz klaren Himmels seinen Regenhut auf, mit der breiten, rundum nach unten geklappten Krempe. Auf seinem kurzhalsigen, breitstirnig runden Kopf drückte der seine Gestalt noch mehr in die Breite und Tiefe, so daß es mich stets zum Lachen reizte, obwohl er sonst keine komische Figur war. – Wir schauten, daß wir zu meinem glücklicherweise nicht weit von dieser ruhmlosen Stätte zurückgelassenen Wagen kamen.

Als wir das Dorf Kaltenbrunn durchfahren hatten, hielten wir auf der Landstraße an. Man sah von hier aus nach Geeren hinüber; das ist ein Felderrechteck, das auf drei Seiten von Wald eingeschlossen ist. Nur eine der Schmalseiten ist gegen die Dorfflur hin offen. Die Entfernung von der

Straße aus betrug etwa 500 Meter. Auf ihrer von uns aus gesehen rechten Längsseite grenzten die Geerenfelder mit einer ziemlich großen, vor allem langen Wiese an den Waldrand. Trotz der schon einsetzenden Dämmerung entdeckte ich durch das lichtstarke Glas auf ihr ein einzelnes Reh und konnte es auch noch als sehr starkhalsigen, anscheinend ziemlich massig aufhabenden Bock ansprechen.

„Des is er", sagte der Schaller, als ich ihm das berichtete und beschrieb, „da geht sonst kaaner, der laßt kaan aufkumma dort. Mach mer nur glei ninder, es werd Nacht!" Wir konnten noch ein Stück weit fahren, dann stieg ich aus und birschte auf lautlosem Sandsträßlein zu der Waldecke hin, von der aus ich die ganze Wiese einsehen konnte.

In die Eckfichten ist dort, seit ich denken kann, eine Kanzel eingebaut; es erschien mir aber, gerade nachdem mir mehrfach von der vergrämten Scheu dieses Altbockes berichtet worden war, zweifelhaft, ob ich mich würde getrauen dürfen, sie zu ersteigen. Ich zog es schließlich vor, in Deckung der niedrigen Wegböschung bis zu einem Grenzstein hinzurobben und an ihm vorbei die dämmerige Wiese abzusuchen, denn da, wo er gestanden hatte, war der Bock jetzt nimmer.

Erst nach längerem Herumtasten hatte ich ihn in den Linsen: Spitz von mir weg äste er sich im Schatten des Waldrandes in die entgegengesetzte Wiesenecke hinein, und nachdem ich mir die Büchsflinte griffbereit neben den Grenzstein gelegt hatte, war er mit einemmal ganz verschwunden. Damit sollte nun auch dieser letzte Abend ohne Abschiedsbruch bleiben. Es war schon so dunkel, daß ich es nur zur Not noch hätte zusammen-schauen können. Und was das Ansprechen betraf, so mußte ich eben mein Vertrauen auf des kleinen Försters sonst immer zuverlässige Aussagen setzen. Es würde schon nicht – dieser Abend schien es ja in sich zu haben! – nachdem er mit ruhiger Bestimmtheit gesagt hatte, „des is er", zur Abwechslung diesmal „a Gaaß" sein.

Nun, und jetzt war das Reh weg und enthob mich damit aller Zweifel und inneren Konflikte. Aber wie, wenn ich fiepte!? Mit größter Vorsicht und Zartheit mußte es geschehen. Wahrscheinlich war dieser im Herzen des Reviers stehende Alte mehrfach verblattet. Es war mir in den ver-gangenen Jahren nie gelungen, ihn zum Zustehen zu bringen. Ich unter-nahm also diesen letzten Versuch, so als wolle eine bisher unbeachtete Kleine den Gebieter in aller Bescheidenheit auf sich aufmerksam machen. Und als ich nach gut einem halben Dutzend solch verschämter Töne durchs Glas schaute, stand der wuchtige Rehschatten wieder oben, jetzt etwas weiter vom Waldrand entfernt, grau vor dem grausilbrigen Wiesengrund.

Ich will es kurz machen: Der Wunsch, den Aufenthalt nicht in eine

Enttäuschung ausklingen zu lassen, war stärker als ich es mir eingestand, und zudem das Zielauge noch jung. Am 15. August um 20 Uhr 36 Minuten schoß ich über 157 Männerschritte auf das verschwimmende Rehschemen, von dem ich zwar mit etwas Optimismus annehmen durfte, aber dennoch nicht sicher wußte, daß es jener Geerenbock war. Es gab einen elektroblauen Mündungsblitz, und danach war die Wiese – so sehr die Okulare meines Glases in die Unsichtigkeit sich bohrend nach einem hellen oder dunklen Hügel darauf suchten –, danach war sie leer. Natürlich schlich ich mich noch katzenleise in die Gegend des Anschusses, suchte mit dem Glas den Rand des Waldes und den eines zur Linken angrenzenden Kartoffelackers ab. Die Wiese blieb leer. Sollte jemand mir das Unrecht, das ich mit diesem an den Grenzen der Nacht abgegebenen Schuß begangen habe, vorhalten wollen, so müßte ich ihn auf eine nicht unerhebliche Verspätung seiner pädagogischen Bemühungen hinweisen. Vor dreieinhalb Jahrzehnten habe ich mir nämlich so ziemlich alle nach einer solchen Verfehlung angebrachten Vorwürfe schon selber gemacht. Ich war zu der Zeit zwar meiner Kugeln schon sehr sicher und hatte gemeint, es in diesem Fall auch hinsichtlich des Haltepunktes gewesen zu sein. Immerhin, tiefste Dämmerung ist kein gerechtes Schußlicht mehr. Aber erschwert wurde der ganze Fall noch durch die Tatsache, daß unser Oberförster damals neben anderen Ehrenämtern auch das des Hegeringleiters bekleidete.

Wie, wenn nun aller Überzeugung zum Trotz, daß das beschossene Reh der wenige Minuten zuvor erst ins Dunkel hineingetauchte Bock gewesen sei, doch ein Altreh, womöglich eine Kitzgeiß, in der anstoßenden Dickung lag!? Schmalrehe hatten damals schon ab Juni Schußzeit, Altrehe erst im September. Aber das, was mir im Fernrohr gestanden hatte, wenn ich die Augen schloß und mir das sich auflösende Schemen auf blaßgrauem Hintergrund zurückbeschwor, nein, dieses Reh war kein Schmalreh gewesen! Welche Konflikte mußten dann in der Seele des (bis auf seine, wenn auch gutgläubig, ständig zum sogenannten „Deutschen Gruß" erhobene Rechte) trefflichen Mannes entstehen! Und was für Folgen konnte es für mich haben?! Je länger ich darüber nachdachte, desto wünschenswerter erschien es mir, gefehlt zu haben. Wenn's nur, um Huberti willen, kein Laufschuß war, der qualvollste von den Wundschüssen, die auch einem verantwortungsbewußten und seiner Kugeln sicheren Schützen in unglücklichen Fällen durch kleine Abweichungen unterlaufen können. Zwar, ich war bestrebt gewesen, gegen die Mitte des Rumpfes hin abzukommen, aber es war eben dunkel gewesen, und bei solchem verlöschendem Dämmerlicht – alles ist relativ – sind der Entfernung andere Grenzen gesetzt.

Eine kleine O-beinige Gestalt, unter dem großrandigen Hut wie ein wandelnder Pilz anzusehen, stand plötzlich vor mir auf dem weißen Sandweg, als ich, zum Wagen zurückgehend, um das Waldeck herum in ihn einbog.

„Ham S' na?" fragte mit gespannt in den Nacken zurückgelegtem Kopf der Schaller.

„Nein", antwortete ich traurig.

„Sie, des wor fai dunkel, Dunnerkail noch amol!"

„Zu dunkel!" klagte ich mich reumütig an.

„Aber jetzt passen S' amol auf", er tippte mir mit dem Finger seiner Linken (die Rechte stützte sich auf den Stock) auf einen der Brustknöpfe meiner Joppe, „net daß ich was Gut's sachen möcht', jetzt, ich hab's aa net ganz sicher g'hört, aber ich maan, ich muß's doch sachen: es hat fai an Schloch (einen Schlag) getan glei nach'n Schuß. Ich maan scho, ich hab' so was g'hört!"

„Es kann auch hinten am Waldrand irgendwo angegangen sein", sagte ich, der ich selber nichts von einem Kugelschlag vernommen hatte.

„Ja naa, Holz wor des kaans, so dumpfich wie des wor", beharrte mit seiner merkwürdigen Bestimmtheit der Schaller. Ich setzte ihn in seinem Forsthaus ab und fuhr auf dem Heimweg noch beim Oberförster vorbei. Der hatte den Schuß auch gehört und meinte, ich habe ihn wohl aus nächster Nähe abgegeben. Ich hielt es für geraten, ihn jetzt noch nicht voll in alle fatalen Einzelheiten meiner Sündhaftigkeit einzuweihen und sagte nur, so sehr nah sei es nicht gewesen. Wir verabredeten uns für den nächsten Morgen zur Nachsuche. Um die sechste Frühstunde wollte ich mit ihm und seiner grundverlässigen drahthaarigen „Cora" bei der Eckkanzel in Geeren zusammentreffen.

Diesen letzten einsamen Abend im Schloß hatte ich mir anders erhofft gehabt. Die greise Johanna, seit einem halben Jahrhundert Hüterin des großelterlichen Herdes, wollte mir mit ihren altmeisterlichen Künsten offensichtlich den Abschied noch schwerer machen, und dem Diener Eduard ging ein kaum erkennbares Lächeln über das stets in dienstlichem Ernst wie versteinte Gesicht, während er mir aus einer etikettlosen Flasche mit Siegellackspuren am Hals den Bordeaux einschenkte.

Mit dem hatte es eine besondere Bewandtnis, er stammte aus einem größeren Faß des Jahrganges 1912, das unter des Großvaters Leitung dann auf Flaschen abgezogen worden war, die Stück für Stück mit ausgebrühten Korken und bräunlichem Siegellack verschlossen wurden. Obwohl noch eine ganze große Wand voll davon in einem Seitengewölbe des Kellers lagerte, durften wir an diesen Raren eigentlich nicht rühren. Er

238

sollte für gerade dort in den selten bewohnten Schlössern kaum zu erwartende festliche Anlässe reserviert bleiben. Aber der sonst streng korrekte Diener und Kellerschätzebewahrer behielt es sich vor, zu entscheiden, welcher Anlaß für gelegentlichen Eingriff freudig genug sei. Ein guter Rehbock unten auf dem Rasen zum Beispiel war seinem Ermessen nach hinlänglicher Grund zu solchem Feiern, und ein Abschiedsabend natürlich auch. Anfangs war mir nicht recht nach Festesfreuden, auch diesen in einsamer Stille genießbaren, zumut. Aber mit jedem (der erfahrene Diener pflegte es für solche Exquisitheiten eigens auszuwählen) rundkelchigen kleinen Bordeauxglas ward mir leichter ums Jägergemüt, und als ich endlich in der Veranda die Henry Clay anzündete (des Eduard wohlbemessenen Anteil an diesem Edelkraut, sowohl als auch an dem von ihm entsiegelten Franzosenwein, hatte ich nicht vergessen), und mein letztes funkelndes Kristallgläschen vor mir, bei aufkräuselndem Blaurauch im gedämpften Licht der großgelbbeschirmten Lampe saß, da hatte in mir doch so etwas wie Zuversicht die sorgenvollen Bilder verdrängt.

Der Wecker war auf ein Viertel nach fünf gestellt, aber um dreiviertel vier Uhr schon fuhr ich, voll des Schreckens, verschlafen zu haben, aus unruhigem Traum. In allererster, noch blaß übersterntem Dämmerung lag draußen der Park, und seine alten Baumkronen flüsterten in der dem Morgen voranwehenden Brise. Ich drehte mich nicht wieder zur Wand – auf diese eine Schlafstunde kam es jetzt nicht mehr an –, sondern schaute, daß ich aus dem Schloß und hinaus in die Wiesen kam, ehe das Rehwild sie waldwärts ziehend verließ. Während der ersten halben Stunde bereute ich dann meinen Entschluß, denn auf den Wiesen lag überall dichter Nebel, und auch als die heraufsteigende Morgenröte ihn erst kupferig durchglühte und die Sonne ihn dann allmählich in goldenen Rauch auflöste, bot sich nur wenig Anblick. Da ein Gabelbock, der naß, gesträubt und mit zurückgelegten Lauschern einen Haferacker durchzog, dort im Klee eine nach der Brautfahrt zu ihren zwei Kitzen zurückgekehrte, des Wiedersehens zärtlich sich freuende Geiß, und auf der Stoppel ein im nachempfundenen Liebesreigen hintereinander her scherzendes Schmalspießerbrüderpaar.

Die Brunft war früh zu Ende gegangen in diesem Jahr, schon gestern war mir das bewußt geworden, als ich den alten Geerenbock allein auf seiner Wiese hatte äsen sehen. Schließlich fuhr ich auf den Kamm einer sanften Bodenwelle hinauf, dem entlang ein tiefgleisiger Feldweg verlief. Von dort aus hatte ich freien Blick auf die ineinandergehenden weiten Fluren zweier Dörfer, und überdies befand ich mich in günstiger Anfahrtentfernung vom verabredeten Treffpunkt.

Merkwürdig, auch diese Felder, in deren Mitte ein von kleinen Bach-
läufen durchzogener breiter Wiesengrund lag, waren beinahe rehleer. Nur
entlang den Rainen und an den Rändern der wenigen noch stehenden
Getreidefelder schoben und drückten vereinzelte rote Punkte, anscheinend
nur Geißen, sich herum. Des Schauens, des immer wieder Absuchens mit
dem Glas und des enttäuschten Absetzens allmählich müde geworden,
rauchte ich in einer Art trägen Halbschlafes eine Zigarette vor mich hin.
Aber dann meinte ich doch mit freiem Aug weit drüben und nahe am
Ortsrand des Dorfes Burgstall auf einer vom Waldsaum ziemlich steil abfallenden Grashalde Wild zu sehen. Durch das Glas erkannte ich, daß es
wirklich drei oder gar vier Rehe waren, die sich, aus einer sie bisher ver-
deckenden Mulde herauskommend, langsam gegen den Wald hinauffästen.
Eines dieser Rehe schien mir ein Bock, aber sicher kein besonders guter
zu sein.

Und da erinnerte ich mich einer Meldung des Försters Lindner, des
gediegensten aus dieser alten grünen Gilde, die der Großvater erprobt und
sich herangebildet hatte. Mehr als dreißig Jahre stand auch er schon im
Dienst der Familie. Im Vorjahr war ich, zweier in seinem Bereich stehender guter Böcke wegen, viel mit ihm unterwegs gewesen, und auf dem
Heimweg hatten wir, genau da, wo jetzt die Rehe zogen, mehrmals einen
Bock gesehen, den der Förster als seinen Dorfbock bezeichnete. Es war
ein anscheinend jüngerer, auch im Wildpret mittelmäßiger Sechser mit
kurzen, aber sehr hübsch ausgelegten und sauber vereckten dunklen Stangen gewesen. Er war erstaunlich vertraut und würdigte uns, wenn wir ihn
im Vorübergehen auf etwa zweihundert Schritt uns anschauten, meist nicht
einmal eines Aufwerfens. Merkwürdigerweise war er immer allein.

Nun hatte der Förster mir in diesem Jahr erzählt, daß der Dorfbock
auf seinem alten Platz wieder da, aber nicht, wie wir es erwartet hatten,
besser geworden sei, sondern unverkennbar zurückgesetzt habe. Ob er es
nicht war, der jetzt da drüben mit zu Holz zog? Den sollte ich mir doch
aus der Nähe anschauen! Wenn er wirklich, so wie es der Förster Lindner
mir sagte, stark zurückgesetzt hatte, dann war er vermutlich im Vorjahr
doch älter als zweijährig (so nämlich hatten wir ihn eingeschätzt) gewesen.
In wenigen Minuten war ich drüben auf der die Dörfer verbindenden
Landstraße, von der aus ich ihn mit einem ruhig gezielten Schuß hätte
erlangen können.

Aber die Rehe hatten die Richtung geändert und waren in ein schmales
und ziemlich tiefes Wiesental hineingezogen. Es waren wirklich vier an
der Zahl. Den drei anderen weit voraus war eine alte Geiß; sie hatte den
Waldrand oben schon erreicht, als ich drüben anlangte. Und der Bock war

wirklich der Dorfbock vom Vorjahr; die Stangen standen noch gleich weit, waren aber niedriger geworden und nur noch andeutungsweise vereckt. Auffallend war ihre holzkohleschwarze Farbe, ohne Spur von helleren Enden oder blanken Leisten. Den durfte man getrost schießen, obwohl er ziemlich dünnhalsig und kaum stärker war als die beiden wie in harmonischem Dreigespann mit ihm ziehenden jüngeren Geißen. Ich lud die Büchsflinte und stieg aus, aber ich konnte – die Entfernung betrug bei zweihundert Schritt – auf den spitz von mir Wegziehenden nimmer fertig werden, ehe er, flankiert von den beiden Spiegeln seiner Begleiterinnen, in eben jene Mulde hineingezogen und von der Straße aus nimmer sichtbar war.

Ein großes Unglück war das nicht. Auf meiner Seite säumte ein schmaler bäuerlicher Waldstreifen aus mageren Kiefernstangen die Mulde, und in ihm wiederum verlief ein ziemlich tiefer Hohlweg. Ich brauchte nur eine Strecke von etwa fünfzig Metern über freies Feld tief gebückt zu überqueren, um in die Deckung der Wegböschung zu gelangen. Auch hier wieder feuchter Sandgrund, der es ohne viel Birschkunst möglich machte, sich bis in jenen Kiefernstreifen hinaufzuarbeiten.

Was sich dort dann aber zutrug, ist mir bis auf den heutigen Tag unverständlich und eines meiner merkwürdigsten Erlebnisse mit einem Rehbock geblieben. Schon das war beinahe nicht zu erklären, daß der Bock mich, als ich – den Hut hatte ich abgelegt – mit allererstem Blick über den Rand des Hohlwegs in den Wiesengrund hinunter lugte, sofort eräugte. Er stand mit mißtrauisch hochgerecktem Haupt zu mir her verhoffend im jenseitigen Hang des leicht überschießbaren, steilwandigen Wiesengrundes. Vernommen konnte er mich schwerlich haben, und die beiden etwas unterhalb von ihm friedsam äsenden Geißen waren völlig vertraut. Aber noch ehe ich mir eines der Föhrenstämmchen zum Anstreichen hatte aussuchen können, schreckte der Schwarzgehörnte ebenso markig wie zornig herüber.

Und dann geschah das Unglaubliche – er nahm mich an. Laut weiterschallend kam er in langen Fluchten auf mich zu und blieb nur immer für eine kleine Weile stehen, um, die Lauscher wie ein übellauniges Pferd anlegend, ein paar besonders rauhe Töne aus dem offenen Äser zu stoßen. Hatte er mich denn wirklich eräugt und erkannt? Ich schaute mir nach irgendeinem anderen Bock die Augen aus, der, in der Nähe sich herumdrückend, seinen eifersüchtigen Zorn herausgefordert haben könnte. Wenn aber wirklich ich es war, den er eräugt hatte und meinte, für was sonst als einen Menschen konnte er mich halten!? Fuchs, Dachs, Kater, Köter, sie alle waren ihm sicherlich schon oft, ja vielleicht täglich hier begegnet.

Konnte der Verdacht, daß einer von ihnen um die Wege sei, ihn wirklich in so absonderlich angriffslustigen Zorn hineingesteigert haben!? Der Bock war mir jetzt für kurze Zeit unten in der Tiefe des grünen Tälchens unsichtbar geworden und setzte dann mit einemmal links oberhalb von mir, wie ein zustehender Hirsch grölend in die Föhrenstangen hinein. Unheimlich funkelten die großen Lichter aus dem mit Ausnahme eines etwas dunkleren Stirndreiecks schlohweißen Gesicht. Auf kaum vierzig Schritt trug ich ihm die Kugel auf die Kante zwischen Stich und Blatt an. Mit wilden Fluchten kam er auf mich zu, stolperte genau am Rand des Hohlweges und überschlug sich in ihn hinunter. Einige Armlängen oberhalb von mir lag er verendend im rötlichen, von Feuersteinkieseln durchsetzten Sand, öffnete noch einmal weit den Äser, dem allsogleich ein breiter Schweißstrom entquoll, und dann sah ich den Glanz der Lichter jäh erlöschen. Herantretend bemerkte ich, daß er keine Schneidezähne mehr hatte und tastete sofort die Kiefer ab. Dieser Bock ist sicher der älteste, den ich unter vielen alten je in diesen fränkischen Wäldern geschossen habe und von meinen sämtlichen Rehböcken einer der allerältesten. Schätzen lassen seine Jahre sich nicht mehr, weil alle Molaren zu einer einzigen übergangslosen glasglatten Fläche zusammengeschliffen sind. Ich habe mir einen Ast des Kiefers bis zum heutigen Tag aufbewahrt.

Nun erinnerte ich mich auch eines Erlebnisses, das ich etwa sechs Jahre vorher gleich oberhalb, in den sich den Berg hinaufziehenden Wäldern, gehabt hatte. Es war mir dort ein Sechserbock mit zierlicher Figur und besonders hübsch gestellter, richtig „gefälliger" Krone aufs Blatt gesprungen, hatte sich – es ging ein ziemlich starker sonnenböiger Wind – frei bis auf die Schalen eines Zeitlang nahe vor mich hingestellt, so daß ich ihn mir genau anschauen konnte, und war dann, weil ihm wahrscheinlich eine Prise von unserer Witterung in den Windfang kam, schreckend abgesprungen. Ich hatte nicht geschossen, weil ich ihn für jung hielt, eigentlich halten mußte. Nur sein kurzes, kräftiges, tiefes Schrecken in der Abflucht hatte mir nachträglich Zweifel erweckt. Daß es sich damals um den soeben Erlegten gehandelt hatte und daß der heute Uralte damals schon reif gewesen wäre, stand für mich außer Zweifel. Wie viele Sommer mochte er jetzt auf dem gedrungenen Ziemer haben? Es konnten 13, vielleicht sogar 15 sein.

Es sei hier noch eingefügt, daß die Mitwitzer Rehböcke, sei es, weil sie jahraus, jahrein viel Heide- und Beerenkraut äsen, sei es, weil ihre Äsung ständig und überall Sandstaub enthält und weil das Gras auf Sandböden härter ist, ihre Kiefer viel stärker und somit auch früher glattschleifen als die Böcke im Alpengebiet. Andererseits sind bei starkem Altersabschliff die Kiefer meiner Bergböcke öfters einmal durch Ausfall von Mahlzähnen lückig, was bei den „Franken" fast nie vorkommt. Was die aus vielerlei Gründen innerhalb ein und desselben Bestandes unterschiedliche Abnützung (vor allem durch Ab- und Ausbrechen) der *Schneidezähne* anbelangt, so hält sie sich nach meiner Beobachtung im Alpengebiet und in den sandgründigen Wäldern dort oben ungefähr die Waage. Aber die Molarenabnützung beispielsweise eines fünfjährigen Frankenbockes zeigt ein Gebirgsbock erst mit etwa sieben Jahren.

Ich hatte meine Zigarette noch nicht ausgeraucht, als der Förster Lindner in seiner immer soldatisch gestrafften und dabei nie untertänigen Haltung plötzlich an meiner Seite stand. Mit einem angenehmen ruhigen Lächeln auf dem martialischen Gesicht bot er mir den Föhrenbruch. Auch er hätte nie an ein solches Greisenalter des Dorfbockes geglaubt, den nur seine „Kleinheit" um ein dreiviertel Jahrzehnt länger am Leben erhalten hatte. Wer sich's, jetzt einmal abgesehen von der Trophäenlust, leisten könnte, sein Wild zu so gesegnetem Alter aus- und überreifen zu lassen, der dürfte sich beim Verblasen oder während der Wacht vor dem endlich geschossenen Stück, ob Hirsch oder Bock, so fühlen wie der die Domglocke läutende „Tod als Freund" auf dem in meiner Jugendzeit viel bekannten Stich von Rethel.

Und dennoch und trotz alledem, Jagen ist etwas anderes als nur dieses erlösende Auslöschen des Daseins von Mitgeschöpfen kurz vor der Schwelle ihres natürlichen Endes. Im Jagen ist Frische, ist Kraft, ist auch, wiewohl nicht als sein wesentlichster Teil, etwas von Kampf, Jagen ist gesteigertes, jubelnd bejahtes Leben, war es zumindest, und wenn man es nimmer so nennen kann, dann wird es kein Jagen mehr sein.

Bliebe noch die Frage nach den Gründen des diesem langen Leben so rätselhaft gesetzten Finales. Sie hat mich, um es ehrlich einzugestehen, damals gequält und, soweit das in noch jungen Jahren möglich ist, hat sie sogar einen Schatten auf das sonst glückhafte Erbeuten geworfen. Anfangs, ganz unter dem zwingenden Eindruck des eben Erlebten und in gewissem Maß vielleicht auch aus der Romantik des eigenen Wesens heraus, grübelte ich über eine okkulte Deutung: daß der Hochbejahrte aus den uns nicht zugänglichen Untergründen seiner Tierseele heraus sein Ende vorausgefühlt habe.

Warum sollte beim hochentwickelten Tier ein solches Hellfühlen nicht zugleich auch die Sinne zu einer Art von Überhelle steigern? Und konnte das alles ihn schließlich nicht in Trotz und Zorn dem nimmer Ausweichbaren entgegengetrieben haben? Oder war es Empörung über den Bruch des Asylrechtes, an dessen Genuß er sich in seinem kleinen Reich durch so viele Jahre gewöhnt, auf das er vertraut und dessen Verletzung er jetzt beobachtet hatte!? Oder war er am Erblinden und hatte mich mit dadurch schärfer gewordenem Lauscher nur vernommen und für einen Rivalen, einen Störer seines dreisamen nachbrunftigen Glückes gehalten und austeufeln wollen? Oder – und daran glaube ich heute noch am ehesten – hatte sich's nur um eine an überbejahrten Rehböcken, solange es solche noch gab, nicht gar selten beobachtete überllaunige, zuweilen alle Vorsicht außer acht lassende Altersaggressivität gehandelt? Wie es aber auch gewesen, von was es getrieben, durch Täuschung oder Verwirrung ausgelöst sein mochte, ich werde es nie vergessen, das rauhe, mutig zornvolle Schrecken, das unbeirrte In-den-Tod-Stürmen des uralten rußschwarz gekrönten kleinen Königs.

Es war mittlerweile hohe Zeit geworden, mein Rendezvous zu wahren und mich zu den Eckfichten in Geeren zu begeben. Der Förster Lindner übernahm es inzwischen, den Bock zu versorgen und ihn dann aufs Schloß zu bringen, denn *einen* wenigstens wollte ich dort noch auf dem Rasen liegen sehen als verabschiedendes Bild, ehe ich fortfuhr. Aber die Zuversicht des späten Abends in der großen Glasveranda hatte nicht nur angehalten, es war ihr durch das Erlebnis mit dem Dorfbock so etwas wie Verstärkung zugeführt worden. In aller tiefinnerlichen Heimlichkeit gestand ich mir das ein, während ich unter der schon hochgestiegenen Sonne gemächlich durchs Nachbardorf hindurch gen Geeren rollte.

Ich will es kurz machen: Die Cora legte sich ohne viel vorhergehendes unschlüssiges Hin und Her, noch ehe wir meinem Abschreiten nach am Anschuß sein konnten, in den Riemen, verwies lange eine Stelle im noch betauten kurzen Gras, auf der ich aber nichts entdeckte und zog dann – der erste Stein fiel mir vom Jägerherzen – scharf nach rechts auf den Waldrand zu. Nur wenn das beschossene Reh die Richtung zum nahen Wald eingeschlagen hatte, verblieb mir, wenigstens zunächst, die Hoffnung, daß es eine tödliche Kugel hatte. Vom rechten Waldrand trennten es nicht mehr als zehn lange Fluchten, nach allen anderen Seiten war auf mehr als 100 Meter freies Feld. War es dorthin, einem der ferneren Gehölze zu, entschwunden, dann konnte es nur einen schlechten Schuß haben oder gefehlt sein.

„Schweiß! Hier liegt Schweiß!" rief, während ich das bedachte, überrascht und erfreut der Oberförster. Zwischen Wiese und Wald war ein kleiner Graben gezogen, und auf seinem vergrasten diesseitigen Aushub zeigten sich wirklich ein paar ziegelrote Flocken Lungenschweiß. Der zweite Stein fiel. Aber der dritte und schwerste lastete jetzt um so spürbarer weiter. Ich blieb auf der Wiese zurück, drinnen krachte Reisig, rauschte Gezweig, hechelte aufgeregt die Hündin. Es dauerte keine vier Minuten bis zum halblauten Zuruf:

„So brav, brav so – laß!!" Dann wurde es still.

Hielt mein Hegeringleiter jetzt ein großluserig kahles Haupt in Händen, hob er den Hinterlauf und schaute nach dem Gesäug!!?? Himmel Herrgott, warum ließ er denn nichts mehr verlauten!? Es rührte sich lange nichts, und ich brachte trotz fiebernder Spannung nicht den Mut auf, hinzueilen.

Dann endlich knackten abermals Äste, rumpelte, rauschte und hechelte es wieder da drinnen und kam jetzt auf mich zu. Ich hatte nun keinen Zweifel mehr am großen Kitzgeißmalheur. Und auf einmal stolperte, fast als habe ihm jemand von rückwärts einen Tritt versetzt der Oberförster über den Graben herüber, hielt in der Linken seinen Hut und mit dem Daumen darauf festgedrückt einen Tannenbruch, mit der Rechten zog er, es verdeckend, das gefundene Reh hinter sich her. Ich beugte mich weit zur Seite, um es sehen zu können, und da fiel endlich, endlich mit dumpfem Poltern der dritte, der große Stein auf die Wiese: Das Reh hatte ein Gehörn!

Und als dann der Bock vor uns auf der Wiese lag, da wuchs er um ein Beträchtliches. Ein Mordslackl von einem Altbock war es mit ausnahmsstarkem, hirschhaft nach vorn gewölbtem Hals. Wie sehr oft bei alten Rehböcken war das Haupt ohne alle weiße oder graue Zeichnung, sondern bis auf einen kleinen schwarzkrolligen Fleck gleichmäßig rot. Die Krone, die ein paar Jahre lang als die stärkste im großen Revier gegolten hatte und gerühmt worden war (mir selber war ihr Anblick nur zweimal aus weiter Ferne beschieden gewesen), diese Krone konnte man sich zwar mit Freuden, aber nimmer als Prunkstück an die Wand hängen. Eine wahre Pracht waren nur noch die großen Dachrosen, aber schon die Stangenansätze und ihre dünne Perlung waren mit ihnen in keiner Harmonie mehr. Die Vordersprossen fehlten ganz, und die Sechserenden an dem im oberen Drittel gamskruckig nach hinten gebogenen Gehörn waren trotz eigenwilliger barocker Schweifung auch schon zu kurz, um an der Leere des Gesamteindruckes noch viel ändern zu können.

Ein im Umkreis seines Einstandes von Jüngeren immer noch höllisch gefürchteter, aber an der Schwelle des Greisenalters stehender Riese mit sich schon verwischenden Spuren einstiger Herrlichkeit war dieser durch eine Reihe von Sommern von mir mit heißem Hoffen verfolgte Geerenbock geworden.

Die Kugel saß, wie mit verbissenem Zusammenschauen und äußerster Anspannung des Sehnervs gezielt, etwas kurz eine Handbreit hinter dem mir zugewendeten linken Blatt. Anscheinend aber war der Bock im Schuß nicht ganz breit gestanden, oder das Geschoß hatte sich im Wildkörper verschlagen, denn der Bleikern war vor dem rechten Blatt ausgefahren. Deshalb war der Fluchtweg so kurz gewesen. Kaum zwanzig Meter jenseits des Grabens – jetzt nachträglich schaute ich mir's an – war der Verendete gelegen.

Und jetzt schlief er auf seiner Wiese, den breiten Tannenbruch im Äser, unser nimmer achtend, weit drüben schon in anderen Waldbereichen, den letzten Schlaf. So kommen und gehen die Geschlechter! Wer weiß heute noch von ihm, außer mir!? Drei der ruhmreichsten aus der Reihe seiner Nachfahren sah ich inzwischen hinüberwechseln, zwei von ihnen schoß ich selber, einen (in doppelter Gemahnung der Vergänglichkeit) unter meiner Führung der Sohn. Und zu der Stunde jener morgendlichen Wacht damals waren es fast auf den Tag genau eineinhalb Jahrzehnte, heute sind's ihrer mehr als fünf, daß mein Großvater den letzten wahrhaft hoch- und edelgekrönten Bock seiner Wälder und seines Lebens genau dort auf der Geerenwiese schoß. Was dann auf seiner Mitwitzer Strecke noch folgte, war gute, zum Teil überreife Mittelklasse, aber nichts, was man sich noch merkte.

Eine kleine und merkwürdige Verstimmung hatte es hiebei gegeben, die ich damals und auch später nie ganz verstanden und verwunden habe. Es weilten zu der Zeit zwei Gäste bei den Großeltern, der eine war der Arzt meiner Großmutter. Ihre Lebensflamme, die einst so viel Schönheit hatte sanft erstrahlen lassen, war schwach und schwankend geworden, seit sie den einzigen Sohn im Krieg verloren hatte. Und so war man auf den Gedanken gekommen, den langjährigen Arzt und Freund des Hauses zu so etwas wie einem honorierten Sommeraufenthalt auf dem großelterlichen Schloß zu überreden. Es war nicht leicht, den eleganten und verwöhnten Mann für die ländlichen Freuden in gottverlassener oberfränkischer Abgelegenheit zu gewinnen. Da er Jäger war, fielen nebenher auch die Rehböcke mit ins Gewicht. Nun ist ein durch Wochen zu versorgender Jagdgast eine ungleich spürbarere Last für den Jagdherrn als mehrere, die kommen und gehen und ihr „veni vidi vici" stolz ins Gästebuch eintragen. Dem Großvater ist durch dieses Arrangement mancher jagdlicher Ärger entstanden.

Der Doktor, der einen herrlich gepflegten flockigen Henri-IV.-Bart trug (ich selber habe ihn nur noch weiß gekannt), erfreute sich größter Beliebtheit und einer weitverzweigten Praxis in der ersten Gesellschaft Münchens. Nicht zuletzt dankte er dies der geradezu orientalischen Gelassenheit seines Wesens und einer auf Kranke, vor allem aber auf Patientinnen, fast hypnotisch ausstrahlenden Ruhe. Diese Eigenschaften aber schien er innerlich nicht in allen Lagen zu bewahren. So ward ihm der Titel eines Hofrates, der ihm sicher zu sein schien, nie verliehen. Mit einer romanhaften Liebe zu einer Prinzessin, einem Abenteuer, das mit tiefer wenn auch geheim behandelter Verstimmung endete, hatte er sich um die Gunst des Hofes gebracht.

Aber auch wenn ein Rehbock auf eine der kleereichen grellgrünen Waldwiesen trat, an deren Rand er auf der zu Großvaters Zeiten nirgends fehlenden Kanzel saß, verließ ihn sehr oft seine stoische Haltung. Dazu muß ich freilich bekennen, daß auch mich auf eben jenen kleinen Wiesenvierecken im Mitwitzer Revier, wenn der gute Bock schrotschußnah und meist auf den ersten freiäugigen Blick als der Erwartete erkennbar aus dem Dunkel des Waldes heraustaucht, daß da auch mich, und zwar heute noch, das Fieber packt wie in Jungjägerjahren.

Allsommerlich wurde dann mehrmals am oberen Ende der großen Parkwiese die schon viel verpflasterte Rehbockscheibe aufgerichtet, um mit Probeschüssen Klarheit über ein unverständliches Danebengehen der reich gravierten wertvollen Mauserbüchse des Gastes zu schaffen. Die beiden Kugeln – mehr pflegte er nie zu verschießen – steckten dabei aber immer mitten im papiernen Blatt auf der Fläche einer Taschenuhr beisammen. Mit unnachahmlicher Würde (man merkte, daß sie nun für ihn auch innerlich wiederhergestellt war) erhob sich dann der Doktor jedesmal vom Einschießtisch, reichte dem Diener Eduard sein Gewehr zum Reinigen und schritt, sich eine seiner Papyrossi anzündend, gemessen dem Schloß und dem Teetisch zu.

Da jedesmal hochnotpeinlich nachgesucht wurde, war der gefehlte Bock meist vergrämt, konnte es zumindest sein, und ein Platzwechsel erschien wünschenswert. All das erschwerte dem Großvater das Jagdherrenamt und störte ihm die eigenen Wege. Daraus entstand indirekt dann auch die Notwendigkeit gewisser Geheimhaltungen. Wenn es beim Arztgast mehrmals umsonst oder nur mit Teilerfolgen gekracht hatte, wurde ihm, um für seine neuen Taten zumindest einen Aufschub zu erreichen, bedeutet, es sei im Moment kein sicherer Bock gemeldet, und man müsse erst neue Rapporte abwarten. Aber auch das hatte seine Haken. Die fränkischen Kiefernwälder dieser Gegend sind äsungsarm, alles Rehwild zieht abends den Wiesen zu, und wenn der Doktor, fast immer vom Nestor der Mitwitzer Jägerei, dem damals schon in den Siebzigern stehenden Förster Klingl begleitet, seinem Ansitzplatz oder von diesem dem Treffpunkt und wartenden Wagen zubummelte, war's unausbleiblich, daß er auch andere Böcke als den ihm bestimmten in Anblick bekam. Und er ermangelte nicht, seine Beobachtungen kundzutun, sobald der Großvater davon sprach, er wissen vorerst, bis wieder etwas Sicheres ausgemacht sei, nicht recht, wohin ihn entsenden.

Obwohl mir der Großvater nach der Richtung nie Weisungen gegeben hatte, erfaßte ich doch sehr bald diese jagddiplomatischen Schwierigkeiten, die mich selber in späteren Jahrzehnten noch genugsam beschäftigen sollten, und während ich dem Großvater gewissenhaft und unverzüglich jede eigene Beobachtung oder Mitteilung der Jäger meldete, lernte ich den Gästen gegenüber frühzeitig, mein Wissen zu wahren.

Und da war nun noch jener zweite Gast. Er gehörte einer etwas jüngeren Generation an als die Großeltern. Gleich meiner Großmutter war seine Mutter Griechin gewesen, und auch sie war, wenn ich es recht in Erinnerung habe, im Gefolge des aus Griechenland vertriebenen Königs Otto nach Bayern und an die von Ludwig I. dem Sohn zugewiesene Exilresidenz nach Würzburg gekommen.

Der überaus liebenswürdige und lebhafte, dabei galante und charmante Sohn Arthur hatte schon als Leutnant die Gunst des Großvaters dadurch gewonnen, daß er, obwohl bei der Infanterie dienend, mit hellodernder Pferdepassion erstaunliche Reitererfolge erzielte. Auch als Offizier hatte er, unaufdringlich nach oben strebend, eine ausgezeichnete Karriere gemacht oder, richtiger gesagt, war er soeben erst dabei gewesen, die zu ihr führende Schwelle zu überschreiten, als auch ihm seine Galanterie einen Streich spielte.

Als neugebackener, schon ziemlich hoch dekorierter Divisionsgeneral lag er, ich glaube 1917, nicht weit von Metz in einer Oberförsterei im Quartier. Eine der hübschen, blutjungen Förstertöchter hatte es ihm angetan, und als sie den Wunsch äußerte, zusammen mit ihrer Schwester in Metz Einkäufe zu machen, war er ritterlich bereit, ihr zu dieser kleinen Freude zu verhelfen. Das aber hatte infolge der Sperrung der Festungszone für alle auswärtigen Zivilisten seine besonderen Schwierigkeiten. Und die eben wollte der General, vom siegreichen Feldzug, von den eigenen kriegerischen und galanten Erfolgen und seiner Siegerverliebtheit beschwingt, nicht gelten lassen. Er fuhr fast täglich zum Befehlsempfang mit seinem Kraftwagen nach Metz hinein und wurde dabei von den Wachhabenden, die ihn kannten, kaum kontrolliert.

So kam er auf den Gedanken, die beiden Mädchen in Offiziersumhänge zu hüllen, ihnen Leutnantsmützen über das hochfrisierte Haar zu stülpen und sie in dieser Maskierung im Auto mit sich nach Metz zu schmuggeln. Ein netter Spaß, so etwas wie ein kleines Husarenstück schien ihm dieses ganze Unternehmen zu sein, und er zerstreute lachend die Bedenken seines

Adjutanten. Dem durch zehn und womöglich mehr Dienstjahre in der deutschen Armee jener Zeit geschulten Blick eines wachhabenden Feldwebels, noch dazu an den Toren der Festung Metz, konnte aber ein so leichtfertig improvisierter Schwindel nicht entgehen. Man machte Meldung, und das Ende der fröhlichen Partie war ein von vorgesetzten Freunden mit allerhand Aufschüben etwas gemilderter Abschied.

Schon anderthalb Jahre später sah sich das ganze Malheur nimmer so gar schlimm an. Zum Generalleutnant wäre der liebenswürdige Arthur in dieser kurzen Frist wohl schwerlich mehr befördert worden, er erhielt seine Pension und war dem – um es soldatisch auszudrücken – großen Saustall des Kriegsendes auf solche Weise ausgekommen. Von seinen Kameraden und Freunden nahm niemand ihm den Streich ernstlich übel, aber es war da noch – die Generalin! Dieser einer alten Adelsfamilie entstammenden Frau, deren Schönheit durch ihre Unliebenswürdigkeit sehr beeinträchtigt wurde, fehlte jeglicher Sinn für die Leichtlebigkeit ihres Gatten, und sie mag dem nach stolzen Anfängen (die sie ihm um des Oberwassers willen, das er dadurch gewann, auch nicht so recht vergönnt hatte) nun etwas unrühmlich unterwässerig Heimkehrenden die Ohren durch Wochen unmelodisch vollmusiziert haben.

Man konnte es ihm unter diesen Gegebenheiten, die erst nach Jahren zur Trennung führten, nicht verübeln, wenn er dem von allen freundlichen Penaten verlassenen heimischen Herd entfloh und bei Freunden Zuflucht suchte. Der Großvater, der die auf weiten Umwegen mit ihm verwandte Gemahlin und ihre Wesensart von Jugend auf kannte, lud den nicht gerade intimen, aber seit Jahrzehnten zu ihm wie zu einem zweiten Vater aufblickenden Freund auf einen tröstenden Rehbock ein. Ihr lieben grünen Heiligen, zu was allem müssen diese unschuldsvollen Geschöpfe herhalten! Der Bock war bald geschossen, aber der Erholungsbedürftige bat um weiteres Asyl, und die Großeltern zeigten abermals Verständnis.

Der dankbare Gast wollte sich nun gerne nützlich machen. Ich entsinne mich noch einer unwiderstehlich komischen Szene, als er des Großvaters ausgetrocknete und im Krieg schwer ersetzbare Radiergummibestände durch ein besonderes Schabeverfahren wieder brauchbar zu machen versuchte. Der Großvater fand, sie taugten nach wie vor nichts, der bezüglich allen Schreibrüstzeuges bewanderte Generalstäbler bestritt es, und der Disput endete mit einem längeren Wettradieren, das die Mühewaltung des Gastes schließlich notdürftig rehabilitierte.

Wenn's aber nur das gewesen wäre! Er erbot sich überdies zum Jagdschutz und auch (womit er in meine Bereiche einbrach) zur Versorgung der Küche mit Wildtauben. Da er an Schlaflosigkeit litt, verließ er allmor-

gendlich das Schloß mit dem ersten vom Dorf herauftönenden Hahnen-
schrei und berichtete dann beim Frühstück mit großer Lebhaftigkeit vom
jeweiligen guten Anblick, den er gehabt hatte. Das aber war nun gar nicht
in des Großvaters Sinn, denn am Frühstückstisch saß, wie stets am Morgen
mit etwas melancholischer Note, auch der Doktor, der ein Trefferjahr gehabt und schon drei Böcke geschossen hatte und jetzt mit viel diploma-
tischer Kunst dazu gebracht worden war, ein wenig zu pausieren.

Eines Tages passierte es dann, daß der freiwillige Waldläufer in heller
Begeisterung einen Kapitalen zu melden wußte, den er bei voller Morgen-
sonne eine halbe Stunde lang am Rand der Geerenwiese auf nur fünfzig
Gänge vor sich gehabt hatte. Der Doktor warf dem Großvater, der gar
nicht hinzuhören schien, einen schrägen Blick zu, indes der General in
immer neuen Tiraden bemüht blieb, des Jagdherren volle Aufmerksamkeit für seinen Bericht zu gewinnen. Dabei sprach er einen Satz aus, der
zwar die gutartige Offenheit, nicht aber eine gerade gußeiserne Stand-
festigkeit seines Charakters bekundete und der mich, obwohl es mir, dem
Dreizehnjährigen, nicht zukam, ärgerte. Zwar kannte ich die Hintergründe seines Besuches nicht, wußte aber von dessen Verlängerung auf
des Gastes Bitte hin und von seinem Anerbieten zu ehrenamtlichem Jagdschutz. Eigene Jagdherren-Erfahrungen mit „selbstlosen Helfern" hatte
ich zu der Zeit noch nicht gesammelt.

Und da sagte er doch jetzt, an einen Bismarckschen Ausspruch sich an-
lehnend, mit strahlendem Lächeln zum Großvater: „Ich habe im Geist an
mein Portepee fassen müssen, Exzellenz, um der Versuchung zu widerstehen, diesen Kapitalen zu schießen."

Der Großvater hielt es jedenfalls für geraten, nun selber auf die
Geerenwiese zu gehen, und schon am ersten oder zweiten Abend lag, als
ich von entferntem Platz etwas später heimkehrte, der für die dortige
Rehrasse über die Norm starke Sechserbock mit den großen Rosen, den
zwar ungeperlten, aber sehr kräftigen Stangen und den fast ein wenig
kreuzhaft nach oben zusammengeschobenen langen Enden auf den Stein-
fliesen im hellerleuchteten Flur.

Und da nun entstand jene mich ob ihrer Fremdheit über ihre eigentliche Dauer hinaus heimlich bedrückende Verstimmung des Großvaters
auf mich. Die durch die gerade damals etwas schwierige Gästekonstella-
tion ständig gegebene Notwendigkeit von Geheimhaltungen hatte mich
bei meiner Jugend wahrscheinlich in mittelbarer Weise überscheu gemacht
und hielt mich davon ab, den Großvater wie sonst mit Fragen und Bitten
um genaues Erzählen zu bestürmen. Ich bewunderte und betastete den
von ihm, der Großmutter, dem Hausarzt, dem General, zwei Dienern,

dem alten Klingl und der Köchin Johanna umstandenen Bock diesmal ohne viele Worte.

Der Großvater aber deutete das falsch. Da er an diesem Abend länger als sonst mit seinen Gästen politische Diskussionen führte, wurde ich ins Bett beordert, als der nahe Kirchturm die elfte Stunde verkündete. Aber der Großvater schaute dann noch, wie immer, kurz zu mir herein, ehe er selber schlafen ging. Da endlich konnte ich nach Ort und Hergang fragen.

„Warum hast du denn vorher nichts gesagt?" war in einem unerwartet zurechtweisenden Ton seine Gegenfrage. „Man darf nicht immer nur an sich denken, muß sich auch freuen können, wenn ein anderer einmal etwas Gutes schießt."

Mich überkam ein Empfinden, als hätte ich, wie einem das im Traum manchmal begegnet, einen vertrauten Menschen angeredet, der dann aber ein ganz anderer gewesen war. Gar nicht zu fassen war diese Frage. Ich wußte doch, daß er mir alles vergönnte und mir oft sogar etwas verzichtend zuschob. Wie konnte er heute geglaubt haben, daß ich ihm seinen Bock nicht gönnte!? Ich hatte wohl in jenem Feriensommer ein mich sehr ärgerndes Dauerpech gehabt und konnte trotz hitzigen Bemühens den zweiten Bock nicht kriegen, den der Großvater mir zusätzlich freigegeben hatte, weil der erste durch ein Versehen des mich führenden alten Klingl nicht der rechte gewesen war. Aber das änderte doch nichts an meiner Freude über des Großvaters Erfolg, den ich, wie auch bisher immer, als einen gemeinsamen empfand. Es war im Zimmer schon dunkel, so merkte der Großvater nicht, daß ich den Tränen nahe war.

„Aber nein", brachte ich mit notdürftiger Fassung noch heraus, „ich hab' nur gemeint, es wäre dir nicht recht, wenn ich dich vor dem Doktor nach allem fragen würde."

„Ach so!" Die Antwort schien den Großvater halbwegs zu beruhigen. Er setzte sich noch kurz auf den Bettrand und erzählte ein paar Einzelheiten, ehe er schlafen ging. Mir aber wollte sein Verdacht lange nicht aus dem Sinn; ich verstand, daß ihm davon zumindest ein Teil seiner Freude getrübt worden war, und merkwürdigerweise beruhigte es mich nicht, daß ich mich unschuldig wußte.

Und nun also saßen wir auch wieder am Rand der Waldabteilung, deren Namen ich damals, vom Großvater ehrenvoll dazu beauftragt, mit Datum und großem Monogramm und so kunstvoll es mir gelingen wollte, auf des Bockes Stirngebein geschrieben hatte.

Der heutige Altbock, der – auch die zurückgesetzte Krone ließ das noch erkennen – sehr wahrscheinlich in direkter Linie ein Nachfahr des großväterlichen war, lag gerade noch im Schatten des Waldrandes. Hinter ihm funkelte auf dem kurzen Wiesengras der Tau in der Frühsonne. Vereinzelte Tauben strichen nach erster morgendlicher Körneräsung zu Trunk und kurzer Rast waldwärts, und draußen auf den Stoppeln riefen die Rebhühner. Mein Pfeifenkopf war, indes mir die halb vergessenen Bilder aus der Knabenzeit vorüberzogen, ausgeraucht. Ich mußte an Heimfahrt und Abreise denken.

„No, und mir woll'n wirklich nix mehr unternehmen? Es is doch noch früh am Tag!" sagte, während ich aufstand, der Oberförster und sah mich dabei an, als laute die von diesen Worten verdeckte Frage: „Was ist los mit dir, fängst du am Ende schon an, bequem zu werden?"

Auch die gutmütig wedelnde Cora schaute, nachdem sie sich Taunässe und nachgenießenden Schlaf gründlich aus dem gekräuselten Fell geschüttelt hatte, auffordernd zu mir herauf. Die Armbanduhr zeigte die siebente Stunde. Eigentlich hatten sie recht. Vor dem späten Nachmittag brauchte ich nicht in Aschau einpassieren. Nur – wohin sollten wir? Während der letzten Tage war ich im ganzen Revier herumgekommen, und ich mochte und mag das wiederholte Blatten auf gleichen Plätzen nicht. Da war zum Beispiel jener schattig dunkle Altfichtenhorst keilförmig eingeschoben zwischen die Fichtendickungen der „Phöritz" und waren die dicht unterwachsenen Föhren des Erffaer Holzes, einer durch Familienverträge mit den Freiherren von Erffa zum Gut gekommenen wertvollen Waldabteilung. Dort war uns gestern trotz guten Windes und friedvollster Abendstille schwer faßlicher Weise nichts gesprungen. War's am Ende zu spät, das Rehwild schon in anderer Richtung unterwegs gewesen? Sollten wir jetzt nochmals dorthin?

Irgend etwas lag mir noch im Sinn, aber in meiner Sonnenschläfrigkeit kam ich nicht darauf. Ich hielt mir die Hand vor die Augen. Wohin wies der Zeiger? Mit einem Mal wußte ich es: Der Bock war es, der uns gestern drüben am Berg gesprungen war und um den mich das Gewäsch des wackeren Schaller von der „Gaas" gebracht hatte, diesen nur notdürftig angesprochenen, merkwürdigen Weißkopf, den hätte ich mir gern noch einmal angeschaut. Er mußte nicht unbedingt vergrämt sein, denn schon als ich ihn ankommen hörte, hatte ich das Blatten sogleich eingestellt. Wahrscheinlich stand keine Geiß mehr bei ihm, und er war trotzdem noch nicht so müde gebrunftet, daß ihn jenseits von Streit und Minne schon der vergessende Schlaf fest umfing.

Auch dem Oberförster war dieses Vorhaben recht. Dort in der mehrere Kilometer lang sich hinziehenden Bergflanke mit ihren geschlossenen Waldungen, breiten Dickungen und groß zusammenhängenden Althölzern über dichtem Unterwuchs standen auch noch andere Böcke, zumal jetzt, nachdem das Korn gefallen war. Auf einer lange vor der Zeit allgemeiner wahl- und hemmungsloser Walderschließung vom Urahn sinnvoll und großzügig angelegten Abfuhrstraße hatten wir schnell zwei Drittel der Berghöhe gewonnen, ließen den Wagen im Schatten stehn und bummelten, einem fast ebenen Querweg folgend, gemächlich der Ludwigshöhe zu. Dort waren weit hinter- und oberhalb des Föhrenaltholzes, durch das er gestern herangerasselt war, ein paar Dickungsstreifen, in denen der Erwählte wahrscheinlich steckte.

Die Luft hier im schattigen Holz war noch immer von spätsommerlicher, taufeuchter Frische. Lichtblau und wolkenlos wölbte sich der Himmel, und in blasser Altvergoldung erschimmerte, wo die steil einfallenden Morgenstrahlen es trafen, das voll ausgereifte Grün. Dazu die reichen, würzigen Düfte nach dem Ginster im Hang, den die Falter umschwebten, den hohen Grasrispen und den breiten Farnen auf dem Weg, nach den die Böschung da und dort säumenden naßglänzenden Pilzgruppen und überreifen Heidelbeeren. Wir kamen durch einen Bestand, den ich – seit vielen Jahren war ich dieses Wegstück nicht mehr gegangen, war weiter vorne oder hinten irgendwo abgebogen – völlig vergessen hatte und so, wie er jetzt auf- und ineinander gewachsen war überhaupt noch nicht kannte.

Man hatte anscheinend einmal den Versuch gemacht, die hier wenig wüchsigen unfreudig-krummen Kiefern mit Eichen zu unterbauen, und das war nach mehrfacher Auslichtung des alten Bestandes gar nicht schlecht gelungen. Trotz des Fehlens größerer Blößen schaute sich's beinahe parkartig an. Und gar zu dieser Stunde bei überall hereinflutendem Sonnenlicht, in dem der letzte feine Rauch der Frühe sich löste, fand man sich aus dunklen Stangenhölzern heraus hier eintretend in einem verzauberten Hain. In solcher Waldwelt ein heranschleichender, herangleitender, heranwetternder, taufeucht-blitzend gekrönter roter Rehbock, das wäre eine jener Beglückungen, wie das Jägerleben sie uns nur alle Jahrzehnte einmal schenkt!

Am talseitigen Wegrand war ein Ster Brennholz aufgerichtet, und obwohl wir noch an die zwanzig Gehminuten von unserem eigentlichen Operationsgebiet entfernt waren und dieser Bestand keineswegs die tiefschattige Dichte hatte, um an Sommersonnentagen dem Rehwild als Einstand dienen zu können, schwang ich mich auf den erhöhten Sitz und bedeutete dem Oberförster, dahinter in Deckung zu gehen.

Erst mußte ich noch ein paarmal tief ein- und ausatmen, auf mich wirken lassen, schauen und mich einfühlen, aber schließlich machte ich die Büchsflinte doch feuerfertig und fing mit einer dem Hain gemäßen, nymphenhaft zarten Begehrlichkeit zu blatten an. Ich hatte noch keine zehn Töne in die sonnige Stille hineinschwingen lassen, als ich meinte, es habe irgendwo nur kurz aufbrummend ein Reh geschreckt. Mit kaum spürbarem Anhauch stand der Wind mir im Gesicht, also konnte das nur in meinem Rücken oben im Stangenholz gewesen sein.

Muß es denn immer genau umgekehrt laufen, als man es bräuchte!? Es ließ sich aber jetzt nichts mehr daran ändern; wem auch der Windfang da oben gehören mochte, er wußte über uns, unseren Standort und vielleicht auch unsere Absicht Bescheid. Ich fiepte weiter, und wieder schreckte das Reh. Aber das war nicht da hinten oben, das war irgendwo in den Eichenbüschen ziemlich weit unter mir! Hatten wir trotz vorsichtigster und vor allem lautloser Annäherung hier ein Reh angegangen, der Stimme nach ein erfahrenes, altes, das sich, nachdem es uns einmal gewahrt hatte, durch den nachgeahmten Ruf seiner Sippe nimmer täuschen ließ?

Wieder ein tiefer Schreckton, mehr mürrisch mißtrauisch als empört alarmierend. Und diesmal war's, so schien es mir, näher gewesen als zuvor. Ich blattete jetzt, kaum merklich eindringlicher werdend, unbekümmert weiter. Aber da legte das Reh unten kräftiger los. Waren es vorher nur einzelne Brummer und Stöße gewesen, so kamen jetzt nach lautem Aufschimpfen noch weitere kurz abgehackte und sich im Klang vertiefende Baßtöne hinzu.

Wie weit mochte es weg sein? Erfahrungsgemäß war es näher da als sich's anhörte. Da stand ich einfach auf. Im Stehen auf dem Ster sah ich über viele der breit auseinanderwuchernden Büsche hinüber und deshalb weit in den Hang hinein. Das Brennholz war überdies an eine stärkere Föhre hingeschichtet, die mir etwas Deckung gab. Kaum aufgerichtet, fiepte ich wieder, und das Reh unten schreckte ärgerlich ungläubig zurück, und dann sah ich es auch sofort. An die 150 Meter weit stand es stämmig und dunkelrot in einer Blöße und verhoffte herauf. Ich sprach es durchs Zielfernrohr an, und das Herz fuhr mir beengend in die Kehle herauf: Dieses Reh war ein Bock mit schneeweißem Gesicht, und als er das Haupt, um wieder mürrisch vor sich hinzukrakeelen, geradeaus wandte, sah ich auch die schwarzen, starken, niedrigen Strangenstumpen. Ich konnte an der Föhre anstreichen, was den schwierigen Schuß erleichterte.

Vor allem mußte es schnell gehen, denn bei solcher Unübersichtlichkeit und Entfernung war es ein besonderer Glückszufall, daß das Wild genau in dieser Lücke stand. Ich verlor keine Sekunde Zeit: Als der schwarze Stachel vorne im sattroten Rumpf stand, fiel der Schuß, und ich sah den merkwürdigen, weißköpfigen, teufelsschwarz gekrönten Bock ohne Abflucht in sich zusammensinken.

Ich will nicht nochmals des breiten von bis ins Zahnfleisch hinein zusammengeschliffenen Kiefern und beinahe rosenstocklos aus dem kleingewordenen Haupt herauswachsenden, wie verkohlt schwarzen, nur mit andeutenden Leisten ein wenig angewinkelten endlosen Stangen erzählen. Vielleicht war er genauso alt, vielleicht um ein Jahr jünger, vielleicht auch um eines älter als der knappe drei Stunden zuvor geschossene Dorfbock. Bei solchem Grad von Überalterung kann man nimmer auf einzelne Jahre schätzen. Im Wildpret war der Bock gering, und gekannt – nun ja, einen besonderen Eindruck hinterläßt so einer nicht –, gekannt hatte ihn niemand.

Nur ein Bild ist mir noch haften geblieben von jenem Morgen: das der Strecke, als die drei Böcke nebeneinander auf dem Rasen vor der Schloßauffahrt ruhten. Eine seltsam erlöste Feierlichkeit ging von ihnen aus. Nachdem der Oberförster und die beiden Förster (auch der Schaller, dem wir im Vorbeifahren die gute Kunde überbrachten, hatte sich's nicht nehmen lassen mitzukommen), nachdem die drei Grünen also gegangen waren, stand ich noch lange allein davor, nicht wie sonst vielleicht nachgenießend oder sinnierend, nur ganz einfach hingegeben an das Bild der Schläfer. Ahnte ich unterbewußt (es voll zu erfassen war ich noch zu jung, war auch die Zeit noch nicht reif), daß es sich mir so oder ähnlich nie wieder schenken würde?

Dreieinhalb Jahrzehnte vollendeten Lebens in drei an einem Morgen erbeuteten Rehböcken vereint, solches Zusammentreffen, ein so reicher und zugleich reueloser Erntegang wiederholt sich nicht. Bei aller Freude über den günstigen Ausklang der schnell verstrichenen Tage und über die rechte Auswahl, die ich freilich mehr den über diesen Wäldern wachenden guten Geistern dankte als mir selber, ein rätselhafter Hauch von Wehmut war diesmal mit dabei. Es war nicht die billige Grob- und Feinschnittmischung aus Endenzählen, guter Zigarre, Pullenschluck und in gleichzeitiger Trauer um „den Edlen" feuchtwerdenden Augen, es war eine mir selber nicht verständliche Schwermut, die sich da ohne deutlichen Umriß im Hintergrund erhob. Sie behielt recht. Die Zeiten, da der Wald noch sein Geheimnis barg, da einem in seinen Hallen und Hainen überall das Unerwartete begegnen konnte und immer wieder erschien, da sein smaragdenes Dunkel voll von Rätseln war und seine gute Stunde mit so märchenköniglicher Verschwendung überraschen und beschenken konnte, diese Zeiten des Jägers, sie gingen zu Ende. Gerade dieser dritte, was für eine Gabe war der gewesen! Alberich, der böse Zwerg mit der unscheinbaren gefährlichen Wehr, der nirgends fehlt, wo gesundes Leben sich entwickelt, der hier durch mehr als ein Jahrzehnt ungekannt, zumindest unerkannt seiner heimlichen Wechsel gezogen war, minnend, mit zerfetzten Lauschern fechtend, sich behauptend, lebend nach dem Willen der Natur und seines Lebens froh, wem hatte er Schaden getan, wem taten ihn seine Nachkommen!? Landeskultur – welch schönes Wort! An ihren segensreichen Früchten dürfen wir sie erkennen. Aber wozu davon anfangen!? Damals war ich trotz aller unterbewußten Ahnung glücklich, und davon wollte ich erzählen.

Noch etwas vergaß ich: Jeder von den dreien war mit seinen besonderen Brüchen geschmückt, der vom Dorfrand trug sie in Äser und Einschuß von der blaugrünen Kiefer des Bauernholzes, der Geerenbock von der Tanne, unter der er verendet war, und der vom Berg aus der Eiche des ihn hütenden Hains. So auch trug ich sie hinter der erbsgrünen Schnur am schwarzen Jägerhut.

Noch eine Stunde, dann barg ich diesen geschmückten Hut in einem Seitenfach des mit den Koffern beladenen Wagens. Ich brachte die Reiser aus seinem Wald und bringe sie noch heute dem Großvater an sein Grab in den Aschauer Bergen. Ich nahm Abschied vom Eduard. In solchen Augenblicken vergaß er im lang schüttelnden Händedruck seine sonst nie durchbrochene Zurückhaltung. Die welke Hand der immer noch ihr gestärktes Häubchen tragenden alten Johanna lag ein paar Sekunden lang kühl in der meinen, fast wie eine zögernde Frage, ob es vielleicht das letztemal wäre. Der Rasenstreifen vor dem Blumenrondell war jetzt leer. Langsam, mit der hocherhobenen Rechten zurückwinkend, rollte ich zwischen dem barockgeschmiedeten Gitterwerk der weit offenen Torflügel zum Garten hinaus. Unser Glück, nein, nicht nur das Glück, unser ganzes Dasein kennt kein Verweilen.

Um St. Michael

Manche Erlebnisse scheinen, wenn man sie nach Jahren vorüberziehen und wieder auf sich wirken läßt, gewebt zu sein wie ein Teppich. Es ist, als habe der Knüpfung der Geschehnisse von Anfang an schon eine Bestimmung innegewohnt, auf das am Ende gerade dieses Bild und kein anderes daraus entstehe. Im Großen und im Ernsten, ja selbst im Bösen ist es manchmal so, aber – und daran denke ich heute – auch im Kleinen und im glücklich Anmutigen. Es hat den Anschein, als formten fremde Hände uns solche Erlebnisse, und kein Grübeln folgt und keine Qual des Sichbeschuldigens und keine hundert Fragen nach dem Für und Wider und nach dem Warum. So *wurde* es eben! Unser einziges Verdienst daran, ja wahrscheinlich die Voraussetzung dafür ist, daß wir uns diesem Werden gelöst anvertrauen ohne störenden Wunsch oder Wahn.

Es ist kein allzu heldisches Eingeständnis, aber als ich nach dem Überstehen zweier schwerer Ostkrankheiten am Ende des 42er Jahres vorläufig aus der Armee entlassen wurde, hatte ich nichts dagegen. Und mit die glücklichste Zeitspanne meiner Lebensmitte waren die fünf Herbstwochen von der beginnenden bis zur verstummenden Hirschbrunft im darauffolgenden Jahr.

Es war ein strahlender, noch vollsommerlicher September damals. Das Almvieh konnte während der lauen Nächte unter freiem Himmel bleiben. Die kriegsbedingte Viehvermehrung in fast allen Höfen bis an die äußerste Grenze der Futtermöglichkeiten ließ die Bauern sogar auf eine Verlängerung der Almzeit hoffen.

Und die Hirsche blieben still und nächtlich wie in der Hochfeiste, obwohl sie, wie es sich aus der Fährtenschrift untrüglich lesen ließ, schon bei den Rudeln standen. Aber abends zog das Kahlwild sehr spät auf die Almen, und wenn es sich im Frühdämmer wirklich noch an ihren Rändern oder auf Schlägen sehen ließ, dann waren vorerst nur scheue jüngere Verehrer in seinem Gefolge. Die Platzhirsche zogen noch allein oder mit wenigen Stücken vor Tag ins Dunkel der Wälder zurück.

Meine Frau und mich focht das alles wenig an. Wir hatten die Kinder für kurze Zeit in großmütterliche Obhut an den Chiemsee hinüberquartiert und waren ein paar Tage früher als sonst aufs Jagdhaus hinaufgezogen. Weil es nun tagsüber heiß und sonnenstill war und auf den Almen noch ein ziemlich reges Leben herrschte, so daß man jägerisch nur wenig unternehmen konnte, hatten wir uns, beweglich und tatenfroh, wie man's in solchem Lebensalter sein muß, eine ganz besondere Tagesordnung ausgedacht:

Die Frühbirsch machte ich allein. Wenn ich so um die achte Stunde heimkam, frühstückten wir sehr geruhsam miteinander, und nach dem Tabak spazierten wir dann in der Vormittagssonne ohne Hast talwärts. In einem hochgelegenen Einödhof hatten wir unsere Räder abgestellt. Es gibt an der nördlichen Grenze der Aschauer Herrschaft einen kleinen, zum Gut gehörigen und zu damaligen Kriegszeiten vergessenen und sehr stillen Moorsee. Der war's, der uns unter solch begnadeten Frühherbsthimmeln jeden Tag aufs neue ins Tal hinunter verführte. Vereinfacht und sehr spürbar abgekürzt, wurde uns der Weg zu seinem Gestade durch den heute kaum noch vorstellbaren Umstand, daß damals das Radfahren auf der Autobahn zwar nicht offiziell erlaubt war, aber auch von niemandem beanstandet wurde. Wenn nicht gerade Truppenbewegungen über die verödeten Asphaltbänder hingingen, dann verkehrte auf ihnen außer vereinzelten dünn schnurrenden Leichtkrafträdern im Lauf einer halben Stunde kaum mehr als ein Kraftfahrzeug. Keinem der Insassen, nicht einmal einem Gauleiter, wäre es eingefallen, ein paar auf der äußersten Rechten sich haltende Strampler von der Bahn zu weisen. Nahe bei unserem See schoben wir dann die Räder über die Böschung auf einen sanft abwärts führenden Feldweg hinunter und konnten auf ihm bis zur windschiefen Badehütte weiterrollen.

Ein bis zwei Stunden freuten wir uns des schon septembernächtlich abgefrischten, aber noch keineswegs durchkälteten dunklen und weichen Wassers und der nimmer sengenden und dennoch italisch-warm herabstrahlenden Mittagssonne. Auf den Liegestühlen am Lido hätten wir uns damals kaum glücklicher gefühlt als auf den ausgebleichten, grauen, rissigen Brettern unseres Badestegs. Dann nahmen wir, unangemeldet ins eigene Haus einfallend, einen von der nur beim erstenmal überraschten Hüterin des Herdes schnell bereiteten Imbiß; manchmal blieb mir sogar noch Zeit, im nahen Fluß für die Hüttentafel einige Forellen zu fangen, von denen wir immer ein paar der größten in einen zu Urahns Zeiten dem mächtigen Kamin des Jagdhauses eingebauten Nebenschacht zum Räuchern hängten. Nirgends gerieten sie besser als hier, im etwas abgekühlten Rauch aus knorrigen Buchenklötzen und harzigen Fichtenscheitern. Gegen vier Uhr hatten wir die Räder meist schon wieder abgestellt und stiegen selbander langsam, mit allerlei Birschumwegen über würzig duftende Schläge und taukühle Waldwiesenmulden dem Jagdhaus zu.

Es gibt vielerlei Arten des jägerischen Sichfreuens. Dieses vorsichtige Herumstreichen im Revier zu Anfang der Hirschbrunft, das von keinem Muß bedrängte, von keinem wilden Wunsch fortgezogene, nur lauschende und abfährtende und schauende und dabei doch überraschender Begegnungen gewärtige Entgegengehen der hohen Zeit ist für mich eine der schönsten.

Die Erschwerung der Lebensmittelbeschaffung in jenen Kriegszeiten gab für gastronomische Künste am Hüttenherd besonderen Anreiz. Und da wir, bei zunächst noch unentfesselten Jagdteufeln, meist mit dem Erschimmern der ersten Sterne im dunstigen Himmelsblau schon unter das Dach des Jagdhauses zurückgefunden hatten, sannen wir auf dieses oder jenes uns den Abend verschönende kleine Festmahl. Es mußten ihm durchaus nicht immer Hamstertouren die Grundstoffe liefern, obwohl sich mir, bei Einhaltung der gebotenen Bescheidenheit, Freunde unter den Almleuten und Einödbauern oft hilfreich erwiesen; aber da waren noch die Pilze und die späten Beeren des Waldes, Wildenten, Nußhäher und Wacholderdrosseln, ab und zu eine Rehleber und nicht zuletzt die Beute der Wasserwaid, kleine und große Fische und – die Krebse. Diese letzteren fingen wir uns, wenn die Zeit unseres Bergaufenthalts kam, auf Vorrat, und von Fall zu Fall trug ich uns zwei Dutzend im Fischkorb mit hinauf.

Nun hatte ich eines Morgens nach sehr langem Wägen und Spekulieren durch das Perspektiv endlich den ersten Hirsch geschossen. Es war noch kein Brunfthirsch und wirklich nur einer, den ich mitnahm, damit endlich etwas geschah; so etwas wie einen Auftakt sollte dieser erste Schuß und Abschuß bedeuten. Ein Gabler war's, unzweifelhaft vom dritten, seinem starken Rumpf nach wahrscheinlich vom vierten Geweih, mit normalem Augsproß unter einer schön ausgeschweiften, ziemlich starken rechten Stange. Links wuchs nur ein glatter, wesentlich niedrigerer Spieß aus dem anscheinend durch Bruch verkürzten Rosenstock; im oberen Drittel zeigte die glatte Stange, fast als wolle sie eine Gabel bilden, Neigung, sich zu verbreitern, und wirkte dadurch, und weil sie beinweiß gefegt war, wie eine Säbelklinge.

Dieser Hirsch mit schon deutlich erkennbarer Brunftmähne, aber ohne Spur eines Brunftflecks, kam bei vollem Schußlicht quer an mir vorbei über den etwa zweihundert Meter breiten Hofalmboden gezogen, auf dem an diesem Morgen sonst kein Stück zu sehen war. Es schien ihm von dem Waldrand her, dem er zuzog, die Witterung von Kahlwild entgegenzuwehen, denn er hielt den Windfang leicht erhoben und setzte in ganz gleichmäßigem Tempo mechanisch Lauf vor Lauf, als sei er aufgezogen wie ein Kinderspielzeug. Bevor ihn der dunkle Mantel der die Alm gen Norden säumenden alten Schirmfichten aufnahm, hatte ich meine optischjägerischen Betrachtungen abgeschlossen und schoß ihn mit unschwierigem Schuß über etwa einhundertfünfzig Meter, als ihn anscheinend die Angst vor dem eigenen Mannesmut überkam und er endlich kurz verhoffte. Recht viel mehr bleibt von ihm, bei voller Achtung vor dem Erlebnis und der nur nach ihrem Knochenwert gemessen unscheinbaren Beute, nicht zu erzählen.

Den ersten Hirsch eines jeden Herbstes pflegten wir mit einem kleinen Fest und einer, nach dem Abendessen mit dem Mathias und dem alten Winterstubensennen, dem Hausl, unten in der Küche freundschaftlich geteilten Flasche zu feiern. Wir beide hatten uns die Festivität zusätzlich mit einem Krebsessen verschönt, und zu meiner Freude verhieß mir die

Gefährtin für einen der nächsten Abende eine Krebssuppe, denn wir hatten uns nur die wirklichen Patriarchen aus dem am Brunnen angebrachten Notbehälter herausgegriffen, so daß noch eine ganze Anzahl kleinerer und mittlerer Krebse übriggeblieben war. Aber dazu sollte es noch einen Hauptgang geben, und hierfür sannen wir auch auf eine Besonderheit. Da fiel mir etwas ein: Während der letzten Tage hatte uns der Heimweg durchs Revier einmal an einer Waldwiese vorübergeführt und mir ein kleines Erlebnis aus der letzten Blattzeit in die Erinnerung zurückgerufen, das wiederum auf dem untersten Grund meiner Seele sündige Begierden ins Rumoren brachte.

Das war damals nämlich so gewesen: Eines Abends hatte ich meine Blattbirsch am oberen Rand jener etwa fünf Tagwerk großen, anfangs steil und später sanft abfallenden Wiese beendet. Mehr als die jagdlichen Aussichten bewogen mich die tiefgoldenen Abschiedsstrahlen der Sonne, die, weil der Hang genau gen Westen offen ist, in voller warmer Verklärung auf Gras und Spätsommerblüten lagen, zu diesem abschließenden Ansitz. Nach einer Weile fing ich – auch das mehr der Stimmung als listenreicher Erwägungen halber – mit ganz feinen Tönen zu blatten an. Schon nach wenigen Minuten hörte ich's durch den die Wiese nach oben begrenzenden Fichtenjungwald heranklopfen und -poltern und lag schon im Anschlag, als ein braunweißer Blitz aus den nachwackelnden tiefen Randästen auf die Wiese herausfuhr, um, kaum im Freien, wie erstarrt stillzuhalten. Ein Hasenriese wars, mit langem Schnurrbart, mageren Schlegeln und eingefallenen Flanken. Eine Weile sah es so aus, als verfiele auch er dem Zauber des Abendglanzes. Aber er ließ die erhobenen Löffel nicht geruhsam auf den Rücken hinabsinken, er lüftete seine Blume mit energischem Ruck vom Boden und klopfte so schnell, daß ich's nur mit dem Ohr wahrnehmen konnte, mit einem der Hinterläufe dumpf in den Rasen; dann ließ er ein von mir bis dahin noch nie gehörtes kurzes und leises Quäken hören, wobei er – ich saß ihm auf fünfzehn Schritt gegenüber – ein wenig mit den schmalen Nüstern zuckte.

Was sollte denn das alles heißen!? Es war mir schon vielerlei befiedertes und behaartes Getier, aber noch nie ein Hase aufs Blatten zugestanden. Des Rätsels Lösung ließ nicht auf sich warten. Dicht neben dem ersten tauchte ein paar Sekunden nach dem Ruf ein zweiter, sichtlich kleinerer Hase aus den Fichten, und dem folgten nach einiger Zeit noch zwei andere, die allerdings etwa vierzig Schritt weiter weg auf die Wiese herausgerückt kamen. Also kein Riese, sondern eine Riesin war dieser erste Alarmschläger gewesen, eine Hasenmutter, die meine Blattöne für die dünnen Hilfeschreie eines der Kleinen aus ihrem vermutlich zweiten Satz gehalten hatte und gleich streitbar zur Verteidigung herangerückt gekommen war. Jetzt, da sie die Schar um sich versammelt wußte, beruhigte sie sich schnell, obwohl durch keinerlei Wendung des Kopfes, durch keinen Kegel und kein Spitzen oder Spielen der Löffel zu erkennen gewesen war, daß sie das Auftauchen der Junghasen wahrgenommen hatte. Man buckelte ein klein wenig weiter in die Wiese hinein, suchte sich Kräutlein aus, pflückte sie, mümmelte sie langsam in sich hinein und zermahlte sie schließlich mit jener nur dem Hasen eigenen ausdruckslosen Nachdenklichkeit im großen Glasauge. Den zwei entfernteren fiel es auf einmal ein, über den steilen Teil des Wiesenhanges hintereinander her hinunterzupurzeln. Sie machten sich selbständig und verschwanden hinter Bodenwellen. Das dritte von den Kindern blieb in Mutters Nähe, bis das Feuer im Westhimmel erlosch und die Wiese sich allmählich in grünspanenes Dämmern hüllte.

Nun ja, und bis zum Beginn der Schußzeit fehlten jetzt noch etliche Tage, aber diese Sünde wollte ich um unserer Nachfeier willen gern auf mein Gewissen nehmen. Vielleicht, wenn wir beim abendlichen Zubergsteigen uns auf demselben Fleck wie ich damals ansetzten, würde das eine oder andere Mitglied der Löffelmannfamilie dort wieder um die Pässe sein.

Anderen Tags am frühen Abend also, nach nun schon gewohnter Tal- und Badefahrt, saßen wir Seite an Seite, mit rechtem Ausblick und Schußfeld, auf einem vermorschten, uns beiden gerade genügend Platz bietenden Wurzelstock am Wiesenrand. Ich hatte mir eine Pfeife angezündet und schaute die kleinen bläulichen Tabakswolken nach. Sie stiegen langsam in den blaugolden flirrenden Himmel hinauf oder entschwebten in sanftem Flug talab. Aber es gefiel mir nicht ganz, daß sie zuweilen die Richtung änderten oder sich jäh auflösten, als würden sie heimlich auseinandergezerrt. Wollte das Wetter sich ändern? Wenn der Sommer mit so eindringlich beglückendem Nachleuchten einen vergessen macht, daß der Herbst schon auf der Schwelle steht, dann scheidet man viel schwereren Herzens von ihm, als wenn er mit grauen Tagen lang schon zur Abreise rüstet. Und ich wünschte mir doch, daß alles noch so bleiben sollte wie vorgestern, wie gestern und heute, einige Tage wenigstens, eine Woche lang, alles, die glockenübertönten Almen, unsere Radwanderungen zum glitzernden See, unsere Bäder und gemeinsamen Rückwege zum Jagdhaus, glücklicher waren wir noch nie zusammen gewesen!

Und plötzlich berührte der kleine Finger der neben mir sitzenden Frau behutsam meinen Handrücken. Zu ihr mich hinwendend bemerkte ich, daß sie regungslos und sehr gespannt in die Wiese hineinschaute. Ich folgte der Richtung ihres Blickes: Mitten in der Wiese saß mümmelnd unser

Hase! Mit einemmal war er wie hingezaubert da, und keiner von uns hatte ihn herausrücken sehen.

War's sicher einer von den Jungen? Es fiel nicht schwer, es zu erkennen, obwohl er sich im Lauf von gut sechs Wochen groß ausgewachsen hatte. Sorglos und friedsam schaute er in den Westhimmel hinein, indes ein Arnikastengel samt Blüte langsam im geschlossen malmenden Äser verschwand. Es hätte mir leid tun müssen um dieses blutjunge, glücklich und ohne Arg seiner Abendmahlzeit sich freuende kleine Stück Leben. Aber wir empfinden sehr oft anders als wir vor- und nachher meinen, es zu müssen. Ich war viel zu sehr damit beschäftigt, die Büchsflinte behutsam ins Gesicht zu heben, als daß ich Gefühle hätte haben können. Ein leisestes Klirren des Riemenbügels auf diese knapp dreißig Gänge, und der feinhörige Hase war weg – trotz unschuldsvoller Jugend. Ich hatte eigens Fünferschrote geladen; nach dem runden, trockenen Knall lag er, die weiße Bauchseite zeigend, regungslos im kurzen kleereichen Nachsommergras.

Meiner Frau ging der Tod des Hasen schon ein wenig zu Herzen. Ich aber war der Beute froh, muß freilich gestehen, daß, wenn ich heute bei einer Wildart für alle Zeit auf den Schuß verzichten müßte, ich dafür wahrscheinlich den Hasen aussuchen würde. Bei einer kleinen weihnachtlichen Waldjagd auf heimelig „g'fangigem" Stand macht der sich leispfötig Abstehlende mir freilich noch immer eine große, des nachdenklichen Bei-ihm-Sitzens und Rauchopferns werte Freude. Aber für den Hasen, den vielverfolgten, der niemand ein Leid antut, der bei aller wohlweislich furchtsamen Scheu ein tapferes Herz hat und der, wenn er unter irgendwelchen Mordzähnen, -fängen und -klauen enden muß, sein Leid wie ein im Stich gelassenes Kind zum Himmel hinaufschreit, empfinde ich mehr als für alles andere Wildgetier eine zärtliche Liebe.

Als zweiten würde ich wahrscheinlich den Bartgams aus dem Feuerkreis entlassen. Bei dem würde mir's schon etwas schwerer fallen, aber seine unbekümmerte Munterkeit, sein lausbubenhaftes Sich-des-Lebens-Freuen – ihn sehen und ihm zuschauen möcht' ich bis zuletzt, aber auf den Arglosen schießen werd' ich, glaube ich, nimmer lang. Müßte schon – kindisch es einzugestehen – eine Mordsprügelkrucke, wie ich bis auf den heutigen Tag keine habe, ihm zwischen den schmalen Lauschern stehen. Den Sommer- und Frühherbstgamsbock, wenn's wirklich ein alter Einständler, ein echter Feistbock, ist, und dann und wann ein paar über absehbare Zeit dem Schneetod ohnedies verfallene Greisinnen schieß ich viel lieber.

Schön, aber damals hatte das Jägerblut sich noch nicht abgekühlt, ließ tiefbrüderlichem Gefühl noch weniger Raum, und ich freute mich am Hasen, den der Gebirgsjäger ganz anders als der Niederjäger und fast ausschließlich als Einzelstück wertet. Außerdem geschah etwas, was uns beide, während wir die gewichtige und zugleich flaumweiche Beute aufnahmen, auf andere Gedanken brachte.

Eh' ich's erzähle, muß ich die landschaftliche Lage, sozusagen die Geographie des Schauplatzes etwas ausführlicher dartun: Das kleine Erlebnis spielte sich in einem ziemlich tiefen Graben ab, auf dessen Grund, wie eigentlich immer im Gebirg, ein Wildbach im steinigen Bett talwärts sprudelt. Am rechten Ufer des Baches, das für den vom Tal aus zu Berg Steigenden das linke bedeutet, führt ein verhältnismäßig breites, jedenfalls fahrbares Bergsträßlein almenwärts. Auf ihm legten wir meist die ersten tausend Meter unseres Heimweges zurück. Die Wände des Grabens sind beidseitig steil und steigen sehr bald schon hoch an. Im Osthang liegt, vom Wald der ehemaligen Herrschaft eingeschlossen, bäuerlicher Grundbesitz, und zu ihm gehören mehrere Grünflächen, gehörte auch jene nur einmähdig genutzte und zweimal beweidete Hasenwiese. Mit dem Gegenhang verhält es sich anders. Er gehört von einer bestimmten, senkrecht in den Graben hinunterlaufenden Gemeindegrenze ab zur Herrschaft (das bedeutet heute leider zum Staatsforst) und bestand damals aus einem beinahe ganz geschlossenen prachtvollen Fichtenhochwald, der den schönen und ihn gut bezeichnenden Namen „Schwarzenberg" trägt. Eine einzige große und sehr verwachsene Dickung fügte sich, wie ein von unten nach oben getriebener Keil, in dieses schwarze Altholzgehänge.

Wir befanden uns ihr ziemlich genau gegenüber und waren etwa vierhundert Luftlinienmeter davon entfernt. Aus ihr heraus nun ertönte ganz unvermittelt, und obwohl mein Schrotschuß erst vor fünf Minuten verhallt war, ein voller, wenn auch nur kurzer und rauh abgerissener Hirschschrei, der erste, den meine Frau in diesem Jahr vernahm. Quer zu diesem Schwarzenberg-Westhang, der damals kaum Äsungsflächen bot, verlaufen mehrere Hauptwechsel in Richtung der weiter südlich gelegenen großen Almen, nicht zuletzt der unser Jagdhaus umgebenden Wiesen. Es ist daher keine Seltenheit, daß im Schwarzenberg ein suchender oder seinem auf vertrautem Wechsel zur Äsung ziehenden Rudel folgender Hirsch schreit. Der aber, der soeben gemeldet hatte, stand sehr tief in der Dickung, und das gab mir zu denken. Zog er am Ende abwärts den Wiesen der Einödanwesen zu, statt gegen die Almen hinauf? Wir blieben lange stehen und lauschten. Aber nichts mehr war zu vernehmen.

Es ging wohl die Sage von einem starken alten Hirsch, angeblich einem Achter, der mit Ausnahme der Frühlingsmonate ganzjährig in dieser

Dickung hausen sollte. Nicht nur eine Sage war's; man fährtete ihn immer wieder in den weichen quelligen Böden der Althölzer ringsum. Diese Fährten ließen vermuten, daß er jenseits des Grabens auf die bäuerlichen Wiesen in der Gemeindejagd zur Äsung zog. In der Brunft ließ er sich selten vernehmen. Freilich waren zu der Zeit in dieser rotwildarmen Gegend auch nur selten Jägerohren, die seine Stimme hätten hören können. Ich selber hatte ihn vor zwei Jahren ein einziges Mal zu Ende der Brunft gesehen, als er, nachdem ein mürrischer Schrei mich auf diese Gegend aufmerksam gemacht hatte, aus dem Fichtenhochholz über eine schmale Blöße langsam in die Dickung wechselte. Im fahlen Licht war das Geweih kaum anzusprechen gewesen; Rumpf, Hals und Haltung aber sprachen für einen bejahrten Hirsch. Ob das mit seinem ständigen Einstehen in diesem zwar viele Vorteile, vor allem mehrere versteckte Suhlen bietenden, aber sonnenarmen Jungwald wirklich stimmte? Es war, soviel hatte ich aus dem einen Schrei herausgehört, ein guter und sicher kein junger Hirsch gewesen, der sich soeben da drüben gemeldet hatte, aber es gab ja viele Hirsche in meinen damals recht weiten Bereichen. Immer noch horchten wir hinüber. Es blieb still, und nur der Bach rauschte vorherbstlich schwermütig zu Tal.

Schließlich ließ ich unseren Hasen (man konnte nicht wissen, wer uns unten auf dem Sträßlein noch begegnen würde) in meinen Rucksack gleiten, und wir machten uns auf den Heimweg. Aber nach etwa fünfzig Metern blieb ich abermals erstaunt stehen: Mitten in der Wiese, in einer ihrer anmoorigen Mulden, war eine Suhle ausgeschlagen und frisch angenommen. Das Licht reichte noch gut, die Fährten zu lesen; es mußten mehrere Stück Kahlwild hier herumgetreten sein und gesuhlt haben, und mit einemmal sah ich mitten unter ihren Schalenabdrücken eine sehr gute, eine wirklich derbe Hirschfährte in den grauen Lehm geprägt. Das war insofern erstaunlich, als in diesen unteren Ausläufern des Grabens, wie auch in der von mir damals noch gepachteten, sich daran anschließenden Gemeindejagd, Rotwild nur ziemlich seltenes Wechselwild war. Alles an Rotwild, mit Ausnahme guter Hirsche, war in diesen Lagen den Jägern zum Abschuß freigegeben, und auch was uns bei spätherbstlicher oder winterlicher Riegeljagd an Kahlwild und Junghirschen vors Rohr kam, war frei. Weiteres Absuchen der Suhlenränder ergab, daß das anscheinend kleine Rudel und sein Beherrscher hier schon seit Tagen ihre Bäder nahmen, was gleichbedeutend damit war, daß sie zur Äsung auf diese Wiese zogen. Auch in der vergangenen Nacht mußten sie dagewesen sein.

Die Gefährtin meinte nun, wir sollten uns doch bis zum Nachtwerden bei der Suhle ansetzen. Da aber das Wild (wenn es wirklich vom jenseitigen Hang des Grabens herüberkam) erst das Bachbett durchwechseln mußte und der Wind abwärts zog, waren die Aussichten hier schlecht. Konnte wohl sein, daß der Hirsch, der sich soeben drüben hatte hören lassen, gar nicht der war, der die sehr starke Fährte im Lehm der Suhle geprägt hatte, daß vielmehr ein anderer Hirsch mit Rudel von oben her aus den ebenfalls großen Dickungen unter dem Kamm des Hanges, auf dem wir uns befanden, heruntergezogen kam und somit im Anwechseln keinen Wind bekommen würde. Aber das glaubte ich nicht, und ich durfte es nicht darauf ankommen lassen, das Wild, sollte es eben doch von drüben kommen, zu vergrämen. Das setzte ich der Geliebten, deren Eifer ich gern nachgegeben hätte, leise auseinander, und sie nickte etwas betrübt ihr Verständnis. Morgen würden wir unten im Graben abfährten, ob ein frisch betretener Wechsel aus der Dickung über den Bach führte, und dem Ergebnis gemäß Plan und Platz schmieden und wählen.

Nah und mit flüssigem Glanz standen die Sterne über uns, während wir das letzte Wiesensteilstück zum Jagdhaus hinaufstiegen. Den Hasen übergaben wir dem Mathias zur weiteren Behandlung und Vorbereitung für den nächsten Abend, an dem das zweite Krebsfest steigen sollte. Das gegenwärtige jägerische Leben war, wenn es schon das traute Heim und der allabendliche Stammtisch nicht sein konnten, noch halbwegs nach des Mathias Geschmack. Ein wenig Gebastle in der Küche, kleine Verhörbirschen, möglichst verbunden mit einem almerischen Besuch, so ließ sich die Talferne zur Not ertragen. Heute wanderte er nach dem Abräumen zur Schmiedalm hinunter, um beim Kränzebinden für den Almabtrieb, mit Musikbegleitung und heiterem Gespräch, zu assistieren. Wir gingen noch einmal kurz vors Haus und lauschten eine Weile den fernen Harmonikaklängen. Krieg war; so gar hoch ging es nicht her. Die Söhne des Bauern fehlten. Dann stiegen wir endgültig in unsere Wohnstube hinauf, und dort war Licht und Wärme um uns, und geborgenes Behagen schloß uns ein.

Als ich am Morgen zur Frühbirsch aus der Tür trat, plätscherte der dünn gewordene Brunnenstrahl träg in den Trog, und die Bergkämme der jenseitigen Talkulisse standen mit scharf geschnittener Kontur schwarz im gelben Osthimmel, als seien sie mit chinesischer Tusche hineingemalt. Man hätte auch die gleichfalls tuschschwarzen einzelnen Fichtenwipfel auf dem mehr als tausend Meter entfernten Rohnerkopf vor diesem Frühhimmel zählen können. Während der Nacht hatte auf dem Almhang gegenüber dem Jagdhaus längere Zeit ein Hirsch geschrien. Jetzt war es still geworden. Auch der Wind, der nach Mitternacht mehrmals mit jähem Rauschen aufgekommen war, hatte sich wieder gelegt. Aber irgend etwas schien sich verändern zu wollen, schwüle Trockenheit lag in der Luft.

Bei dem großen Hammerleitenrudel auf der Hofalm stand heute endlich auch ein guter Hirsch, zog aber faul brummend so früh ins Holz ein, daß ich nicht mehr als die Stärke und sehr weite Auslage seiner Stangen ansprechen konnte. Das schon grau verfärbte, nicht führende Stuck, das er trieb, wirkte vor ihm wie ein Kalb.

Ich versuchte, dem Rudel auf einem den Altholzhang senkrecht durchschneidenden Loshieb nochmals den Weg abzuschneiden, um mir den Hirsch bei besserem Licht anschauen zu können. Aber außer einer Altmutter mit Kalb und Spießer kam nichts auf dem bewährten Wechsel. Die ganze übrige Gesellschaft war anscheinend, den Schlag umgehend, über den Kamm gewechselt.

Und wieder, wie all die Tage her, Frühstück und ein geruhig ausgerauchter Pfeifenkopf bei offenen Stubenfenstern, dann der Bummel ins Tal und die mühlose Radpartie auf halb verbotenem Weg. Am See aber war's nicht so erfrischend wie sonst. Die Sonne stach feindselig auf unseren Badesteg herunter, ab und zu drehte ein Windstoß die Blätter der Ufererlen nach oben, und im Schilf schlugen und plantschten unruhig die Hechte. Dann war auf einmal im Südwesten weißes Gewölk über die Bergkämme heraufgewachsen und verschleierte, während wir auf der Landstraße unsere Pedale heimzu traten, schon die Sonne. Ein Wettersturz stand bevor. Er würde dem Herbst gewaltsam zu dem ihm lang verwehrten Einzug verhelfen; es war nimmer denkbar, daß der Sommer solch rauhen Einbruch würde überstehen können. Meine Ahnung und meine mir nur halb eingestandene Trauer, als gestern der Pfeifenrauch nicht so davonzog, wie er's an schönen Abenden sonst tut, hatten recht gehabt.

Aber es wurde zumindest ein sommerliches, ein voll orchestrales Finale: Während wir unsere kurze Mahlzeit einnahmen und uns am Dünnbier erlabten, brach ein Gewitter los, das dem Monat Juni alle Ehre gemacht hätte. Mit dem Regen aber war es, wie sehr oft in unserem engen Tal, nicht weit her. Ein paarmal rauschte es kräftig hernieder, aber nicht länger als für einige Minuten. Dazwischen fielen nur vereinzelte kleine Tropfen aus der düster und sehr hoch ziehenden Wolkendecke, über der fort und fort die Donner weiterrumorten. Es lichtete sich dann sogar ein wenig auf. Das von den Bergen am Südausgang des Tales freigegebene spitzwinkelige Himmelsdreieck wurde weiß, und ich meinte, unseren abendlichen Birschplan doch noch ausführen zu können, das Abfährten unterhalb der Dickung im Graben, der sich dort verbreitert und einen eigenartigen, von sehr alten Fichten bestandenen, teilweise ebenen Boden bildet, das „Bachwastlloch", das Abfährten also und je nach Befund einen Ansitz nahe der Hirschhasenwiese.

Wir radelten etwas später als sonst, aber immer noch rechtzeitig, unter halbwegs beruhigtem und sogar etwas gelichtetem Himmel talaus. Meine Frau hatte sich ihr grünes Kopftuch umgebunden, die Mäntel hatte ich auf den Rucksack geschnürt. Was sollte uns schon noch ankönnen!?

Man glaubt nur allzu gern, daß die Dinge so kommen werden, wie man sie sich wünscht. Dabei war ich in diesen Bergen aufgewachsen und hatte damals schon mehr als zwei Jahrzehnte in ihnen verjagt. Die Gedanken des Jägers kreisen fast unablässig hoffend und befürchtend um das Wetter, das ihm die Pläne formt, ihm zum Heil oder Unheil werden, ihn beflügeln und lahmlegen kann. So hätte ich damals bedenken müssen, daß die in anderen Gegenden dem Stromausgleich der Lüfte fast unmittelbar verbundenen Gewitterregen bei uns am Alpennordrand zunächst meist zögernd und wie verzettelt niedergehen, der verdüstert bleibende Himmel sich aber trotzdem, wenn auch erst nach Stunden, mit gewaltigem und anhaltendem Herabströmen seiner Wasserlast entlädt. Der holde Regenbogen, das beglückende Sinnbild der Versöhnung, ist deshalb in den Bergen ein viel seltenerer Anblick als draußen im flachen Land.

Als wir unsere Räder abgestellt hatten und, von der durchfeuchteten und abgekühlten Luft beschwingt, schon eine Weile auf dem Fußmarsch waren, fing es wieder zu regnen an. Erst war's nicht schlimm, kleine Tropfen fielen spärlich, vermehrten, verdichteten und vergrößerten sich und innerhalb von zehn Minuten war ein rauschender, von fernen Donnern überknurrter und von unverhofften Blitzen ruckweise rötlich illuminierter, jetzt echter Gewitterregen daraus geworden. Zum Glück wußte ich uns einen Rindenkobel nah beim Weg, in dem wir Seite an Seite unterhocken konnten. Statt des Holzfeuerrauchs zogen alsbald die blauen Wolken unseres Tabaks träg in die nassen Lüfte hinaus. Nun durften wir unsere Birschpläne in der erkalteten Asche der steinumkränzten Feuerstelle begraben. Aber allzu traurig waren wir auch jetzt nicht. Wir hatten immer etwas zu plaudern, damals und vorher und später. Das einzige, was mir Sorge machte, war die vorgerückte Zeit. Es würde früh dunkel werden heute, und wir hatten keine Laterne dabei. Wenn der Regen im Lauf der nächsten halben Stunde nicht aufhörte, mußten wir trotzdem unseren Heimmarsch fortsetzen. Lieber im letzten düstersilbrigen Licht sich durchnässen lassen als in der Stockdunkelheit!

Der Regen hörte nicht auf, aber er ließ nach. Als wir's am sanfteren Tropfenfall auf unserem Rindendach feststellten, krochen wir aus dem Versteck. Wir tranken in tiefen Zügen die erfrischte Waldluft ein. Drinnen im Kobel war sie mit dem Geruch von kaltem Rauch und Ruß vermengt gewesen, der beinahe unausrottbar jeder Stätte verbunden bleibt, an der einmal Menschen gehaust haben. Alle Farbe war schon erloschen; fahl wuchsen um uns her die Schäfte der Buchen auf, die Wedel und Wipfel der Fichten standen mit weich verschwimmender Kontur tintenschwarz vor dem perlgrauen Himmel. Über dem laubbedeckten Waldboden stand kaum bewegter wäßriger Dunst. Langsam folgten wir unserem Almweg durch den triefenden Wald. Um die Bergflanken zogen träge Nebel, und unten im Graben rauschte der jäh angeschwollene Bach.

Durch einzelne Lücken zwischen den Stämmen schimmerte zu unserer Linken die Wiese, an deren Rand wir vor 24 Stunden in der Abendsonne gesessen hatten, weißlich herunter. Wir durchquerten einen den Weg doppelmannshoch überragenden Fichtenjungwald und traten dann in jenen merkwürdigen, auf das jägerische Landschaftsgefühl mit schwer erklärbarer Anziehung wirkenden flachen Kessel ein, der den in nimmer auflichtbare Vorzeit zurückreichenden sondernbaren Namen „Bachwastlloch" trägt. Wahrscheinlich hat dort einmal ein „Wastl", ein einschichtiger Holzknecht oder Kohlenbrenner namens „Sebastian", in längst vermoderter Hütte am felsigen Bachufer gehaust. Dem mit bemoosten Blöcken besäten, fast ebenen Kesselboden entwuchs ein stark- und hochstämmiges, licht stehendes Fichtenaltholz. Jenseits des drunten im Grund weißsprudelnden Wildbaches stieg im Gegenhang, jetzt schon in Nacht und Nebeldunst gehüllt, die Dickung steil auf, aus der wir gestern den Hirschschrei hatten mürrisch aufrollen hören.

Wir blieben verschnaufend stehen, die kalte, nässegesättigte Luft zog uns um die erhitzten Gesichter. Es war, als hätten diese Regengüsse den letzten Sommerduft des Waldes in die Tiefe der Erde hinabgespült und dafür die ganzen halbmoderig würzigen Gerüche des Herbstes aufgeweckt, nach welkenden Waldkräutern, nach Moos, Fallholz, Pilzen, schimmelnder Rinde, triefender Flechte, Fallaub und gilbenden Schmielen.

Wir setzten den Weg fort, und in unsere ersten Schritte hinein dröhnte plötzlich aus nächster Nähe rauh rasselnd und zornig ein gewaltiger Hirschschrei. Was von da ab geschah, läßt sich mit seinen im ersten Augenblick Herz und Glieder lähmenden, rasch aufeinanderfolgenden Überraschungen kaum beschreiben. Den Kopf in die Richtung des Schreis wendend, sah ich mit dem ersten Blick schon auf kaum mehr als sechzig Schritt den massigen, sehr tiefen Rumpf des Hirsches gut erkennbar sich zwischen zwei Fichtenstämmen vom nebelgrauweißen Hintergrund abheben. Mit hohem Haupt äugte er in unsere Richtung. Wo war er nur hergekommen!? Er mußte vom Bachbett, einer tiefen Mulde folgend, heraufgezogen und ihr soeben erst entstiegen sein. Ich fühlte meinen Pulsschlag bis in die Ohren hinein. Hatte er uns eräugt? Da sah ich dicht vor ihm in halb deckender Vertiefung eine schattenhaft wegwischende Bewegung. Der Hirsch wendete jäh das Haupt und glitt, sich ruckartig aus seiner Erstarrung lösend, mehr fahl als dunkel hinterher.

Aus der Nacht- und Nebelspuk! Die Enttäuschung und ein Katergefühl von Schuld und Versagen zogen mir die Kehle zusammen. – Aber da schob sich ein zweiter großer Schatten in die Lücke, in der soeben der Hirsch gestanden hatte. Ich hob das Glas vorsichtig an die Augen. Es war ein Alttier. Ein paar Sekunden äugte es dem entschwundenen Hirsch nach und senkte dann das lange Haupt zur Äsung. Gleichzeitig widerhallte der kleine Kessel abermals von einem zornig verfolgenden Schrei.

Jetzt erst fiel mir ein, daß ich nicht geladen hatte. Die Büchsflinte hing mir unter dem Mantel. Mit großer Vorsicht zog ich sie mit der Linken von der Schulter, indes ich mit der Rechten eine Kugelpatrone aus der Joppentasche holte. Während ich das Gewehr, immer noch unter dem Mantel, aufkippte und die Patrone mit unvermeidbarem leisem Klirren in den Lauf schob, zog das Stuck vor mir langsam hinter einen Stamm, und ich vermeinte etwas unterhalb von ihm noch eine Bewegung zu erkennen. Und dann auf einmal krachte ein Ast und polterten dumpfe Fluchten. Also doch wahrgenommen! Vielleicht war irgendwo noch näher, für uns aber unsichtbar, ein weiteres Stück gestanden und nach längerem Zu-uns-Heräugen jetzt flüchtig geworden?! Aber da tat, und jetzt ganz nahe, der Hirsch abermals einen abgerissenen kurzen Schrei. Und dann geschah es: Ein Stück trollte, dem freien Auge nur ahnbar, vor dunklem Hintergrund auf uns zu und blieb dann dreißig Schritte von uns entfernt ruckartig stehen. Ich sah es das Haupt zu uns her wenden und dann mit langem Hals erstarren. Diesmal gab es keinen Zweifel, daß es uns, die wir als dunkle Figuren frei auf dem hellen Weg standen, eräugt hatte. Und da schrie uns der Hirsch – unvergeßbare Schreck- und Glückssekunde – direkt ins Gesicht. Wie ein Hammerschlag traf es mich aufs Herz! Zwanzig Meter tiefer hatte er sich, lautlos aus dem Dunkel gleitend, groß und frei in eine helle Nebellücke heraus entwickelt. Er war noch ohne Mißtrauen, als ich ihn in die angetrübten, schnell mit dem Daumen freigewischten Linsen des Zielfernrohrs hineinbekam. Schwer und ernst, mit leicht angezogenem Kinn stand er da. Es gab schon allein dem Rumpf und dem tiefmähnigen Hals nach keinen Zweifel, daß es ein sehr starker Hirsch war. Vom Geweih sah ich in den mir verbleibenden Sekundenbruchteilen nur, daß es nicht hoch, aber anscheinend sehr starkstangig war und lange Mittelsprossen hatte.

Der Zielstachel war vor dem grauen, aus dieser Nähe riesenhaft erscheinenden Rumpf noch gut erkennbar. Ich mußte freihändig schießen; das hieß nicht mehr als schnell den Finger krümmen. Dann dröhnte mit rotem Aufflammen der Schuß in die regentropfende, bachrauschende Stille und hallte kurz und heftig zwischen den engen Grabenwänden hin und her. Mit wildem Aufruhr, splitterndem, krachendem Dürrholz und Poltern von Steinen und Schalen brach das Rudel davon. Nach etwa einer Minute schreckte drunten am Bachufer zornig empört ein Stuck und nochmals und abermals schon drüben im Dickungshang. Dann hörte ich in der tiefen Schwärze des Fichtenwaldes einen merkwürdigen hart reibenden und schürfenden Laut und danach noch zweimal ein ziemlich helles, klapperndes Aufschlagen auf Gestein. Von da ab war es ganz still.

Meine Frau trat an meine Seite. Fast weiß wirkte ihr Gesicht unter dem regennassen Kopftuch.

„Er hat sich hoch aufgebäumt, wie du geschossen hast", flüsterte sie.

„Hast du diesen letzten Laut gehört?" fragte ich zurück.

„Welchen? Das Schrecken?"

„Nein, dieses Schlagen und Klappern vor uns im Wald?"

„Ja, was war das!?"

„Der Hirsch hat mit dem Geweih gegen einen Stein geschlagen; er liegt da unten."

Ich konnte es diesmal nicht lassen und birschte mit tastender Sohle Schritt vor Schritt durch Fallholz und Felsblöcke abwärts. Bis an das steinige Ufer des Baches kam ich, ohne im fast ganz weggeschwundenen Licht mit den aufs äußerste geweiteten Pupillen etwas auch nur erahnt zu haben. Es war Nacht; für heute mußte ich die Suche aufgeben. Im Wiederaufwärtssteigen zur oben am Weg geduldig wartenden Frau wehte mir aber mit einem Mal warme Brunftwitterung direkt ins Gesicht. Ich gewahrte zuerst nur einen weißen Fleck von niedergewalkten Huflattichblättern, aber dann dicht darunter eine breite, hell schimmernde Fläche und beugte mich darüber und sah, daß es der verendete Hirsch war. Ich schaute ihn mir nicht näher an und eilte, so schnell ich nur konnte, wieder hinauf auf den Weg.

Dann aber saßen wir beide eine stille Viertelstunde lang im nächtlichen, regentropfenden, nebelumflossenen und -durchzogenen Wald beim Hirsch. Ein großgabeliger Achter war's mit einem merkwürdig grobkörnig und ganz gleichmäßig geperlten, langendig knorrigen Althirschgeweih. Er hatte (das war damals ein kleiner Tropfen Wermuth) keine Grandeln mehr und ist bis heute unter meinen sieben ältesten Hirschen geblieben. So sein vierzehntes, fünfzehntes Geweih mag er getragen haben.

Ich tat, nachdem die Glutpunkte unserer Zigaretten erloschen waren, nur das Notwendigste beim Lüften. Wir hatten hier erst den halben Weg und noch gut eine halbe Stunde zu steigen. Aber wir durften uns Zeit lassen; es eilte jetzt nicht mehr. Als wir etwa zweihundert Meter unterhalb des Jagdhauses aus dem nebelnächtlichen Hochwald auf die große Winterstubenwiese hinaustraten und das aufgeregte Rauschen des sie begrenzenden kleinen Baches hinter uns ließen, verschnauften wir nochmals vor dem Erstürmen dieses letzten steil ansteigenden Wegstückes.

Und da hörten wir's, was drunten im Wald nur wie fernes Rumoren an unser Ohr gefunden hatte: die Hirsche schrien. Von überall her vernahm man es, das leidvolle Stöhnen und eifersüchtige Aufbegehren, das bedrängende Werben und kampfgewillte Drohen, tief und ernst, sehnsüchtig hell, rauh und bös. Auf der Alm uns gegenüber waren es zwei oder drei, hinten im „Nachtlager" trenzte ab und zu unbehelligt ein rasselnder Hals, und von der Hofalm herüber hörte man den Austrag mehrerer Stimmen.

Lang standen wir und lauschten auf die Urtöne, die durch die regenrauschende Nacht wie aus einer anderen Welt zu uns herrollten und -grollten. Ihr Grundwesen, die von ihnen ausgehende Erschütterung, ist mit Worten nimmer erfaßbar, ist unbeschreiblich. Dann aber tat endlich der Mathias unserem leisen Pochen die Haustür auf, und in dem uns entgegenblendenden Licht löste das Mysterium sich auf. Auch das fröhliche Lachen des immer Neidlosen vertrieb es. Er schüttelte mir beglückwünschend die Hand:

„Heuer muaß ma, scheint si, ins Tal owa steig'n um d' Hirsch", sagte er, „aber heroben fangen s' jetzt a richtig an!"

Dann wechselte er das Thema: „Die Reina mit'n Has hab i grad as Rohr eina g'schoben. Hab' mir denkt, daß 's net gar z'spat werd."

Das war das Stichwort für die Frau des Hauses. Nachdem sie sich umgezogen hatte, begann sie ihres Amtes zu walten. Trotz schlechten Gewissens machte ich keinen Versuch, den zweien zu helfen; ungerechterweise hielt meine Frau nicht allzuviel von meinen Kochkünsten. Diesmal betrübte es mich nicht. Ich ließ mich, trocken umgewandet und nach gründlicher Reinigung der vom Aufbrechen noch roten Hände, in den tiefen Ohrenbackensessel oben in der gut durchwärmten Stube nieder, genehmigte mir eine rumänische Zigarette und einen ukrainischen Wodka und wartete, im Halbschlummer das Erlebte zurückrufend, des festlichen Mahles.

Es eilte nimmer, draußen klopfte der Regen, morgen durften wir ausschlafen. Wahrscheinlich würde um die Mittagszeit unser größter Almbauer, der Haschbichler, sein Vieh am Jagdhaus vorübertreiben, mir die Flasche mit seinem weitberühmten Birnschnaps hinhalten, und seine rot-

und rundwangigen, hübschen Töchter würden winken und uns zujodeln, eh sie mit der bekränzten Herde im Wald verschwanden. Dann gehörten die Berge nur noch dem Jäger, dann war die letzte Spur des Sommers getilgt.

Schritte kamen die Treppe herauf, der Mathias deckte den Tisch, schraubte an der von mir herabgedrehten Lampe, ging und kam wieder, eine dampfende, kümmelduftende Terrine in Händen. Gleichzeitig hörte ich die Geliebte in unsere Schlafkammer gehen, um sich, nach ihren Taten am Herd, nochmals zu verschönern.

Es wurde Zeit, an die Flaschen zu denken, die wohlvorgewärmte rote zu entkorken und die andere mit dem perlenden Inhalt aus dem Brunnen zu heben. Als ich das letztere tat, ließ einer der Hirsche drüben im Almhang gerade einen vielteiligen Kampfruf durch den windgejagten Regen herüberdröhnen.

Jetzt war es Herbst, und auch er ist schön, am schönsten vielleicht, solange man selber noch den Sommer im Herzen trägt.

Ein König und ein Königssohn

Zwei hohe Zeiten gibt es im Leben des Mannes, wenn nicht unberechenbare Ereignisse und Eingriffe von außen her die Verläufe stören. Die eine ist, so wenigstens habe ich es empfunden, die der gewonnenen Freiheit nach den Schüler- und Lehrlingsjahren, die andere die der jungen Ehe, wenn die blühende Gefährtin ihm zur Seite geht und Söhne und Töchter im Kindesalter ihre kleinen Hände noch vertrauensvoll in die seinen legen. Auch im Leben eines Jägers ist es nicht anders. In ihm darf man vielleicht die Momente kaum faßbarer Beglückung durch erstes Erbeuten den Höhepunkten noch zurechnen.

Es muß so um das Jahr 49 oder 50 gewesen sein, als wir, Frau, achtjähriger Sohn und ich, eines frühen Oktobernachmittags den schönen Spaziergang von der Winterstube zur Elandalm hinüber antraten. Wir verlegten nach geringem Anfangserfolg sozusagen unser Hauptquartier. Unendlich hoch spannte der Himmel sich in kühler Türkisbläue über die besonnten Berge. Unser, soweit es so etwas gibt im Gebirg, im wesentlichen steigungslos verlaufender Pfad führte erst über die freien, von Jungfernfäden überschwebten Almen und dann buntfallaubbedeckt durch den von herbstlichem Moder- und Erdgeruch erfüllten Bergwald. Über eine kurze Wegstrecke sahen wir weit unten inmitten frischgrüner Wiesen Schloß, Dorf und Kirche und zwischen den Parkbäumen halb versteckt auch unser Haus und weit im Hintergrund die große lichtblaue Fläche des Chiemsees liegen, dann schoben Fichtenkulissen sich dazwischen, und wir waren wieder ganz eingeschlossen in unserer Welt der Wälder und Hirsche. Von diesen letzteren freilich ließ keiner sich hören. Fein zirpendes Warnen der Meisen aus den Buchenkronen, drunten in der Flanke des Berges das Rätschen von mehreren Nußhähern, über uns im Golddunst des Nachmittags wirbelnder Tanz von Insektenschwärmen, ab und zu das sachte Geräusch fallender Blätter, aber die Hirsche hatte anscheinend im Schatten unter warm besonnten Wipfeln ein tiefer, kampfermüdeter Schlaf in Fesseln geschlagen. Nur einige starke Fährten auf von Kahlwildschalen zerackerten, steil bergab zu den höchstgelegenen Talwiesen führenden Wechseln gaben Zeugnis von ihrem Vorhandensein.

Auch auf der Elandalm, deren gegen Osten gewendete Matten von letzten nachmittäglichen Schrägstrahlen vergoldet waren, ließ, als wir sie glücklich aufatmend erreichten und auf ebenem Almsträßlein die letzten tausend Meter vom Waldrand bis zur Hütte zurücklegten, noch kein leisester Laut aus rauher Hirschdrossel sich vernehmen. Aber die Felswaldhänge unterhalb des Heuraffelkopfes und der Zellerwände lagen noch keine Viertelstunde im Schatten, als in ihnen das erste Vorgebrumm zu rasseln begann und sich schon nach etwa zehn Minuten mit unerwartet jähem Losbruch zum Kampfgedröhn steigerte.

Wir hatten uns auf die Bank vor der Hütte gesetzt, um bei einer Zigarette noch ein wenig zu verschnaufen, ehe wir ans Auspacken gingen. Ich hatte meiner Frau dabei helfen wollen, denn es waren mehrere Ruck- und Reisesäcke, die der mit schwerer Pinzgaustute bespannte zweiräderige Almkarren des Winterstubensennen schon ein paar Stunden vor unserem Abmarsch herüberkarriolt hatte.

Aber als es da droben in dem von buntkronigen Laubbäumen durchsetzten steinalten Fichtenhochwald mit Schrei und Gegenschrei und vielteiligen Kampfrufen, mit krachendem Geäst und polterndem Gestein nun gar so lebhaft wurde, griff ich mir Muschel und Büchse und schaute, daß ich auf einen von der Hütte nur knapp 300 Meter entfernten Almrücken hinaufkam, um hinter dem mir dort lang bekannten Felsblock den Beobachtungsstand zu beziehen. Die schon ein wenig ermüdete Gattin blieb gerne, der Sohn dagegen nur unter widerwilligem Protest bei der Hütte zurück.

Damals hielt ich es noch so, daß ich mich mit Horn oder Muschel in solche Austräge der Hirschstimmen einmischte. Heute mache ich, teils aus der Erfahrung heraus, daß die natürlichen Abläufe besser berechenbar und überdies nur selten zu beeinflussen sind, teils vielleicht auch der Altersbequemlichkeit nachgebend, vom Ruf nur noch sparsamsten Gebrauch.

An jenem Abend stand mir schon nach einer Viertelstunde in langen, wie der Fall reifer Äpfel über den Almboden heranpolternden Fluchten, gleich einem aufs Blatt springenden Rehbock, ein Zehnerhirsch vom wahrscheinlich erst dritten Geweih zu. Die Hirsche oder, richtiger gesagt, ihre Lauscher, lassen sich wohl insofern betören, als sie die gekonnt nachahmenden Ruftöne des Jägers für die eines Artgenossen halten, über Lautstärke und Tonlage aber täuscht auch ein junger Hirsch sich nie. Es fehlt dem durch Schalltrichter aller Art verstärkten Menschenruf die rauhe Resonanz, die Grobheit der Stimmbänder und, wenn man nicht von der Natur mit einem schwarzen Donkosakenbaß (den ich mir, außer während dreier Hirschbrunftwochen im Jahr nie gewünscht habe) begabt wurde, die Tiefe. So hätte ich auch damals beleidigt sein müssen über diesen Knaben, der mich, der ich mich als Kronenhirsch vom mindestens siebenten Kopf fühlte, annahm wie seinesgleichen. Aber ich freute mich des Anblicks der sich schon sehr flach hinausschwingenden Stangen und ihrer zwar dünnen, aber weit über das Mittelmaß langen Enden. Die Eissprossen waren auf beiden Seiten genauso lang wie die Augenden. Einen Schrei wagte trotz seiner kühnen, vielleicht auch nur auf scherzhaften Umtrieb bedachten Attacke der Knabe nicht. Jetzt, zu Anfang Oktober, saß er ihm noch nicht locker genug in der Drossel. Aber in so zehn oder vierzehn Tagen würde wahrscheinlich auch er sich eingeschrien und sogar den schmachtenden Schmelz seiner jugendlichen Stimmbänder heiser angerauht haben.

Nahezu fünf Minuten stand der Zehner mit spielenden Lauschern und zeitweilig vibrierendem Brunftfleck schrotschußnah vor mir. Er erkannte mich nicht, obwohl seine unruhig suchenden Lichter mir mehrmals direkt in die Augen schauten, die ich wohlweislich halb geschlossen hielt. Als er vom erwarteten Altersgenossen nichts entdecken konnte, wandte er sich wieder bergwärts und trollte auf den breiten Waldstreifen zu, aus dem unablässig die beste der Platzhirschstimmen herausdröhnte.

Die Hirsche kamen nicht zur Ruhe an diesem Abend, und als die Dämmerung die Waldränder eisenhutblau zu überschleiern begann, glaubte ich halbwegs erkundet zu haben, wie es um das Kräftespiel dieser Kämpen auf der Elandalm stand: Es gab nur einen echten Platzhirsch, einen derb- und schwarzstangigen Zehner mit nur mittelmäßigen Becherkronen, aber langen, stark aufgebogenen Augsprossen. Obwohl allen äußeren Anzeichen, vor allem der tiefen Mähne nach, ein ziemlich alter Hirsch, war er von einer Beweglichkeit und ruhelosen Angriffslust, wie ich sie auch bei jüngeren Platzhirschen nur selten beobachtet habe. Immer wieder verließ er sein aus nur fünf oder sechs Stücken bestehendes Rudel und trollte da- oder dorthin einem sein Alleinherrschertum störenden Widersacher entgegen. Einmal kam es in Deckung eines Fichtenhorstes nach überlautem Hin- und Widerröhren zum kurzen Kampf. Zwei-, dreimal kreuzten sich mit hellem Aufeinanderknallen die Stangen. Wenige Minuten später trieb der Zehner sehr unwirsch eine dreiköpfige Kahlwildfamilie seinem Rudel zu.

Den durfte man schießen, wenn er sich hinstellte. Um die Vererbungswürdigkeit von Geweihen habe ich mir zeitlebens nicht viel Kummer gemacht. Nadlerpunkte sind ein sehr zweifelhaftes, jedenfalls aber nur ein sekundäres biologisches Plus. Nicht was als Schmuck unserer Wände Wunschträume erfüllt, entscheidet über Wert und Unwert und letzten Endes über das Lebensrecht unserer Mitgeschöpfe, sondern einzig und allein die sie zu einem harten Daseinskampf befähigenden Kräfte. Die zu ermessen freilich ist schwerer, als die Schätzung eines Geweihs nach seiner Wirkung in der Trophäenhalle. Geweihe sammeln ist Liebhaberei, Lebenskräfte, so wie die Natur sie will, beschützen, ist eine ernstere Aufgabe. Das heute vielfach geübte Treiben der Geweihe mit unbegrenzten Kraftfuttermengen erinnert mich in fataler Weise an das auf große Lebern abzielende Stopfen der Mastgänse.

Lassen wir's gut sein! Der Kult um die Trophäe hatte sich in jenem Zeitpunkt noch nicht wie gegenwärtig zu voller Überspitzung ausgewachsen. Der Zehner war stark, stark genug, sich drei oder vier ausgewachsene und zum Teil reichendiger gekrönte Beihirsche weit vom Leib und vom Harem zu halten, und er war alt. Wie alt, das wußte ich nicht, und kein erfahrener und zugleich ehrlicher Rotwildjäger wird sich anheischig machen, aufs Jahr genau das Alter eines ihm nicht von der Fütterung her und vom ersten Bastspieß an bekannten Hirsches richtig ansprechen zu können. Und selbst wenn ihm die ausgekochten Kiefer vorliegen, würde er sich mit seiner Schätzung nur im Ungefähren bewegen können. Aber im Lauf der Jahrzehnte schärft sich bei einem Jäger, der viele Hirsche nicht nur angesprochen, sondern auch lange beobachtet hat, der Blick für Wuchs, Gehaben, Gesichtsausdruck und Stimme, oder besser gesagt, Art des Schreiens der Ausgereiften, der Fertigen, kurz derer, für die das Ende durch Pulver und umnickeltes Blei keine abgeschnittene Entfaltung mehr bedeutet.

Frau und Sohn hatten mit Hilfe des zweiten in der Hütte zurückgelassenen und auf ein Stativ montierbaren Perspektivs und vom Forstwart

Hornberger eingewiesen den Zehner im Lauf des Abends auch mehrmals gesehen und waren beide des frommen Eifers voll, mich zu bereden, diesen „Herrligen" (so der Sohn) nicht auch wieder (wie so manchen anderen in den vorhergegangenen Tagen) zu schonen. Diesmal fanden sie ein williges Ohr.

Wenn es Stunden vollen Glückes gibt, dann gehören für mich die am knisternden Hüttenherd zu ihnen, während draußen der Hirschschrei durch die Nacht grollt. Und diesmal war in diese Stimmung von Geborgensein und Erwartung glücklicher Tage auch noch vorfreudiges Hoffen mit eingewoben. Morgen!

Und dieses Morgen kam. Ohne einen Hauch von Gewölk wölbte der bestirnte Himmel sich in dunkler Stahlbläue über den Zellerwänden und sog unter dem im Osten wie aus flüssigem Gold erglänzenden Morgenstern langsam bräunliche Röte in sich hinein. Auf der Alm aber war es still geworden. Wir erwarteten auf dem kleinen Hüttenvorplatz das Büchsenlicht. Ein vierköpfiges Kahlwildrudel, das vermutlich Wind bekommen hatte, zog ein wenig beunruhigt an den zwei Sennhütten unter uns vorbei und tauchte in die tuscheschwarze Wand des etwas tiefer die Alm begrenzenden hohen Holzes hinein. Ihm folgte dichtauf ein junger Achterhirsch. Auf dem sich gegen Nordosten zum Almausgang hinziehenden steilen Grashang äste, vierhundert Meter etwa von uns entfernt, ein einsamer Gamsbock, und endlich brummte auch ein-, zweimal ein Hirsch, aber er schien ziemlich weit unten in den sich an die Almlichtung talwärts anschließenden Schlägen zu stehen und zog vermutlich auch in einen noch tiefer gelegenen, schon dicht geschlossenen Jungwald ein.

In der großen Hollerstaude, die den Rückeingang unserer Hütte laubenhaft überschirmte, zwitscherte der Rotschwanz auf. Seinem Gruß an die rosige Frühe konnte man schon so etwas wie Vorfreude auf die nah bevorstehende Wanderschaft gen Süden anhören. Dann krugelte irgendwo, sehr weit weg und hoch oben, ein Spielhahn. Sonst aber war es so still, als ginge es schon auf Allerseelen zu.

Als der erste schmale Saum rötlichen Frühlichts auf die Zellerwände fiel, schrie endlich in unserem Rücken, etwa in der Gegend, aus der gestern abend der junge Eissprossenzehner zugestanden war, mit nicht gerade vielverheißender Stimme ein Hirsch. Wir entdeckten ihn schon beim ersten Hinschauen. Krummrückig steif und müde, mit vom trocken gewordenen Suhlenschlamm weißlichen Schlegeln, querte er die steile Leite gegen den Heuraffel hin. Er trug ein gleichfalls lehmverschmiertes, hohes, großkroniges Geweih, aber auch ohne Perspektiv erkannte ich sogleich, daß es nicht der Zehner und überhaupt kein älterer Hirsch war. Noch einmal blieb er stehen, warf das Haupt zurück und röhrte in die Richtung seines Wechsels.

Dieser langgezogene, eher helle als tiefe, fast wie eine Klage anzuhörende Ruf hatte eine unerwartete Wirkung. Aus dem Schlag unterhalb der Alm erscholl ein paar Sekunden später jetzt klar und laut ein sehr gereizter Antwortschrei und noch einer und wieder einer bis zum dröhnen den mehrteiligen Kampfruf. Dabei waren die beiden Hirsche in der Luftlinie gut und gern 500 Meter voneinander entfernt. Immer wieder kann man das erleben: drei, vier, manchmal ein halbes Dutzend Hirschhälse und dazu noch der Kehlkopf des mit dem Ruf reizenden Jägers lassen den bei seinem Rudel stehenden Platzhirsch mehr oder minder ungerührt. Dann aber ertönt eine, eine ganz bestimmte, oft gar nicht sonderlich imposante Stimme irgendwoher, und der Zorn des Alten, der sie genau kennt und heraushört, wird durch sie jäh entfesselt. Da ist einer, den er nicht leiden kann und der es ja nicht wagen soll, ihm in die Nähe zu kommen. Des Grollens und Drohens wird dann kein Ende. Einigen wenigen, von der Natur mit besonderem Ohr und Nachahmungstalent beschenkten Rufjägern gelingt es zuweilen, solche Extraabneigung erfolgreich auszunutzen.

Wir hielten kurzen Rat. Ich hatte die Stimme des Zehners vom Vorabend her noch gut im Ohr und keinen Zweifel daran, daß er es war, der da unten auf dem Schlag rumorte. Es kam uns auch so vor, als sei er seit den ersten verwehten Brummer, die wir zuvor vernommen hatten, weiter herauf- und das bedeutete almwärts gezogen. Da, wo er jetzt schrie, war der Schlag noch einigermaßen übersichtlich, aber um dorthin Einblick zu bekommen, mußten wir erst zu den Almhütten hinunter und uns unterhalb von ihnen in dasselbe Fichtenaltholz einschieben, in dem vorhin das kleine Rudel verschwunden war. In guter Deckung konnten wir dann unbemerkt bis an den Schlagrand gelangen. Von dort weg mußte es für einen freilich keinesfalls nahen Schuß reichen.

Die Gefahr, daß wir den Schlag leer vorfinden würden, weil der Platzhirsch inzwischen mit seinem Rudel entweder abwärts in den dichten Jungwald eingezogen war oder aufwärts die freie Alm überquert hatte, war wohl gegeben. Aber Moltkes kluges Wort, daß im Krieg alles gefährlich sei, mit anderen Worten, daß jeder Schlachtenplan ein Wagnis enthalte, gilt in entsprechenden Abwandlungen auch für die Jagd. Überdies zog der Wind noch immer talab und verwehrte alle Versuche, dem etwa bergwärts einziehenden Rudel auf der Almlichte den Wechsel abzuschneiden.

Den schon ziemlich betagten, nimmer gut hörenden Forstwart ließen wir bei der Hütte zurück, um wenigstens nachträglich zu erfahren, wohin, wenn wir wirklich zu spät auf den Schlag kommen sollten, die Reise unseres Wildes gegangen war. Aber es gibt Morgen, an denen dem Rotwild das Tagwerden und selbst das heraufsteigende Sonnenlicht überhaupt keine Beschwerden um seine Sicherheit zu machen scheint. Als wir nach ziemlich schneller und nicht eben geräuschloser Birsch (bei jedem knackenden Ast war ich darauf gefaßt, irgendwoher von einem eingängerischen Stuck angeschreckt zu werden) selbdritt den unteren Rand des Altholzes erreichten und der freie Blick in den weiten, muldenreichen Schlag sich uns auftat, fiel mir etwa 250 Meter entfernt sofort ein lehmroter Fleck ins Auge, und ich erkannte durchs Glas den schwarzstangigen Kronzehner, der in einer merkwürdigen trägzornigen Art an einer Junglärche herumfegte.

Wir erkletterten einen kleinen Felskopf und richteten uns zwischen den auf ihm stehengebliebenen mageren Fichten in halbwegs bequemer Lage ein. Der Hirsch ließ bald von seiner Lärche ab und zog brummend steil abwärts, bis er uns in einem der vielen tief in den Hang eingeschnittenen Gräben verschwand. Ich war wohl in Anschlag gegangen, konnte aber, da er sich in ständiger Bewegung befand, nimmer ans Schießen denken. Was sich während der folgenden Viertelstunde zutrug, läßt sich nicht bis in alle Einzelheiten hinein wiedergeben.

Es war eben so, daß der Hirsch sein Rudel zusammentrieb. In einer bei aller Majestät des Anblickes zeitweilig geradezu komisch wirkenden Gemessenheit, holte er immer wieder weit aus, und dann huschte hier und dort ein bis dahin von uns übersehenes Stück Kahlwild vor ihm weg aus Gräben, Mulden und niederigen Jungfichtenhorsten heraus, bis die ganze sich silbergrau und rot und rötlichbraun durcheinanderschiebende Schar – es waren schließlich neun Stück – beisammen war und sich in geschlossenem Fortziehen hinauf zu der inzwischen voll besonnten Alm befand. Bei diesem seinem Beginnen hatte der Zehner sich zumeist an der äußersten Grenze der Büchsenreichweite und sehr oft in halber oder ganzer Deckung befunden und kaum ein paar Sekunden stillgehalten.

Jetzt endlich stand er erhöht und breit in einer größeren Fehlstelle und äugte hinter seinem gehorsamen Rudel her. Ich brauche nicht lange, um einen solchen Schuß zu zielen, aber zum Glück hatte ich den Finger noch nicht am fein gestellten Abzug, als der Hirsch eine ganz unvermittelte Rechtswendung machte und – von seinen schön gestellten schwarzen Stangen überschaukelt – spitz von uns weg auf den gut fünfzig Meter hinter ihm liegenden Jungwald zu zog und, fort und fort vor sich hinbrummend, in ihm verschwand!

Ein vorwurfsvoller Strafblick der Gattin, ein tief enttäuscht fragendes Geschau des Sohnes, beide das gleiche ausdrückend: „Warum hast du aber auch so lange herumgetrödelt!?" Der Zehner war weg, und sein starkes Rudel betrat jetzt verhoffend, zögernd und vorsichtig prüfend die kurz begraste freie Alm. Wahrscheinlich würde es keine zehn Minuten dauern, bis das zügig voranwechselnde Kahlwild die zweihundert Schritte steil bergauf in die Deckung der goldgelb und kupferrot lohenden Ahorne und Buchen auf der Zellerhornleite hinter sich gebracht hätte.

Und nun geschah etwas, was mir als kaum je wiedergeschautes Bild und zutiefst erregendes Erlebnis nicht auslöschbar im Gedächtnis geblieben ist: Aus dem Jungwald, in den der Hirsch hineingezogen war, ertönte ein zorniger Schrei, und nach etwa einminütiger Stille quoll es aus seiner an die Alm grenzenden oberen Ecke im gleichen rotgrauen Gewimmel hervor wie vorhin auf dem Schlag. Drei, nein vier, nein fünf, nein acht Stück Kahlwild trollten mit nach rückwärts gewendeten Lauschern ins Sonnenlicht heraus, und ihnen folgte mit fast waagerecht getragenem, schwer gekröntem Haupt und in unveränderter zügiger Gemessenheit der Zehner.

Siebzehn, sage und schreibe siebzehn Stück Kahlwild zogen jetzt frei bis auf die Schalen und lange Schatten vor sich her werfend langsam von ihm angetrieben über die golden überblendete grüne Almfläche, weit und breit nicht ein einziger Beihirsch, nicht einmal ein lüsterner Spießer und nirgendwoher auch nur ein neidischer Schrei. In der völlig dunstlosen, glasklaren Luft sah man trotz der Entfernung von gut dreihundert Metern mit dem Glas jede Einzelheit an ihnen allen. Die glitzernden Lichter, die weit offenen Nüstern und unter den sonnbeglänzten Decken wie gemeißelt die Sehnen entlang den Läufen, und alle überragend schritt der Hirsch die lange Kette beschließend und etwas tiefer als die letzten Stücke hinterdrein: holzkohlenschwarz die Stangenäste über dem majestätisch ernsten lichtgrauen Haupt, die wallende Mähne wie aus überrußtem Gold und die etwas abfallende Rückenlinie gespannt von entschlossener Kraft.

Ich habe von meinen Knabenjahren an bis auf den heutigen Tag wohl mehrere hundert jagdbare Hirsche über die Almmatten der Elandalm ziehen sehen, darunter manchen im Geweih stärkeren als diesen Zehner, aber keiner von ihnen ist seinem Rudel so königlich gefolgt wie er. Von keinem anderen ist so viel zwingende, in die Weite der Wälder hineinwirkende Kraft ausgegangen wie von ihm, unbeugsam, verdrängend und zugleich anziehend, voll magnetischer Vibration. Wo hat es je einen Menschenkönig gegeben, der sich so reich, so paradiesisch-unschuldsvoll, einzig von der ihm innewohnenden Lebenskraft getragen, der Minne hatte freuen dürfen!?

Indes mir das durch den Sinn zog, schien den Hirsch aus der Steige-
rung des Lebensgefühls heraus so etwas wie ein alle Beherrschtheit durch-
brechender Jubel überkommen zu haben. Einen vollen, rauh strömenden
Schrei um den anderen sandte der bisher stumm und ernst Dahinschrei-
tende jetzt in den Morgen hinein.

Anblick und Erlebnis hatten mich so in ihren Bann geschlagen, daß ich
nicht dazu gekommen war, über die auch für meine flach fliegende Kugel
nimmer überbrückbare Entfernung bis hin zum steil bergan ziehenden
Rudel Enttäuschung zu empfinden. Auch Frau und Sohn ließen die Gläser
nimmer von den Augen, und Ärger und Vorwurf schienen vergessen. Als
nun das Leittier mit seinem engeren Anhang, obwohl nur noch hundert
Meter vom schützenden Waldrand entfernt, sich auf einmal nach links
wendete und Rudel und Hirsch ihm folgten, überlegte ich anfangs nicht,
daß sie jetzt auf uns zuwechselnd sehr bald den Todeskreis meiner Büchse
wieder betreten mußten. Wahrscheinlich zog an diesem Morgen, der einen
heißen Tag erwarten ließ, der südliche Teil der bei tausend Meter breiten
Zellerhornleite mit seinen den großen Suhlen am Almrand näher gelegenen schattigen Einständen das Rotwild stärker an als der trocken-felsige
Osthang.

Der Hirsch hatte sich jetzt an die untere Flanke seines Rudels begeben,
und ich wurde mir der verringerten Entfernung und der Möglichkeit des
Schusses erst bewußt, als, wie sehr oft kurz vor dem Betreten des Tages-
einstandes, das Kahlwild so etwas wie unschlüssige Unruhe befiel und einzelne Gruppen sich uneinig durcheinanderschoben. Jeden Augenblick
konnte der Hirsch erzürnt in Troll verfallen, Ordnung schaffen, eintreiben
und binnen weniger Minuten im Wald untergetaucht sein.

Kunst war trotz der weiten Entfernung auch diesmal nicht viel dabei;
ich lag flach am Boden, und die den Büchsenvorderschaft haltende Hand
ruhte auf dem festgebauschten Mantel. Der Zehner war stehengeblieben
und tat einen zornigen Schrei in seine unruhige Schar hinein. Ich nahm
den Haltepunkt drei Fingerbreiten höher, und dann krachte, auf den
Zellerwänden ein dunkel rollendes Echo weckend, der Schuß in die mor-
gendliche Sonnenstille hinein.

Durchs Feuer schauend übersah ich nicht, daß der Hirsch im Schuß den
Rumpf kaum merklich anhob. Er zog dann so gleichmäßig und langsam
weiter, daß ich mich fragte, ob die Kugel ihn nicht doch nur am Brustbein
gestreift habe. Ich wußte mein Abkommen und kannte die Büchse andererseits zu gut, als daß ich ernstlich daran glauben mochte. Nach etwa dreißig
Schritten blieb der Hirsch wieder und immer noch erhobenen Hauptes stehen. Ich zielte nochmals den genau gleichen Schuß.

Das bis dahin kaum beunruhigte Rudel fuhr jetzt erschrocken durcheinander. Zwei Alttiere flüchteten steil bergab. Der Hirsch aber stand regungslos. Als ich ihn zum drittenmal ins Zielfernrohr nahm, sah ich auf seinem Blatt einen handflächengroßen Schweißfleck in der Sonne glitzern. Ich brauchte nimmer zu schießen, und einige Sekunden später war es dann auch so, als habe eine starke Faust den wie versteinert Dastehenden umgestoßen. Er sank, indes um ihn her die große Weiberschar auseinanderpolterte, hangwärts zusammen und blieb lang hingestreckt regungslos liegen. Ich dankte dem grünen Heiligen dafür. Nur kein Herabwalken, keine Läufe in der Luft und kein haltlos hin- und hergebeuteltes Edelhaupt bei diesem König!

Um zu dem Verendeten hinaufzukommen, mußten wir, weil der direkte Anstieg quer durch den distelreichen, steilen Schlag wenig reizvoll war, einen Umweg machen. So kam es, daß der Forstwart, der sich von der Hütte aus das ganze Geschehen hatte mit ansehen können, beinahe gleichzeitig mit uns beim Hirsch anlangte. Jedesmal überwältigt mich der Anblick eines verendet daliegenden, voll ausgereiften Hirsches aufs neue, die Wucht von Rumpf, Brust und Mähnenhals, vor allem aber die Majestät des schweren Hauptes und der ernste und zugleich abwesende Blick der Lichter.

Man braucht hier nichts mit Hörnerklang oder mit Worten zu beschwören, ganz von selber verfällt man der Verzauberung, die einen vor solchem den Wäldern entrissenen und greifbar gewordenen Geheimnis anrührt.

Die beiden Kugeln saßen so nahe nebeneinander, daß ich anfangs, ehe ich den Schweiß vom Einschuß weggewischt hatte, meinte, nur eine von ihnen habe das Blatt erreicht und die andere sei fehlgegangen. Etwas vom Merkwürdigsten aber war die Tatsache, daß der Zehner nicht nur reif, daß er dem auffallenden Abschliff der Kiefer einschließlich der Schneidezähne nach ein unbestreitbar hochbejahrter Althirsch war. Nur in meinen frühen Hirschjägerjahren hatte ich es einmal erlebt, daß ein sicher gleich alter Hirsch, damals ein Achter, uneingeschränkt und mit ungebrochenen Kräften über ein nahezu ebenso vielköpfiges Rudel gebot.

Das, was von solchen Althirschen unter hundert einen ganz besonderen, als Herrscher sich behaupten läßt, was die anderen aus Gefühlen des ihnen nicht Gewachsenseins heraus veranlaßt, ihre Nähe zu meiden, und was sie dem Wissen im Blut der Tiere anziehend macht, wird ein Geheimnis bleiben. Man kann, ja man kann auch hier Worte für den fehlenden Begriff sich einstellen lassen. Aber, was vermögen schon Worte zu enträtseln!?

Auf einem der Scheitelpunkte seines Daseins ausgelöscht lag der König sonnbeglänzt im letzten Schlaf. Das gleiche große Geheimnis griff jetzt vor diesem Bild nach meinem Herzen, denn Leben und Tod – sind auch nur Worte.

Es ist durchaus möglich, daß die Prähistoriker uns eines Tages mitteilen werden, die Menschheit habe hunderttausend Jahre vor unserer Zeitrechnung schon Flugzeuge, Fernseher und die Atomkraft besessen. Weshalb sollten wir nach ein paar tausend Generationen die ersten sein, die auf dem Irrweg vom Übersinnlichen weg und hinein in die Technik ins Verderben gelaufen sind?

Aber so wie ich bemüht bin, zum Mond immer noch als zu dem alten, geliebten und unentehrten Freund hinaufzuschauen, ohne dabei an mit vorfühlender Sohle darauf herumtappende Amerikaner oder Russen zu denken, so halte ich auch an meiner älteren Schulweisheit über die Menschheitsgeschichte fest. Und aus ihr ergibt sich, daß die ersten großen abendländischen Theatermänner und Meister der Regie die Griechen gewesen sind.

Was für ein gescheiter und dabei mordsfrecher Bursche (oder war er ein weiser, alter Mann?) muß dieser Pratinas von Phleius gewesen sein, der ein halbes Jahrtausend vor Christi Geburt die Idee gehabt hat, auf eine dreiteilige Tragödie das Satyrspiel folgen zu lassen und so ihrer Erschütterung, ihrer Düsternis und Schwere ein ausgelassen-lustiges, ein verrücktes, alles Vorhergegangene wieder in Frage stellendes Anhängsel zu geben.

Alle Kunst, die ihren Namen zu Recht führt, quillt aus der Natur und, soweit sie sich um menschliche Dinge formt, aus dem Leben. Auch das Leben hat seine Satyrspiele; seinem erhabensten Ernst steht das Lachen oft nahe zur Seite. Die Jagd aber ist gesteigertes Leben. Auch jener Oktobertag damals hielt in gemilderter, nicht gar zu schroffer Abgrenzung beides für mich bereit. Das Erlebnis der Frühe war bei aller Beglückung, die es dem Schützen und Jäger geschenkt hatte, nicht leichter und auch nicht in einem einseitigen Sinn froher Art gewesen. Dazu ist ein solches Ende, das übergangslose Herausgenommenwerden eines hochstehenden Mitgeschöpfes aus einer von Paarungsjubel umfieberten Stunde uneingeschränkter Selbstbestätigung ein zu großes Geschehen. Es war schon dramatischer Ernst, der dabei den Grundton bestimmte.

So stand mir, nachdem dieser Tag sich uns mit solcher Besonderheit aufgetan hatte, der Sinn nicht nach weiteren jägerischen Zielen. Und was wurde das für ein Tag! Arme Breiten dieser Erde, die keinen Frühling kennen und keinen Herbst! Die schönsten Feste in der Natur feiert der Herbst. Und im Menschenleben, wenn ihm nach Überschreitung der Mitte noch Feste vorbehalten sind, ist es nicht anders. Denn die Reife schmückt ihre glücklichen Stunden auf andere Art als die Jugend. Auch sie verschwendet, aber bei ihr ist der Antrieb dazu nimmer der frühe, unenttäuschte Überschwang, sondern das gereifte Wissen um des Lebens karge Gebefreudigkeit und den unaufhaltsamen Schritt der Zeit.

Indes der Sohn nach kurzem Schlaf zuerst mißglückte, dann aber, vom Forstwart beraten, brauchbare Versuche am Herd unternahm, für uns die reifen Beeren der Holunderstaude zu einem den Kaiserschmarren würzenden tintenschwarzen Kompott zu verkochen, saßen wir glücklich und dabei ein wenig sonnenschläfrig lange auf der Bank vor der Hütte. Wie viel Leben gab es doch noch auf der vom Vieh verlassenen Alm. Die rotflügeligen Grillen beschrieben von Zeit zu Zeit schnarrend ihre aufleuchtenden Parabeln, große Herbstfliegen brummten unruhig und fahrig um die noch feuchte Kuhfladen, und auf denen wieder saßen so regungslos, als wären sie mit ihnen verwachsen, stahlblaublitzende Mistkäfer, Krammetsvögel wanderten in kleinen Trupps, denen immer wieder neue folgten, von Schirmfichte zu Schirmfichte, und in mehr oder minder kurzen Abständen belebten einzelne Nußhäher die Himmelsbläue mit dem ihnen eigenen, ihrem nichtsnutzigen Gesamtwesen voll entsprechend unseriösen und dennoch zielbewußten Gaukelflug. Den Kolkraben war ob des weit drüben unter der Holzlahnerries liegenden und meiner alten Gewohnheit gemäß nicht eingesteinten frischen Hirschaufbruches ein Festtag entstanden.

Ein gestrenger preußischer Forstrat, im übrigen ein bedeutender und sehr honoriger Jäger und Forstmann, war einmal auf das Ersuchen eines unserer Revierverwalter hin, der ihn auf einer Tagung kennen- und verehren gelernt hatte, von meinem Vater eingeladen worden, in Aschau einen Gamsbock zu schießen. Durch das Geschwätz des ihn führenden Jägers hatte er vernommen, daß ich die Aufbrüche nicht einsteinen ließ. Als ich ihm im Forsthaus vorgestellt wurde, sprach er mich, anscheinend immer und überall von seiner Mission des Belehrens und rechte Wege Weisens erfüllt (eine nordische Eigenschaft übrigens, die ich heute noch gelegentlichen Zuschriften meiner Leser entnehme, obwohl ich inzwischen in eine Altersstufe vorgerückt bin, die mir selber, wenn ich Wert darauf legte, Anspruch auf das Belehren sichern müßte), sprach mich also schon in der ersten Viertelstunde unserer Bekanntschaft darauf an: „... das sollten Sie nicht tun, Baron, das Gescheide von edlem Wild darf nicht Füchsen und Raben zum Fraße werden.“

„Finden Sie es besser, Herr Forstrat“ (dieser schlichte Titel bedeutete zu jener Zeit, als der Staat auf dem Gebiet mit Superlativen noch sparsam war, sehr viel!), „wenn die Würmer es fressen?" gab ich, damals noch recht jung, zur Antwort. Ich ließ es bei solcher Fassung meiner Erwiderung, heute sehe ich das ein, am schuldigen Respekt fehlen. Fortiter in re, suaviter in modo!

Außerdem bin ich heute um jedes aus echter Empfindung kommende und damit gut gemeinte ethische Bestreben bei Jägern dankbar geworden, auch dann, wenn ich es sachlich nicht bejahen kann. Barbarische Wildverminderung gepaart mit götzendienerischem Trophäenkult – eines so verlogen begründet wie das andere – rechne ich aber (nur um, wenn ich bitten darf, nicht mißverstanden zu werden!) keineswegs zu solcher Ethik. „In modo" also war's nicht recht gewesen, so zu antworten, „in re" aber halte ich noch heute an meiner Gepflogenheit fest.

Nichts und niemand sorgt besser für reinliches Aufräumen an den Stellen des Aufbrechens wie der Fuchs und die Kolke, jedes Schweißgerinnsel, jeder kleinste Klumpen Feist und was sonst noch da liegt, ist binnen zweier Tage säuberlich aufgeklaubt, vertragen und verzogen. Die das Wild zu brüskem Ab- und weitem Ausbiegen veranlassende Luderwitterung kommt nicht auf, wo das Raubwild ungehinderte Nachlese halten und reinen Tisch machen kann. Und schließlich und nicht zuletzt: Es ist doch so etwas wie ein heidnisches Opfer, das der seine Beute aufbrechende Jäger dem Wald und seinen Geistern darbringt. Weshalb sollen die Kinder der Wälder nicht Teil und Anteil haben an solchem Fest!? Die Kolke jedenfalls freuten sich der reichen Gabe. Von vielen Seiten strichen sie trägfauchenden Schwingenschlages herzu, krächzten sich zusammen, gaben ihrer Freude durch Glongen und Schnalzen und die lustigsten Flugspiele vom adlerhaften Kreisen bis zum freien Überschlag Ausdruck, baumten vor- oder nachgenießend auf Fichten und Dürrlingen auf und ließen sich schließlich mit merkwürdig ungieriger Feierlichkeit auf die Stätte der Genüsse niedergleiten. Ich habe Kolkraben – vielleicht ist's in tiefwinterlicher Notzeit anders – noch nie miteinander raufen gesehen.

Wenn sich aber für kurze Zeit am Himmel kein Vogel sehen ließ, sich nirgends ein falbes Gams, ein silbrig oder kupfern aufleuchtendes Stück oder ein graulehmverschmierter Beihirsch über eine der vielen besonnten Blößen im Felsenwald schob, dann schwebten immer noch, so eigenartig tänzerisch, als wenn eine zarte Melodie sie begleitete, die Jungfernfäden aufblinkend, erglänzend, erlöschend und wieder erschimmernd über den sanft gebuckelten Almgrund mit seinen lila Spätenzianen und silbernen Distelsternen hinweg, webten im Vorüberziehen Brokatfäden in schwarzgrüne Fichtenmäntel hinein, und manchmal hob es sie, als würden sie der

Erde entführt, hoch und höher empor, bis die Sonne sie in ihr Strahlenreich miteinzubeziehen und aufzulösen schien.

Und überall in den Lüften, wohin man auch die Blicke wandern ließ, das Wunder der Mückenschwärme! Weiß irgendwer zu sagen, was sie in diesen goldenen Wolken zusammenhält, wer sie heißt, sich zu lebendurchwirbelten Kugeln zu formen, die sich elastisch auflockern und vergrößern und dann, wieder kleiner werdend, bis zur Undurchschaubarkeit verdichten, sich hoch und immer höher emporwachsend zu Säulen zu verschmälern, nach einer Weile wie ermüdet herab- und in sich zusammenzusinken, und eh' man sich's versieht, wieder als großer, sonnenlichtversprühender, aus unerschöpfbarer Lebendigkeit gewebter Schleier vor den dunklen Wänden des Nadelwaldes zu hängen?

Welch ungeheuere Kraft muß es sein, die es vermag, aberhundert kleine Mücken in solcher nie gestörter, unlösbar scheinender Harmonie zu erhalten, Lebewesen, die aus nicht enträtselbarem Trieb ihre eigenen Kräfte im keinen Sekundenbruchteil rastenden gemeinsamen Tanz verschleudern!? Und zwischen diesen Schwärmen, als dürfte in dem großen Reigen auch der Lebenswille des Einzelwesens nicht fehlen, stehen flügelschwirrend regungslos, gleichfalls in voller Vergoldung, die Schlupfwespen in der Luft, oder sie kreuzen, wie um wichtige Botschaft zu überbringen, mit einer für unser Auge kaum verfolgbaren blitzenden Schnelle in Geraden und flachen Kurven hin und her. Und frei und völlig unberührt von allen Ordnungen taumeln sanft aufleuchtend letzte Falterpaare daran vorüber und darüber hinweg ihre selig selbstvergessenen Bahnen.

Bis gegen die Mittagszeit hin glitzerte in den Runsen und schmalen Kaminen der Wände noch die nächtens darin niedergeschlagene Nässe, von da ab aber ragte das trockene Gefels in ungezählten Farbtönungen von der Marmorweiße bis zum Violett der Nachtschattenblüte stolz und kantig in die sie überkuppelnde blaue Unendlichkeit hinein.

Und zu den Wänden wiederum brandeten die brennenden Wälder empor, und je höher sie hinaufstiegen, desto mehr verklärten sie sich im flirrenden Dunst. Auch die ernsten Fichten, die dem unruhigen Ineinanderfluten der Buchen- und Ahornkronen Halt und Richtung gaben, standen heute wie entrückt, dem Himmel die Arme weit entgegenbreitend, in ihren übergoldeten, dunklen Mänteln da.

So vergingen uns viele Stunden, bis die noch herbstlich hochgespannte Bahn des Tagesgestirns sich langsam gegen die westlichen Kämme und Schneiden hinabbog und eine aus den tiefer gelegenen Wäldern nur sekundenweise spürbar heraufwehende Schattenkälte daran gemahnte, daß den Festen des Herbstes eines nicht gegeben ist, was denen des Frühlings und

Sommers untrennbar angehört, der holde, von Vogelstimmen durchjubelte Ausklang, das Hinüberschlummern in eine noch viele selige Tage verheißende Nacht. Ein Herbsttag, mag er noch so sonnentrunken gewesen sein, endet im Erkalten, seine Abende kennen keinen Vogelsang, und seine Düfte werden herb. Aber wenn die Stimmen der brunftigen Hirsche ihn in die sternenfunkelnde Nacht hineingeleiten, so hat er dennoch, zumindest für den Jäger, sein großes, beglückendes Finale.

Die vierte Nachmittagsstunde war schon angebrochen, als die länger gewordenen Schatten der großen Schirmfichten unten bei den Almkasern mich zu dem Entschluß brachten, diesen Abend nicht auf der Elandalm zu verbringen. Um die Mittagszeit waren zwar da und dort die Stimmen einzelner Hirsche schläfrig aufmurrend hörbar gewesen, und dabei schien sogar ein Beihirsch einem der stärkeren zu nahe gekommen zu sein, denn für ein paar Minuten hatte es einen ziemlich lautstarken Austrag gegeben, aber schon nach kurzer Zeit wob sich unter den Strahlen der hochstehenden Sonne die Stille wieder zusammen. Trotzdem, der König würde fehlen an diesem Abend, die breit strömenden oder rauh hervorgestoßenen Töne seines dunklen Halses und mehr noch seine kraftvoll herrische Persönlichkeit, die jetzt schon mindestens zehn Tage lang dem brunftigen Leben auf der Elandalm die Prägung gegeben hatte. Die durch den Wegfall eines Bedeutenden entstehende Leere ist auch hier und meist durch viele Tage, sehr oft bis zum Ende der hohen Zeit, spürbar.

Ich schlug meiner Frau einen Erkundungsgang zur Baumgartenalm hinauf vor. Diesen Platz hatte ich erst am nächsten Morgen aufsuchen wollen, aber der Abend konnte uns schon dies oder jenes für die Frühbirsch Wissenswerte erhören oder erschauen lassen. Wenn man sich viel Zeit ließ, brauchte man eine knappe Stunde bis zum nördlichen und zugleich unteren Almrand. Wir würden bei noch vollem Tageslicht am Ziel sein. Der Weg von Eland nach Baumgarten führt zuerst über einen Almhang hinauf, den der Volksmund ob seiner steilen Mühseligkeit den „Schinder" getauft hat. Nach seiner Überwindung steigt der teils steinige, teils lehmgründige Viehtrieb nur noch mäßig an und führt durch dunklen Forst bis zu einer Weggabelung, von der aus man erstmalig gut in die Baumgartenalm hineinhört.

An dieser Stelle entscheidet sich sehr oft der weitere Verlauf einer Birsch. Je nach Vernommenem und Vermutetem wählt man den unteren oder oberen Wegast, um mit gutem Wind sein Wild anzugehen. Als wir diesmal die Wegscheid erreicht hatten und nach zügigem Anstieg verschnaufend almwärts horchten, ließ kein Laut sich vernehmen. Merkwürdig war das, jetzt mitten in der Hochbrunft!? Es war noch nicht $^1/_2{5}$ Uhr.

Sonst widerhallten die Hänge der breiten, lang sich gen Südwesten hinaufziehenden Almmulde um diese Zeit schon von den Hälsen der Hirsche, die einander aus dem felsigen Waldgebiet des Weißenbergs zur Linken und den südlichen Ausläufern der Heuraffelwände zur Rechten hinter ihren Rudeln her entgegenzogen. Ein stiller Abend, wie es schien, und vielleicht stand ein Teil des Kahlwildes schon äsend auf der freien Alm.

So birschten wir, behutsam Fuß vor Fuß setzend, dem oberen, beinahe ebenen Weg entlang, den es in den jungen Jahren meines Jagens noch gar nicht gegeben hatte, der erst gebaut worden war, als es galt, einen Teil des schweren alt- und langsam wüchsigen Holzes, das sehr zu meinem Leidwesen noch zu Lebzeiten meines Vaters am unteren Rand des Steinlingschlages gefällt worden war, mit den Zugschlitten talwärts zu bringen. Jetzt hat sich der Jungwald auf dem damals entstandenen felsig zerklüfteten Schlag zumindest so weit wieder geschlossen, daß ein Hirsch ihn im unteren Teil ungesehen durchschliefen kann. Die der durch anderthalb Jahrhundert unberührten Landschaft geschlagene Wunde erwies sich als ein Vorteil für das Waidwerken. Hatte vor jenem Eingriff in den von alters her als stille Reserve kaum angerührten Wald das Wild einmal die Alm verlassen und war in die beinahe hainartig raumstehenden, mit Äsung reich unterwachsenen Fichten hineingetaucht, dann, wie oft habe ich das in heißblütiger Jugendzeit verwünscht, blieb es darin meist bis zum Abend unsichtbar. Nur an sehr heißen Tagen zog es im Lauf der Vormittagsstunden zuweilen weiter und in den noch kühleren Schatten der Heuraffelwände hinüber. Der Wechsel dorthin führte überdies an ein paar großen, mit vielen Buchten ausgeschlagenen Suhlen vorüber, aber auch er war von der Alm aus kaum einzusehen.

Meine gegen den Protest des jede Beunruhigung der Einstände als schwere Sünde ablehnenden Lehrmeisters, des Steinervaters, doch mehrmals unternommenen Versuche des Nachbirschens führten nie zu greifbaren Erfolgen. Nur in zwei Fällen gelang es mir, den inmitten seiner Schar weiterröhrenden Hirsch wenigstens anzusprechen und mich einmal sogar unbemerkt wieder abzusetzen. Aber auch für diese Leistungen erntete ich kein Lob. Als dann der geheimnisvolle Mantel durch den gut hundert Meter breiten Schlag aufgerissen war (die Hälfte des Bestandes vom Almrand herein hatte man auf meine Bitte hin stehenlassen), ließ sich dort fast immer etwas sehen. Bis in den sonnigen Morgen hinein stand das Wild äsend auf der neu entstandenen Grünfläche und wähnte sich sicher hinter den Wipfeln und Kronen der Überhälter, zwischen breiten Wurzelstöcken und den kantigen Felsblöcken, die zum Teil so groß wie eine Almhütte sind.

Auch damals erhoffte ich für Frau und Sohn dort oben erfreuenden Anblick. Der Weg, auf dem wir gingen, endete am Fuß eines Almbuckels, den man in guter Deckung ersteigen und von dem aus man weit umherschauen konnte.

Schon sah ich ihn lichtgrün durch die Randfichten schimmern, als wir, bis auf den schwerhörigen Forstwart, alle gleichzeitig befremdet stehenblieben. Links unterhalb von uns ertönte anscheinend mitten auf der Alm ein kreischender Weiberruf! Leute, Touristen, wahrscheinlich auf dem unteren Weg im Abstieg von der Klausenalm her. Nun ja, man ist in der Hinsicht Kummer gewöhnt und vergeudet im Gegensatz zu früher nimmer seinen Zorn an solche Zwischenfälle. In einer Viertelstunde würde wieder Ruhe herrschen. Aber die Hoffnung, beim Betreten der Alm schon Wild in Anblick zu bekommen, war dahin.

Am besten war's, geduldig stehenzubleiben und ungesehen abzuwarten, bis der Spektakel talwärts vorübergezogen war. Aber jetzt gab es auch dem Forstwart einen Riß. Was war das nur!? Ein ganzer Chor kreischender und schrill auflachender Weiberstimmen wurde laut, dazwischen hörte man auch Männer reden und lachen. Und das aus solch feierlicher Herbstabendstille heraus im abgelegenen Hochtal! Um klassische Phantasien, von faungejagten Nymphen etwa, zu erwecken, war dies Geschrei und dies Gelächter, nun sagen wir einmal – ungeeignet; weit eher gemahnte es an den Kehraus eines alkoholisierten Volksfestes unterster Ordnung. Jetzt wollten wir wissen, was da getrieben wurde und schauten, daß wir auf unseren Almbuckel hinaufkamen.

Der Forstwart, der als ein Mann der älteren Bergjägerschule kaum je ein Doppelglas benützte, eilte, sein Perspektiv auseinanderziehend, voraus. Nicht alle Erinnerungen, die ich im Lauf seiner mehrere Jahrzehnte langen Dienstzeit an diesen Jäger habe, sind erfreulich, aber eines hatte er, einer ehrwürdigen Forstdynastie entstammend, im Blut, nämlich das schneidige Losgehen, wenn man ihm seinen Wald- und Wildbereich beunruhigte oder er gar darin Lumpereien witterte. In meinen jungen Jahren, als er mich noch ziemlich häufig begleitete, hatte ich es (oh goldene Zeit, in der so etwas möglich war!) mehrmals miterlebt, daß er Individuen, die in einer ihm verdächtig erscheinenden Weise sein Revier durchstreiften, ohne viel Federlesens „kontrollierte", das hieß, daß Vorzeigen von Ausweisen verlangte und ihnen Joppe, Hosenbeine, Rucksack oder Pilzsammelbeutel gründlich abtastete.

„Des san ja die Kulturer vom Staat!" sagte er, mit schräg gehaltenem Kopf durchs Fernrohr schauend, als ich an seine Seite trat. „Ja was hamt denn dee zon suacha bei uns herenten!?" Jetzt sah auch ich es: In der Nähe der untersten Baumgartenalmhütte befindet sich ein Brunnentrog, und um ihn herum machten sich etwa zehn Menschen, mehr Frauen als Männer, zu schaffen. Anscheinend hatten sie sich nach eines heißen Tages Arbeit ein wenig waschen und erfrischen wollen, und dabei war es zu einer immer noch fortdauernden Wasserschlacht gekommen. Aus dem Kamin des Kasers stieg blauer Rauch. Sie waren, so nahm ich an, heraufgekommen, weil sie in dem von mir zugepachteten Stück Staatsforst auf einem unmittelbar an meinen Besitz grenzenden neu entstandenen Schlag pflanzen sollten.

Um sich Anmarschwege zu sparen, hatten sie anscheinend beschlossen, auf unserer Alm zu übernachten und sich zu diesem Behuf vom weideberechtigten Bauern den Hüttenschlüssel geben lassen. Der Bauer war zu solcher Gastlichkeit nicht berechtigt. Die Hütte gehörte uns, und er durfte sie nur zum Zweck der Weideausübung in der dafür freigegebenen Zeit benützen. So gar genau aber hätte ich es damit nicht genommen, hätte ich nicht die Hintergründe des geflissentlichen Pflanzens genau zu diesem Zeitpunkt und auf einem der Hauptbrunftplätze, ferner der sichtlich gewollten Lautheit beim fröhlichen Wasserspiel und des improvisierten Hüttenaufenthaltes der sonst sehr wenig hüttenfreudigen Waldarbeiter sofort deutlichst durchschaut. Ich wußte genau, an was für Drähten hier gezogen worden war.

Der in dem betreffenden Staatswald regierende Außenbeamte hatte nach dem Krieg aus politischen Gründen erhebliche Schwierigkeiten gehabt und länger als ein Jahr in der Versenkung verschwinden müssen. Er war ein geschickter und wohlgeschulter Demagoge gewesen und hatte die bis dahin politischem Geschehen wenig aufgeschlossene Bevölkerung des stillen Tales, in dem er wirkte, in zwei Lager zu spalten verstanden. Ein gar nicht kleiner Teil folgte ihm willig als ihrem Führer, trug mit Stolz das braune Hemd mit der Hakenkreuzarmbinde und mied bis zum letzten Vierteljahr vor Kriegsende die Pfarrkirche. Ein anderer, vielleicht der von ihm weniger abhängige, zog die Hand nicht aus der Tasche, wenn er vorüberging. Nun in Amt und Würden zurückgekehrt, wollte er seine wiedererlangte Macht nach verschiedenen Richtungen fühlbar machen. Daß ein einst ebenso eifriger und gerade erst aus einem amerikanischen Lager entlassener Gesinnungsgenosse von ihm in Vertretung des vorübergehend anderweitig eingesetzten Vorstandes am Forstamt eine Gastrolle spielte, von der er – dem Himmel sei Dank! – unerfüllt hoffte, sie würde zu einer endgültigen werden, stärkte ihm bei seinen Bestrebungen den Rücken.

Eines der Ziele, das die beiden jetzt entbräunt wieder munter gewordenen Gesellen sich gemeinsam gesteckt hatten, war, mir die zugepachtete

Staatsjagd abzunehmen und ihr eigenes Wirkungsfeld dadurch ergiebig zu erweitern. Auf daß ihnen dies nicht im geringsten beeinträchtigt werde, waren sie vorsorglich bestrebt – o quae mutatio rerum, wenn man so etwas heute betrachtet! –, alle Abschüsse in der hinsichtlich der Ausübung zunächst noch unbestreitbar mir zustehenden Jagd auf ein Minimum herabzudrücken.

Nicht genug damit, ich wurde, so lange dies zulässig war, seitens des Forstamtes so reichlich mit amerikanischen Jagdgästen bedacht, daß mir selber kein Abschuß von Hirschen und Gamsböcken, und meinen Jägern kaum der von ein paar Stück Kahlwild verblieb oder – sagen wir einmal – bei entsprechender Respektierung solchen Autoritätsmißbrauches verblieben wäre. Als mir der Jagdoffizier an der Militärregierung schließlich die Führung eines Jagdgewehres genehmigte, wollte der Amtsvorstand den Standpunkt einnehmen, daß diese Sondererlaubnis nur für meine Eigenjagd, nicht aber für das angepachtete Staatsrevier Geltung habe. Dabei führten zu der Zeit schon alle staatlichen Forstbeamten im Außendienst wieder eine Waffe.

Als aber auch dieser Einwand zu meinen Gunsten entkräftet war, fing man an, mein Tun und Lassen und sozusagen meinen Gehorsam im Revier auf alle mögliche Weise zu bespitzeln. Dabei ist mir durch von mir gelegte Gegenminen manche kleine und auch größere Schadenfreude entstanden, manche die willkürlichen Weisungen durchkreuzende List gelungen.

Und jetzt also hatte man sich dieses neue Unternehmen, die Störung des Hauptbrunftplatzes durch die Pflanzer und ihre Einquartierung auf meiner Almhütte, ausgedacht. Ich schickte den Forstwart hinunter, er solle die fröhliche Schar zur Ruhe ermahnen, andernfalls ich sie von der Alm weisen würde. Und morgen früh sei die Hütte ohne Wiederkehr und auch die Alm, auf der die staatlichen Waldarbeiter nichts zu suchen hatten, zu räumen. Er folgte sichtlich gerne meiner Anweisung, schob den Hut kühn aufs Ohr, warf sich den Stutzen quer übers Kreuz und den gefalteten Lodenumhang über die Schulter. Dann stieg er, den Bergstock einsetzend, mit fördernden Schritten hinab.

Hätte ich nicht so sicher gewußt, daß die Störung durch diese Komplizen meines Widersachers absichtlich angezettelt war, ich hätte sie gewähren lassen. So aber trug ich keine Bedenken, von meinen Hausherrenrechten Gebrauch zu machen.

Was sollten wir jetzt mit diesem Abend noch anfangen? Am besten war's, die jägerische Absicht nachträglich in eine spaziergängerische umzuwandeln und langsam hüttenwärts, herdfeuerwärts, lampenlichtwärts zurückzubummeln.

Ich suchte zuvor noch einmal alle von unserem Almrücken aus ein- und übersehbaren Schläge, Blößen und Lahner sorgfältig mit dem Glas ab. Weit unter uns, noch inmitten der Waldregion, lag ein zwar kleines, aber für den Landschaftssinn eines Jägers ungeheuer reizvolles Hochmoor. Gut dreihundert Meter in der Länge und knapp hundert in der Breite mag dieses merkwürdige, von vereinzelten kleingebliebenen Schirmfichten bestandene Stück sauren Waldwiesenlandes messen. „Auermoos" ist es benannt. Es war einst Bestandteil der (das ist nun nahezu ein Jahrhundert her) vom Großvater angekauften und bald darauf zugeforsteten ziemlich großen Aueralm. Die unter Moospolstern fast unsichtbar gewordenen Grundmauern des Almkasers, in ihrer Mitte der würfelartige Block, auf dem die heilige Herdflamme sicher durch Jahrhunderte gebrannt, liegen jetzt im turmalingrünen Dämmer des sie überrauschenden Fichtenaltholzes.

Ob die quellige Bergwiese die Annahme der im Tal verschulten Pflanzen verweigert oder ob man sie um mehrerer auf ihr befindlicher Suhlen und um der Wildäsung willen unbeforstet gelassen hat, weiß ich nicht. Damals vor 80, 90 Jahren ließ man aber nichts verkommen, auch das Wachstum auf so einem Fleck sauren Almbodens nicht. Der Oberschweizer meiner Großmutter, der ebenso tatkräftige und arbeitsame wie mit mehr als zwei Zentnern gewichtige alte Nägele, schickte seine „Tagwerker", so hießen zu der Zeit die im Taglohn beschäftigten landwirtschaftlichen Arbeiter noch, bis dort hinauf zum Mähen und Einheuen.

Recht viel mehr als Binsen, Nesseln und Farne wuchs nicht auf dieser im übrigen gut bearbeitbaren ebenen Fläche. Man baute Tristen, und wenn im September ein paar Regentage kamen, faßten die Tagwerker – es war damals noch eine recht ansehnliche Kolonne – die inzwischen gut durchtrocknete Streu in Netze und trugen sie, mit einem Rupfensack als Zwischenpolster, auf Kopf und Nacken in mehrmaligem Hin- und Widergang bis zur Elandalm hinunter. Und das alles nur, um auf der Alm durch Einstreuen den Stalldünger zu verbessern und zu vermehren! Heute bekäme kein noch so tatkräftiger Landwirt mehr die Arbeiter zu so löblichem Werk.

Aber angenommen, er brächte sie bei, dann verlöre er an den zu bezahlenden Löhnen binnen kurzer Zeit Haus und Hof, gälte überdies als ein Narr, und das Finanzamt würde seine Defizite mit dem Vorwurf abtun, daß er Allotria treibe. Kunstdünger soll er auf seine Alm streuen, das kommt, wenn nicht der Landwirtschaft, dann doch der ihn fabrizierenden Wirtschaft zugute. Um die davon zerstörte Alpenflora schert sich kein Ministerium und kein Landschaftsschutz, dafür um so mehr um die Verminderung des Schalenwildes! Lassen wir's gut sein. Dem Erzähler steht solche Abschweifung schlecht an.

Wir standen also selbdritt auf der Baumgartenalm und erwarteten Rückkehr und Bericht des Forstwartes. Auf den Wänden und Graten jenseits des Tales und oben auf den Latschenfeldern am groß sich rundenden Zinnkopf lag noch immer abendliches Sonnengold. Bei uns hier im Schatten aber war die Luft jetzt kalt geworden, und aus dem Tal und aus den Wäldern unter uns hob sich hauchfeiner abendlicher Dunst. Irgendwoher aus weiter Ferne hörten wir einmal einen verwehten Hirschschrei, sonst aber durchrauschte nur der die Alm begrenzende stürmische Schoßbach die Stille.

Das Geschnatter am Brunnen hatte aufgehört. Ich ließ die Linsen meines Glases wandern und suchte mit ihnen auch das Auermoos ab. Ein verzaubertes Stück Landschaft war dieser kleine wald- und felsenumgürtete Boden. Wie schwarze Augen scheuer Waldgeister schauten seine Wassertümpel zu mir herauf. Der talseitige Wiesenrand hatte sich inzwischen dem Wald anbequemt, ein dickungsartiger Streifen aus angeflogenem Fichten- und Buchenjungholz wucherte in ihn hinein. Was für ein jägerischer Idealplatz war das vor allem in den Wochen der Feiste früher einmal gewesen! Aber an seinem südlichen Ausläufer führt, den Boden überhöhend, der alte steilsteinige und erst spät für das Befahren mit dem Pferdekarren etwas verbesserte Almtrieb vorbei und nach Baumgarten hinauf.

Lange Zeit war er als Touristenweg unentdeckt geblieben und kaum von jemand anderem als von den Almleuten begangen worden. Das hatte sich erst nach dem Krieg mit der zunehmenden Motorisierung geändert. Ein gutes Stück der anderen, der altgebräuchlichen, im übrigen auch schöneren Anmarschroute läßt sich einsparen, wenn man bis zu der Stelle talein fährt, wo er von der Landstraße abzweigt. Das Wild mag es gar nicht, wenn es an Plätzen, auf denen es sich frei bewegt, äst, sich suhlt, sich tummelt, überrascht werden kann. Und das ist im Auermoos der Fall, weil der Weg, sei es von oben oder unten, aus voller Walddeckung und noch dazu überhöht herauskommt.

Der früher fast immer guten Anblick bescherende Platz ist jetzt beinahe verödet, sogar die Suhlen in seiner Mitte, deren es freilich nahebei und in guter Deckung genügend andere gibt, werden kaum noch angenommen. Auf dem Moos selber hatte ich kaum je Waidmannsheil, aber ein paarmal ist es dort doch nahe an mir vorüber gegangen.

Einmal, an einem Nachmittag im späten August, hatte ich den für eine Abendbirsch ziemlich weiten Weg eilends zwischen die Beine genommen, weil ein sagenhafter Rehbock, der dort umgehen sollte, am Morgen von einem der Jäger, wenn auch nur flüchtig verschwindend, gesichtet worden war. Ich weiß es noch gut: Während meines Aufstieges war ein kurzes Gewitter niedergegangen, und als ich mich aus dem damals noch nicht zur vollen Höhe ausgewachsenen Fichtenbestand mit der gebotenen Vorsicht an den Rand der Blöße hinausschob, sah ich es draußen schon sich rot durcheinanderdrängen. Ein mindestens zehnköpfiges Rudel Kahlwild, in seiner Mitte ein paar Bastspießer, überquerte dicht geschlossen das Auermoos. Da und dort zu kurzem Äsen verhaltend, lauscherschüttelnd oder ärgerlich hastig mit dem Haupt eine Bremse vom Schlegel scheuchend, zogen die einzelnen Stücke regenerfrisch hinter- und nebeneinander her dem Platz ihrer nächtlichen Äsung, den Baumgartenalmen, zu.

Ich beschloß, sie erst einmal passieren zu lassen und dann mit dem Geschreiblatter einen Versuch zu unternehmen, den etwa in der Nähe stehenden Bock zum Betreten der Streuwiese zu veranlassen. Und während ich dem Rotwildrudel zuschaute, geschah es dann: Urplötzlich stand mitten unter Alt- und Schmaltieren hoch aufgerichteten Hauptes ein Rehbock. Ich glaubte anfangs wirklich an eine Sinnestäuschung, an so etwas wie einen Traum im Wachen. Aber der Bock stand mit einer regenfeucht leuchtenden, weit ausladenden lang besproßten Kapitalkrone zwischen den wie ärgerlich zurückgelegten Lauschern, selber aber inmitten solch hochgewachsener Gesellschaft kitzhaft klein erscheinend, wirklich und wahrhaftig da.

Die traumgläubige Benommenheit und der Schock durch das freudige Erschrecken dauerten bei mir nicht lange. Mit sehr raschem Griff nahm ich den Stutzen von der Schulter und repetierte lautlos eine Patrone in den noch leeren Lauf. Aber die Ereignisse draußen auf der Blöße rollten noch schneller ab. Der Bock, der zweifellos in der hohen Wiesenstreu niedergetan gewesen und soeben erst hoch geworden war, weil die muntere Schar seiner großen Cousinen ihm zu nah auf die Decke gerückt kam, warf sich nach kurzem Überlegen unwillig auf der Hinterhand herum und flüchtete merkwürdig niedrig und krummrückig, wie ein bei der Waldtreibjagd sich abstehlender Hase, auf die jenseitige Wand des Hohlwaldes zu. Dabei war er durch das fast rehhohe Gras und nicht zuletzt durch das Rotwild ständig mindestens zu einem Drittel gedeckt. Es dauerte nur wenige Sekunden, bis er unter die Schirmäste der Randfichten hineingetaucht war.

Ich gab ihn noch nicht ganz verloren. Als die hellen Keulen und fliegenwehrenden Wedel der letzten Stücke gleichfalls drüben im Fichtenwald verschwanden, ließ ich laut das Angstgeschrei erschallen. Es muß so um den 23. August gewesen sein; große Hoffnung hatte ich nimmer, obschon

Neugierde und spätbrunftige Nachgärung im Rehgeblüt mir um solche Zeit manchmal noch einen Bock hergeführt haben. Der da war überdies sichtlich ruhbedürftig und nach der harmlosen Störung wahrscheinlich nicht weit gegangen.

Aber an dem Abend nahm sich anscheinend ein besonderer Schutzgeist dieses besonderen Bockes an: Zu meiner Rechten, von Schirmfichten verdeckt, stand noch ein Kälberstuck, eine Nachzüglerin des Hauptrudels, und in ihre Richtung hatte ich schlechten Halbwind. Vermutlich war sie, von mir unentdeckt, auf mein Blatten hin gegen mich her und in noch schlechteren Wind gezogen. Mit einemmal traf mich aus nächster Nähe ein finsterer Schrecklaut aus ihrer Altmutterdrossel, so daß ich wie ertappt zusammenfuhr. Und wieder und nochmals der bassig hervorgestoßene Ton. Und dann erst sah ich sie vom noch gefleckten Kalb gefolgt im scharfen Troll flüchtig hinter den anderen her abgehen. Aber damit noch nicht genug; drüben im Wald fing sie abermals zu schrecken an „. . . und wollte sich nimmer erschöpfen und leeren . . .", so daß ein zu meiner Linken hoch oben im großen Lahner stehender Gamsbock, auch ein guter übrigens, lange herunter verhoffte und dann über die Scheid zog.

Und bei alledem war's mir noch besser ergangen, als es weiterer versteckt lauernder Tücken halber hätte sein können. Wenn nämlich dieser Überbock stehengeblieben wäre, dann hätte ich ihn – gefehlt. Am nächsten Abend überschoß ich auf knapp 150 Gänge einen Gamsbock um mehr als Handbreite. Das Absehen im Fernrohr hatte sich verstellt. Als ich erregt und enttäuscht vom Auermoos heimzu ging und der feuchte würzige Duft und das reiche Sterngefunkel der Spätsommernacht mich allmählich wieder in ein glückliches Gleichgewicht brachten, da quälten mich zumindest keine Selbstvorwürfe ob eines Fehlschusses, den ich, wäre er mir unterlaufen, zunächst wahrscheinlich für von mir verschuldet gehalten hätte. Den Bock aber hat von jenem Abend ab angeblich niemand je wieder gesehen. Er war, als ich ihm damals begegnete, sicher noch nicht alt, fünf-, vielleicht auch erst vierjährig. Und deshalb glaubte und glaube ich nicht daran, daß es bei diesem schwer erklärlichen Verschwundensein und nie wieder Auftauchen in folgenden Jahren mit rechten Dingen zugegangen sein kann. Ich hatte auch eine Zeitlang einen freilich unerwiesenen, wenn auch nicht unbegründeten Verdacht auf einen Lumpen, der aber – kein Wilderer war.

Bei dem zweiten Erlebnis haben die Selbstvorwürfe sich erst nachträglich, im vollen Umfang erst Jahre später eingestellt.

Es war, das Datum weiß ich noch genau, an einem 16. September, und ich wollte den wunderschönen vorherbstlichen Nachmittag zu einem

Bergbummel ohne alle schießerische Absicht nützen. Das hatte seinen besonderen Grund: Knapp eine Woche zuvor nämlich hatte ich, was sowohl damals als auch noch heute höchstens alle drei Jahre einmal vorkam oder -kommt, einen guten, das will heißen, einen voll jagdbaren Feisthirsch geschossen. Ein Zwölfer war's gewesen, der mir in einem von den Sommergamsböcken bevorzugten felsigen Lahnergebiet, einem Platz, auf dem ich mit keiner Hirschbegegnung rechnete, bei noch gutem Licht zugewechselt gekommen war. Ich konnte ihn genau ansprechen; er hatte zwei mächtige dritte Kronen, nur eine Eissprosse und ausgesprochen starke holzkohleschwarze Stangen, deren verschwommen erscheinende Konturen den Schluß zuließen, daß sie (bei guten Hirschen ist das vor der Brunft, in der dann durch ständiges Fegen eine gewisse Glättung entsteht, keine Seltenheit) grob- und scharfkörnig geperlt waren. Die Spitzen der Enden waren silbergrau.

Es war ein kurzer, tiefrumpfiger Hirsch mit schon oktoberhaft ausgeprägter Brunftmähne. Jung war er also keinesfalls. Da mir während der gut und gern zehn Jahre des Aufbauens nie ein gleich Starker begegnet war und ich selber seit langem alle, auch die älteren Kronenhirsche geschont hatte, packte mich, als ich mir über seine Qualität klar geworden war, so etwas wie eine jubelnde Bejahung, ihn zu schießen. Und so geschah es.

Ein reifer, wenn auch vielleicht nicht ins Letzte ausgereifter Hirsch war es. Ich ließ später die Kiefer beim Institut prüfen und erhielt den Bescheid: „Neun- bis elfjährig." Bei der Geweihschau aber erhielt er einen roten Punkt. Die aus zwei staatlichen Forstbeamten (einer von ihnen war früher in unseren Diensten gestanden, und ließ still gehegtem alten Groll hier freien Lauf) und einem gleichfalls staatlichen Berufsjäger bestehende Jury stürzte sich geradezu auf ihn, den mit weitem Abstand Besten der Schau, um ihn rot zu dekorieren: „Zuchthirsch ersten Ranges!!" Ich hatte aber zwei Gute frei, von denen überdies nur einer geschossen worden war. Die Abc-Schützenzeit war noch nicht angebrochen, „Erntehirsche" hieß es damals. Warum, so frage ich noch heute, hätte ich *nicht* ernten sollen!?

Alle guten und vielendigen Hirsche sind Zuchthirsche, und wird der eine oder andere zum Abschuß freigegeben (ich stehe allerdings immer noch auf dem Standpunkt der Altväter, daß ich in eigenen Wäldern keine „Gaben" entgegenzunehmen brauche), aber immerhin wird einer freigegeben, dann kann man der eigentlich selbstverständlichen Eigenschaft seines züchterischen Wertes halber die Erlegung nicht gut als verfehlt bezeichnen.

Das alles aber lag an jenem Abend meines Septemberspazierganges in der Zukunft und focht mich nicht an, noch weniger als bei der erst ein halbes Jahr später statthabenden Trophäenpflichtschau, die ich übrigens von da ab unter diesem Regime nie mehr besucht habe.

Ich verließ das Schloß noch vor der Teestunde mit dem Vorsatz, über den Ziehweg unterhalb der Schoßbachwände langsam hinaufzuwandern, bis in den klammartigen Schoßbachgraben hinein. Dort wollte ich – wie schon erwähnt, ohne Beutebegehren – eine kleine Weile auf einem Platz mit guter Umschaumöglichkeit mich ansetzen, anschließend, schon halb im Abstieg, auf der Elandalm ein Glas Milch trinken und so rechtzeitig wieder bei meinem Wagen einpassieren, daß ich einschließlich des von meinen Eltern gewünschten und auch von mir erforderlich gehaltenen Umzugs zur Abendtafel im Schloß nicht zu spät kam.

Ein reicher, ein glücklicher Jägersommer lag in jenem Jahr hinter mir, das Erlebnis mit dem starken Feisthirsch hatte ihn mir gekrönt, und nun sollte während der bis zum Beginn der Hirschbrunft noch verbleibenden etwa zehn Tage, zumindest was die Büchse anbetraf, nachfeiernde Waffenruhe herrschen.

Langsam stieg ich, entlang der hundert Meter unter mir mit halblauter nachsommerlicher Verträumtheit rauschenden Schoßbachklamm, an der alten Holzerstube, der „Riapeihütte", vorbei aufwärts und näherte mich schon der Stelle, an der der Weg mit scharfer Rechtskurve über eine Brücke hinüberführt und dann den Graben mit Richtung auf die Elandalm zu verläßt. Da riß es mich auf einmal herum. Das konnte doch nicht gestimmt haben eben!? Links von mir, somit auf dem rechten Bachufer, aber ziemlich hoch oben, wo die steile Grabenwand endet und mit den flachen nördlichen Ausläufern des Auermooses zusammentrifft, hatte ein Hirsch geschrien! 16. September, bei uns ein noch kaum je dagewesener Termin für den ersten Hirschschrei. Wird halt nur so ein vorzeitiger Brummer gewesen sein, wie ihn, ich selber habe das schon beobachtet, sogar noch bei den anderen im Feistrudel stehende Hirsche manchmal hören lassen.

Das zu Tal sprudelnde Bergwasser dicht neben meinem Weg erschwerte ein klares Vernehmen. Ich hatte aber trotzdem gemeint, es sei ein voller Schrei und kein ungefährer Brummer gewesen. Und jetzt schrie der Hirsch abermals, und diesmal unbezweifelbar aus vollem Hals. Er mußte irgendwo da oben am Rand des Auermooses stehen. Ich rannte dem Weg folgend mit langen Schritten bergauf. Wenn ich nur gut 50 Meter an Höhe gewann, hatte ich freien Blick auf die fast ebene Fläche, die sich unmittelbar an die den Graben jenseits begrenzende steile Bergflanke anschloß.

Oft und immer wieder hab' ich das erlebt, daß, wenn man sich einmal Geruhsamkeit vorgenommen hat, unvorhergesehene dramatische Entwicklungen auftreten. Es ist fast so, als mache sich das Leben zuweilen einen besonderen Spaß daraus, unsere Regie zu durchkreuzen, vor allem uns immer gerade dann auf den Trab zu bringen, wenn der Sinn uns nicht danach steht. Nun, diesmal ließ es sich ertragen. Ich war wenige Minuten später auf meinem Aussichtspunkt, und schon auf den ersten Blick und noch ohne Glas sah ich, daß drüben zwischen den Buchenüberhältern am linken Rand der Blöße Rotwild stand.

Ein ziemlich großes Rudel war es auch damals. Bis auf ein oder zwei Stücke war die ganze Gesellschaft noch sommerlich rot und schob sich ruhig äsend durcheinander. Und dann auf einmal stand der Hirsch mitten unter ihnen und schrie so erregt und zornig, als ob Hochbrunft wäre. Ein langer und hochläufiger Hirsch war es, ein Zehner. Alles, tiefer Hals, schweres Haupt, Hängebauch und hoher Widerrist sprach dafür, daß er alt sein mußte. Das Geweih war sehr hoch, nicht übermäßig ausgelegt, derbstangig und hatte lange Aug- und Eissprossen, die tief angesetzten Mittelsprossen waren kürzer und beide Gabeln auffallend klein. Wegen der bedeutenden und dabei gleichmäßigen Stangenstärke entstand aber nicht der Eindruck, daß das Geweih sich nach oben verjüngte. Alles in allem und trotz der Kronenlosigkeit war es ein sehr guter und begehrenswerter Berghirsch.

Er trieb das eine der schon grau verfärbten Stücke, das sich aber wenig um seine Werbung zu kümmern schien. Langsam zog es vor ihm her und senkte mit spröder Gleichgültigkeit immer wieder das Haupt zu kurzem Äsen nieder. Er dagegen befand sich in vollbrunftiger Erregung, hielt sich dicht an der Seite des anscheinend kalblosen Alttiers, ließ in kurzen Zwischenräumen den stets gleichen begehrlichen Schrei hören und fuhr sich nervös mit dem Lecker über die Muffel. Wahrscheinlich strich auch in weiten Zirkeln ein Beihirsch um das Rudel herum, denn ab und zu verließ der Zehner sein Stück und zog, von seinen hochragenden dunklen Stangen überschwankt, langsam quer durch die äsende Schar auf den im Hintergrund erkennbaren Dickungsstreifen zu, röhrte gewaltig in eine ganz bestimmte Richtung und kam dann mit derselben merkwürdigen Gemessenheit wieder zurück.

Lange schaute ich ihm zu, erst durchs Glas, dann durch mein Perspektiv und wiederum durch das Glas. Aber geschossen habe ich ihn – und bis auf den heutigen Tag ist mir der Grund nicht so recht verständlich –, geschossen habe ich ihn nicht. Ich führte an jenem Abend nicht meinen fernhin treffenden Repetierer, sondern die mir noch vertrautere Büchsflinte. Aber sie würde den weiten Schuß fast eben über den Graben hinüber auch zuverlässig geleistet haben. Der Todeskreis auf dem Blatt eines mittleren

Berghirsches hat einen Durchmesser von gut 30 Zentimetern. Ich hätte nur den Haltepunkt auf der Rückenlinie zu nehmen brauchen.

Aber da gab es andere Bedenken: Drei Gäste waren zur Hirschbrunft geladen, mein lieber und verehrter Lehrmeister, der damals siebenundachtzigjährige Forstrat, sollte auch, und zwar ohne viel zimperliches Herumwählen, zu Schuß gebracht werden, und ich selber hatte wohl schon einen erfreulichen Guten geschossen, aber deshalb auch noch keinen Strich unter meine diesjährigen hirschjägerischen Taten gezogen.

War's da nicht besser, mit diesem Zehner zuzuwarten? Er würde vermutlich in der bevorstehenden Brunft Platzhirsch auf der nahen Baumgartenalm werden, auf die das vielköpfige Rudel auch jetzt hinüberzuziehen im Begriff war. Freilich: Gut war er, reif war er und zudem keiner der bei uns damals in der Minderzahl befindlichen Kronenhirsche. Und der Abend so wonnig und der Platz so schön und das Zutalbringen über knapp 90 Meter Steilleite hinunter zum Weg so einfach! Aber es obsiegte dann doch die Enthaltsamkeit, wobei es mir heute klar ist, daß es in letzter Auswirkung doch der wenige Tage zuvor von mir geschossene Zwölfer war, der diesem Zehner das Leben gerettet hatte.

Sehr langsam überquerten Hirsch und Rudel das Auermoos. Mehr als eine halbe Stunde hätte ich Zeit gehabt, bis sie Stück um Stück in den hohen Randfichten zur Rechten verschwanden, in deren Schirmästen der Hirsch noch eine Zeitlang zornig herumschlug, ehe er das ihm jetzt ausweichende graue Stück mit ärgerlichem Trenzen hinter den anderen herjagte. Fast übergangslos war es kalt geworden, von allem Leben verlassen lag der Graben, eintönig traurig rauschte der Schoßbach, und bläulicher Dunst überschleierte drüben die quellige Blöße. Es war, als hätte ich einen beglückenden Traum gehabt und sei mit einem Male in eine öde Wirklichkeit hinein daraus erwacht. Nachdenklich und eher unfroh, als von innerer Befriedigung geschwellt, ging ich, ob der fortgeschrittenen Zeit auf Almbesuch und Milchtrunk Verzicht leistend, den Weg zurück, den ich heraufgestiegen war.

Auch dieser Zehner – das Auermoos scheint es so in sich zu haben – ward bei uns von keinem mehr gesehen. Zu verwundern war's eigentlich nicht, denn weder ihm noch seinen Abwürfen war man in unseren Wäldern bis dahin je begegnet. Vielleicht war es ein Einzelgänger gewesen, den beginnende Brunftunruhe zum Durchwandern der sich an das Auermoos südlich anschließenden Kare veranlaßt hatte. Und ein so ausnahmsweise frühbrunftiges Stück scheint gerade auf den vollfeisten Hirsch – je reifer er ist, desto früher kommt er in Gang und tritt in die Brunft – eine geradezu magnetenhafte Anziehung über weite Entfernungen auszuüben.

Vermutlich ist dieser Starke, nachdem er das Alttier beschlagen hatte und sich beim Rudel keine Nachfolgerin anbot, einfach wieder ab- und dahin zurückgezogen, von wo die ihm ins Blut gefahrene brunftige Wanderlust ihn hergeführt hatte. Ich habe das bei einigen unserer Hirsche, von denen wir wußten, daß sie halbwegs standtreu waren, ein paarmal so erlebt. Sie kamen in manchen Jahren verspätet auf ihre angestammten Brunftplätze, weil sie vermutlich von den Stätten ihrer Hochfeiste aus abenteuernde Bummel in entfernte Gefilde unternommen und dort die Fährten frühbrunftigen Kahlwildes gekreuzt hatten. Zurückkehrend, fanden sie dann bei ihrem Rudel andere Hirsche vor, die inzwischen zu dem ob solch liederlicher Abwege des Altgebieters verwaisten Kahlwild getreten waren.

Das hatte zumeist heftigste Austräge zur Folge, was sich, wenn man die Kämpfe selber nicht zu sehen bekam, aus überlautem Röhren und dem hellen Schlag der sich kreuzenden Geweihe heraushören ließ. Manchen guten, langgehegten und -bewahrten Hirsch haben wir auf solche Weise auch ganz verloren, das will heißen, daß er jenseits, oft weit außerhalb unserer Grenzen, als ebenso unerwartete wie willkommene Prise fremdem und oft nicht dem würdigsten Blei verfiel.

Er blieb also verschwunden, dieser mein Zehner vom geruhsam gedachten Septemberabend im Schoßbachgraben. Nach anfänglichem Sträuben und noch lang gehegter, mir selber kaum mehr eingestandener Hoffnung, wurde mir das schließlich zur Gewißheit, und erst da fiel der Selbstvorwurf in seiner vollen Schwere und, wie ich heute noch sage, mit Recht, über mich her. Ich glaube mich inzwischen an die Wurzel hingegraben zu haben, auf die eine nur scheinbar so unverständliche Beantworung mancher Glücksangebote zurückgeht.

Unser Fassungsvermögen für das Leid ist ungleich größer als das für die Freude. Dem Leid steht überdies, was seine Hinnahme anbelangt, das Muß zur Seite. Beim Glück ist es meistens so, daß wir es uns zu nehmen und in vielen Fällen sogar es zuvor zu erkennen genötigt sind, um seiner froh werden zu können. Es bedarf schon großer Kraft – man kann diese Kraft genauso auch Mut nennen –, um das Glück zu ergreifen, noch größerer, um es festzuhalten.

Warum warf Polykrates seinen Ring ins Meer? Weil er Angst hatte, weil sein Mut nicht ausreichte, das, was er besaß, als ihm zustehend fest in Händen zu behalten. Was für eine abwegige Dummheit war das, die von vornherein nichts fruchten konnte, um des Bestandes seiner Glücksgüter willen einen schönen und kostbaren Gegenstand wegzuwerfen, wie man einen Obstkern von sich spuckt, und noch dazu ins Meer! Hätte der

Tyrann ihn behalten und statt an den Neid der Götter an die Sicherung seiner Grenzen gedacht, er wäre bis an sein Ende reich und mächtig geblieben und hätte Samos zu noch vollerer Blüte verholfen.

Aber so wie er (es ist das ja nur der von Schiller erdachte und nicht der historische Polykrates) verhalten die meisten Menschen sich, wenn das Glück sie auf Höhen emporgetragen hat, auf denen sie sich bei etwas Umsicht aus eigener Kraft behaupten könnten. Die einen setzen, was ihnen geschenkt ward, durch Leichtsinn, die anderen durch Laster, die dritten durch Ängstlichkeit aufs Spiel, und wieder anderen gebietet ihr religiöses Empfinden, sich Kasteiungen aufzuerlegen, das, womit sie Gutes wirken könnten, als einen sie auf dem erwählten Weg behindernden Ballast auf ihre Art ins Meer zu werfen.

Nun, und ich meinte damals, mich als verantwortlicher Revierverwalter einer Beute enthalten zu müssen, die ich jedem anderen zum Abschuß dringend anempfohlen hätte. Und das im letzten Untergrund nur, weil es mir so etwas wie Unmaß zu sein schien, binnen einer knappen Woche zwei gute Hirsche zu schießen, weil es auch mir an Mut gefehlt hat. Dabei wußte ich, daß es auf diesen Zehner, der alt und sicher schon seit ein paar Jahren reif war, dessen Typus zudem in unserem Bestand ein nicht wünschenswertes Übergewicht hatte, im Rahmen meiner hegerischen Aufbauarbeit keineswegs ankam.

Nicht nur diese Erfahrung hat mich gelehrt, daß das Schicksal ein Zurückweisen der von ihm angebotenen Geschenke sehr wenig freundlich aufzunehmen pflegt, ganz gleich ob Ungeschick, Unentschlossenheit oder überheblicher Anspruch der Grund dafür waren. Die Weisheit des Altertums hat allen schicksallenkenden Gottheiten Frauengestalt gegeben. Ja, wie übel vermerken es Frauen, wenn man den von ihnen zugespielten Ball nicht auffängt! Aber – abgesehen jetzt von Deutungen und zergliederten Beweggründen – es war in diesem Fall ein Fehler gewesen, die dargebotene Möglichkeit nicht zu ergreifen.

Reue ist eine lähmende und zudem unfruchtbare Empfindung, die man in allen Fällen aus seiner Brust verbannen und wenn nicht mit gutmachender, dann doch mit frischer Tat hinwegfegen sollte. Nach mancher vom Leben empfangenen Lehre habe ich mir, wenn nicht eine höhere Rücksichtnahme es anders gebot, ein nahestehender Mensch etwa dadurch zum Leidtragenden geworden wäre, angewöhnt, im Zweifel zuzugreifen und dies nachträglich fast immer als das Rechte erkannt. Und offen heraus gesagt: Wenn einen trotz alledem wirklich einmal die Reue heimsucht, dann doch noch lieber um eines Übermaßes als um eines Versäumnisses willen!

Ich will nicht sagen, daß die Fülle der Erinnerungen als geordneter Reigen über einen solchen Fleck Landschaft hinüberzieht, während man aus der Ferne auf ihn niederschaut, aber so wie die Hexen in ihren Küchen allerlei Zauberkraut in den Kessel werfen, auf daß der aus solcher Mischung aufsteigende Brodem sie oder einen ihrer Klienten in einen bestimmten Zustand versetze, so atmet auch ein Stück Waldwelt dem Jäger, der es aufgeschlossenen Gemütes oft umschlichen, belauert, überwandert hat, bei jedem Wiedersehen seinen besonderen Zauber entgegen.

Noch einmal ließ ich den mit den starken Linsen des Glases geschärften Blick über all die größeren, kleineren und winzigen Blößen des nun von Jahr zu Jahr mehr zuwachsenden Mooses wandern. Außer dem Jungwaldgürtel an den Waldrändern waren um die alten Schirmfichten, die wahrscheinlich noch aus almerischen Zeiten stammten, noch zahlreiche kleine Fichtenhorste und aus Laub- und Nadelbäumen gemischte Schöpfe und Buschnester angeflogen. Dazwischen lagen, jetzt schon im weißlichen Abenddunst, die von hohem vergilbtem Kraut umwachsenen dunklen Suhlenspiegel und die falbgrünen Wiesenflecke. – Und da stand in aller Mitte des einen auf einmal ein Hirsch! Ein durchwechselnder Beihirsch wahrscheinlich!? Trotzdem griff ich mir gleich das Perspektiv aus dem Rucksack. Als ich es ausgezogen in Händen hielt, war der Hirsch verschwunden.

Aber dann sah ich, wieder zum Doppelglas greifend, über ein paar kleine Blößen in den Randbüschen weg ein merkwürdiges Gewimmel hin- und hergehen und erkannte Kahlwild und dicht dahinter treibend abermals den Hirsch. Nach verschiedentlichem erfolglosen Herumtasten hatte ich ihn endlich in den Linsen des langen Fernrohrs. Das war ein in der Figur sehr guter Hirsch mit dunklem Brunftfleck und hohem, aber anscheinend leerem Geweih. Mit Sicherheit erkannte ich, daß die linke Stange keine Gabel hatte und in einem kalkweiß schimmernden Spieß auflief. Bevor ich sie mir genauer anschauen konnte, schliefte der Hirsch tiefer in die Jungfichten hinein, ich sah noch kurz die hellen Schlegel, und dann verschwand er mir ganz.

Da ritt mich der grüne Teufel! Wenn ich die Füße in die Hand nahm, dann war ich auf einem nach links, also gegen die Elandalm hin ausholenden Umweg in einer knappen Viertelstunde unten im Schoßbachgraben. Vielleicht würde ich von der gleichen Stelle aus wie damals den versäumten Zehner auch diesen Hirsch sehen und schießen können. Bis dahin, wo er jetzt gerade sein Kahlwild getrieben hatte, reichte aber, das wußte ich, der Blick von jener erhöhten Felsrippe im Gegenhang nicht. Wahrscheinlich mußte ich noch über das kurze Steilstück von der Grabensohle zum Rand des Mooses hinauf. Dort war aber dann höchste Vorsicht geboten, denn bis dahin würde es schon zu dämmern anfangen, und auf der verwachsenen Blöße hatte man schlechten Um- und Überblick. Der Wind aber konnte an einem Schönwettertag wie heute gut sein, obwohl der vor wenigen Jahren verstorbene alte Förster Huber „den Luadawind vom Auermösl" nicht genug zu schmähen gewußt hatte.

Auch das Auermoos lag in jenem Bereich, den meine Feinde in den ausgeblichenen Braunhemden mir abzuknöpfen sich zum Ziel gesetzt hatten. Ich kann nicht leugnen, daß der Gedanke an den Ärger, den ein von mir so in nächster Nähe der munteren Pflanzer geschossener Hirsch ihnen bereiten mußte, mich in meinem Tun und Planen bestärkt und beflügelt hat. Schnell weihte ich Frau und Sohn in das Vorhaben ein. Sie sollten, so wurde es in großer Eile abgesprochen, sich zunächst hier an Ort und Stelle noch ein wenig niederlassen und das Moos beobachten. Vielleicht sahen sie hierbei dies oder jenes, was mir, auch wenn die Birsch ergebnislos verlief, nachträglich von Nutzen sein konnte. Den Rückweg zur Elandalm riet ich ihnen aber doch so rechtzeitig anzutreten, daß sie vor völliger Dunkelheit bei der Hütte anlangten.

Das „Waidmannsheil" der Frau war von mehr nachsichtigem als zuversichtlichem Klang, das des Sohnes glühend erwartungsvoll, und so gesegnet setzte ich mich – gäben ihn doch die Kniekehlen noch heute so mühelos her! – in Galopp. Ich mußte zunächst auf unserem Aufstiegsweg zurück bis fast auf gleiche Höhe der oberen Kante des „Schinders", dann aber scharf nach rechts abbiegend dem Holzziehweg folgen, der zum Schoßbachgraben hinunter und in ihn hinein führt. Wenn ich meinen strategischen Punkt von vor zwölf Jahren – was doch die Zeit für weite Sprünge macht! – erreicht und von ihm aus Umschau gehalten hätte, würde es leichter sein, die weiteren Entschlüsse zu fassen. Wer weiß, vielleicht schrie der Hirsch, und man hörte ihn auch diesmal wieder herüber.

Es war ein Wettlauf mit dem schwindenden Licht, aber nachdem er mich zehn Minuten lang von den Fußgelenken bis zum Scheitel über prellendes Gestein und rutschigen Lehm hinweg durchschüttert und -geschüttelt hatte und der Schweiß mir auf die Stirn getreten war, wußte ich, daß ich *ihn* zumindest gewinnen würde. Ich brauchte nicht ganz eine Viertelstunde, bis ich den ersten Blick über die bachrauschende Schlucht ins Auermoos hinüberwerfen konnte. Es war so, wie ich befürchtet hatte, man sah von hier weg nicht weit genug in die schmale, langgezogene Wiese hinein. Die Fläche zwischen Buchenüberhältern und Randfichten, auf der sich vor diesem kaum glaubhaften Dutzend Jährchen der Zehner mit seinem Rudel hin- und herbewegt hatte, war leer.

Auf den Graten jenseits des Aschauer Tales war der scheidende Kupferglanz jetzt erloschen, in einer merkwürdig weichen und zugleich tiefen Bläue zeichneten sie sich gegen den weißlich gewordenen Himmel ab. Öd lag der steilwandige Graben, und ich fühlte den kalten Anhauch der zwischen Felsufern eingeengten zornig talwärts drängenden Wasser. Mit angestrengtem Ohr horchte ich nach einem Laut aus dem Hals des Hirsches drüben im Auermoos. Aber es war nichts zu hören. Es erschien nur allzu wahrscheinlich, daß Hirsch und Kahlwild jetzt gegen die Baumgartenalm zu unterwegs waren, wenn die bestellte laute Lebensfreude der staatlichen Kulturer sie nicht oder noch nicht gestört hatte. Um ihnen den dorthin führenden Wechsel im felsigen Hochwald abzuschneiden, war's zu spät.

Nach etwa fünf Minuten des Lauschens hörte ich eine Hirschstimme weit in meinem Rücken mehrmals verweht und dunkel aufgrollen. Das war einer der Elandhirsche, der der Schoßbachschneid folgend gegen die Alm hinüberzog. Der drüben auf der Moorwiese hätte ihm, wäre er zum Schreien aufgelegt gewesen, jetzt wahrscheinlich Antwort gegeben. Aber es blieb still, und die langsam zunehmende Dämmerung fing an, sich auslöschend auf die Farben des Herbstwaldes zu legen. Die Fichten auf dem Scheitel des Felskopfes mir gegenüber standen schon als bis in die feinsten Verästelungen hinein klar erkennbare schwarze Silhouetten vor dem blaßrosigen Firmament. Ich durfte jetzt, wenn ich nicht überhaupt umkehren wollte, keine Minute mehr verzögern und mußte hinüber.

Der freudige Eifer, mit dem ich das Unternehmen begonnen hatte, drängte trotz verminderter Zuversicht noch immer spannungsvoll und saß mir in allen Sehnen. So schaute ich, daß ich in den Graben hinunterkam, überquerte den Bach und versuchte dann, den jenseitigen Steilhang im Sturm zu nehmen. Das war zwar kein schwieriges, aber dennoch ein hartes Stück Arbeit.

Ich benützte zu dem Aufstieg einen der zahlreichen teils vermoosten, teils lehmigen, engen Gräben, durch die das im quelligen Plateau sich sammelnde Wasser gegen den Bach hinunterrieselte. Wenn ich nicht gerade auf Felsengrund Halt fand, sank ich fast mit jedem Schritt bis über die Knöchel im durchweichten Lehm ein. Zum Glück boten sich immer wieder Buchenbüsche und kleine Fichten als Handgriffe an. Naßgeschwitzt und in der kalt gewordenen Luft dampfend wie ein Rennpferd hinter dem Ziel, stand ich endlich am Rand der Wiese und holte ein paarmal tief Atem.

Wieder überkam mich, wie stets, wenn ich dieses kleine Hochmoor betrat, das Gefühl, in eine andere, zwar urnordische, aber nicht wirklich alpine Landschaft versetzt zu sein. Es war totenstill. Bei etwas lauerer Luft hätte man meinen können, es sei noch Sommer. Ich hatte jetzt keine

Hoffnung mehr, und auch der Zeiger des jägerischen Gespürs für Wild-
nähe wollte nicht ausschlagen. Vorsichtig nahm ich den Ruf aus dem Rucksack und tat einen einzigen, sehr leisen, schüchtern-mutlosen Grohner. Ich
durfte so dicht bei der Stelle, auf der ich das Wild vor einer guten halben Stunde gesehen hatte und in deren Nähe es vielleicht noch stand,
nichts, kein Angeschlichenwerden im Schutz der Randbüsche und vor allem
kein Ausweichen von Hirsch und Rudel vor einem lästigen Nebenbuhler
riskieren. Ich erhielt keine Antwort.

Kühl und stetig zog der Wind mir ins Gesicht. Es blieb mir, nachdem
ich schon einmal da war, jetzt nur noch die Möglichkeit, mich Schritt vor
Schritt entlang den Schirmfichten am rechten Wiesenrand ein- bis zweihundert Meter hinaufzuschieben. Die besondere Stimmung, vor allem die
Art des Lichtes bei dieser kurzen Birsch, hat sich mir so tief eingeprägt,
daß ich sie noch heute mit allen Sinnen zu verspüren meine.

Ich war dem Westen zugewendet, und der Himmel vor und über mir
blendete immer noch in jenem eigentümlich rosigen Perlmuttglanz. In ihn
hinein ragte die vom Südwestrand des kleinen Mooses unvermittelt hoch
und steil aufwachsende Rafenschneid als abschließende schwarze Kulisse.
Die Halbkuppel in meinem Rücken – ich hatte jetzt keine Zeit, mich um-
zuwenden – war sicher schon vornächtlich blau, und in ihr schimmerten
auch bestimmt schon einzelne winzig kleine weiße Sternpunkte. Über dem
fahlfalben Gras der Blößen lag ein Hauch von weißem Nebel, und der sie
umschließende Wald hatte alle bunten Schattierungen verloren, war wie
eingehüllt in ein kaum beschreibbares einheitliches Dämmergrün, dessen
Ton in seiner Weichheit an den von Grünspan gemahnte, dabei aber schon
stark von schwärzlichen Schleiern übersponnen und gedämpft war.

Ganz langsam birschte ich angestrengt lauschend und mit ständig suchenden Augen des vorgenommenen Weges. Ich hatte, was ich in solcher
Lage sonst nie tue, den Repetierer von der Schulter genommen und trug
ihn entsichert im Arm. Bei diesem Licht und Gelände würde mir, wenn
überhaupt, für den Schuß nur eine Chance von wenigen Sekunden gegeben sein.

In der Lautlosigkeit um mich her erschien es mir kaum möglich, daß
Wild in der Nähe stand. Irgendetwas hätte man in dem Fall vernehmen
müssen, leises Knören, Anstreifen von Stangen, von Wildkörpern, Ra-
scheln von belaubtem Geäst oder das Knistern von dürren Zweigen. Schon
mein behutsames Dahinwaten im knietiefen Binsengras ward inmitten
solcher Stille zum gut hörbaren Geräusch.

Ich war gerade an der Blöße vorbeigebirscht, auf der, wie ich meinte,
der Hirsch, als ich ihn erstmals erschaute, gestanden hatte, da trat das ein,

wovor ich von einem Schritt zum anderen in ständiger Furcht gewesen war: Zu meiner Linken, wo das Randdickicht gerade ziemlich weit gegen meine Seite zu herausbuchtete, rumpelte ganz plötzlich mit dumpfem Schalenschlag Wild davon. Es hatte eigentlich so kommen müssen; einzige Deckung für mich war die verschattete Fichtenwand in meinem Rücken gewesen.

In tiefer Enttäuschung blieb ich stehen. Aber das Gepolter floh nicht in die Nacht hinein, es hielt an und kam mit einem Mal näher. Obwohl sich bei so fortgeschrittener Dunkelheit, trotz vereinzelter winziger Lücken, innerhalb der Dickung nichts mehr unterscheiden ließ, meinte ich doch, in dem schwarzgrünen Schummer Bewegung zu erkennen. Zweige rauschten, ein Dürrast splitterte, und dann stand ein mächtiger dunkler Wildkörper auf etwa fünfzig Meter schräg vor mir auf der Blöße. Ich durfte den rasch an den Kopf gehobenen Kolben wieder sinken lassen: Eine wahre Riesin von einem Alttier war es. Sie äugte mit straff gespitzten Lauschern über ihren Ziemer zurück, aber – so wollte mir vorkommen – nicht zu mir her.

Jetzt folgte ihr ein zweites, schwächeres Stück, ein gleichfalls sehr hochläufiges, starkhalsiges Kalb. Mit nach hinten gewendeten Lauschern blieb es nah bei der Mutter stehen. Ich fühlte den Herzschlag dicht unter meinem Kinn. Es mußte, ja es *mußte* jetzt der Hirsch folgen!

Ganz still war es wieder, und regungslos verharrte das Stück. Da meinte ich, es habe mich im linken Augenwinkel etwas geblendet und drehte langsam den Kopf. Nur dreißig Gänge von mir entfernt stand ohne leisestes Geräusch aus der Unsichtigkeit heraus- und hingezaubert wie der Geist des Waldes der Hirsch frei auf der Wiese. Auch er schien ein Riese von Gestalt zu sein, und diesen Eindruck verstärkte noch die kurze Entfernung. Mit herrscherhaft erhobenem Haupt war er mir spitz zugewendet. Die Kontur seines fahlrötlichen Rumpfes hob sich verschwommen vom Waldhintergrund ab, nur das helle Haupt mit den schwarzen Lichtern war von plastischer Deutlichkeit. Darüber erkannte man das weit ausgeschwungene, hohe, aber anscheinend fast endenlose Geweih. Einzig die Spitzen der Augsprossen und der Stangen leuchteten schlohweiß als würden sie phosphoreszieren.

Ich durfte nicht lange schauen, und überdies genügen Sekunden, um uns Bilder von solcher Zauberkraft unverlierbar in die Erinnerung einzubrennen. Durch das Zielfernrohr sah ich, daß die linke Stange in jenem schon von der Alm her angesprochenen geschweiften weißen Spieß auslief, die rechte endete in einer kleinen gleichfalls weißen Gabel. Ich hielt auf den Stich, dann erglühte für einen Sekundenbruchteil die feuchte Luft um mich her rot vom jähen Mündungsblitz. Mit einer aufbäumenden silbrig

blinkenden Riesenflucht entschwand mir der Hirsch hinter einer Jung-
fichtengruppe, und ich hörte noch kurz das wilde Klatschen und Saugen
seiner hochflüchtigen Schalen im anmoorigen Grund.

Nach diesem auf wenige Herzschläge zusammengedrängten Erleben
konnte ich nicht anders: Wo ich stand, setzte ich mich auf die Erde, nahm
den Hut ab, damit die kalte Luft mir ungehindert um Kopf und Gesicht
ziehen konnte, ließ den Puls sich beruhigen und die Anspannung der Nerven sich langsam wieder lösen. Ich wußte, daß der Hirsch eine gute Kugel
hatte und nicht weit gekommen sein konnte. Jetzt sah ich auch mir zu
Häupten den ersten zitternden Stern. Die nach dem Schuß eingetretene
Stille fing gerade an, sich zu verdichten und Wiese und Wald und mich
selber wieder einzuhüllen, als ein Schrecklaut aus der Drossel des Alttiers
sie wie ein jäher Donnerschlag zerriß.

Schrecken, Empörung, Erschüttertsein, entlarvender Haß gegen den
Erbfeind und sicher auch Leid und für mein Ohr ein Vorwurf, dem ich
mich nicht verschließen, vor dem ich mich nicht verstecken konnte, vor
dem keine Dunkelheit mich schützte, das alles lag in diesem tiefkehlig und
überlaut hervorgestoßenen Weiberschrei. Und wieder und nochmals einer
und nach einer Weile, ziemlich weit weg schon, ein vierter und letzter.

Dieses wissende sich Entfernen, sich Ergeben in das Vollzogene traf
mich in das Sekunden zuvor noch vom vollen Beutejubel geschwellte Herz.
Das Glück hatte ich ihr zerstört, dieses karge Glück der Tiere, dem sie in
Verborgenheit sich hinzugeben im Begriff gewesen war, den eben erst begonnenen Reigen zerrissen, seine heimliche Stätte entweiht und mit
Schrecken erfüllt und ihr den auserwählten, diese Abseitigkeit mit ihr tei-
lenden Gefährten getötet. Und nun war sie fortgegangen, nur noch von
ihrem Kalb gefolgt, das nichts von alledem verstand, weg vom verödeten
Platz, vielleicht noch ziellos, anderswohin. Und aus ihrem letzten Schreckton hatte ich herauszuhören gemeint, daß sie um die Endgültigkeit der
Trennung wußte, daß sie aufgegeben hatte.

Ob sie es wirklich wußte? Der Wind stand immer noch gut, und eräugt
hatte mich die Altmutter sicher nicht. Sie war, daran hatte ich keinen
Zweifel, dem sie bedrängenden Hirsch ausgewichen, als sie nach ein paar
Kreuz- und Querfluchten in den Jungfichten auf die Wiese herausge-
prescht kam. Blieb also nur der Schuß, der in den klaren Abend schmet-
ternde Blitz- und Donnerschlag, der ihr den Verdacht auf das Um-die-
Wege-sein des Erbfeindes, des ewigen Friedenstörers und Bedrohers
Mensch hatte wecken können.

Leicht möglich, daß der jähe Hall in ihrem Tierinnern sich mit dem
Verlust anderer Gefährten, gar eines ihrer Kälber verband. Aber über

Ergehen und Verbleib des in brunftiger Begehrlichkeit ihr folgenden Hirsches konnte er ihr, wenn man es ruhig bedachte, keine Gewißheit gegeben haben. Oder haben Tiere und gar Tiermütter in den Jahren ihrer ausgereiften Erfahrenheit vielleicht ein uns Menschen verlorengegangenes, wahrnehmendes Organ für das plötzliche Abgeschnittensein eines dem ihren eng verbundenen Lebens?

Es war nur ein kurzer Schatten, der über meine Freude hingezogen war. Sie selber, die vielerfahrene Waldfürstin, lebte ja noch, hatte ihr Kalb bei sich, konnte weiterhin ihres Wechsels ziehen, und vielleicht kreuzte morgen schon ein anderer Hirsch ihre brunftige Fährte und blieb bei ihr, bis sie seiner nimmer bedurfte. Mir belebte der feuchtwürzige Duft, den der Herbstwald jetzt im Einbruch der Nacht noch stärker ausatmete als vorher, alle Sinne. Die soeben in schnell sich ablösender Folge geschauten, aus ungewissen Schatten plötzlich heraustretenden Bilder und das immer stärker spürbare Hingezogensein zur Beute erfüllten mich mit unruhvoller Freude, und dann brach auch die Beglückung durch über das Gelingen des ganzen stürmischen Unternehmens und das Durchkreuzen feindseliger Pläne.

Ich stand auf. Langsam ging ich voraussuchenden Blickes in die Richtung, in die ich den Hirsch hatte wegbrechen hören. Es war keine lange Strecke, die ich zurücklegen mußte. Schon nach wenigen Schritten schlug mir mit voller Stärke der warme Brunftgeruch entgegen, nur knapp sechzig Meter weit war der ins Leben Getroffene noch gekommen, lag lang hingestreckt auf freier Blöße am Rand einer kleinen Suhle auf seiner linken Seite, die die Ausschußseite war.

In der Dämmerung sah es zuerst so aus, als sei der Verendete zu einem unscheinbaren Hügel zusammengeschwunden. Erst als ich dicht neben ihn hintrat, erwuchs er wieder zur vollen majestätischen Größe. Dem Geweih nach war er das, was man einen „Schadhirsch" nennt. Ich selber, das aber nur nebenbei, nenne es nicht so. Die linke Stange zeigte außer der guten, rund aufgebogenen Augsprosse kein Ende. An der Stelle des Mittelendes befand sich, kürzer als ein Kleinfingerglied, eine beinweiß gefegte Warze. Die rechte Stange hatte gleichfalls kein Mittelend, aber ganz dicht beim Augende eine nicht mehr als fingerlange, zapfenhaft gerade Eissprosse. Mit der kleinen Gabel ergab das vier Enden und somit einen ungeraden Achter.

Die Stangen waren lang, und ihre Leere sowohl als auch ihr enthusiastisch weites Ausladen verstärkten diesen Eindruck noch. Sie waren stark, feinkörnig geperlt und unten von breiten Rosen umrandet. Es war ein langer und ausgesprochen hochläufiger Hirsch von mehr falber als rötlicher Färbung. Das helle Haupt wirkte mächtig, der Träger war breit mit dunkellöwengoldener Mähne. Die Grandeln hatten eine schöne haselnußbraune Maserung. Das Jagdgewicht war, wie sich später ergab, 122 Kilo. Damit war er schwerer, als der Kronenzehner vom Morgen. Nur – sein Brunftfleck war klein, und nach dem, was ich auf seinen Kiefern ertastete, mochte er im Höchstfall sein achtes Geweih tragen.

Das war für mich insofern nicht enttäuschend, als ich bei diesem im Auermoos heimlich sein Kälberstuck treibenden Hirsch, was sein Alter anbetraf, mich von vornherein keinen gesteigerten Erwartungen hingegeben hatte.

In dem Kranz der zu ihrem weitaus größeren Teil nicht in den Olymp ragenden deutschen Romane des ausgehenden neunzehnten Jahrhunderts ist auch, anfangs zaghaft und dann in immer dichterem Gewucher, der Jagdroman aufgeblüht. Durch ihn und in ihm ist ein neuer, eben der *romanhafte* Hirsch geschaffen worden. Der gliedert sich wiederum in Unterarten. Zwei der häufigsten sind der „Mörder“ und der „Sagenhafte“.

Was den ersteren anbelangt, so haben mir erfahrene und zudem durchaus glaubhafte Genossen in Huberto verschiedentlich erzählt, daß ihnen Hirsche begegnet sind, die wahrscheinlich auf Grund eines zornmütigen Charakters, einer damit verbundenen besonderen Kampfweise und nicht zuletzt überlegener Kräfte andere geforkelt und mit der Zeit anscheinend Geschmack daran gefunden hatten. Solchen bösartigen Raufern seien in einer Brunft manchmal mehrere Hirsche, ja sogar einzelne Stücke Kahlwild zum Opfer gefallen. Es geschah dies in den mir verbürgten Fällen in Gatterrevieren von freilich riesigen Ausmaßen. Ich selber habe im Lauf von fünf Jahrzehnten der Hirschjägerei zwar einige zu Tode geforkelte starke Hirsche im Revier teils selber gefunden, teils angesagt bekommen, war öfters Zeuge heftiger, für den einen oder anderen der Gegner zeitweilig sehr bedrohlich wirkender Kämpfe, aber ein „hauptamtlicher Mörder“, der von Rudel zu Rudel ziehend zwei, drei oder noch mehr Platzhirsche auf die Decke legte, ein solcher ist mir bisher nur in Romanen und Novellen untergekommen:

„Wenn du den Mordhirsch strecktest, Rolf Dietrich, dann würde Vati vielleicht ein Einsehen haben!?“

Etwas anders ist's um die „Sagenhaften“ bestellt. Es gibt, das ist keine so besondere Seltenheit, Hirsche, die man auf Grund ihres Einstandes und ihrer Gewohnheiten fast nie zu Gesicht bekommt. Aber es werden ihnen oft Eigenschaften angedichtet, die wiederum nichts mit der natürlichen Lebensart eines Hirsches zu tun haben und – so darf man vermuten – nur den eigenen Wunschträumen der Romanschriftsteller nachgebildet sind. Da begegnet man immer wieder der schönen Geschichte vom heimlichen „Liebesnest", das ein Kapitalhirsch im Schoß undurchdringlicher Dickungen mit einem einzigen zierlichen Schmalstück teilt.

Ein ausgereifter Hirsch versteckt sich nicht in der Dickung, schon allein deswegen nicht, weil er irgendwohin zur Äsung ziehen muß und zieht. Meist hat er auch sein mehrköpfiges Rudel und weiß es zu verteidigen. Manche Althirsche aber überlassen das Rudel den Beihirschen und fahren erst dazwischen, wenn eines der Stücke hochbrunftig wird. Was ihnen diesen Reifezustand wahrnehmen läßt, konnte ich bisher noch nicht ergründen. Im rechten Zeitpunkt jedenfalls tauchen sie auf, sprengen die Beihirsche auseinander, treiben das dann meist bald stehenbleibende Stuck, beschlagen es und ziehen danach, manchmal nach kürzerem oder längerem Sichniedertun, unter den eifersüchtig-empörten Neid- und Kampfrufen der verdrängten Geringeren in das Dunkel des Waldes zurück. Zweisamkeiten, wie sie dem Jagdpoeten als freundliche Visionen vorschweben, pflegt der alte Hirsch nicht. Aber es kommt auch vor, daß sich abseits der großen Ballsäle ein bestimmtes Paar zu heimlichem Liebesreigen zusammenfindet. Dabei handelt es sich in achtzig von hundert Fällen um unverträgliche Alttiere, die dem unruhevoll lauten, vielköpfigen Treiben ausweichen und deren ausgereifte Erfahrenheit sie die rechte Auswahl unter den jüngeren, als Platzhirsche noch nicht zugelassenen Kavalieren treffen läßt. So war es auch hier gewesen.

Ich glaube, daß die „Zuchtwahl" beim freilebenden Wild nicht allein vom männlichen, also vom Vatertier, getroffen wird, und es ist meine Meinung, daß ein Alttier keineswegs entartet ist, wenn es sich einen endenarmen Hirsch zum Befruchter erwählt. Ich kann auch keinen biologisch stichhaltigen Grund dafür finden, starke Hirsche, die endenarme Geweihe tragen, auszumerzen und auf solche Büchsenhegekunst sehr stolz zu sein. Weder die dafür empfangenen neid- und respektvollen Glückwünsche auf der Schau noch die Trophäe selbst über dem Kamin, dem dreiteiligen Büfett, der Couch oder zwischen den Porträts von Urmutter und Ururvater ist Maßstab für den Grad der Lebensberechtigung von Mitgeschöpfen.

Trotzdem hat es, weil eben mit einer gewissen Auswahl abgeschossen werden muß, seine Berechtigung, die sich in zweifacher Hinsicht durch endenreich-starkes Geweih auf starkem Rumpf als züchterisch wertvoll präsentierenden Hirsche vor allen anderen zu schonen. Dies erscheint schon insofern geboten, als bei der gegenwärtig mancherseits mit an geisteskranke Zerstörungswut gemahnendem Eifer betriebenen Schalenwildverminderung Alttiere ständig und in großer Zahl abgeschossen wurden und werden, in deren Schoß die gleichen und oft noch kostbarere Schätze beschlossen liegen, als die Spitzenhirsche der Geweihschauen sie auf den Häuptern tragen. Weil die sich aber nicht mit Nadlerpunkten messen lassen, gereicht ihre Ausmerzung dem der Vorschrift genügenden Schützen zu Lob und Ehre.

Aber fort mit der grauen Theorie. Es war „des Lebens grüngoldener Baum", der mich in jener vornächtlichen Stunde beglückte. Zu längerer Wacht ließ ich mir diesmal keine Zeit. Ich fühlte mich den Meinen zu sehr verbunden. Sie hatten sicher lange auf den Schuß gewartet und ihn, wenn auch wahrscheinlich schon im Abstieg zur Elandalm begriffen, bestimmt noch vernommen. Jetzt erwarteten sie mit Spannung meine Rückkehr und meinen Bericht. Mit gleich starker, wenn auch von anderen Beweggründen befeuerter Kraft, mit der es mich vorhin von ihnen weg und hier herunter getrieben hatte, zog es mich nun zu ihnen zurück.

So brach ich die Brüche aus den kleinen zottigen Schirmfichten und brachte mit nur einer halben Zigarette (lediglich zum Windprüfen trug ich diese damals von mir noch gering geachteten Stengel in einem winzigen Etui in der linken Joppenbrusttasche) mein dankbares Rauchopfer dar. Beim Aufbrechen tat ich nur das für das Leerschweißen und Auskühlen des Wildes Gebotene und löste mit ein paar groben Schnitten die Grandeln aus. Ich zog den Hirsch noch ein kleines Stück hangauf, daß sein schweres, edles Haupt mit breitem Bruch im Äser in die seiner würdige, königlich-erhabene Lage kam. Dann aber stürmte ich den Weg zurück, den ich hergekommen war.

Als ich unten im Graben den Bach überquerte, wusch ich mir in seinen eiskalten kleinen Wellen die Hände. Richtiger Jubel war's, was mir dabei die Brust schwellte. Nicht unmittelbar der Erfolg hatte ihn ausgelöst, weit mehr war es der sich mir jetzt aufdrängende Vergleich zwischen meinen Gefühlen auf dem Hin- und Herweg. Zuerst Anspannung zur Eile und zum Handeln, Zweifel am Erfolg, viele unruhvolle Fragen in aufsteigender Mutlosigkeit, und dahinter dieses merkwürdige, schwer erklärlich drängende Muß. Und jetzt das volle Glück des Gelingens, leicht angeschauert und vielleicht sogar gesteigert durch die unter dem noch frischen Eindruck des Erlebten sich in den Hintergründen herumschleichende Frage: Wie, wenn's mißlungen wäre, wenn nur eines, ein einziges Glied in der Kette der Abläufe gefehlt hätte!? Aber daß dem nicht so gewesen war, blieb jetzt für mich eine nimmer verlierbare glückselige Gewißheit!

Schon als ich mich in sehr früher Jugend noch der Plackerei von Hochtouren freiwillig freudig unterzog, schien mir der Heimweg über abendlich besonnte Hochalmen das Froheste und Schönste des ganzen Unternehmens zu sein, der Rückblick auf den Fels und den lichtverklärten Gipfel, dessen mühseliges Bezwingen keine Minute des Behagens hatte aufkommen lassen. Und noch als ausgereifter Jäger empfinde ich es unter veränderten Vorzeichen nicht anders.

Elandalm- und hüttenwärts jetzt! Ohne den bleichen Schimmer des steinigen Weges wäre ich in der Pechschwärze unter den dicht geschlossenen Fichtenwipfeln nur tastend vom Fleck gekommen. Aber es währte nicht lang, bis ich oben am Schinder stand und vor dem letzten Stück Steilabstieg noch einmal kurz und aus tief befriedigter Brust heraus verschnaufte. Fast schwarz, aber überreich mit weiß funkelnden Gestirnen besät wölbte der Nachthimmel sich heute, und es herrschte dabei keine völlige Dunkelheit. In geheimnisvoller Illumination lag unten der Kessel. Die breitmächtigen Säulen der Wetterfichten standen in verdichteter Schattenhaftigkeit vor dem fahlgrauen Almgrund, selbst die steinbeschwerten Kaserdächer konnte man erkennen, und dann sah ich auch den zitternden roten Lichtpunkt unseres Hüttenfensters.

Der König war tot, aber ein halb Dutzend anderer Anwärter auf sein Reich stritt sich jetzt um das Erbe. Von allen Seiten durchgrollte der Hirschschrei die Nacht. Eine kaum mehr als zweihundert Meter oberhalb der Hütte immer nur kurz abgerissen auftönende schwarze Stimme schien mir dem gefährlichsten unter diesen neuen Streitern anzugehören. Für alles schafft doch die Natur Ersatz, wenn sie frei walten kann!

Schließlich stieg ich, eingehüllt in den samtenen Mantel der Nacht, hinunter zur Hütte. Der Sohn empfing mich sehr aufgeregt und kontrollierte alsogleich meinen Hut nach einem Bruch. Er hatte mich, die Blößen des Auermooses nicht aus dem Glas lassend, anscheinend in dem Augenblick entdeckt, da ich das Plateau betrat, und ein paar Sekunden lang meinen Weg durch die Linsen verfolgt. Hirsch oder Stuck aber waren den oben Beobachtenden vom Antritt meiner Birsch an nimmer sichtbar geworden.

Nachdem alles bis in die letzten Winkel des Erlebten hinein berichtet, veranschaulicht, erzählt und nochmals erzählt war, feierten wir unser kleines Fest und nach dem Genuß all der von den Händen der Frau wohlvorbereiteten kleinen Freuden und nachdem, sie und die Erfolge krönend, gemäß einem vom damals lang schon verstrobenen Förster Steiner begründeten Elandhüttenbrauch, der Sektpfropfen an die niedrige Stubendecke geschossen war, blieben wir noch so lange unter der Lampe vereint, bis zuerst dem Sohn die Augen zufielen und dann auch die Gattin den Wunsch aussprach, ihr Lager aufzusuchen. Ich selber setzte mich noch eine Weile draußen auf die Bank unter den Sternenhimmel, bis mein Kraut ausgeraucht war. Dann legte auch ich mich nieder.

Während dieser ganzen Zeit bis hinein in den mich schnell in seine Fesseln schlagenden Schlaf, ward des Drohens und Dröhnens und zornigen Aufgrollens rundum auf den Matten und Böden der Alm, über denen die schwarzen Vorhänge jetzt endgültig zugezogen waren, kein Ende.

Zwei aber waren stumm geworden, lagen erstarrt draußen, vom Hauch der Nacht gestreichelt und von dem Duft umwoben, den nach einem solchen Sonnentag die Erde noch in die Dunkelheit zurückatmet. Ernster, alter König und stolzhäuptiger, ritterlicher Königssohn! Ich wußte es wohl: Sie waren es nimmer, sie waren davongezogen ins Unerforschliche. Aber hier hat unser Fassungsvermögen die ihm vom Schöpfer anbefohlene Grenze, hier ist der Schlagbaum, der zur Umkehr zwingt in das beglückende Reich des Seins.

Es bleibt schon noch einiges zu erzählen: Am nächsten Morgen holten auf verschiedenen Wegen zwei bespannte Almkarren die beiden Hirsche zu Tal. Die Kulturer auf dem großen Schlag oberhalb des Auermooses hörten das harte Stoßen, das Quieken und Knirschen der schwer eisenumreiften Räder, wurden aufmerksam, sahen Roß und Wagen gegen die Streuwiese hinunter einbiegen, kamen teils von natürlicher Neugierde, teils von Erkundungsehrgeiz für ihren wieder inthronisierten Chef getrieben, herbei, und der von ihnen in der Folge verbreiteten Kunde nach ist in dortigen Wäldern nie ein stärkerer, älterer, schwererer, höher geweihter „Schadhirsch" geschossen worden als dieser, der heimliche Geliebte der ungeselligen Waldkönigin. Mir konnte es recht sein; ich hatte keinen Grund, der schönen Mär zu widersprechen.

Das Geweih des Kronzehners aber hat noch so etwas wie eine kleine Odyssee durchgemacht, ehe ich es mir an die Wand hängen konnte. Und das begab sich also: Mein Onkel General hatte im letzten oder vorletzten Jahr vor dem Kriegsende und dem mit dem Einmarsch der Amerikaner sich ergebenden Verlust der Jagdhoheit noch zwei Brunfthirsche bei mir geschossen. Der eine von ihnen war ein leider noch etwas jugendlicher Zwölfer gewesen, der andere ein nicht allzuviel vorstellender, aber keinesfalls junger und dabei recht merkwürdig aufhabender ungerad-gerader Zehner. Auf einer Stange zeigte er die Krone, auf der anderen nur eine ziemlich kleine Gabel, dafür aber eine derbe kurze Eissprosse. In dem Jahr, in dem der Onkel ihn schoß, war er Platzhirsch auf dem Hofalmboden, auf dem, so lange ich mich zurückerinnere, kaum je ein jüngerer Hirsch den Platz gehalten hat.

Obwohl er mindestens sein zehntes Geweih trug, war dieser Zehner auch in der Figur eher gering als stark, und sogar seine Brunftmähne gab ihm nicht das seinem Alter gebührende Ansehen. Trotzdem verteidigte er sein vielköpfiges Rudel mit zornmütiger Entschlossenheit, trollte, grimmige Sprenglaute ausstoßend, jedem in der Ferne auftauchenden Rivalen entgegen und schlug mehrere im Geweih weit stärkere Hirsche in kurzen, heftigen Kämpfen ab. Er war nicht der erste und auch nicht der letzte Hirsch dieses Schlages, den ich bei uns beobachtet habe; kleinwüchsig in der Statur und unwüchsig im Geweih, sich aber von einem gewissen Alter ab wild streitbar durchsetzend.

Der Onkel, den die mächtige Stimme und das unruhvoll kampfbereite Benehmen des Hirsches anfangs in große Erregung versetzt hatten, war sichtlich enttäuscht, als er an ihn herantrat und das nicht eben ansehnliche Geweih betrachtete. Auch die herrlich gezeichneten Grandeln vermochten nicht viel daran zu ändern. Es war dies der hauptsächliche Grund, weshalb ich meinem Hegerherzen schließlich einen Stoß versetzte und dem ehrengeachteten Gast noch den Abschuß des an und für sich nicht kugelreifen Zwölfers freigab.

Die Geweihe seiner beiden Hirsche ließ mein Onkel damals bei mir zurück. Er stand zu der Zeit gerade im Begriff, sein Münchner Stadtquartier ob der beginnenden Luftangriffe zu räumen. Außer einigen Koffern übergab er in der Folge auch noch seine beiden besten Gewehre meiner Obhut. Es vergingen Jahre, ehe ich sie aus ihrem Versteck befreien und ihm zurückreichen konnte. Und wieder eine Weile später erinnerten wir uns dann auch der beiden Geweihe von Anno dazumal. Ich hatte sie auf dem Speicher verstaut und in der Zwischenzeit mehrmals in Händen gehabt. Als ich sie heraussuchen und ihm herunterbringen wollte, bemerkte ich, daß eines, und zwar das bessere, das des verschrobenen Zehners, fehlte!

Das war nun eine ziemlich ärgerliche Geschichte. Der Onkel hatte eigens ein Auto genommen, um seine Trophäen, auf die er sich freute, heimzuführen. Die Hirsche, von denen sie stammten, sind übrigens seine letzten geblieben. Ich hatte kaum einen Zweifel daran, daß dieses Geweih, eben weil ich es zusammen mit dem des Zwölfers in einer gesonderten Ecke abgestellt hatte, gestohlen war. Lang nach des Erlegers Tod hab' ich es wiedergefunden. Es hing im Treppenhaus eines großen Bauernhofes, und da hängt es noch heute. Ein „treuer Diener seines Herrn" hatte sich's angeeignet und – es mag dies heute mehr als ein Vierteljahrhundert zurückliegen – ein paar Pfund Butter dafür eingetauscht.

Hätte ich das damals gewußt, ich würde es zurückgeholt haben. So aber mag es jetzt bleiben, wo es ist, verstaubt und von den aus dem Kuhstall herüberverirrten Fliegen bräunlich patiniert. Und wenn ich einmal gestorben bin, dann weiß niemand mehr etwas von seiner Geschichte, von den an jenem Oktobermorgen die Waldränder des Hofalmbodens träg umziehenden Nebeln, vom fortgesetzten zornigen Röhren des sein Rudel eifersüchtig und ruhlos umkreisenden schwarzstangigen Zehners und davon, daß er sich endlich mit etwas müd vorgestrecktem Träger breitstellte, auf den Schuß gut zeichnete und bald danach verendet auf der Alm lag. Von den haselnußbraunen Grandeln, von des Onkels anfänglicher Freude und dann aufsteigender Enttäuschung und von den zu der Zeit so kostbaren, erhamsterten Brasilzigarren, die ich hervorholte und die wir, bei dem Verendeten uns niederlassend, zur Beschwichtigung aller positiven und negativen Erregung in Brand gesetzt haben.

Was aber sollte ich an jenem Nachmittag tun, da der Onkel unten im Salon auf das Wiedersehen mit seinen Geweihen wartete!? Damals – heute habe ich das der inzwischen wieder eingeführten Trophäenschauen und auch des Platzmangels wegen längst aufgegeben – ließ ich mir alle Geweihe und Krucken eines Jahres so rechtzeitig auf Schilder setzen, daß ich sie mit Tannenbrüchen geschmückt an Weihnachten bei mir im Treppenhaus aufbauen konnte. Ein aufgemachtes Geweih aber, selbst wenn es mit dem Abhandengekommenen hinlängliche Ähnlichkeiten gehabt hätte, konnte ich in diesem Fall schlecht einspringen lassen.

Da fiel mir der „König" ein, jener alte Kronzehner von der Elandalm. Ihn hatte ich seit zwei Jahren unten in meiner Bibliothek stehen, weil ich mich noch zu keiner auch nur vorübergehenden Trennung von ihm hatte entschließen können. Ein kurzer, aber harter Kampf, und dann ein schneller Entschluß: Ich nahm das Geweih mit hinunter in den Salon.

„Jetzt bin ich etwas in Verlegenheit, Onkel Heinrich", sagte ich, mit der Möglichkeit rechnend, daß mein Onkel sich noch der verhältnismäßig seltenen Gekreuztheit, hier Krone, hier Eissprosse, erinnerte. „Bei dem Zwölfer hab' ich keinen Zweifel, aber, könnte dieser da der Zehner gewesen sein?"

Meine Frau, die, während ich diese Frage stellte, nicht das Geweih, aber mein Gesicht betrachtet hatte, sagte mir später, sie habe mir sofort angesehen, daß ich da einen Schwindel machte.

Der Onkel schaute sich die von mir vor ihn hingehaltenen Stangen an: „Ja, das glaube ich, ist er!" sagte er nach einer Weile. „So gut habe ich ihn gar nicht in Erinnerung gehabt. Aber ein alter Zehner ist es gewesen mit starken schwarzen Stangen und dabei nicht sehr langendig. Ja, ja, das ist er schon! Warum hast du Bedenken?"

„Ich wußte es auch nicht mehr so genau", gab ich erleichtert zurück, und das Kronzehnergeweih wanderte mit ihm in die Stadt an die nach Beseitigung aller Kriegsschäden frisch geweißte Trophäenwand im großen

Wohnzimmer. Dort verblieb es dann noch manches Jahr, bereitete Freude, und auch ich war's zufrieden. Nach dem Tod des Onkels bat meine Tante mich, mir doch ein paar Geweihe als Erinnerung an unser nun schon wieder weit zurückliegendes gemeinsames Jagen auszusuchen und mit nach Aschau zu nehmen. So kehrte des Zehners Wehr – ich hatte ihrer nicht vergessen – wieder heim in unser Tal.

Nicht nur ins Tal, mitten hinein in sein einstiges Königreich auf die Elandalm. Mehr als an vielen anderen hing ich jetzt an dieser Trophäe. Ich bin, und zwar in voller Übereinstimmung, mit meiner Frau einen Pakt eingegangen hinsichtlich der Anzahl von Geweihen, Krucken und Kronen, die an den Wänden unserer Räume Platz haben sollen. Vielleicht kann ich ein andermal davon erzählen.

Von den sieben Plätzen für die Hirschgeweihe ist bis zur Gründung eines eigenen Herdes einer dem Sohn für seinen jeweils Besten freigehalten, einer ist dem besten des Jahres, einer dem bisher ältesten, einer dem mit der liebsten Erinnerung verbundenen bestimmt, und drei Ehrenplätze gehören den stärksten, die nur ein noch stärkerer zu verdrängen und abzulösen vermag. Bei dankbarer und gerechter Wägung verblieb, als ich sein Geweih zurückbekam, hier kein Raum mehr für den König, obwohl das Erlebnis mit und um ihn mir bis heute, immer aufs neue glückliches Empfinden aufweckend, in der Erinnerung haftet.

Eines stand für mich fest, an vergessener Stelle sollte dies Geweih nicht enden. Und so bekam es eines Tages ein Schild von dem gleichen dunkelgrünen Anstrich wie die Täfelung in der kleinen Wohnstube auf der Elandalm und nach langem Herumsuchen bei Antiquaren auch ein bodenständiges Hubertuskreuz zwischen die Stangen und in der Ecke über der Sitzbank schließlich seinen würdigen Platz.

Wenn St. Michael vorüber und das Vieh zu Tal getrieben ist, dann halten wir da oben Einzug und sitzen – dafür danke ich Gott – an den Abenden noch heute so vereint wie vor zwei Jahrzehnten im Licht der blechbeschirmten Petroleumlampe. Und der von den Stimmen der Hirsche draußen auf der nächtlichen Alm beschworene Zauber zieht uns wieder in seinen Kreis.

Im Dämmer des Herrgottwinkels hängt die doppelkronige Hauptzier des Königs. Das Geweih eines Hirsches ist so etwas wie Ausdruck, wie die sich nach außen kundtuende Prägung seiner Persönlichkeit. Und hier im Halblicht wird es zu einer Mischung zwischen Greifbarem und Schattenhaftem, zwischen der harten Materie und dem Unberührlichen des Geisterreiches. Dann ist es mir immer, als habe der alte Elandzehner sich für eine Weile von den jenseitigen Wiesen herübergegeben, um die Bereiche seiner einstigen Herrlichkeit und vielleicht auch die Hütte der Jäger zu umgeistern. Und keinen wüßte ich lieber um uns, keiner steht meinem Herzen näher. Denn so königlich wie er, überschwankt von den kurzendig herrischen Kronen seines schwarzen Geweihs, ist seitdem keiner mehr über die Matten der Elandalm hingezogen. Für alles schafft die Natur Ersatz, aber einer sich an ihren Wirklichkeiten entzündenden Sehnsucht im Menschenherzen wird, wenn überhaupt, nur einmal Erfüllung.

Eh' der Winter kommt

Wenn ich es genau überlege, dann hat diese Geschichte in Venedig angefangen. Wir saßen zu vorgerückter Mittagsstunde im Schatten der unmittelbar neben dem Lido mit weitem Blick auf Strand und Meer gelegenen Bar des Hotel Excelsior. Am Narbartisch hatte sich eine kleine Gesellschaft lebhaft plaudernder Italiener niedergelassen. Inmitten mehrerer hübscher Frauen präsidierte ein kräftig gebauter Vierziger mit angenehm männlichem Gesicht und fütterte nebenbei die in reicher Zahl auf dem Boden zwischen Tischen und Stühlen herumhüpfenden, an die Freundschaft der Bargäste gewöhnten Sperlinge mit kleinen Brotstücken. Als ihm selber sein Brot ausgegangen war, griff er mit einem sympathischen, um Entschuldigung bittenden Lächeln auf unseren Tisch herüber und holte sich ein Stück Weißbrot, das neben meinem Teller lag.

Daraus ergab sich ein Gespräch, daraus wiederum eine Einladung an uns, das in Richtung Bologna gelegene große Obstgut unseres neuen Bekannten zu besuchen, wurde schließlich ein Abend bei ihm mit fürstlicher Bewirtung in einem von vielen Kerzen erleuchteten, vor seinem Landhaus errichteten napoleonischen Feldherrenzelt.

Dieser Gastgeber war der Conte Ricardo Malvasia, damals einer der prominentesten Jäger, vor allem der besten Flintenschützen Italiens.

Sein Flintenschrank füllte eine ganze Wand des großen Herrenzimmers (er war damals noch Junggeselle) in seinem von abertausend Obstbäumen umrauschten Landhaus aus.

Als im gleichen Jahr das Münchner Opernhaus in seinem erneuerten klassizistischen Gewand wieder eröffnet wurde, luden wir Ricardo Malvasia ein, mit uns am hochfestlichen Abend teilzunehmen und anschließend im Bergrevier ein paar Gamsböcke zu schießen. Er sagte aber in letzter Stunde wieder ab, weil am Vortag John Kennedy auf jene bis zum heutigen Tag in seinen Beweggründen und Abläufen offiziell nie aufgeklärte, oder sagen wir besser, geheimgehaltene Weise ermordet worden war. Er befürchtete (in diesem Zeitpunkt nicht als einziger!) eine weltpolitische Krise infolge dieses Attentates.

Unser festes Vorhaben, die gemeinsame Gamsjägerei bald nachzuholen, gelangte nimmer zu der erhofften frohen Ausführung. Der Conte kam wenige Jahre später durch einen Autounfall ums Leben.

Er erschien damals also nicht und war nicht da, als der für die gemeinsame Birsch mit ihm ausersehene Tag nach einer klaren Sternennacht hinter den östlichen Graten unseres Tales rosig heraufzog. Mein Sohn, der nach gehörten Meistersingern vor der Rückkehr an die „Uni" gleichfalls noch schnell seinen Gams schießen sollte, und ich beschlossen, diesen Tag getrennt marschierend trotzdem oder gerade weil der Gast ferngeblieben war, gamsjägerisch zu nutzen. Ich ließ mich ein Stück weit den Berg hinauffahren und birschte dann allein weiter. Der Sohn fuhr zu den Ausläufern des nächsten Seitentales hinüber und stieg von da weg mit dem Jäger Wolfgang ins Gamsgebiet hinauf.

Für dieses Jahr war mein Teil eigentlich schon geerntet, aber so wie die gute Absicht sich nun einmal ausgewirkt und die Lage sich umgestaltet hatte, durfte ich mich auf mindestens einen der dem italischen Freund zugedachten Böcke unbeschwerten Gemütes selber zu Gast bitten.

Ich war in der Nähe eines noch unterhalb der Gamsregion gelegenen kleinflächigen Hochmoores ausgestiegen, das zu der von meinem Großvater vor etwa neunzig Jahren aufgeforsteten Aueralm gehört hatte. Wegen der darin gelegenen Suhlen war es vor Zeiten des gesteigerten Touristenverkehrs ein für die Jagd auf den Feisthirsch erfolgversprechender Waldort gewesen. Seit aber der an seinem Südrand verlaufende steile Almweg, von dem aus das ganze kleine Moos einzusehen ist, durch das gerade im Sommer fast ständige Auf- und Abspazieren der Bergwanderer störend bevölkert ist, haben die älteren Hirsche sich anderen Sommerbadeplätzen zugewendet. Ich habe weiter vorne schon eine Geschichte von diesem Miniaturmoor erzählt. Eigentlich hatte ich keinen Birschplan und kein Ziel. Nur bummeln wollte ich und, in den hinteren Winkeln des Jägerherzens Begegnungen erhoffend, herumsitzen. Am Nordrand des Auermooses hatte ich, hauptsächlich der Füchse wegen, die ich, immer wieder vergeblich, hier zu erquäken hoffte, einen Hochstand bauen lassen. Es konnte dort aber auch, auf spätem Einzug von der Baumgartenalm her, Rotwild vorüberkommen.

Auch diesmal sprang kein Fuchs, obwohl es mir nicht in den Sinn wollte und will, daß keiner der sich hier allenthalben spürenden Füchse das zerklüftete Gewänd des die Lichtung gegen Westen begrenzenden großen, auf Bändern und Scheitel bewaldeten Felskopfes sich zum Tagesaufenthalt wählen mag. Nur einmal ist mir, durch die Wipfel des rechts neben mir beginnenden Altfichtenbestandes eilig heranholzend, ein Edelmarder zugestanden, aber nicht auf die Hasenklage, sondern auf den Lockruf der Auerhenne beim Verhörgang nach einem in dieser Gegend sehr wahrscheinlich vorhandenen Hahn.

Noch auf einem anderen Balzplatz ist mir solches begegnet, und der hitzige Eifer der Gelbkehligen in beiden Fällen bewies mir deren zweifellos durch Erfolge entwickelte Spezialpassion auf Auerwild.

Ein Ergebnis hatte meine Hasenmusik an jenem Morgen aber doch: Am Rafen, der im Süden das kleine Hochtal abschließt, wurden, zweihundert Meter etwa oberhalb des vorne beschriebenen Almweges, in den einen großen Lahner schütter umkränzenden Laublatschen Gams roglig. Der Steilhang dort ist reine Schattseite. Es hatten sich auf ihm einige Schneeflecke erhalten. Trotz der Entfernung von nahezu fünfhundert Metern hatten die zuvor vermutlich zum größeren Teil niedergetanen Gams das ihnen nicht vertraute Geschrei vernommen, waren hoch geworden und traten nun neugierig durcheinander. Sie beruhigten sich bald und fingen zu äsen an. Fünf oder sechs schienen es zu sein, die hier vor dem jenseits der Schneid auf der Schoßrinnalm sicher recht spürbar ziehenden Südwind Deckung gesucht hatten. Ich blieb noch ein wenig sitzen, und nach einer Weile bemerkte ich, daß auch ein Bock beim Rudel sein mußte. Er trieb in den Buchstauden die Geißen umeinander, jagte dann ein einzelnes Stück, vermutlich einen Jungbock, über die Schneid. Bald darauf geriet das ganze Rudel in Unruhe, bewegte sich immer höher hinauf und zog, vom zurückgekehrten Bock gefolgt, ein Stück ums andere gleichfalls über die Schneid auf die Schoßrinnalm hinüber. Es waren weit mehr Gams, als ich angenommen hatte, zwölf mindestens ohne den Bock, der in einem Abstand von etwa hundert Schritten nachfolgte und schließlich auch schoßrinnalmwärts verschwand, nachdem er sich am Kamm gegen den Himmel gut abgehoben hatte.

Einer unserer vielen älteren Mittelböcke schien er zu sein, gut, wenn auch etwas arg gedrungen im Gebäude, mit scharf gehackelten, aber niedrigen und eher eng als weit gestellten Krucken; „Abschußbock" sagt man, obwohl es das nach meinen hegerischen Erfahrungen und Grundsätzen beim Gamswild nicht gibt. Immerhin brauchte man (ich hatte gegen den Himmel auch den starken Pinsel ansprechen können), wenn man ihn schoß, nicht zu besorgen, einer glanzvollen Trophäenentwicklung vorzeitig das Ende bereitet zu haben.

Wenn auf der Alm, im Windschatten ihres Nordhanges etwa, auch Gams standen, dann konnte es durch das Dazukommen des eben beim Hineinwechseln beobachteten Rudels jetzt da drüben recht lebendig werden. Es war sicher kein Fehler, wenn ich mich auch dorthin auf den Weg machte, aber nicht über diesen ekelhaft steilen Rafenlahner hinauf und hinter den Gams her, sondern auf dem bequem wie für Spaziergänger gebauten und sogar fahrbaren Pfad, der ein paar hundert Meter nur von meinem Hochstand entfernt vom Auermoosweg abzweigt und gut zweihundert Meter unterhalb des Wechsels, den die Gams vermutlich angenommen hatten, in die Alm mündet.

Während ich durch die vergilbten hohen Kräuter und Schmielen und noch grünen Binsen der Lichtung darauf zuwanderte, ward mir ein Erlebnis, das allein schon den ganzen Tag hier oben gelohnt hätte: Ich ging ein Auerwildgesperr auf, vier kleine, aber schon schön ausgeschilderte Hähne und zwei Hennen. Also doch! Also doch! Hier irgendwo im nicht allzu weiten Umkreis brüteten Hennen und blazte auch sicher in einem der Buchenhaine mit freiem Blick gegen Morgen der Hahn. Ich würde im April ein oder zwei Verhörgänge daran wagen!

Als ich, so wie es hier möglich war, in guter Deckung den Rand der Schoßrinn erreichte, sah ich, daß das vorher angesprochene Rudel mitsamt dem Bock die weite Almfläche schon fast überquert hatte. Warum die Geißen sich's in ihre sektischen Köpfe gesetzt hatten, sich so zügig vom morgendlichen Äsungsgebiet weit weg zu begeben, verstand ich nicht. Das bißchen Hasengeschrei konnte es schwerlich verschuldet haben. Auch dem Bock schien das nicht recht zu gefallen. Immer wieder legte er sich vor und fuhr, als wolle er es abbremsen, ins lässig ausweichende Weibsvolk hinein.

Der Himmel freilich sah nicht ganz so strahlend mehr aus wie am frühen Morgen. Streifiges weißes, an manchen Stellen schon grau sich tönendes Gewölk war im Süden aufgekommen, und die Sonne blendete von Osten ohne rechte Kraft herüber, als müßten ihre Strahlen unsichtbare Schleier durchdringen. Der Südwind war schwächer geworden und hauchte unstet hin und her.

Ich hatte den Bock ins Perspektiv genommen. War er jung, so etwas wie ein Nachlese haltender Beibock, oder war er die letzten Wochen über schon Platzbock gewesen? Das war die Frage. Ich brauchte nicht allzu lange, um festzustellen, daß er stark abgetrieben und keinesfalls mehr jung war. Warum sollte ich mir den eigentlich nicht nehmen? Wenn der Wind nicht wieder stetiger würde, war eine Birsch ins Almerer Tal hinüber, wohin auch diese Gams anscheinend gelangen wollten, wenig aussichtsvoll, und mit einem längeren Ansitz hier oder drüben auf der Schneid wäre es auch nicht besser bestellt. Ein Altkapitaler würde mir schwerlich begegnen, und einen guten, das was die moderne, ebenso sachliche wie naturferne Jägersprache einen A-Bock nennt, schösse ich mit mehr nachträglicher Reue als diesen.

Mit Anschauen und Überlegen hatte ich jetzt aber viel Zeit vertan. Die Leitgeiß des Rudels und ihr unmittelbares Gefolge waren schon außer Schußweite, und der sich in ständiger, sehr unruhiger Bewegung befindliche Bock folgte dem Rudel, stand also, wenn er wirklich einmal verhielt, immer spitz oder schräg von hinten. Schließlich, eh' ich mich's recht versah, war auch er aus dem, wenn auch weitgezogenen Todeskreis meiner Büchse hinausgetreten, und ich durfte den Sicherungsflügel wieder auf „Frieden" stellen. Es währte keine zehn Minuten mehr, bis die mild besonnte Alm leer war. Oder doch nicht? Oberhalb von mir zwischen den Randschirmfichten ästen zusammen mit einem noch nicht ganz grauen, an den Schlegeln ein wenig rötlichen Kälbertier, vereinzelte Gams, vermutlich ein gesondertes kleines Rudel mit eigenwilliger „Vorsteherin", die das hysterische Abhauen der anderen ins Latschengebiet nicht hatte mitmachen wollen. Ich erkannte zwei oder drei Kitzgeißen, die sehr wahrscheinlich schon beschlagen waren. Sie würden mir schwerlich einen neuen Bock heranzaubern. Aber siehe, der Platzbock war kaum länger als zehn Minuten hinter den runden Rücken des Mitterkerns, der die Alm gegen Süden hin begrenzt, hinabgetaucht, als er, von der gleichen Unruhe, die er die ganze Zeit über schon gezeigt hatte, zu fahriger Galoppsuche angetrieben, fast auf den Fleck genau da wieder zum Vorschein kam, wo er verschwunden war. Er suchte nach den Zurückgebliebenen, diesen unbotmäßig Gleichgültigen. Er wollte sie anscheinend in seiner Schar nicht missen. Als er sie gefunden hatte, begann ein wildes Treiben. Die Leitgeiß mochte nicht, wie er wollte, und dies deutlich bezeigend, wich sie schließlich steil nach unten aus. Die Jagd kam also auf mich zu. Trotzdem war es weit, und ich fehlte den Bock, als er endlich breit ein Standerl machte. Ich hatte ihn unterschossen.

Als er, schon wieder etwas weiter entfernt, nochmals in halbwegs günstiger Stellung verhielt, traf ich ihn. Gesenkten Hauptes und mit gespreizten Läufen blieb er stehen. Auf die dritte Kugel, die ich, den Haltepunkt jetzt genau kennend, sofort folgen ließ, weil nichts scheußlicher ist, als so ein jäh schmerzdurchflammtes Herausgerissensein des Wildes aus dem Glück lebensübermütigen Reigens, brach er verendend zusammen.

Nun, das Herantreten brachte keine große Überraschung, aber doch ein paar kleine. Der Bock war achtjährig, das will heißen, in seinem neunten Jahr. Die Krucken hätten ihrer Höhe nach einem Vierjährigen wenig Ehre gemacht und waren noch enger gestellt, als es sich aus der Entfernung angeschaut hatte. Die Bogen waren, wenn auch scharf gehackelt, ausgesprochen klein. Als überdurchschnittlich gut stellte sich nur, das war mir trotz des Spektivs am lebenden Wild nicht aufgefallen, der Umfang der stark harzverpechten Schläuche heraus mit neuneinhalb Zentimetern. Durch diese Knuffigkeit der Krucke war's eben doch ein besonderer und ein erfreulicher Bock, dessen Erlegung mich nicht reute. Der Bart war mittelmäßig, und sein Reif einen Hauch zu sehr ins Rötliche gehend.

Die elfte Stunde war eben erst vorüber; so war's noch viel zu bald für den Heimweg, zu bald, um unter alle weiteren Birsch- und Bummelgelüste einen Schlußstrich zu ziehen, zu bald sogar für die mittägliche Brotzeit. Daß noch sieben Geißen ungestrichen auf der Abschußliste standen, beschwingte mich zwar nicht zu weiterem Verweilen und Unternehmen, aber auch das war, nachdem ich nun doch schon die nötige Höhe gewonnen hatte, zu bedenken.

Zunächst setzte ich mich zum Bock in das immer mehr sich verschleiernde Sonnenlicht, rauchte den ersten Tabak dieses Tages und schaute das immer wieder glücklichmachende Bild des in brüderliche Nähe gerückten, gelöst daliegenden Wildgeschöpfes in mich hinein. Dabei hatte ich dann ein weiteres, alle Bergjägermühe reich lohnendes Anblickserlebnis.

Gut hundert Meter über mir begann der nicht sehr phantasie- oder gar rätselvoll „Buchenkopf" benannte Alpenwald. Die sicher über hundertfünfzig Jahre alten, hochschäftigen Rotbuchen, deren breit ausladende Kronen sich dort noch in meiner Jungjägerzeit zu einem prachtvollen Hain geschlossen hatten, waren inzwischen – jetzt gebot hier der Staat – gefällt, von einem betriebsamen Forstmann „herausgezogen" (so nannte man es) worden. Der wiederum fast nur aus Buchen bestehende Unterwuchs hatte sich schon wieder mannshoch über der entstandenen Leere geschlossen. In ihm trotzte der Schnee den ausnahmsweise milden Novembertagen. Und durch diesen mürben Schnee hörte ich aus schläfrigem Vormichhindösen heraus mit einemmal flüchtige Wildschalen daherknirschen. Ich drehte mich um und sah zwei mehr oder minder spielerisch hintereinander herfegende Gams aus dem Buchengertenzeug auf die Alm heraus- und direkt auf mich zukommen. Fünfzig Meter oberhalb von mir blieben sie, wie ich vermutete, weil sie Wind von mir bekamen, stehen, äugten aber ziemlich vertraut zu mir her und in die Alm hinunter. Das waren ja, meine Hand fuhr an den Repetierer, ja, das waren wirklich zwei sehr gute Böcke, beide einander zum Verwechseln ähnlich mit schön und weit gestellten, großbogigen, ziemlich hohen und starken Schläuchen. Aber sie waren auch beide gleichermaßen gut bei Wildpret, die Decke an ihren Flanken zeigte keine vom Schweiß rastloser Rudelverteidigung verklebten Haarbüschel, die Zügel in ihren Gesichtern wirkten, als seien sie mit dem Tuschepinsel frisch hineingemalt. Es waren zwei junge Böcke. Sie waren, wenn vierjährig, von kapitaler Veranlagung, aber älter als fünfjährig konnten sie ihrem Wuchs und Benehmen nach auch keinesfalls sein. Edler und herzerfreuender Nachwuchs! Während ich sie voll Wohlgefallens betrachtete und darauf wartete, daß sie sich breitstellten, auf daß ich die Pinsel ansprechen könnte, und mich immer noch fragte, weshalb sie trotz des schlechten Windes so vertraut blieben, rauschte und knirschte es abermals oben im Buchenjungwuchs. Fast auf gleichem Wechsel wischten wieder zwei schwarze Gamsrümpfe durch das Jungbuchengestrüpp, und eine halbe Minute später waren es vier Gamsböcke, die da oberhalb von mir im übersonnten Falbgrün der Alm standen. Einer der zwei Neuankömmlinge war von den beiden ersten nicht unterscheidbar: Die gleichen hohen, weiten, großbogigen und starken Krucken. Dem anderen (ob es vielleicht ein dreijähriger Jungüberbock war?) standen die Schläuche in noch etwas weiterer Auslage über der weißen Stirn. Sie sahen so aus, als hätte man sie kurz unter den Bögen gewaltsam auseinandergedrückt, waren aber gut und gern ebenso stark wie die der anderen, nur um eines Männerfingers Breite niedriger. Der Bock schien in der Figur etwas geringer, obwohl er sogar einen nicht unansehnlichen struppigen Bart aufstellte. Des wahrscheinlich vorhergegangenen Herumtollens müde, standen die vier, ein wenig hin- und hertretend und mit kleinen Kopfdrehungen um sich äugend, keiner weiter als sechzig Meter oberhalb von mir. Noch immer fächelte der Föhn aus Süden, so daß ich vorwiegend Halbwind hatte, aber, öfter als mir lieb war, fühlte ich auf der Haut, daß die Luft auch aufwärts schlug. Es dämmerte mir jetzt, warum diese Gams mich nicht in den Wind bekamen: Die starke Brunftwitterung des nahe bei mir liegenden verendeten Bockes erfüllte hier die Luft und überdeckte die Menschenausdünstung.

Dieses reizvolle Beisammensein unter zehn Augen währte vielleicht fünf Minuten. Die Böcke schienen, jetzt da sie wieder beisammen waren, gern ein wenig zu rasten. Da fing mein einer Augenwinkel von links her eine Bewegung auf. Und nun meinte ich wirklich, meinen Sinnen nimmer trauen zu dürfen, glaubte an einen Übermüdungstraum infolge vorhergegangener zu ausgiebiger Festivität, nun kamen doch wirklich und wahrhaftig nochmals zwei Böcke über den mir jetzt nahegerückten Mitterkern herüber. Langsam, die Anwesenheit der anderen wie selbstverständlich hinnehmend, zogen auch sie, manchmal die Windfänge zum Boden senkend, in den Jungböckekreis hinein. Der vordere der beiden war, was ich jetzt fast als wohltuende Abwechslung empfand, engkruckig, hatte aber hohe, überaus starke, sich nach oben sichtlich verjüngende Schläuche. Im Wildpret schien er mir mit stämmig breitem Stich der stärkste zu sein. Der anfangs nur mit Vorschlag und Haupt über den Rücken herüber sichtbare zweite war den Krucken nach der beste. An ihm erfuhr ich wieder einmal, mit welch großer Vorsicht und Sorgfalt man einen Gamsbock ansprechen muß. Mein Wissen darum, daß, mit sehr seltenen Ausnahmen, nur etwa gleichalte Böcke sich zu so einem Reigen zusammenfinden, ließ mich vom ersten Anblick an auch in ihm einen jungen Bock vermuten. Aber wäre er mir irgendwo allein durchsuchend begegnet oder gar im Sommer untergekommen, hätte dies für ihn, zumindest in den ersten Sekunden, die beim besonnenen Waidmann (es hat lange gedauert, bis ich voll sattelfest zu einem wurde) freilich nicht entscheidend sein dürfen, Lebensgefahr bedeutet. Die Krucken waren, wenn auch nicht ganz so schwüngig ausladend wie die der anderen, doch weit und schön gestellt, hatten sonst aber deren Stärke- und Schönheitseigenschaften alle in etwas verstärktem Maß. Sie waren sicher über siebzehn Zentimeter hoch. Ohne Kampfabsicht, wenn auch ein wenig bartaufstellend, zogen die beiden heran, äugten gleichfalls arglos umher, spielten ein wenig Vorsicht und schüttelten dann, wie um sich selber zu beruhigen, die Köpfe. Die Begegnung mit den anderen Böcken schien ihnen nicht unerwartet und deren Anblick nicht neu zu sein. Sicher zogen diese sechs (es hätte mich nach so viel Staunen nicht mehr gewundert, wenn jetzt noch ein oder zwei Paare hinzugekommen wären!) seit vielen Stunden, vielleicht schon seit Tagen, im lockeren Verband miteinander umher, zur Äsung, als Zaungäste zu irgendwelchen Brunftrudeln und zu gemeinsamem Herumtollen, um die sie bedrängenden Jugendkräfte hinauszutoben. Ich kam mir schließlich von diesen, durch ihre merkwürdige Vertrautheit wie zahm wirkenden Gamsböcken umringt, so vor, als sei ich auch einer von ihnen. Wäre das Wild zahm wie die Haustiere, käme es zutraulich zu uns hergezogen, ließe sich brüderlich berühren, ruhte friedlich an unserer Seite; es gäbe vielleicht Menschen, die es ernteten, so wie man eben aus einer Schaf- oder Rinderherde erntet, ja, letzten Endes ernten muß, aber es gäbe bestimmt keinen Jäger in unserem Sinn.

Ganz allmählich, aber ohne mich bemerkt oder als gefährlich erkannt zu haben, löste der lockere Verband – darüber verging aber mindestens eine halbe Stunde – sich wieder auf. Der Enge und der Hohe zogen hintereinander her wieder über den Mitterkernrücken ins Almerertal hinüber, kamen aber schon nach wenigen Minuten, jetzt etwas belebter ein wenig brunftexerzierend und sogar ein paar Stöße blädernd, zurück, bremsten ab, blieben noch eine Zeitlang bei den anderen und verzogen sich eine Weile später, manchmal die Bärte stellend, in einer baumfreien Rinne des Buchenkopfes steil nach oben. Die beiden zuerst Erschienenen überkam von einer Sekunde zur anderen eine richtige Lausbubenlust, in die freie Alm hinein loszutollen, und zwar in die Richtung, aus der ich geschossen hatte. Dort mögen sie, als sie wieder genauso eigenwillig spielerisch stehenblieben, doch, wenn vielleicht auch nur unklar, Wind von mir bekommen haben. Sie wendeten aufwärts, kamen entlang dem Rand des Buchenkopfes wieder ein Stück auf mich zu und waren dann, nachdem ich eine Weile nimmer hingeschaut hatte, verschwunden. Auch die letzten zwei begaben sich, manchmal einander ein wenig umkreisend, im wesentlichen aber einträchtig, in den Buchenkopf hinein. Es war nicht das erstemal, daß ich eine solche kleine Versammlung von jüngeren Böcken in der Brunft sowohl als auch im Sommer beobachtet hatte, aber so nah, so geradezu in sie einbegriffen, war ich ihr noch nie gewesen, und noch nie waren's in so auffallender Weise nur Böcke von *bester* Veranlagung gewesen. Ich bin sicher, nicht einen einzigen von ihnen je lebend oder auf der Strecke wiedergesehen zu haben. Dabei hab' ich in dem folgenden Halbjahrzehnt gerade dieses Gebiet zur Zeit der Gamsbrunft viel durchstreift. Nach längstens fünf Jahren wären zumindest vier von den sechsen zweifellos Goldmedaillenböcke gewesen. Und auch bei den zwei anderen, dem Engen und dem besonders Weiten, ist dies wahrscheinlich. Von den Jägern ward mir in der folgenden Zeit auch kein jüngerer oder alter Hauptbock solcher Klasse gemeldet. Ich muß zu meinem Kummer annehmen, daß dieser ganze blühende Nachwuchs, kaum dem Jünglingsalter entwachsen, in der ferneren südlichen Nachbarschaft dem vorschnellen Blei der dort reichlich zukehrenden Abschußnehmer zum Opfer gefallen ist.

Für mich mit das Merkwürdigste bei diesem Erlebnis war (es ist mir dies, weil ich von da ab darauf achtete, noch mehrmals aufgefallen) das treue Zusammenhalten der Paare innerhalb des vielköpfigen Bockverbandes vor, während und nach der Begegnung. Sie traten durcheinander, vielleicht fuhr auch einmal einer auf einen Neuankömmling los, wenn sie aber, wodurch das Zusammensein fast immer über kurz oder lang beendet wird, sich schließlich trennten, geschah dies wie bei einer Reiterquadrille wieder geordnet nach gleichen Paaren. *Was* aber diese Paare beisammenhält, ob gemeinsame Kinderstube, Freundschaft der Mütter, nahe Verwandtschaft, Tierfreundschaft oder eine gegenseitig zusagende Brunftwitterung, eine verbindende Ausdünstung der Drüsen, das wird sich schwerlich ergründen lassen. Mich kränkt das nicht, ich freue mich jeder unenträtselten Erscheinung im Leben des Wildes; denn die Natur wird, wenn man sie vom Übernatürlichen loslösen will, ewig unenträtselt bleiben.

Nachdem ich den Bart versorgt, den Bock aufgebrochen und für den, der ihn anderen Tages holen sollte, sichtbar an einen abgestorbenen tiefen Ast der nächst stehenden Schirmfichte gehängt hatte, wusch ich mir die Hände in dem aus dem Schnee des Buchenkopfes dünn herunterrieselnden Schmelzwasser und birschte dann ins Almerer Tal hinüber. Ich wählte diesmal nicht den fast eben zu den großen, in die Wände übergehenden Lahnern hinführenden Quersteig, ohne dessen leitende Hilfe ich mir in jungen Jahren hier oben keine Gamsbirsch hätte denken können. Ich wollte so weit nicht mehr kommen heute, wußte mir aber ein paar größere Lahnerblößen, die, von oben schwer einsehbar, gut hundert Meter unterhalb des Steiges im felsgründigen Alpenwald liegen. Dort zogen die Gams gern auf vertrauten Wechseln durch, und dort irgendwo würde ich auch sicher einen günstigen Platz für die Mittagsrast und zu ein-, zweistündigem abschließendem Ansitz finden. Schritt vor Schritt stieg ich in das an die zweitausend Meter breite Tal ein. Die südwestliche Himmelshälfte war jetzt ganz von grauen Schleiern überzogen, der mir ins Gesicht wehende Wind war kalt geworden und hatte sich wieder verstärkt. Ich kam nicht sehr weit. Nach etwa hundertfünfzig Metern, noch ehe ich die größeren Blößen erreicht hatte, sah ich vor mir im schütteren, aus geringen Baumgrenzenfichten und verknorrten, niedrig- und schwachschäftigen Buchen bestehenden Felsenwald das erste Gams. Auf etwa siebzig Schritt war es spitz von mir gewendet niedergetan und schien mit halb gesenktem Haupt zu schlafen. Ich hatte mir schon so etwas erwartet. Es konnte einer meiner Jungbockfreunde von vorhin sein, der sich hier ausruhte, oder eines der Stücke aus dem großen Rudel. Gewiß war nur, daß ich es, wenn ich noch weiteren Anblick haben wollte, jetzt nicht angehen durfte. Mit der gebotenen Vorsicht setzte ich mich mantelunterpolstert auf einen in das Wurzelwerk einer weit herunter beasteten Fichte verklemmten flachen Stein. Hier konnte ich in guter Deckung alles weitere erwarten.

Es dauerte eine ganze Weile, bis ich das abgewendete Gams ansprechen konnte. Es hatte sich auf einer jener kleinen Ebenen niedergelassen, die sich, von einer ganzen Anzahl von Gamsgenerationen ausgesessen und mit vielen Schichten trockener Losung bedeckt, im Wurzelwerk älterer Fichten oder Buchen zwischen Stamm und Hang als Postament geradezu anbieten. Die vom Wind beunruhigten Fichtenwedel behinderten die Sicht, aber schließlich erkannte ich, daß es eine Geiß war. Sie hatte mittelhohe und ziemlich enggestellte Krucken, die aber weitbogig und bockhaft kräftig waren. So weit dies der Krucke nach möglich ist, schätzte ich sie auf etwa zehn Jahre. Sie schien ausnehmend gut bei Wildpret zu sein. Dem runden Ziemer und den ausgefüllten Flanken nach durfte man annehmen, daß sie nicht führte. Wieder fielen mir die sieben Gamsgeißen ein, die ich laut Etat noch abzuschießen oder abschießen zu lassen die staatsbürgerliche Jägerpflicht hatte. Ich durfte, ja ich mußte jetzt noch zuwarten, aber wenn die arglos Ruhende später hoch wurde und ich, sie und ihr Benehmen genau prüfend, zu dem Ergebnis kam, daß sie kein Kitz hatte, dann würde ich wohl handeln müssen.

Sie ließ sich und mir viel Zeit. Ich machte inzwischen mit behutsam leisen Griffen in den Rucksack Brotzeit und zündete mir hinter dem bruchgeschmückten Hut eine Zigarette an. Als sie nach mehr als einer halben Stunden dann hoch wurde und eine Weile fast schrotschußnah vor mir schwarz glänzend und wohlgerundet äsend und Bucheckern klaubend herumgezogen war, wußte ich, daß sie kitzlos war und – handelte *nicht*. Was sollte denn dieser Wahnwitz!? Ein so kraftvoll gesundes Mutterstück, das ganz sicher wieder aufgenommen hatte, nur um des Phantoms erfüllten Abschusses willen, ohne daß die Beute oder die Trophäe, die man an ihr gewann, reizten, ohne jede Spur der entsühnenden großen Leidenschaft, einfach hinter dem Baum hervor zusammenzuschießen!

Lange verblieb sie, ununterbrochen äsend, nahe bei mir und ward später im langsamen Sich-Entfernen bald da, bald dort, immer wieder zwischen den Stämmen sichtbar. Es befanden sich – und das war mir etwas verwunderlich – anscheinend keine weiteren Gams in ihrem Gefolge. Ich mochte im ganzen anderthalb Stunden auf meinem Stein gesessen haben, als sich das Fallaubgeknister unter ihren Schalen endlich rechts oben im Steilhang verlor.

Jetzt wollte ich heim. Nur etwas hielt mich noch: Man hatte hier auf jene schwer erklärliche, einen jedoch stark ansprechende Weise das Empfinden, als könne ein Fuchs um die Wege sein, so eine richtige alte Bergfuchsfäh mit abgebrauchten Fangzähnen und dickstummelig abgerundeter Rute, die im Gefels versteckt ihren Bau hatte, vor dessen Eingangsspalte die vom Geheck zerkauten Läufe vieler Gamskitze herumlagen. So eine könnte hier auf die Hasenklage zustehen oder ein anderer starker Fuchs. Südseitiger Hang, aufeinander geschichtetes Felsgetrümmer, bis zum Boden herunter beastete Fichtenschöpfe und hohes, trockenes Lahnergras, das wäre das rechte retiro für einen Roten an einem Tag wie heute. Ich wollte es noch mit einer kleinen Hasenangstmusik probieren! – Zwei kurze und nicht allzu lautstarke Ariettas, von längerer Pause unterbrochen, ließ ich ertönen und wartete, den entsicherten Repetierer über den Knien, dann lange. – Nichts Füchsernes kam, aber mit einemmal war, ohne daß ich etwas von ihrer Annäherung gehört und anscheinend aus ganz anderer Richtung, als ich's erwartet hätte, die Geiß zurückgekehrt. Bis zum Stich verdeckt stand sie wieder hinter ihrem Postament und äugte mich an. Sollte es nun unbedingt sein, daß ich sie schoß, entgegen aller Lust und besseren Einsicht!? Aber – war sie's denn? Die Krucken schienen jetzt höher zu sein, außerdem – dieses Gams stellte doch einen Bart auf!? Da fuhr mir ein jäher Blitz von den Augen zur Magengrube hinunter und wieder in die Kehle herauf: Himmel Laudon, das war ja ein Bock, der Freier, der sich hier irgendwo nahe der Freundin brunftmüd ausgeruht hatte!! Enge, gerade, aber starke und mordshohe Krucken standen ihm zwischen den neugierig zu mir hergespitzten Lauschern. Ich erkannte, als er jetzt das Haupt ein wenig hangauf wendete, deutlich die hochgeschwollenen Brunftfeigen und einen zweifingerbreiten weißlichen Streifen, der sich vom Licht über den dunklen Zügel senkrecht nach unten zog. Das ist eines der sichersten Alterszeichen im Gamsgesicht.

Der Repetierer war feuerbereit, und so fiel ein paar Sekunden später schon der Schuß. Bald darauf hielt ich die pechigen Krucken des stark abgebrunfteten, aber riesengroßwüchsigen Bockes in Händen. Fast neunzehn Zentimeter waren sie hoch und zeigten fünfzehn sich nach unten bis zur Stecknadelbreite verschmälernde Ringe. Mein bester, jedenfalls ältester Gamsbock seit Jahren war er. Der Berggeist hatte die Achtung vor dem Leben eines seiner Geschöpfe großzügig belohnt. Ich setzte mich nun selber auf den Gamsruheplatz und schaute eine Weile auf die mir unverhofft gewordene Beute nieder. Und jetzt auf einmal ging mir der Atem wie befreit, wie hineinerwacht fühlte ich mich in die von früher her vertraute und beglückende Welt, da man noch ein Jäger gewesen war, der nichts anderes im Sinn hatte, als starkes Wild, kein Jagdkarteninhaber mit zu erfüllenden Abschußaufgaben. Ich blieb, dies Jägerglück tief ausgenießend und alles sich dazwischendrängende Unbehagen der Gegenwart hinwegschiebend, so lange sitzen, bis aus dem nun völlig zinngrau gewordenen Himmel vereinzelte große Schneeflocken in den Felsenwald hereingeschwebt kamen und sich als hauchempfindliche Kristalle auf Bodenlaub, Steinen und auf der harzig glänzenden Gamsdecke niederließen.

In meiner dankbaren Freude habe ich diesen Bock selber ins Tal hinuntergegangen. Auf der Schoßrinnalm umwirbelte mich schon dichtes Schneetreiben, und als ich den Ziehweg lastgebeugt und langsam hinunterging, war der Hochwald weihnachtlich weiß geworden. Allmählich senkte sich, alle Konturen auflösend und alles Erschaubare sanft einhüllend, die blaue Schneedämmerung um mich herab. Und auf einmal war mir's, als habe ein schmaler, tiefvioletter Schatten mich umfuchtelt, mir kurz die Augen verfinstert und wie mit weichem Eulenflügel das Gesicht gestreift. Aber da war nirgends eine Eule; nur ein Gedanke war's gewesen, der mich angeflogen und sich in den unablässigen Tanz der Flocken wieder hineinverflüchtigt hatte, irgend etwas Ahnungsvolles vom letzten Gams, vom letzten Glück, vom letzten Tag.